휴거 세 가지 견해

환란 전, 진노 전, 환란 후

© 2010 by Alan Hultberg, Craig Blaising, and Douglas Moo

Originally published in English as *Three Views on the Rapture: pretribulation, prewarth, or posttribulation*, Second Edition by Zondervan, Grand Rapids, Michigan, U.S.A.

All right reserved.

This Korean translation edition © 2019 by Bible Baptist Theological Seminary Press, Icheon-si, Republic of Korea.

This Korean edition is published by the arrangement with The Zondervan Corporation L.L.C., a division of HarperCollins Christian Publishing, Inc. through rMaeng2, Seoul, Republic of Korea

이 한국어판 저작권은 알맹2 에이전시를 통해 The Zondervan Corporation L.L.C., a division of HarperCollins Christian Publishing, Inc.와 독점 계약한 성서침례대학원대학교출판부에 있습니다. 신저작권법에 따라 한국에서 보호받는 저작물이므로, 무단 전재와 무단 복제를 금하며 저작권자와 성서침례대학원대학교출판부의 동의를 얻어야 내용 전부 또는 일부를 이용할 수 있습니다.

휴거 세 가지 견해

환란 전, 진노 전, 환란 후

앨런 헐트버그 편집

김석근 번역

성서침례대학원대학교출판부

휴거 세 가지 견해
　　환란 전, 진노 전, 환란 후

초판발행　2019년 11월 1일
편 집 자　앨런 힐트버그
저　　자　크레이그 블레이징, 앨런 힐트버그, 더글라스 J. 무
번 역 자　김석근

발 행 인　김택수
편 집 인　김광모
발 행 처　성서침례대학원대학교출판부
등록번호　제2015-4호
등 록 지　경기도 이천시 대월면 대평로 548-123
전화번호　031) 634-1258
누 리 집　bbts.ac.kr

ISBN　979-11-89118-16-7

판　　권　성서침례대학원대학교출판부, 2019

※ 파본은 교환해 드립니다.

차례

기고자 소개		7
역자 서문		9
약어 목록		13
서론	앨런 헐트버그	17
1. 환란 전 휴거 견해	크레이그 블레이징	35
진노 전 견해로 논평	앨런 헐트버그	97
환란 후 견해로 논평	더글라스 무	117
논평에 응답	크레이그 블레이징	135
2. 진노 전 휴거 견해	앨런 헐트버그	143
환란 전 견해로 논평	크레이그 블레이징	205
환란 후 견해로 논평	더글라스 무	221
논평에 응답	앨런 헐트버그	235
3. 환란 후 휴거 견해	더글라스 무	243
환란 전 견해로 논평	크레이그 블레이징	317
진노 전 견해로 논평	앨런 헐트버그	335
논평에 응답	더글라스 무	353
결론		361
논의 구절에 관한 기고자의 해석 비교		363

편집 설명.

- 영어 성경 인용은 NIV를 기본으로 하고, ESV, KJV, NASB, NET, NLT, TNIV를 하지만, 번역본에서는 『개역개정』을 기본으로 인용하되, 현대 한국어에 맞게 조금은 지르잡으며 구두점을 더 쓰기도 하고, 영어 특정 번역본으로 설명하면 우리말로 옮기고 밝힌다.
- 성서 원어 음역 표기는 히브리어와 헬라어로 바꾸고, 음역 표기는 대괄호 안에 쓴다.
- 한글과 영어는 나눔체를, 성서 원어는 BibleWorks 폰트를 쓴다.

기고자 소개

크레이그 블레이징(Craig Blaising; ThD, 달라스신학대학원; PhD, 애버딘대학교)은 사우스웨스턴침례대학원의 행정 부총장, 교무처장, 신학 교수다. Evangelical Theological Society 회장을 역임했으며, Society of Biblical Literature와 International Association of Patristics Studies의 회원이다. 교부, 성경신학, 종말론 분야의 여러 저작이 있다.

앨런 헐트버그(Alan Hultberg; PhD, 트리니티신학대학원)는 탈봇신학대학원의 성경강해 및 신약학 부교수다. 구약과 신약의 종말론을 전공했다. Society of Biblical Literature와 Institute for Biblical Research와 Evangelical Theological Society의 회원이다.

더글러스 J. 무(Douglas J. Moo; PhD, 세인트앤드루스대학교)는 휘튼대학교의 신약학과 블렌처드(Blanchard) 교수다. 신약 본문 이해와 현시대 적용에 집중해 저술한다. NIV Application Commentary, Pillar Commentary, Tyndale New Testament Commentary, New International Commentary on the New Testament를 포함하여 여러 주석 시리즈에 많은 책을 썼다.

8　휴거 세 가지 견해

역자 서문

『셜록 홈스의 모험』에서, 보헤미아 왕국의 스캔들 시작 부분에 셜록 홈스가 오랜만에 자기를 찾은 의사이자 동료 왓슨과 대화하는 장면이 있다. 왓슨: "… 하지만 나도 자네만큼 훌륭한 눈을 가졌다고 생각해." 홈스: "그렇지?" "자네는 보기는 하지만, 관찰은 하지 않아. 그 차이는 분명하지." … "단서를 얻기 전에 이론을 세우는 것은 중대한 실수야. 무신경하게 사람들은 이론을 사실에 맞추는 대신, 이론에 맞게 사실을 왜곡하기 시작하지." 성경 연구에서 관찰의 중요성을 강조하려고 자주 인용하는 이야기다. 신학 이론을 정립하려고 석의에 바탕을 두어야 함을 깨닫게 하는 이야기이기도 하다.

얼마 전, 신학교에서 강의하다 휴거에 관한 여러 신학 관점을 가르칠 생각에 추천할 만한 자료를 찾다가 마땅한 것이 없어 실망한 적이 있다. 휴거라는 주제는 성경이 분명히 중요한 주제로 다루는데도, 면밀한 석의를 바탕으로 이 신학 이론을 정립하려는 시도가 많지 않음은 이 주제가 다루기 어렵기 때문이다. 어쨌든 이 책을 번역하여 출판할 수 있어 참으로 감사하다. 신학생을 비롯한 여러 독자에게 이 책을 추천할 수 있어 기쁘다. 모든 독자에게 큰 도움이 되리라 확신한다.

종말론은 쉽지 않은 신학 분야이며, 특별히 휴거는 사람들이 서로 의견을 달리하며 대립할 수 있는 주제이며 이론이다. 오래전에 미국 달라스신학대학원에서 유학할 때, 크레이그 블레이징 교수의 종말론

강의에서 들었는데, 아직도 생생하게 기억되는 것이 하나 있다. 우리 신학의 최종 시금석은 종말론이라는 말이었다. 종말론에서 생각이 같으면 우리는 같은 신학을 가졌다는 말이다. 아무리 성경 본문을 연구하더라도 우리가 가진 종말론의 이론적 한계를 극복할 수 없다는 말인가? 그렇다면 우리가 성경 본문을 연구하며 애쓰는 노력이 큰 의미가 없는 일일 수도 있다.

하지만 이렇게 생각할 수도 있다. 어차피 우리는 사실이 아니라, 믿음으로 사는 존재라는 것이다. 여기서 사실은 미래에 될 일을 정확하게 아는 것을 말한다. 히브리서는 우리 믿음의 선배들이 "다 믿음을 따라 죽었으며 약속을 받지 못하였으되 그것들을 **멀리서 보고 환영하며** 또 땅에서는 외국인과 나그네임을 증언하였다"라고 말한다(히 11:13). 어차피 누구에게나 우리가 바라는 구속의 미래 완성은 멀리 있는 어렴풋한 사실이다. 단지 하나님의 은혜로 우리는 그것을 어렴풋하게 알고 우리가 경험한 하나님이 어떤 분이심을 알기에 그분을 신뢰하며 소망 가운데 지금 우리에게 당면한 고난을 견딘다.

따라서 성경 자료를 토대로 미래에 될 일에 관한 이론을 정립하는 것도 중요하지만, 더 중요한 것은 종말에 이르기까지 인간의 구속을 완성해 가시는 하나님을 아는 지식이다. 하박국 선지자는 유다에 대한 하나님의 심판을 예언했다. 그의 메시지는 "의인은 그의 믿음으로 말미암아 살리라"였다(합 2:4). 하지만 예언자 자신은 하나님 심판의 어두운 소식에 절망했다. 적군이 처러 올라오는 환난 날을 생각하며 그의 몸은 떨렸다. 하지만 그는 출애굽 사건을 떠올리며 그 가운데 하나님께서 이스라엘을 위해 행하신 구원을 자세히 살핀다. 그리하여 그는 하나님께서 궁극적으로 행하실 구원을 소망하며 하나님을 찬양할 수 있었다.

우리 각자에게는 이 지식에 근거한 믿음이 있어야 한다. 미래에 될 일을 정확하게 알 수 없다고 해서 그것을 몰라도 되며 생각하지 않아도 된다는 것은 아니다. 하나님께서 계시하신 부분을 연구하고 생각하는 가운데 지식에 근거한 믿음을 가져야 한다. 이것은 우리가 함께 우리에게 당면한 믿음의 과제를 행하는 일에 큰 유익이 된다. 이 책이 이 부분에서 우리에게 큰 도움이 되리라 생각한다. 바울이 에베소교회 성도를 위해 기도했던 것과 같은 마음으로 독자를 위해 기도한다. "아버지께서 지혜와 계시의 영을 너희에게 주사 하나님을 **알게** 하시고, 너희 마음의 눈을 밝히사 그의 부르심의 소망이 무엇이며 성도 안에서 그 기업의 영광의 풍성함이 무엇인지… 너희로 **알게** 하시기를 구하노라"(엡 1:17~19).

이 책 발간에 큰 원동력인 많은 후원회원님께 감사드리고, 특별히 출판 사역을 신실하게 후원하시는 조성택 대표님(원주 백두산약국)께 감사드린다. 출판 사역을 늘 격려하시는 총장 김택수 박사님과 출판부장 곽철호 교수님, 그리고 지원을 아끼지 않으시는 사무처장 박상복 목사님께도 감사를 드린다. 시간 압박에도 편집을 훌륭하게 하신 편집장 김광모 교수님, 그리고 표지를 탁월하게 만드신 김효경 자매님에게도 특별한 감사의 말을 전한다. 이 책을 성서침례대학원대학교를 위해 기도하며 후원하시는 모든 분께 바친다.

대명선지동산 연구실에서
2019년 가을에
역자 김석근

12   휴거 세 가지 견해

약어 목록

AB	Anchor Bible
ABD	*Anchor Bible Dictionary*. Edited by D. N. Freedman. 6 vols. New York, 1992.
AnBib	Analecta biblica
ApocAb	*Apocalypse of Abraham*
BAGD	Bauer, W., W. F. Arndt, F. W. Gingrich, and F. W. Danker. *Greek-English Lexicon of the New Testament and Other Early Christian Literature*. 2nd ed. Chicago, 1979.
BDAG	Bauer, W., F. W. Danker, W. F. Arndt, and F. W. Gingrich. *Greek-English Lexicon of the New Testament and Other Early Christian Literature*. 3rd ed. Chicago, 1999.
BDF	Blass, F., A. Debrunner, and R. W. Funk. *A Greek Grammar of the New Testament and Other Early Christian Literature*. Chicago, 1961.
BECNT	Baker Exegetical Commentary on the New Testament
BNTC	Black's New Testament Commentary
BSac	*Bibliotheca sacra*
CBQMS	Catholic Biblical Quarterly Monograph Series
CGTC	Cambridge Greek Testament Commentary
CNT	Commentaire du Nouveau Testament

ConBNT	Coniectanea biblica: New Testament Series
EBC	Expositor's Bible Commentary
ESV	English Standard Version
ET	English Translation
ET	Evangelische Theologie
ExpTim	*Expository Times*
FOTL	Forms of the Old Testament Literature
GTJ	Grace Theological Journal
HKNT	Handkommentar zum Neuen Testament
HNT	Handbuch zum Neuen Testament
HNTC	Harper's New Testament Commentaries
HUCA	*Hebrew Union College Annual*
ICC	International Critical Commentary
IVPNTC	InterVarsity Press New Testament Commentary
JBL	*Journal of Biblical Literature*
JETS	*Journal of the Evangelical Theological Society*
JSNT	*Journal for the Study of the New Testament*
JSNTSS	Journal for the Study of the New Testament: Supplement Series
JSOT	*Journal for the Study of the Old Testament*
KBANT	Kommentare und Beiträge zum Alten und Neuen Testament
KJV	King James Version
LSJ	Liddell, H. G. R. Scott, H. S. Jones, *A Greek-English Lexicon*, 9th ed. with revised supplement. Oxford, 1996.
LXX	Septuagint
MNTC	Moffatt New Testament Commentary
MT	Masoretic Text
NAC	New American Commentary

NASB	New American Standard Bible
NCB	New Century Bible
NCBC	New Cambridge Bible Commentary
NET	New English Translation (NET Bible)
NICNT	New International Commentary on the New Testament
NIDNTT	*New International Dictionary of New Testament Theology.* Edited by Colin Brown. 4 vols. Grand Rapids, 1975~85.
NIGTC	New International Greek Testament Commentary
NIV	New International Version
NIVAC	New International Version Application Commentary
NLT	New Living Translation
NovTSup	Novum Testamentum Supplements
NSBT	New Studies in Biblical Theology
NTAbh	Neutestamentliche Abhandlungen
NTS	*New Testament Studies*
NTTS	New Testament Tools and Studies
PNTC	Pillar New Testament Commentary
SJT	*Scottish Journal of Theology*
SNTSMS	Society for New Testament Studies Monograph Series
SP	Sacra pagina
TNIV	Today's New International Version
TNTC	Tyndale New Testament Commentaries
TOTC	Tyndale Old Testament Commentaries
TUGAL	Texte und Untersuchungen zur Geschichte der altchristlichen Literatur
WBC	Word Biblical Commentary
WTJ	*Westminster Theological Journal*
ZAW	*Zeitschrift fur die altestamentliche Wissenschaft*

휴거 세 가지 견해

서론

앨런 헐트버그
Alan Hultberg

이 책은 휴거의 시기에 관한 논쟁을 다룬다. **휴거**는 주님의 재림과 신자의 부활과 관련하여 교회가 공중에서 주님을 만나려고 '끌어 올려지는 사건'을 가리키는 신학 용어다. 이 용어는 라틴어 동사 라피오(*rapio*, '내가 붙잡는다', '내가 [격렬하게] 채어간다')에서 왔으며, 불가타성서는 헬라어 동사 ἁρπάζω[harpazō]를 이 단어로 번역한다. 바울은 이 단어를 데살로니가전서 4:17에서 사용하는데, 이 본문은 그 개념을 가르치는 중요한 구절이다. 이 본문에서 바울은 말한다.

> 우리가 주의 말씀으로 너희에게 이것을 말하노니 주께서 강림하실 때까지 우리 살아남아 있는 자도 자는 자보다 결코 앞서지 못하리라. 주께서 호령과 천사장의 소리와 하나님의 나팔 소리로 친히 하늘로부터 강림하시리니 그리스도 안에서 죽은 자들이 먼저 일어나고, 그 후에 우리 살아남은 자들도 그들과 함께 구름 속으로 끌어 올려(ἁρπαγησόμεθα[harpagēsometha]) 공중에서 주를 영접하게 하시리니. 그리하여 우리가 항상 주와 함께 있으리라. (살전 4:15~17)

데살로니가전서 4:17이 휴거를 구체적으로 말하는 유일한 성경 본문이지만, 다른 두 구절도 다소 암시적으로 말한다. 요한복음 14:2에서 예수님은 제자들에게 자신이 곧 떠나지만, 아버지의 집에 가서 그들을 위한 장소를 준비하신다고 말씀하셨다. 그리고 3절에서 이렇게 덧붙이신다. "가서 너희를 위하여 거처를 예비하면 내가 다시 와서 너희를 데려가 나 있는 곳에 너희도 나와 함께 있게 하리라." 예수님께서 재림하셔서 제자들이 자기와 함께 있도록 '데려가시는' 것은 데살로니가전서 4장에서 바울이 말하는 휴거와 분명히 같은 뜻이다. 이와 비슷하게 고린도전서 15:51~52에서는 휴거를 구체적으로 언급하지 않지만, 살아있는 신자에게 일어날, 필멸의 몸에서 불멸의 몸으로 변화를 말한다. "마지막 나팔에 순식간에 홀연히 다 변화되리니, 나팔 소리가 나매 죽은 자들이 썩지 아니할 것으로 다시 살아나고 우리도 변화되리라." 이 사건이 데살로니가전서 4장의 휴거와 연결되는 것은 이러한 불멸의 존재로 순식간 변화가 그리스도 안에서 죽은 사람의 부활과 연결되기 때문이다. 휴거 논의와 관련이 있다고 생각되는 또 다른 구절들이 있다. 예를 들면, 마태복음 24:31; 데살로니가후서 1:10; 계시록 14:14~16 등이다. 하지만 이 구절들은 논쟁의 여지가 있다. 주된 교리는 앞에 언급한 세 구절에 기초하여 확증된다.

휴거 시기에 관한 질문

휴거에 관한 현대 논쟁은 그것이 실제로 존재하는가 보다,[1] 그 시기에 관한 것이다. 특별히 그것은 현대 전천년주의자 가운데 더욱 그렇다. 그들은 계시록 20:1~6을 문자적으로 해석하여 예수님이 재림하셔서 땅 위에 임시왕국('천년'을 뜻하는 라틴어 **밀레 안니**[*mille anni*]에서 '천년왕국[millennium]')을 세우신다고 믿는다.[2] 다니엘, 감람산 강

---

[1] N. T. Wright, *The Resurrection of the Son of God*, Christian Origins and the Question of God, vol. 3 (Minneapolis: Fortress, 2003), 215를 보라. 터툴리아누스(*The Soul* 55; *Against Marcion* 3.25; 5.20)와 오리게네스(*First Principles* 2.11.5) 모두 휴거가 하나님께서 하늘에 이르도록 몸을 구속하심을 입증한다고 주장하는데, 교회 역사의 이른 시기에 일부 사람이 다른 식으로 생각했어도 그 논의는 휴거의 실체를 당연한 것으로 받아들이는 것으로 보인다.

[2] 다른 주요 종말론 체계는 무천년설(amillennialism)과 후천년설(postmillennialism)

화(마 24~25장 일부), 바울(특별히 데살로니가전후서), 계시록에 관한 미래주의자 해석에 기초한 통상적인 전천년주의 종말론에 따르면,3 '다니엘의 칠십 번째 이레'(단 9:24~27; 참고. 12:1~13)로 불리는 이 시대의 마지막 칠 년은 적그리스도가 마귀에게서 기세를 얻어, 하나님과 그분 백성을 대적하면서 지배할 것이다. 이 마지막 7년은 적그리스도가 이스라엘과 언약을 맺으면서 시작할 것이다(단 9:27). 하지만 언약 후 3년 반이 지나면 그는 '멸망의 가증한 것'을 세움으로써 예루살렘 성전을 더럽힐 것이다(단 9:27; 11:31; 12:11; 마 24:15; 막 13:14). 바울은 이것을 적그리스도가 성전에 앉아 자신이 하나님이라고 선포하는 것으로 분명히 해석한다(살후 2:3~4; 참고. 단 11:36; 계 13:8, 11~15). 그 후 적그리스도는 마지막 3년 반 동안 하나님의 백성을 심히 박해할 것이다(단 12:1, 11; 참고. 7:25; 마 24:15~22; 막 13:14~20; 계 11:7; 12:1~6; 12:13~13:8). 그리고 마지막으로 그리스도께서 다시 오셔서 적그리스도와 그의 추종자들을 물리치시고 땅 위에 당신 왕국을 세우신다(단 7:13~14, 21~27; 마 24:29~31; 막 13:24~27; 살후 2:8~12; 계 19:11~20:6; 참고. 살전 1:5~11; 살후 1:6~10).

이다. 전자는 계시록 20:1~6의 그리스도 통치가 영적 통치이며 하늘에서 이루어지는 것으로 주후 1세기에 그분이 하늘에 오르심으로 시작했고 그분 재림 때에 끝난다고 이해한다. 후자는 천년왕국을 재림 전의 긴, 마지막 시기로서 온전히 기독교화된 세상이 예수님의 명령에 따라 통치되며 그리스도의 영광스러운 재림에서 끝나는 때로 이해한다. 무천년주의자와 후천년주의자는 종종 미래의 적그리스도 아래에서 환란을 기대하지 않으며, 이 시기를 말하는 성경 구절이 주후 70년의 예루살렘 파괴나 현시대에서 교회가 겪는 일반 박해로 성취된다고 이해한다.

 3 여기서 개관하는 종말론과 각 요소에 관해 인용하는 본문은 이 책에서 논의할 문제를 미리 판단하려는 의도가 아니다. 이 책의 기고자들을 포함하여 많은 현대 전천년주의자는 이러한 개요를 미묘하게 나타내거나 완전히 거절하길 바라지만, 일반적으로 그것은 전천년주의자의 전통적 미래주의 종말론을 공정히 제시한다.

특별히 이 논쟁은 휴거가 이 마지막 7년 기간 전에 일어나는지, 그 중간에 일어나는지, 그 후에 일어나는지에 초점을 둔다. 이 논쟁을 하는 사람들은 이 마지막 7년을 '대환란'으로 부르기에, 이 논쟁에 참여자의 견해는 **환란 전 휴거**, **환란 중 휴거**, **환란 후 휴거**로 분류한다. 환란 전 휴거는 휴거가 마지막 7년 이전에, 환란 중 휴거는 마지막 7년 중에 멸망의 가증한 것이 세워지고 곧바로, 환란 후 휴거는 마지막 7년의 끝에 일어난다고 주장한다.4 종종 환란 중 휴거와 환란 후 휴거는 칠십 번째 이레 전체를 대환란이라 부를 수 없다고 말한다. 다니엘과 감람산 강화에서 그 표현은 멸망의 가증한 것이 세워진 다음에 있을 박해 기간에 초점을 맞추고 있기 때문이라는 것이다. 따라서 일부 환란 중 휴거주의자는 자기 입장을 가리켜 '칠십 번째 이레 중 휴거'라는 표현을 선호했다. 하지만 환란 후 휴거설은 환란이 언제 시작되든 여전히 환란 후 휴거설이다.

환란 중 휴거 및 환란 후 휴거와 환란 전 휴거를 나누는 문제는 교회가 적그리스도에게서 박해를 받는지 아닌지에 있다. 환란 중 휴거와 환란 후 휴거는 교회가 핍박을 받는다고 보며, 환란 전 휴거는 교회가 핍박을 받지 않는다고 본다. 적그리스도가 공포의 통치를 시작하기 전에 교회가 휴거되기 때문이다. 최근, 환란 중 휴거설은 '진노 전 휴거설'로 대체되고 있다. 후자는 환란 중 휴거설과 마찬가지로 휴거가 멸망의 가증한 것이 세워진 다음에 다니엘의 칠십 번째 이레가 끝나기 전에 있다고 단정하지만, 휴거가 환란 중 휴거설에서처럼 칠십 번째 이레의 중간과 연관되기보다 칠십 번째 이레의 후반부 동안의 어느 시점에 하나님께서 믿지 않는 세상에 진노를 쏟기 시작하시는 것과 연관됨을 강조한다. 이 책에서 논쟁은 환란 전 휴거, 환란 후 휴거, 진노 전 휴거 견해를 대표하는 학자가 각각 맡는다.

---

4 다른 견해인 '부분 휴거설'은 휴거가 환란 전에 일어나지만, 교회의 일부, 곧 깨어있는 신자만이 '휴거되고' 나머지 사람은 환란을 통과한다고 주장한다.

휴거의 시기에 관한 기본 문제에 덧붙여, 그리스도의 재림 성격과 관련한 문제가 환란 전 휴거설과 환란 중 휴거설을 환란 후 휴거설과 구분한다. 앞의 두 견해에서 재림 또는 강림('옴, 있음'을 뜻하는 헬라어 παρουσία[parousia]로부터)은 두 단계로 이루어지는데 휴거(그리스도께서 당신 교회를 위해 오심)에서 시작하여 그분의 지상 재림(영광스럽게 오셔서 원수를 갚으심; 이전 문헌에서 자주 그의 교회와 '함께' 오신다고 언급됨)에서 절정에 이른다. 환란 후 휴거설에서는 그 구분이 불가능하다(또는 불필요하다). 그리스도께서 당신 교회를 위해 오심이 지상 재림과 같기 때문이다. 이 견해에서 교회는 다시 오시는 주님을 만나려고 공중에 끌어 올려졌다가 곧바로 그분과 함께 영광스럽게 땅으로 돌아온다. 따라서 휴거의 때에 관한 논쟁은, 때에 관한 직접 증거와 교회와 적그리스도의 관계에 관한 증거를 생각하는 것 외에 두 단계 재림의 증거도 고려한다. 두 단계 재림을 지지하는 증거는 환란 전 휴거와 환란 중 휴거를 설명하며, 두 단계 재림에 반대하는 증거는 환란 후 휴거를 설명한다.

휴거의 때에 관한 논쟁은 특별히 19~20세기에 미래주의 종말론에 관한 관심이 다시 일어나면서 영국과 미국 복음주의자 사이에서 발전했다.5 신약성서가 기록되고, 가장 이른 시기 문헌은 교회사의 처음 3세기 동안 휴거 시기에 관해 의문을 가지지 않았음을 보여준다.

---

5 휴거 시기에 관한 현대 논쟁 역사는 Richard R. Reiter, "A History of the Development of the Rapture Positions," in *The Rapture: Pre-, Mid-, or Post-Tribulational*, by Gleason L. Archer Jr. (gen. ed.), Paul D. Feinberg, Douglas Moo, and Richard Reiter (Grand Rapids: Zondervan, 1984), 11~44와 J. Barton Payne, *The Imminent Appearing of Christ* (Grand Rapids: Eerdmans, 1962), 30~42를 보고, 이전 시대는 11~29을 보라. George Eldon Ladd, *The Blessed Hope: A Biblical Study of the Second Advent and the Rapture* (Grand Rapids: Eerdmans, 1956), 19~46; Robert H. Gundry, *The Church and the Tribulation: A Biblical Examination of Posttribulationism* (Grand Rapids: Zondervan, 1973), 172~88을 보라.

대부분 기본적인 미래주의(그리고 전천년주의) 종말론을 당연시한 것으로 보이며,6 휴거는 (어쨌든 이 주제가 논의될 때에는) 그리스도께서 왕국을 세우시려고 이 땅에 다시 오시는 일과 같은 때에 일어나는 것으로 간주했다. 곧, 환란 후 휴거설이다.7 적어도 니케아 회의 이전의 교부들이 그것을 말한 곳에서 그들은 일관적으로 교회가 멸망의 가증한 것을 목도하고 적그리스도 치하에 박해를 경험한다고 주장했다.8 시간이 지나면서 특정 철학적, 종교적, 정치적 요인으로 전천년주의는 대부분 신학자의 관심에서 멀어졌고, '고전적' 전천년주의 종말론의 기초였던 본문을 미래주의 해석도 마찬가지였다.9

---

6 예를 들어, Papias (in Irenaeus, Against Heresies 5.33.3); Justin, *Dialogue with Trypho* 110; Irenaeus, *Against Heresies* 5.25~26, 35; Hippolytus, *Treatise on Christ and Antichrist* 60~67을 보라. 참고. Tertullian, *Against Marcion* 3.25. 하지만 Justin, *Dialogue with Trypho* 80에서 당시 정통 비전천년주의자가 있었다는 인정은 유명하다. 참고. Irenaeus, *Against Heresies* 5.31~32.1. 니케아 이전의 비전천년주의에 관한 집중적 연구는 Charles E. Hill, *Regnum Caelorum: Patterns of Millennial Thought in Early Christianity*, 2nd ed. (Grand Rapids: Eerdmans, 2001)을 보라.

7 예를 들어, Tertullian, *On the Resurrection of the Flesh* 24~25, 41; Methodius, *The Banquet of the Ten Virgins* 6.4.

8 *Didache* 16; *Ep. Barn.* 4.9~14; Justin, *Dialogue with Trypho* 110; Irenaeus, *Against Heresies* 5.25~26, 35; Tertullian, *On the Resurrection of the Flesh*, 25, 41; *Apostolic Constitutions* 7.2.32; Hippolytus, *Treatise on Christ and Antichrist* 60~61; Commodianus, *Instruction* 44; Victorinus, *Commentary on Revelation*; Methodius, *The Banquet of the Ten Virgins* 6.4.

9 아우구스티누스 이후의 미래주의 전천년설의 쇠퇴에 관한 간략한 개관은 Ladd, *Blessed Hope*, 31~34; Payne, *Imminent Appearing*, 19~30; Ian S. Rennie, "Nineteenth-Century Roots of Contemporary Prophetic Interpretation," in *Dreams, Visions, and Oracles: The Layman's Guide to Biblical Prophecy*, ed. Carl Edwin Armerding and W. Ward Gasque (Grand Rapids: Baker, 1977), 43~44를 보라.

중세시대부터 19세기 시작에 이르기까지 다른 종말론 견해가 우세했는데, 특별히 무천년주의(그리스도의 왕국은 영적인 것이며 교회 시대와 같다고 하는 가르침)와 역사주의(일반적으로 미래의 적그리스도와 환란을 부정하는 가운데 다니엘과 계시록이 교회의 역사에 관한 예언이라는 가르침)이다.10 그리고 후천년주의(그리스도의 왕국이 그리스도의 재림 전, 교회가 세상을 기독교화한 어느 시점에 이루어질 것이라는 가르침)가 이 시기 마지막에 널리 퍼졌다. 이 전통에서 휴거의 시기는 의문시되지 않았다. 하지만 19세기의 시작에 이르러 전천년주의가 다시 일어났고, 그와 함께 다니엘과 계시록을 미래주의로 해석하는 견해도 다시 주목을 받기 시작했다.11

미래주의 해석을 새롭게 자극한 것은 처음 영국에서 그리고 후에 미국에서 있었던 예언 집회(prophetic conference)였으며, 우리 조사에서 가장 중요한 것은 1800년대 초 영국 본토의 알버리 파크(Albury Park)와 파워스코트 하우스(Powerscourt House)에서 집회, 그리고 1800년대 후기와 1900년대 초기 온타리오의 나이아그라(Niagra)와 그 후 뉴욕의 롱 아일랜드에서의 모임이었다. 1830년대 알버리 파크와 파워스코트에서 스코틀랜드 교회 목사 에드워드 어빙(Edward Irving)과 형제회 지도자 존 다비(John Darby)가 당시 주된 견해인 환란 후 견해에 맞서 환란 전 '비밀' 휴거를12 가르치기 시작했다.13

---

10 주목할 만한 예외는 제수이트 수사 리베라(Ribera)와 그를 따른 다른 가톨릭 반종교개혁주의자였다. 교황을 적그리스도로 본 개신교도 역사주의와 대조적으로, 리베라는 자기 계시록 주석에서 그리스도의 재림 이전에 교회를 박해할 미래의 인물로서 적그리스도를 주장했다. Ladd, *Blessed Hope*, 37~38; Payne, *Imminent Appearing*, 30을 보라.

11 이전에 전천년주의의 인기가 다시 일은 때와 그 이전 시기에 어떤 전천년주의자가 있었든지, 그들은 다니엘과 계시록을 이해하는 일에서 일반적으로 역사주의자였다.

12 다비(Darby) 또한 이때 특별히 하나님의 경륜에서 교회와 이스라엘의 구분이 포함해 '세대주의'로 알려진 다른 교리들을 가르쳤으며, '역사주의적' 환란 후 전천년주의자는 그것을 받아들이지 않았다. 현대 환란 전 견해의

1859년부터 1874까지 다비가 미국에서 여러 차례 순회 설교한 결과로 그의 신학 견해와 특별히 환란 전 견해를 포함한 미래주의 예언 견해가 그곳에서 널리 채택됐다. 1800년대 후기에 이르러 나이아그라 성경 집회(Niagra Bible Conferences)에서 미국 전천년주의자들 사이에 환란 전 견해와 환란 후 견해가 경합을 벌였으며, 1920년에 이르러 환란 전 견해가 근본적으로 승리했다.14

환란 후 견해(그리고 소수파인 환란 중 휴거설)는 그 옹호자들이 20세기 중엽에도 활동을 이어갔으나, 1956년 조지 래드(George Eldon Ladd)의 책, 『복된 희망(The Blessed Hope)』을 기점으로 재기했으며, 특별히 1973년 발행된 로버트 건드리(Robert H. Gundry)의 더 석의적인 저작인 『교회와 환란(The Church and the Tribulation)』을 통해 입지를 굳혔다.15 1980년에 이르러 경쟁의 장은 어느 정도 평준화되었

기원은 Ladd, *Blessed Hope*, 40~44; Payne, *Imminent Appearing*, 31~34; Gundry, *Church and Tribulation*, 185~88; Rennie, "Roots," 46~57; Dave MacPherson, *The Unbelievable Pre-Trib Origin* (Kansas City: Heart of America Bible Society, 1973)―이 문제에 관한 그의 여러 책 가운데 첫째―을 보라. 하지만 Rennie, "Roots," 51~52를 참고하라. 최근 세대주의자가 세대주의와 전천년주의가 반드시 연결되지는 않는다고 바르게 주장해도(예를 들어, Paul D. Feinberg, "The Case for the Pretribulation Rapture Position," in Archer, Feinberg, Moo, and Reiter, *The Rapture*, 48~49에서는 건드리[Gundry]가 그것을 승인하는 것으로 인용함), 어쨌든 환란 전 견해가 그 시작부터 기본적으로 세대주의 입장이었다.

13 다비는 특별히 영국 학자 트레겔레스의 반대를 받았다. Samuel Tregelles, *The Hope of Christ's Second Coming: How Is It Taught in Scripture? And Why?* (London/Plymouth: n.p., 1864).

14 이 시기에 관한 자세한 연구는 Reiter, "History," 11~30을 보라.

15 래드는 특별히 대표적인 전천년주의자인 월부드의 반대를 받았다. John F. Walvoord, *The Rapture Question* (Findlay, Ohio: Dunham, 1957); *The Blessed Hope and the Tribulation: A Historical and Biblical Study of Posttribulationism* (Grand Rapids: Zondervan, 1976), 40~59. 환란 후 견해에 대한 고전적 변호(그리고 환란 전 견해에 관한 비평)는 이전에 Alexander

으며, 그 결과 1981년 아메리카 복음주의 자유 교회(Evangelical Free Church in America)의 연례회의에서 공식적 논쟁이 일었다. 여기서 EFCA신학교인 트리니티복음주의신학교(Trinity Evangelical Divinity School)의 세 교수가 각각 환란 전 휴거, 환란 중 휴거, 환란 후 휴거의 찬반 입장을 논했다. 그들 논쟁은 1984년에 『휴거: 환란 전, 환란 중, 또는 환란 후(*The Rapture: Pre-, Mid-, or Post-Tribulation?*)』라는 제목으로 발행되었다. 우리가 지금 집필하는 이 책은 그 책을 업데이트하려는 시도다.

『휴거: 환란 전, 환란 중, 또는 환란 후』에서 폴 파인버그(Paul D. Feinberg)는 환란 전 견해를 주장했다. 파인버그의 주장은 네 개의 주된 논제로 구성된다. 첫째, 파인버그는 성경에서 교회가 다니엘의 칠십 번째 이레 동안 쏟아질, 하나님의 진노에서 면제됨을 약속하며, 하나님의 진노 기간은 그 마지막 이레(주) 전체를 포함하기에, 교회는 그 주 전체 동안 보호되어야 한다고 주장했다. 둘째, 파인버그는 더 구체적으로 하나님의 진노에서 면제되는 것이 진노가 쏟아지는 실제 기간에서 면제되는 것을 포함한다고 계시록 3:10이 약속한다고 주장했다. 곧, 계시록 3:10은 다니엘의 칠십 번째 이레 전에 교회가 땅 위에서 옮겨진다고 약속한다. 셋째, 파인버그는 성경에서 '영화되지 못한' 신자가 천년왕국에 들어가는 것을 말하고 있기에 휴거와 그리스도께서 오셔서 이 땅에 왕국을 세우시는 것 사이에 시간의 간격이 필요하다고 주장했다. 환란 후 휴거는 그 시간을 허용하지 않고, 환란 중 휴거는 충분한 시간을 허락하지 않으므로, 그의 의견에 따르면 환란 전 휴거만이 이 가르침을 설명하기에 적합하다. 넷째, 파인버그는 신약에서 휴거와 재림을 비교하는 내용은 두 사건이 다

Reese, *The Approaching Advent of Christ: An Examination of the Teaching of J. N. Darby and His Followers* (London/Edinburgh: Marshall, Morgan and Scott, 1937)에서 제시되었다. 건드리에 대한 반대는 특별히 John A. Sproule, *In Defense of Pretribulationism* (Winona Lake, Ind.: BMH, 1980)과 John F. Walvoord, *The Blessed Hope*, 60~69를 보라.

른 두 종류의 것임을 보여준다고 주장한다. 어떤 경우 중요한 누락이 그 차이를 증명하며, 다른 경우 중요한 대조가 그 차이를 말해준다는 것이다.

그 책에서 환란 중 휴거를 옹호하는 글리슨 아처 주니어(Gleason L. Archer Jr.)는 일반적으로 본질적인 면에서 파인버그의 논제들을 받아들이는 것으로 보인다. 하지만 그는 하나님의 진노가 다니엘의 칠십 번째 이레의 7년 기간 전체에 일어난다는 파인버그의 주장에 동의하지 않으며, 계시록의 구조를 볼 때 하나님의 진노는 그 이레의 후반부에만 쏟아지며, 교회는 전반부 동안 **적그리스도**의 진노를 경험한다고 주장한다. 다른 한 편으로, 환란 후 휴거를 옹호하는 더글러스 무(Douglas Moo)는 파인버그의 논증 전체를 문제 삼는다. 그는 하나님의 진노가 부어지는 시기, 교회가 그 진노를 겪지 않는다는 약속의 성격, 휴거와 재림에 관한 본문들 사이의 구분과 관련하여 파인버그의 석의에 문제가 있다고 생각한다. 덧붙여, 무는 신학적으로 교회가 적그리스도의 음모와 하나님의 진노로부터 보호받으려고 땅 위에서 옮겨져야 한다는 생각에 반대한다. 한편으로, 하나님께서는 과거에 하나님의 진노가 쏟아지는 가운데 자기 백성이 환란을 경험하기도 하고 때로 하나님의 보호를 경험하도록 하셨으며, 다른 한편으로, 환란 전 휴거의 구조에서도 '환란 때 성도'를 위해서 분명히 그렇게 하신다는 설명이다.

무 자신의 환란 후 휴거 견해는 자기 이전 견해 일부에 근거하며, 다섯 가지 기본 질문으로 이뤄진다. 먼저, 교회가 하나님의 진노가 부어지는 마지막 시기에 이 땅에 존재할 수 없다는 어떤 피할 수 없는 신학적 이유가 있는가? 둘째, 성경이 말하는 그리스도 재림에 관한 표현이 휴거와 지상 재림을 구분하는가? 셋째, 휴거를 말하는 '분명한' 본문(요 14:1~4; 고전 15:51~55; 살전 4:13~18)이 휴거의 시기를 나타내는가? 넷째, 연관된 다른 본문(살전 5:1~11; 살후 1:5~7; 마 24:1~31; 계시록의 여러 구절)이 휴거의 시기를 암시하는가? 다섯째,

성경이 말하는 임박함의 개념이 '어느 때라도 이루어질 수 있는' 휴거를 가리키는가? 첫째와 둘째, 다섯째 질문에, 무의 대답은 부정적이다. 하지만 셋째와 넷째 질문에서 무는 대부분의 관련된 '분명한' 휴거 본문을 주의 깊게 석의할 때 환란 후 휴거라는 결론을 얻을 수 있다고 주장한다. 그 본문이 다양한 방식으로, 교회를 진노 중에 오시는 그리스도와 연관시키거나 이스라엘의 회복 때와 연관시키며, 둘 다 환란 후 휴거로 이해할 수 있기 때문이라는 것이다. 무는 신약의 주요 재림 본문에서 묘사하는 종말 사건을 비교하고, 유사성과 연관성을 보여주면서 각각이 환란 후 휴거를 입증한다고 주장하며 논증을 맺는다.

정도의 차이는 있지만, 파인버그와 아처는 본문이 같은 사건을 가리킨다는 무의 주장을 반박하며, 특별히 데살로니가전서 4~5장과 계시록 3:10을 자세히 해석해 무가 한 사건으로 통합하는 것이 실제로 분리된 여러 사건이라고 제안한다. 그들은 한편으로, 하나님의 진노를 피하는 휴거와 얼마 다음에 뒤따를 그리스도 재림으로 구성된 두 단계 재림이, 그리고 다른 한편으로, 여러 부활이 이 구절들을 더 잘 설명한다고 주장한다. 나아가, 파인버그는 무가 감람산 강화에서 그 구절을 교회보다는 이스라엘에 더 집중하는 부분을 간과했다고 주장한다. 무가 환란 후 견해를 주장하려고 감람산 강화와 연결하는 바울과 요한의 본문이 이 논의와 무관하다는 것이다.

아처는 환란 전 휴거 견해와 환란 후 휴거 견해 모두 문제가 있다고 주장함으로써 자신의 환란 중 휴거설을 개진한다. 그는 환란 전 휴거와 환란 후 휴거 모두 모든 자료를 설명할 수 없음을 보여주려고 하며, 환란 중 휴거가 적절하게 중재하는 입장으로 남을 수 있다고 제안한다. 그리하여 그는 환란 후 휴거설이 1세기 교회의 기대, 데살로니가전서 4~5장의 사건 순서, 교회가 하나님의 진노를 경험하지 않는다는 사실, 계시록 19:12에서 성도가 그리스도와 함께 돌아온다는 것, '영화되지 않은' 신자가 천년왕국에 들어간다는 사실을 설명할 수 없다고 주장한다. 또한, 환란 전 휴거는 휴거 전에 있다는 징조들, 특히 멸망의 가증한 것을 설명할 수 없다고 주장한다. 오직 환란 중 휴거만이 앞의 두 종류의 사실들을 설명할 수 있다는 것이다. 두 번째, 아처는 자기 입장을 위해 좀 더 긍정적 논증을 시도하지만, 그것이 의미하는 바를 구체적으로 끌어내지 않기에 설득력이 떨어진다. 첫째, 그는 다니엘과 계시록에서 적그리스도의 마지막 3년 반 동안 행위를 강조하는 것이 멸망의 가증한 것 이후에 적그리스도 초점의 중대한 변화를 가리키며, 이는 그 시점에서 일어난 휴거가 그러한 변화를 가장 잘 설명한다는 의미일 수 있다고 주장한다. 둘째, 그는 그리스도께서 성도와 함께 돌아오심을 말하는 계시록 19:12에 앞서 14:14~16에서 말함이 휴거를 보여주는 그림이라고 주장한다. 파인버그 견해에 관한 그의 논평에 비추어 볼 때, 아처는 계시록의 구조로부터 계시록 16~18장의 하나님의 진노가 두 사건 사이에 일어나며, 그리하여 시간적으로 휴거를 영광스러운 재림과 분리하고 있는 것으로 이해한 것으로 보인다.

    파인버그와 무는 아처의 주장이 신빙성이 없다고 말한다. 둘 다 아처가 휴거와 칠십 번째 이레의 중간지점 사이의 연관성을 확증하지 못했다고 주장하며, 둘 다 자신들 입장을 반대하는 그의 논증이 확고하지 않다고 말한다. 파인버그는 아처가 환란 전 휴거를 논박하면서 앞선 징조들을 말하는 본문들을 재림 본문으로, 휴거에 관한 본문이 아닌 것을 휴거 본문으로 착각했다고 주장한다. 또한, 파인버그는 그리스도의 재림에 대한 1세기 교회의 기대가 환란 중 휴거와 환란 후 휴거가 주장하는, 징조 후 있을 휴거보다 '언제든 일어날 수 있는' 것, 곧 환란 전 휴거와 어우러진다고 주장한다. 무는 환란 전 휴거에 대한 아처의 논박에 일반적으로 동의하면서도 환란 후 휴거를 반대하면서 아처가 인용하는 본문 어느 것도 강력하지 않다고 주장한다. 어느 것도 분명하게 휴거와 재림 사이의 상당한 시간적 간격을 암시하지 않으며, 각각 동일하게 환란 후 휴거로 해석할 수 있다는 것이다. 그 외에도 아처가 환란 전 휴거를 논박하는 가운데 마태복음 24장을 교회에 적용하는 것은 스스로 주장을 허물어 버린다고 말한다. 교회는 이레의 중간에 있을 사건들에 대해 경고를 받을 뿐 아니라 그 '이레'의 후반부, 곧 교회가 휴거된 후로 추정되는 때에 있을 일에 대해서도 경고를 받기 때문이라는 것이다.

『휴거: 환란 전, 환란 중, 또는 환란 후』가 채택한 주고받는 형식은 분명한 '승자'를 만들어내지 못했지만, 용어를 정의하는 데 도움이 되었다. 중요하다고 생각한 특정 문제들, 예를 들어, 신학적으로 교회가 환란을 면해야 할 필요가 있는지 없는지, 그리고 각각의 신약 '재림' 용어가 가진 의의가 그 논쟁에서 결정 불가 또는 교착상태로 인정되었다. 하지만 두 종류의 질문이 중심으로 부상했다. 첫째는 교회와 하나님의 진노를 다루는 질문이다. 다니엘의 칠십 번째 이레와 관련하여 하나님의 진노는 언제 시작되는가? 교회가 하나님의 진노를 받지 않는다는 말은 무슨 의미인가? 하나님의 진노 시기가 교회의 휴거와 그리스도의 지상 재림을 분리한다는 생각은 석의적 근거가 있는가? 둘째 질문은 종말 '징조'가 교회와 무슨 관계인지 다룬다. 이것은 감람산 강화의 성격과 그것이 다른 신약의 재림 구절과 가지는 관계를 질문함으로써 폭넓게 요약될 수 있다. 감람산 강화는 그리스도의 오심 징조를 교회에 알리는 것으로 이해되어야 하는가? 감람산 강화의 징조는 특별히 데살로니가 교회에 쓴 편지들에서 바울의 논증, 또는 아마도 계시록과 어떤 연관이 있는가? 이 질문에 대답하려면서 분명히 좀 더 집중된 다른 석의 질문들이 중요하게 생각날 것이다. 하지만 논쟁은 신학적이고 어휘적인 것에서 좀 더 순전히 석의적인 것으로 전환한 것으로 보인다.

진노 전 휴거 견해 발흥

『휴거: 환란 전, 환란 중, 또는 환란 후』에서 '승자'가 분명히 결정되지는 않았지만, '패자'는 분명했다. 환란 전 휴거의 장점과 환란 후 휴거의 장점으로 여긴 점들을 통합하려 한 아처의 동기는 비교적 이해할 만한 것이었으나, 휴거를 다니엘의 칠십 번째 이레의 중간 시점과 연결하려던 시도는 불충분한 증거로 실패했다.16 환란 중 휴거의 견해에서 그 실패는 더 개선한 '진노 전' 휴거라 불리는 근본적인 견해를 낳았다.17 환란 중 휴거와 마찬가지로 진노 전 휴거를 옹호하는 사람은 그리스도의 재림과 관련하여 하나님의 진노가 쏟아지기 전에 교회가 휴거된다는 환란 전 휴거설의 기본 논제와 교회가 멸망의 가증한 것을 목격하고 적그리스도의 박해를 경험한다는 환란 후 휴거설의 기본 논제를 통합하려고 한다.18 진노 전 휴거설이 환란 중 휴거설과 다른 점은 교회가 멸망의 가증한 것 다음에 일어나는 환란 중에 적그리스도에 의해 박해를 당한다고 이해하는 것과 하나님의 진노가 다니엘의 칠십 번째 이레의 후반부 중 어느 시점에 시작한다는 이해이다.

---

16 다른 환란 중 휴거주의자의 시도는 이와 비슷하게 성공적이지 못한 것으로 생각되었다. J. Oliver Buswel, *A Systematic Theology of the Christian Religion*, vol. 2 (Grand Rapids: Zondervan, 1963), 390은 휴거를 계시록 11:1~13의 두 증인의 부활과 연결했으며, 그 부활이 황폐하게 하는 가증한 것의 사건 3일 반 후에 있다고 이해했다. 하지만 그의 주장은 학자들의 시선을 끌지 못했다.

17 진노 전 휴거의 주된 옹호자는 자기 입장이 환란 중 휴거설을 다듬었다고 생각하지 않지만, 환란 전 견해와 환란 후 견해의 장점을 통합하려는 기본 성향을 유지한다는 점에서 그렇게 여길 수 있다. Robert Van Kampen, *The Rapture Question Answered: Plain and Simple* (Grand Rapids: Revell, 1997), 42를 보라.

18 아처의 개요에 따르면, 교회는 다니엘의 칠십 번째 주의 전반부 동안 적그리스도의 박해를 경험하며 황폐하게 하는 가증한 것의 사건 후 곧바로 휴거된다. 버스웰은 교회가 황폐하게 하는 가증한 것 이후에 짧지만 강력한 박해(큰 환란)를 경험하고 곧바로 예수님께서 진노 중에 오실 때에 휴거된다고 말하는 점에서 진노 전 휴거설에 가깝다. Harold J. Ockenga, *The Church in God: Expository Values in Thessalonians* (Westwood, N.J.: Revell, 1956), 259를 참고하라. 그는 또한 진노 전 휴거 견해를 암시한다.

진노 전 휴거 견해를 공개적으로 지지한 초기 두 인물은 그리스도인 사업가이며 교회 지도자로서 1970년대에 그 견해를 다듬은 로버트 반 캄펜(Robert Van Kampen)과 1980년대 후반에 캄펜의 가르침을 받아들인, 현재 시온의 소망(Zion's Hope)이라는 기독교 선교회의 지도자인 마빈 로젠탈(Marvin Rosenthal)이다. 진노 전 휴거 견해는 1990년대에 로젠탈이 쓴 『교회의 진노 전 휴거』에서 처음 발표되었다.19 1992년 반 캄펜의 책, 『징조(The Sign)』가 발행되었으며, 그 후로 다른 많은 책과 간행물이 그들 입장을 옹호하거나 비판했다.20

로젠탈의 진노 전 휴거 논증이 대표적이다. 그는 두 주요 논제를 단정한다. 주의 날, 곧 하나님의 진노 날이 다니엘의 칠십 번째 이레의 후반부 어느 시점, 마태복음 24:28~29와 계시록 6:12~14에서 말하는 우주적 혼란 직후에 시작한다는 것과 휴거가 주의 날 직전에 일어난다는 것이다. 로젠탈은 첫 번째 논제를 지지하려고 마태복음 24:22, 29~31을 계시록 6:12~17과 8:1~11:15과 함께 인용한다. 그의 주장에 따르면, 구약 이미지에 의존하여 주의 날을 말하는 이 본문들은 일곱 번째 인과 그와 관련된 나팔 심판으로 요약된 하나님 진노(계 6:17)가 단축된 환란 시기, 곧 다니엘 12:1과 마태복음 24:15~21에서 멸망의 가증한 것 다음에 시작한다는 시기 다음에 시작한다고 말한다. 확정적 증거는 계시록 11:3에서 '엘리야'의 나타남(참고. 말 4:5), 계시록 8:8~11:19에서 (요엘 2:1을 대표하는) 나팔

---

19 Marvin J. Rosenthal, *The Pre-wrath Rapture of the Church: A New Understanding of the Rapture, the Tribulation, and the Second Coming* (Nashville: Nelson, 1990).

20 특별히, 옹호는 H. L. Nigro, *Before God's Wrath: The Bible's Answer to the Timing of the Rapture*, rev. and exp. (Lancaster, Pa.: Strong Tower, 2004)이 하고, 비평은 Paul S. Karleen, *The Pre-wrath Rapture of the Church: Is It Biblical?* (Langhorne, Pa.: BF Press, 1991); Renald E. Showers, *The Pre-wrath Rapture View: An Examination and Critique* (Grand Rapids: Kregel, 2001)이 한다.

재앙들, 데살로니가후서 2:1~4에서 연속 사건들에서 찾아볼 수 있다. 로젠탈은 두 번째 논제를 지지하려고 인자의 날을 대홍수 이전 세상과 비교하는 누가복음 17:26~27을 인용한다. 홍수 심판은 노아가 구원받은 '그날'에 시작했으며, 따라서 하나님의 진노가 교회가 휴거되는 바로 그날에 쏟아지기 시작한다는 암시이다. 관련 증거는 교회가 나팔 심판 전에 휴거되는 것으로 묘사하는 계시록 7장, 교회가 진노의 날을 나타내는 우주적 혼란과 천사의 나팔에 휴거됨을 가리키는 마태복음 24:29~31; 고린도전서 15:52~52; 데살로니가전서 4:16~17, 교회 시대가 하나님의 진노가 부어지기 전에 끝남을 말하는 마태복음 13:37~40; 24:14; 28:20, 그리고 교회가 다가오는 진노에서 해방을 약속하는 데살로니가전서 5:9에서 찾아볼 수 있다. 덧붙여 로젠탈은 자기 책의 한 장 전체를 환란 전 휴거 논증을 반박하는 데 쓴다.[21]

따라서 로젠탈의 논증은 환란 중 휴거설의 기본 구조를 채택하면서도 그 이론에서 휴거를 다니엘의 칠십 번째 이레의 중간 시점에 둠으로 문제가 된 점을 제거한다. 그 대신 진노 전 휴거는 휴거를 그 이레와 관련한 구체적 사건들과 연결하지 않는다. 휴거는 칠십 번째 이레의 후반부 어떤 시점에, 마태복음 24:29와 계시록 6:12~14에서 말하는 우주적 혼란을 신호로 하나님의 진노가 땅에 쏟아지는 것과 관련하여 일어난다. 로젠탈과 반 캄펜에 대한 비평은 주로 환란 전 휴거주의자가 했으며, 따라서 특별히 환란과 하나님의 진노 때(또는 주의 날)를 서로 연결하고 그것들을 다니엘의 칠십 번째 이레와 연결하는 석의에 초점을 맞춘다. 이전 논쟁에서 표면화되었지만, 진노 전 휴거 견해의 급부상으로 힘을 얻는 한 가지 특별한 논쟁의 요지는 계시록에서 말하는 하나님의 진노가 첫째 인을 뗄 때(계 6:1~2) 시작하는지, 아니면 일곱째 인을 뗄 때(계 8:1~5) 시작하는지

---

21 반 캄펜의 논증에 비슷한 요소가 있지만, 로젠탈의 논증보다 더 광범위하고 다소 추리에 의존한다.

이다. 첫째 인은 통상적으로 칠십 번째 이레의 시작과 연결되며, 일곱째 인은 그 이레의 어떤 시점과 연결된다. 이와 유사하게 진노 전 휴거 견해는 계시록에서 휴거에 관한 묘사가 있는지, 특별히 계시록 7:9~17에서 셀 수 없는 무리가 휴거된 교회(계시록 8~11, 16장에서 묘사하는 하나님의 진노 이전에 큰 환란, 또는 박해를 피해 하늘로 올려진)를 가리키는지의 질문을 두드러지게 했다.

이 책의 전개 방식

이 책은 아처, 파인버그, 무가 시작했고, 로젠탈이 향상시킨 논쟁을 더 전진시키려고 한다. 『휴거: 환란 전, 환란 중, 또는 환란 후』와 같게 진행한다. 환란 전 휴거, 진노 전 휴거, 환란 후 휴거를 주장하는 각 논문에 반대 견해로 논평이 이어지며, 다시 주장자가 논평에 대답하는 순서로 이어진다. 결론 장에서는 논쟁을 종합하고, 후속 연구에 도움이 될 제안을 하겠다. 이 접근이 휴거에 관한 견해를 숙고하고 스스로 성경을 연구하는 일에 도움이 되기를 바란다.

휴거 시기에 관한 문제가 기독교 신앙의 중심은 아니지만, 분명히 성경의 한 요소이며 또한 종말을 올바로 아는 일의 한 부분이다. 책을 읽는 과정에서 알겠지만, 이 주제는 교회에 관한 교리와 규범적 그리스도인의 경험 문제와도 연결된다. 따라서 중요한 교리이며 전체적으로 교회가 계속 씨름해야 하는 교리다. 이 책이 그 가치 있는 노력에 적게나마 교회를 섬길 수 있기를 기도한다.

휴거 세 가지 견해

A Case for the Pretribulation Rapture
환란 전 휴거 견해
크레이그 블레이징
Craig Blaising

1

휴거(rapture)라는 단어를 쓰면, 사람들은 보통 두 가지 반응을 보인다. 어떤 사람은 여러분이 무엇을 말하는지 이해하지 못한다. 그 단어는 종교적이며 신학적 용어로, 세속주의가 증가하는 시대에 대중 이야기에서 신학적 지식과 관련 있는 전문 용어가 많이 감소하는 상황에서 그것은 낯설 수밖에 없다. **휴거**라는 단어의 비신학적 의미인 무아경의 기쁨과 같은 어떤 것을 가리키는 용법(전문적이며 신학적인 용법에서 유래한 의미)조차 통상적 사용에서 거의 사라졌다.

다른 한편으로, 많은 사람에게 **휴거**라는 단어는 그것을 언급하는 것만으로도 이 땅에 임하는 고난의 시기에 하나님께서 사람을 구원하는 일과 관련된 일련의 종말적 생각, 개념, 용어, 이미지 전체를 떠올리게 하는 핵심 용어다. 사람들은 종말론과 관련된 전문적 신학 용어를 잘 모를 수 있다. 하지만 그들이 이 개념에 익숙하다면 **휴거**라는 단어를 알고 있을 가능성이 크고, 그것을 아는 많은 사람은 주의 재림 배경이 되는 힘든 시기를 말하는 '환란(tribulation)'이라는 단어도 알 것이다. 실제로 통속적 복음주의 이야기에서 휴거와 환란의 개념은 너무도 밀접하게 연결되어 있어서 그것들은 동전의 앞뒤 면과 같다. 하나는 다른 하나와 항상 같이 다닌다.

이 논문에서 주장하는 환란 전 휴거 견해는 휴거가 환란과 어떤 연관이 있는지 이해하는 한 가지 특별한 방식으로, 복음주의 사상에 매우 널리 퍼져있는 견해이다. 환란 전 휴거 견해는 휴거, 곧 부활해 변형한 신자가 공중에서 오시는 주님을 만나 영원히 그분과 함께 있으려고 '들려 올리는 것(catching up)'이 고난과 심판의 때인 환란에 앞서 일어난다는 견해다. 환란의 절정에 그리스도께서 천년왕국을 시작하시려고 성도와 함께 가시적으로 이 땅에 내려오신다. 이 견해에서 휴거가 **환란 전**인 것은 그것이 **환란 전**에 일어나기 때문이다.

환란 전 휴거가 널리 알려지기 전에 대부분 사람은 휴거와 환란의 관계를 많이 생각하지 않았다. 그 이유는 기독교 역사의 많은 부분에 걸쳐 그리스도의 재림이 하나의 사건처럼 다루어졌기 때문이다. 정한 때에 그리스도께서 갑자기 가시적 형태로 이 땅에 내려오시며, 그 후 마지막 심판이 있고 그다음에 영원한 세상이 시작한다는 것이다. 실제로 교회사의 많은 부분에 걸쳐 재림에 관한 종말론적 사건을 시간에서 영원으로 전환, 곧 시간이 갑작스럽고 분명하게 끝나면서 전환하는 사건으로 여기는 경향이 있었다.

종말에 관한 이 단순한 견해는 종말 사건에 관한 더 복잡한 이해를 제안한 현대 전천년설(premillennialism)의 도전을 받았다. 전천년설은 재림과 영원한 세상 사이에 땅에서 있을, 그리스도의 천년 통치를 예견했다. 그 통치는 마지막 심판과 죽은 사람 부활을 시간상 분리된 두 국면으로 나눴다. 나아가, 현대 전천년설은 재림 때 '환란'의 상황에 새로운 관심을 일으켰다. 중세 신학이 환란을 교회의 초기 역사나 길게 이어지는 역사로 봤지만, 현대 전천년설은 그것을 그리스도의 재림으로 이어지고 그 배경이 되는 미래 환란의 시기로 봄으로써 환란에 관한 미래주의 견해를 고려하고 점검하는 토론의 장이 되었다.

전천년주의자는 성경적 종말론을 미래 환란과 미래 천년왕국을 포함하는 시간 순서로 이해가 성경 본문을 역사적, 문법적, 문학적으로 해석하는 것과 어울린다고 계속 확언했다. 하지만 그것은 중세 해석학이 간과한 몇 가지 문제를 일으켰다. 이 문제를 해결하고 일관적 해석을 추구하면서, 19세기 초 일부 전천년주의자는 환란 전 휴거라는 해석을 제안했다.

필자는 이 논문에서 환란 전 휴거 견해의 논증을 제시하겠다. 이 논증은 사도 바울이 데살로니가 교회에 보낸 편지에서 제시한 휴거와 주의 날의 관계 해석인데, 예수님의 가르침과 구약 예언자들의 글이라는 정경의 더 넓은 맥락에서 이해했다. 결론에 앞서, 계시록이 말하는 것과 환란 전 휴거 견해가 전천년설의 일부 측면과 조화를 이루는 방식을 살피겠다. 마지막으로 환란 전 휴거가 세대주의 사상(dispensational thought)과 어떤 연관이 있는지도 언급하겠다.

휴거와 주의 날

휴거를 가장 분명히 말하는 데살로니가전서 4:13~18로 시작하겠다. 이 편지의 첫 장에서 바울은 데살로니가 그리스도인이 주께서 하늘로부터 오셔서 그들을 다가오는 진노에서부터 구해주시길 기다린다고 말한다(1:10). 주께서 오시기 전에 죽는 신자를 염려하는 일이 분명히 있었다. 바울은 독자를 안심하게 한다. 그들은 버려지지 않는다. 주께서 오실 때, 죽은 사람을 죽음에서 일으키신다. 어떻게 그런 일이 일어날지는 4:16에서 설명한다. "주께서 호령과 천사장의 소리와 하나님의 나팔 소리로 친히 하늘로부터 강림하시리니 그리스도 안에서 죽은 자들이 먼저 일어날 것이다."

주님은 그리스도 안에서 죽은 사람을 일으키신 다음에 살아있는 사람도 그들과 함께 '구름 속으로 끌어 올려' 주를 영접하게 하실 것이다. 그리하여 우리 살아서 남은 사람은 그들과 함께 구름 속으로 끌어올리어 공중에서 주님을 맞이하며 우리가 항상 주와 함께 있을 것이다(4:17). 데살로니가전서 4:17에서 "끌어올려"로 번역된 헬라어 동사 ἁρπαγησόμεθα[harpagēsometha]는 '잡아채다(snatched up, NET 주석)'로 더 선명하게 번역되어, 갑작스럽고 격렬하게 부활한 신자와 남아있던 신자 전부 주님 앞으로 옮겨지는 것을 정확하게 나타낸다.1 이 단어는 사도행전 8:39에서 빌립이 에티오피아 내시에게 침례를 베푼 후 주의 영이 빌립을 '잡아채 가신' 것을 묘사하는 데 사용한 동사와 같은 단어다(NET; 헬라어 ἥρπασεν[hērpasen]).2 불가타 성서에서 ἁρπαγησόμεθα [harpagēsometha]는 *rapiemur*로 번역되며, 이 라틴어 동사의 원형인 *rapio*로부터 영어 단어 rapture(잡아챔, 휴거)가 유래했다. 따라서 데살로니가전서 4:17은 "그 후에 우리 살아서 남은 자들도 그들과 함께 구름 속으로 잡아 채어져"로 바르게 번역할 수 있다.

데살로니가전서 4:17에서 휴거의 직접적인 목적은 공중에서 주를 만나기 위함이다. 많은 사람이 지적했듯이 '주를 영접하다'라는 표현 (εἰς ἀπάντησιν τοῦ κυρίου[eis apantēsin tou kyriou])은 고관을 영접해 동행하려고 성 밖으로 나오는 환영 파견단에 사용했다.3 오시는 주님에게로 성도가 모이는 것은 분명히 이 의미를 내포하지만, 다른 점도 있다. 첫째, 그것은 실제로 주님을 만나는 파견단이 아닌 모든 성도, 곧 전에 죽었다가 부활한 이들과 주께서 오실 때 살아있던 자들 모두다. 둘째, 그들은 자신들 판단으로 주님을 만나려고 '나가지' 않고 주님에 의해 잡아챔을 당한다. 주님은 그들을 잡아채기 위한 목적으로 내려오시는 것이 분명하다. 셋째, 본문은 주님께서 오신 일을 완성하시는 동안 주님과 동행한다는 언급이 없다. 그보다 바울은 "우리가 항상 주와 함께 있으리라"라는 사실로 위로하며 하늘에서

---

1 BAGD, s.v. *harpazō*: "잡아채다, 붙잡다, 곧 갑자기 격렬하게 잡다, 또는 저항을 받지 않는 방식으로… 데려가다"(109).

2 하늘로 데려감을 당하는 것을 묘사하려고 ἁρπάζω[harpazō]를 사용하는 곳은 고린도전서 12:2, 4와 계시록 12:5이다.

3 많은 사람이 이 요점을 주장했다. 이 은유에 관한 최근 논의는 Gene L. Green, *The Letters to the Thessalonians*, PNTC (Grand Rapids: Eerdmans, 2002), 226~28을 보라.

모임으로 이 사건 묘사를 맺는다.4 다른 말로 하면, 방문하는 고관을 영접하고 동행하는 개념이 본문이 전하는 이미지에 없지 않으나 전체 그림을 구성하고 지배하는 다른 이미지가 존재한다는 것이다. 그 다른 이미지는 구원 이미지다. 주님은 죽은 성도들을 죽음으로부터 구원하시며(이것은 고린도전서 15장에서 더 설명된다), 그들과 함께 주님은 살아있는 성도를 데려가시는데, 그들은 1:10에서 주께서 하늘로부터 강림하셔서 장래의 노하심에서 우리를 건지실 것을 기다리는 사람으로 묘사된다.5 주님은 장래의 노하심으로부터 그들을 구원하시려고 그들을 잡아채 가신다. 노하심이 완성되면 다른 이미지에 근거해 우리는 전체 무리가 그들이 기대하는 그분 재림의 완성에서 그분과 동행한다고 생각할 수 있다.

데살로니가전서 5장에서 바울은 다가오는 '주의 날'에 비추어 신자가 어떻게 살아야 하는지 가르친다. 주의 날은 구약 예언서에서 잘 알려진 주제로 하나님께서 절정의 진노를 쏟으시는 사건을 가리킨다.

---

4 워너메이커는 땅으로 돌아오는 것이 이 본문의 가르침이 아니라고 생각한다. "ἀπάντησιν[apantēsin]이 땅으로 귀환을 나타낼 수 있다는 것을 제외하고는 그 이미지의 나머지(구름, 주께로 이끌려가는 것)는 그리스도께 속한 사람의 승천을 나타낸다. 바울이 καὶ οὕτως πάντοτε σὺν κυρίῳ ἐσόμεθα[kai houtōs pantote sun kuriō esometha]('그리하여 우리가 항상 주와 함께 있으리라')의 절에서 이 만남의 취지에 관한 자기 한정적 진술을 덧붙인다는 사실은 죽은 그리스도인과 살아있는 그리스도인 모두 주님과 함께 지속적 교제를 누릴 뿐 아니라 1:10과 관련하여 하나님의 다가오는 진노로부터 구원받으려고 주님과 함께 하늘로 돌아감을 암시한다"(Charles A. Wanamaker, *The Epistles to the Thessalonians*, NIGTC [Grand Rapids: Eerdmans, 1990], 175). 브루스도 즉각적 귀환의 개념을 유보한다. F. F. Bruce, *1 and 2 Thessalonians*, WBC (Nashville: Nelson, 1982), 103.

5 우리는 여기서 휴거 시점에 살아있는 사람에게 주어질 변화나 이동의 개념을 굳이 말하지 않아도 좋다. 그것은 고린도전서 15:50~57; 빌립보서 3:20~21; 고린도후서 5:4~5에서 확인할 수 있다. 처음 두 본문은 데살로니가전서 1:10과 4:15~16과 아주 비슷하며, 둘 다 주님의 오심 때에 위치하고, 마지막 본문과 함께 불멸의 몸으로 변한다는 기쁜 소망을 나타낸다.

이스라엘은 주전 721년의 북 왕국의 멸망에서 나타난 대로 다가오는 주의 날에 관해 경고를 받았다.6 궁극적으로 포위와 주전 586년에 예루살렘 함락과 성전 파괴로 이어진 바벨론의 침공과 남 왕국의 멸망이 주의 날로 예언되었다.7 하지만 많은 예언이 이 침공자들과 그들과 공모한 다른 나라들에 임할, 후에 멸망을 주의 날로 예견했다. 하나님의 백성을 향한 그들 악행과 적대감에 하나님께서 진노를 쏟으신다는 예언이었다.8 이 예언의 일부는 그 범위가 세계적 예견을 포함한다.9 그것들은 주의 날에 관한 또 다른 예언과 공명한다. 그것은 대부분 바벨론 포로기 후의 시대에 관한 예언으로 온 세상의 악과 죄에 임할 미래 심판의 날을 예견한다.10

이러한 주의 날은 유사한 것을 말하고 자주 반복하는 문학적 특징이 있다. 그것은 어둠, 공포, 슬픔의 날이다. 땅과 하늘이 흔들린다. 멸망과 죽음이 이르며 사람은 공포에 사로잡힌다. 그것은 전쟁과 살육의 날이며 하나님의 진노를 진정하게 하는 희생 제사를 뜻한다. 주의 날 가운데 이 요소의 반복은 문학적 형식을 형성하며, 그 형식은 하나님의 진노가 부어지는 궁극적 날을 예견함으로 이어진다. 그날은 주께서 다시 한번 나라들을 전쟁으로 모으시는 때가 되겠지만, 그들과 싸우는 분은 주님이다. 공포와 두려움이 그들을 사로잡고, 땅이 흔들리며, 하늘이 어두워지고, 죽음이 그들을 삼킨다. 거만한 자가 낮아지고, 악한 자가 소멸하며, 우상과 우상 숭배자가 멸망할 것이다. 하지만 주님은 자기 백성에게 피난처가 되신다. 그분께서 그들

---

6 호세아 1:4~5; 아모스 2:13~16; 3:14; 5:18, 20; 8:1~9:10을 보라.

7 예를 들어, 이사야 22:1~14; 에스겔 7:1~27; 스바냐 1:1~3:8을 보라.

8 이사야 13:1~22; 34:1~17; 예레미야 46:1~12; 에스겔 30:1~19; 오바댜 1~21; 요나 1:1~3:19를 보라.

9 예를 들어, 이사야 13:11을 보라.

10 예를 들어, 이사야 2:12~21; 24:1~23; 요엘 2:30~3:16; 스가랴 12:1~13:9; 14:1~15; 말라기 3:1~4; 4:1~6을 보라.

을 구원하시고, 그들을 거룩하게 하시며, 그들을 당신 나라의 풍성한 복으로 이끄신다. 실제로 구약은 이러한 음조로 끝을 맺는데, 말라기의 예언은 다가오는 주의 날이 악인을 심판하고 의인을 구원한다고 말한다(말 4:1~6).

신약은 이 주제를 이어가는데 침례자 요한과 예수님은 다가오는 심판과 하나님께서 베푸실 구원을 이야기한다.11 복음서 자체는 '주의 날'이라는 표현을 사용하지 않지만, 그것은 서신에서 다시 나타나며, 예수님이 그날에 하나님의 심판을 집행하시고 의인을 구원하시려고 오시는 주님이시라는 신약 이해를 반영하려고 자주 바뀐다.12

이 의미에서 바울은 주께서 오셔서 다가오는 진노로부터 구원을 기다리는 성도를 데려가시는 것을 말한 후 데살로니가전서 5장에서 주의 날을 참조 사항으로 언급한다. 주의 날은 이 주제들을 연결하는 더 넓은 종말 사건이다. 그리고 바울은 이들 주제를 모두 고려하면서 자기 권고의 요점을 말한다.

---

11 예를 들어, 마태복음 3:7~12(눅 3:7~17)에서 침례자 요한의 메시지를 보라.

12 따라서 예를 들어, 고린도전서 1:7~8은 고린도교회 성도가 "너희를 우리 **주 예수 그리스도의 날**에 책망할 것이 없는 자로 끝까지 견고하게 하실" 우리 주 예수 그리스도의 나타나심을 기다린다고 말한다(ESV 번역, 저자 강조). 디모데후서 4:8에서 바울은 "주, 곧 의로우신 재판장이 그날에 내게 주실, 내게만 아니라 주의 나타나심을 사모하는 모든 사람에게도 주실 의의 면류관"(ESV 번역)을 말한다(또한, 4:1에서 "살아있는 자와 죽은 자를 심판하실"[ESV 번역] 그리스도 예수의 나타나심을 말하는 것을 참고하라). 바울이 데살로니가후서 2:1~2에서 주의 날 도래에 관한 문제를 '우리 주 예수 그리스도의 오심' 주제와 연결하듯이, 베드로후서도 주제 면에서 예수님의 오심에 관한 문제를 '주의 날'(3:10), 또는 '하나님의 날'(3:12)의 도래와 연결한다.

바울은 데살로니가 성도에게 주의 날이 예기치 않게 갑자기, '밤에 도둑같이' 온다고 생각하게 한다(살전 5:2). 이 은유의 요점은 예수님께서 말씀하신 것이다. 예수님은 이 은유를 말씀하신 후 이렇게 말씀하셨다. "너희도 아는 바니 만일 집 주인이 도둑이 어느 시각에 올 줄을 알았더라면 깨어 있어 그 집을 뚫지 못하게 하였으리라"(마 24:43). 도둑이 언제 오는지 아무도 모르듯이, 주의 날이 언제 시작하는지 알 수 없다. 갑자기 닥치므로 사람들은 놀란다(5:4). 그들은 그것이 시작하기 전 널리 있을 일들에서 어떤 단서도 얻지 못한다. 실제로 그런 일들은 주의 날에 있을 일들과 정확히 반대되는 성격의 것들이다('평안과 안전' 그리고 '갑작스러운 멸망', 5:3).

바울이 말하는 다음 요점은 주의 날이 갑자기 이르더라도 그것이 임하는 효과가 그리스도께 속한 사람과 그렇지 않은 사람에게 완전히 다르다는 점이다. 바울은 2인칭과 3인칭 복수 대명사를 면밀하게 구분함으로써 자신의 요점을 분명히 한다. "**그들이** 평안하다, 안전하다 할 그때… 멸망이 갑자기 **그들에게** 이르니 결코 피하지 못하리라. 형제들아, 너희는 어둠에 있지 아니하매 그날이 도둑같이 **너희에게** 임하지 못하리니"(살전 5:3~4, 필자 강조). 동사 καταλάβῃ[katalabē]('갑자기 덮치다'; NET 참조)는 적대적 의도로 붙잡는 개념을 전달한다.13 바울의 요점은 그날의 시작이 '그들'에게 임할 멸망의 시작이며, 마치 그들이 자신들에게 해를 끼치려는 대적의 의도에 붙잡히는 것과 같다는 말이다. 하지만 그것이 갑자기 이르더라도 '너희'를 멸망하게 하지는 않는다. '그들'은 어둠에 속하지만, '너희'는 빛에 속하기 때문이다(5:5). 곧바로 바울의 권고가 이어진다. 빛에 속한 자들은 빛 가운데, 곧, 낮에, '밤'이 아닌 '낮'의 태도로 살아야 한다는 권고이다. 하지만 여기서 우리 목적상, 바울이 주의 날의 도래가 그리스도께 속한 사람에게 끼칠 다른 효과를 말하는 것으로 되돌아온다는 점에 주목이 중요하다. 데살로니가전서 5:9~10에서 그는 말한다. "⁹하나님이 우리를

---

13 BAGD, s.v. *katalambanō*, 412~13.

세우심은 노하심에 이르게 하심이 아니요, 오직 우리 주 예수 그리스도로 말미암아 구원을 받게 하심이기 때문이다. ¹⁰예수께서 우리를 위하여 죽으신 것은 우리가 깨어 있든지 자든지 그와 함께 살게 하려 하심이다"(ESV 번역). 주의 날은 하나님의 진노 날이다. '그들'에게 갑자기 임할 주의 날의 멸망(5:3)은 다름 아닌 '다가오는 진노'다(1:10 ESV 번역). 하지만 주님을 기다리는 사람은 그 진노로부터 구원받길 기대한다(1:10; 참고로 로마서 5:9는 진노의 날을 염두에 두고 있다[롬 2: 5]). 그들은 낮에 속하며 '구원의 소망'이 있다(5:8). '우리 주 예수 그리스도로 말미암아' 그들에게 주어질 구원의 소망이다(5:9).

불신자에게 임할 진노와 대조적으로, 주의 날 시작에 신자에게 주어질 이 구원은 어떤 것인가? 대답은 "우리가 깨어 있든지 자든지 그와 함께 살게 하려 하심이다"(ESV 번역)라는 표현으로 분명해진다. 이것은 4:14~17과 연결된다. 그리스도께서 하늘로부터 오셔서 죽은 사람을 일으키시고 살아있는 사람을 함께 모으셔서 그에게 속한 모든 사람을 자신에게로 잡아채 가신다. "우리가… 그와 함께 살게 하려 하심이다"라는 표현은 "그리하여 우리가 항상 주와 함께 있으리라"(ESV 번역)와 평행을 이루며, 결론의 말인 "그러므로 서로 위로하라"라는 4:18의 결론을 정확하게 다시 진술한다. 다른 말로 하면, 그리스도께서 휴거를 통해 자신에게 속한 사람을 구원하신다는 것이다.¹⁴ 그에게 속하지 않는 자들은 그날의 멸망과 진노에 압도되고 사로잡힌다. 한편으로 주님에 의해 잡아챔을 받는 것과 다른 한편으로

---

14 그린은 데살로니가전서 5:10의 어휘가 4:15~17과 연결된다고 말하며, 이것을 근거로 5:9의 구원을 4:16~17의 휴거와 연결한다. "이 마지막 구원은 이제 10절에서 그와 함께 사는 것으로 묘사된다. 4:16~17에서와같이 10절의 신학은 죽은 사람이 부활하는 것과 산 사람과 죽은 사람을 '영원히 주와 함께하도록' 데려가는 것과 관련이 있다"(Green, Thessalonians, 244). 또한, Wanamaker, *Thessalonians*, 188~89를 보라. '깨다'와 '자다'가 도덕적인 경각심이나 그것의 부족(5:5~7에서와같이)보다 삶과 죽음을 가리킨다는 주장은 Wanamaker, 188~89와 Bruce, *Thessalonians*, 114~15를 보라.

그날의 멸망에 붙잡히는 두 개념은 그 시작에서 일어나는 두 종류의 경험이 개념상 평행을 이루며 주의 날이 그 시작부터 하나님의 결정적 구원과 심판의 행위라는 생각을 강조한다.

그리하여 주의 날은 갑자기 이른다. 그리스도께 속한 사람은 그날이 오는 것을 알지만, 그렇지 않은 자는 그것이 언제인지 모른다. 그리스도께 속하지 않은 자는 언제 그날이 이르는지 모르며, 또한 실제로 그날이 온다는 것조차 모른다. 하지만 그날이 시작할 때—그 시작, 그것은 중요한 요점이다—모든 사람은 분리를 경험한다. 그리스도께 속한 사람에게 주의 날의 갑작스러운 시작은 갑작스러운 휴거다. 그들은 공중 구름 속에서 강림하신 주님을 만나려고 부활하거나(자는 사람) 이동하며(깨어있는 사람), 그리하여 주의 날에 계속해서 일어나는 진노로부터 구원받는다. 그리스도께 속하지 않은 자에게 그날의 갑작스러운 시작은 갑작스럽게 진노와 심판에게 붙잡히는 경험이다.

주의 날과 환란

지금까지 데살로니가전서 4:13~5:10에서 살핀 내용은 휴거 이전의 또는 그 시작의 날이다. 하지만 이것은 환란 전 휴거와 동일한 것을 말하는가? 우리는 여기서 주의 날이 환란 전 지지자가 **환란**이라는 용어로 이해하는 다니엘의 칠십 번째 이레와 같은 기간에 걸쳐 일어나는 것으로, 혹은 그와 같은 것으로 이해해야 하는가?

다니엘의 칠십 번째 주

다니엘서는 일련의 내러티브를 제공하는데, 대부분 다니엘 자신과 관련한 것으로 그가 바벨론과 페르시아 왕을 섬긴 일에 관한 것이다. 주요 특징은 일련의 꿈 또는 이상이다. 그것을 통해 하나님께서는 하나님의 왕국이 세워짐으로써 끝나는 일련의 제국을 다니엘에게 계시하신다. 일부 꿈 또는 이상은 단지 이어지는 제국의 특정 요소들에 초점을 맞추고 있을 수 있지만, 일어날 일의 공통 순서를 가리키는 평행이 되는 특징이 있다.15 이 이상이 예표와 예견으로 앞으로 있을 진노의 때를 묘사함이 가장 중요하다. 하나님께서 한 강력한 왕을 그의 왕국과 함께 멸망시키시고 그를 대신하여 당신의 영원한 왕국을 건설하신다.16

이 미래 진노의 때, 또는 종말(קֵץ אֵת ['et qēts])의 때 구조는 다니엘 2, 7, 8, 9, 10~12장의 이상에서 주어진 왕국의 순서가 가리키는 미래 패턴이다. 다니엘 7장은 하나님의 보좌가 있는 방과 인자와 같은

---

15 콜린스는 환상들이 주후 2세기 이후와 아무런 종말론적 관련이 없다고 생각하지만, 환상들이 보여주는 평행을 설명한다. "모든 환상은 기본적으로 같은 사건들—안티오쿠스 에피파네스의 유대인 박해—에 관한 것이다. 마지막 계시[단 10~12장]는 가장 자세하지만, 그 이전의 것들을 절대 바꾸지 않는다. 오히려 다른 환상들은 같은 사건들을 다른 각도에서 본다. 하나로 합쳐서 그것들은 그들 각자가 혼자서 제공하는 것보다 더 온전히 완성된 그림을 제공한다. John J. Collins, *Daniel: With an Introduction to Apocalyptic Literature*, FOTL 20 (Grand Rapids: Eerdmans, 1984), 32~33, 참고. 103. 또한, 환상들의 평행에 관한 논의는 Joyce G. Baldwin, *Daniel: An Introduction and Commentary*, TOTC 21 (Downers Grove, Ill.: InterVarsity, 1978), 59~63, 161~62; Leon Wood, *A Commentary on Daniel* (Grand Rapids: Zondervan, 1973), 177~79, 206, 222~24, 264를, 그리고 확장된 논의는 C. F. Keil and F. Delitzsch, *Ezekiel, Daniel*, A Commentary on the Old Testament, trans. J. Martin and M. G. Easton (Edinburgh: T & T Clark, 1866~91), 9:654~79를 보라.

16 진노를 연장된 시간으로 보는 견해는 Collins, *Daniel: With an Introduction to Apocalyptic Literature*, 95; and John J. Collins, *Daniel*, Hermeneia (Minneapolis: Fortress, 1993), 338~39를 보라. "이 문맥에서 '진노'는 심판의 하루가 아닌 역사의 한 시기다… 19절의 가장 가까운 평행은 아래 23절에서 확인할 수 있는데, 그것은 '그들의 죄가 완성되는' 후기의 이방인 왕국의 때를 가리킨다… '진노'는 이들 왕국으로 비롯한 환란, 특별히 그 후반부의 국면에서 환란을 가리키는 유사 전문 용어가 되었다." '종말의 때'라는 표현의 역사적 관련성과 대조적인 것으로서 그 종말론적 관련성은 Wood, *Daniel*, 222~24, 303~06과 Keil and Delitzsch, *Ezekiel, Daniel*, 699~702의 설명을 보라.

분이 구름을 타고 오시는 이상과 이어지는 왕국의 마지막 부분과 관련이 있는 교만하고 악한 세상의 왕의 이상을 나란히 놓는다. 그 악한 왕은 하나님의 뜻에 따라 멸망하고, 왕국의 권세는 인자와 지극히 높으신 분의 성도에게 주어진다. 다니엘 9장은 예루살렘과 이스라엘 백성을 위해 정하신 '칠십 이레'에 관한 이상을 말한다. 그 가운데 처음 69 이레는 도성을 재건하라는 법령에서 메시아의 끊어짐까지 때이고, 마지막 이레는 오시는 왕으로 제정한 언약부터 '정한 끝'까지 때다. 하지만 그 이레의 중간에 그 왕이 성전에서 가증한 일을 행하고 제사가 그치게 한다. 여기서 제시된 인물 유형은 다니엘 7장과 다니엘 8장에서 주어진 것과 같다(하지만 그 이상에서 이어지는 왕국의 인물 유형은 현저하게 다른 관점에서 묘사되는데, 다니엘 9장은 다니엘 7장과 평행을 이루지만, 다니엘 8장은 10~12장과 평행을 이룬다). 다니엘 9:27에서 말하는 제사의 중단은 다니엘 8장에서 반복되는 특징이다. 일곱의 절반은 다니엘 7:25의 '한 때와 두 때와 반 때'와 연결되며, '정한 종말'은 이상 전체와 연결된다.

다니엘 10~12장에서 다니엘이 받은 마지막 이상은 그 패턴을 다시 한번 반복하며, 그 과정에서 여러 특징이 더해진다. 후의 역사 관점에서 볼 때 이 이상의 전반부는 헬라 시대 셀레우코스 왕조와 프톨레마이오스 왕조 때 왕들의 군사적 다툼으로 분명히 성취됐다. 특별히 이 이상에서 두드러진 것은 안티오쿠스 에피파네스로 분명히 확인할 수 있는 한 인물이다(다니엘 8장의 이상 전반부에서도 마찬가지임). 어떻게 그가 권력자가 되고 군사 행동을 수행하는지 설명하는 과정에서 그의 특성이 자세히 묘사된다. 또한, 그가 성전을 더럽힌 행위가 주목을 받는다. 멸망의 가증한 일 행함으로써 제사가 그치게 한 행위다. 하지만 다니엘 11:36에서 앞에서 안티오쿠스 에피파네스에 관해 주어진 것으로부터 예표된 것으로 보이는 인물에 대한 또 다른 묘사가 나타난다.[17] 바울은 데살로니가후서 3장에서 장래 나타

---

[17] 콜린스는 36~37절이 연대기 순서로 계속하기보다 박해 동안 왕의 행

날 불법의 사람을 언급하면서 이 구절(단 11:36)을 인용한다.

 가까운 미래에서 먼 미래로 전형적 전환 이후, 우리는 다시 한번 이것이 '마지막 때'에 관한 것이며 그것은 "노하심이 완성될 때까지" 지속한다는 말을 듣는다(단 11:36, 40; 12:4, 9, 13 ESV 번역). 모형에서 대형으로 전환이 이루어지는 가운데 기본 패턴 전체가 반복되는 것에 주목하라. 다시 한번 황폐하게 하는, 규칙적 희생제사를 멈추게 하는 가증한 일과 그 후로 이어진 1,290일(약 3년 반)의 기간이 언급된다(12:11). 그 기간은 몇 구절 앞에서 언급한 "한 때, 두 때, 반 때"와 같아 보인다(12:7). 새로운 특징은 미가엘의 개입(12:1), "나라가 시작된 이후로 그때까지 없던 환난의 때"(12:1 ESV 번역), 다니엘의 백성의 남은 사람 구원, 의로운 사람과 불의한 자 부활이다(12:1~3).

 다니엘에서 '마지막 때' 그림은 식별 가능한 연대기와 기본 내러티브 순서를 가진 공통 구조에 더해진 반복과 중복 요소로 발전되고 강화된다. 일반적으로 그것은 종말의 때, 진노의 때다(8:17, 19; 11:36, 40; 12:7, 9). 구체적으로 그것은 '한 이레', 곧 7년으로, 이 7년의 중간부터 끝까지 때가 특별한 관심 대상이며(9:27), 또한 '한 때, 두 때, 반 때'(7:25; 12:7), 1,290일(12:11), '진노하시는 때'(8:19)로 구체화한다. 강력한 정치적 인물이 땅 위에 나타나며, '많은 사람'과 언약을 맺음으로써 종말의 7년이라는 때를 시작한다. 하지만 그는 이때 후반부에 더 큰 권세를 얻는데(탈취하는데), 이것은 성전을 황폐하게 하고 정기적으로 드리는 제사를 멈추게 하는 가증한 일로 시작하며(9:27; 12:11), 이전에 볼 수 없었던(12:1) 큰 시련(큰 환란)의 때를 예고한다. 이 인물의 행위로 보아, 그것은 전쟁, 모독, 속임, 성도를 핍박하는 때

동을 반복한다고 설명한다(Collins, *Daniel*, Hermeneia, 386). 하지만 8:19~26에서처럼 이 문학적 특성은 반복보다 예표론적 투사(typological projection)를 가리킨다는 해석이 가장 바람직하다. 반복은 문체상 필요하지 않으며 어색하다. 또한, 비슷한 묘사인데도(유형 면에서는 필요함) 이 묘사와 안티오쿠스로 알려진 것에는 모형과 대형의 구분을 나타내는 차이점이 있다. Keil and Delitzsch, *Ezekiel, Daniel*, 802~03과 Wood, *Daniel*, 304~05를 보라.

이며(7:8, 11, 20~22, 24~25; 8:9~14, 23~25; 9:27; 11:20~35, 36~45), 그 일은 그와 그의 왕국이 하나님에게 멸망할 때까지 이어진다 (2:34~35; 7:9~11, 26; 8:25; 9:27; 11:45). 하나님의 백성은 구원받으며(12:1, 7), 이어서 하나님은 온 세상에 한 왕국을 세우시고(2:35, 44), 구체적으로 그 왕국은 다니엘이 본 '하늘 구름을 타고' 오시는 '인자 같은 분'에게 주어진다(7:13~14). 분명 그를 통해 왕국은 또한 '지극히 높으신 분의 성도'에게 주어질 것이다(7:22, 27).

감람산 강화

예수님 가르침에서 다니엘의 종말 시간은 주의 날의 도래와 결합하며, 그것은 바울의 편지와 계시록에서 이어진다. 예수님 가르침에서 그 결합은 마태복음 24:1~51, 마가복음 13:1~37, 누가복음 21:5~36(참고. 눅 17:22~37)의 감람산 강화에서 가장 분명히 나타난다. 그리하여 우리는 이제 이 강화를 살펴보겠다. 우리는 기본적으로 마태복음 내용을 따라가며, 정경의 상황을 더 살피려고 마가복음과 누가복음을 참고하겠다.[18]

---

[18] 여기서 따르는 접근은 정경적인데, 마태복음을 주로 언급하지만, 공관복음의 글도 조화를 이루게 한다. 기본적으로 마태복음에 집중은 마태복음이 감람산 강화의 가장 긴 형태를 싣고 있기 때문이다. 또한, 마태복음은 강림과 관련하여 제자들의 두 번째 질문을 더 명시적으로 전한다. 감람산 강화의 구성을 제자들의 질문들과 연결하는 대부분의 최근 구조 연구는 마태복음 이야기를 다루는 것에서 왔다. 마태복음에서 이것을 보기가 더 쉬울 수 있는 것은 더 긴 버전이 두 번째 주요 부분에 관한 더 많은 자료를 제공하며, 첫 번째 주요 부분과 대조를 더 분명하게 하기 때문이다. 공관복음의 이야기들을 조화시키는 일에 침묵하는 것은 적어도 부분적으로 차이들이 참고적으로 설명되어야 한다는 가설과 관련 있어 보인다. 예를 들어, 누가의 이야기가 전적으로 주후 70년의 가까운 미래의 파괴를 다루지만, 마태복음과 마가복음은 교회 시대나 미래 강림을 다룰 가능성이 있다는 것이다. 나중에 밝혀지겠지만, 여기서 선호되는 감람산 강화에 대한 정형화된 예표론(patterned typology)의 해석은 종말론적인 관련성을 가진 예표된 패턴을 형성하면서도 예수님의 이야기 순서에서 일 세기의 지시 대상을 허용한다. 이것은 또한 어떻게 해서, 예를 들어, 특별히 주후 70년의 사건들에 집중하

공관복음은 예수님의 제자들이 제기한 질문에 대답으로서 이 강화를 진술한다. 예루살렘의 성전이 완전히 파괴된다는, 주님의 예언("내가 진실로 너희에게 이르노니 돌 하나도 돌 위에 남지 않고 다 무너뜨려지리라"[마 24:1~2]; 참고. 막 13:1~2; 눅 21:5~6)이 그들 마음에 일으킨 질문이었다. 실제로 마태복음은 이 예언을 예루살렘에 대한 예수님의 탄식과 나란히 놓고 있다. 이 탄식에서도 예수님은 "보라 너희 집이 황폐하여 버려진 바 되리라"라고 예언하셨다(마 23:38). 제자들은 다음 질문을 했다.

| "우리에게 이르소서, 어느 때에 이런 일이 있겠으며, 또 주의 임하심과 세상 끝에의 징조가 무엇입니까?" (마 24:3) | "우리에게 이르소서, 언제 이런 일이 있겠으며, 이 모든 일이 이루어지려 할 때 있을 징조가 무엇입니까?" (막 13:4) | "선생님이여, 어느 때에 이런 일이 있겠으며, 이런 일이 일어나려 할 때 있을 징조가 무엇입니까?" (눅 21:7) |

이 질문들 그리고 뒤따르는 강화에 관한 해석학적 논의의 상당 부분은 세 가지 주요 견해로 나뉜다. (1) 이 강화가 전적으로 종말론적이라고 보는 견해, (2) 그것이 전적으로 역사적이라고 보는 견해(이 강화가 전적으로 주후 70년의 사건에 초점을 맞추고 있다는 과거주의 견해), (3) 그것이 어느 정도 역사적 사건과 종말론적 사건을 모두 다룬다고 보는 견해이다. 여기서 우리는 다른 견해를 검토할 수 없다.19 이 논의 목적으로 필자는 세 번째 입장, 곧 역사적 문제와 종

고 있다고 많은 사람이 생각하는 누가의 이야기가 어쨌든 분명한 주의 날의 종말적 특성들을 가졌는지 설명하는 데 도움을 준다. 여기서 취하는 예표론 접근은 우리가 공관복음 이야기의 공통된 특징들을 인식하고 그것들을 정경적인 종합으로 함께 모을 수 있도록 허용한다.

19 다양한 접근 개관은 D. A. Carson, "Matthew," in *Matthew, Mark, Luke*, EBC, ed. Frank E. Gaebelein, 12 vols. (Grand Rapids: Zondervan, 1984), 8:488~95; W. D. Davies and D. C. Allison, *The*

말적 문제를 모두 다룬다는 견해를 옹호하겠다. 분명한 것은 제자들이 "언제 이런 일들이 일어납니까?"라고 물었을 때, 그들은 당시 있던 성전 파괴에 관한 예수님 예견을 생각하고 있었다는 것이다. 그리고 마태가 구체화한 두 번째 질문에서 알 수 있듯이 분명히 그들 생각에는 예수님과 그의 왕국의 영광스러운 도래가 포함되어 있었다. 하지만 역사적 사건과 종말적 사건을 모두 고려한다는 것에 동의하는 이들 가운데 다른 견해도 있다.

첫째, 어떤 사람은 예수님의 대답이 먼저 교회 시대에 걸쳐 만연할 상황을 제시하며 그것들을 종말 사건으로 해석해서는 안 된다고 생각한다. 이 견해는 강화의 이 부분이 교회 사명의 배경이 되는 상황을 묘사한다고 주장한다. "이 천국 복음이 모든 민족에게 증언되기 위하여 온 세상에 전파되리니 그제야 끝이 오리라"라고 주님이 말씀하셨기 때문이다(마 24:14).[20] 사도 시대 이후로 세상과 교회는 일반적인 재앙뿐 아니라 박해를 경험함이 분명하다. 그리고 이 견해는 이 강화가 계속해서 교회의 임무가 끝난 후 갑자기 대이변으로 일어날 별개의 사건으로서 미래에 주님의 오심을 말한다고 주장한다.[21]

Gospel according to Saint Matthew, ICC, 3 vols. (London: T & T Clark, 1997), 3:328~33; Donald Hagner, *Matthew 14~28*, WBC 33b (Nashville: Nelson, 1995), 685를 보라. 또한, David L. Turner, "The Structure and Sequence of Matthew 24:1~41: Interaction with Evangelical Treatments," *GTJ* 10 (1989): 3~27이 좋으니 보라.

[20] 현대의 많은 사람은 세계적 복음 전도사역의 완성을 모든 언어 집단에 말로 증언하는 것으로 정의한다. 이 목표는 지상 명령의 요구와 일치한다(마 28:18~20). 하지만 그것을 주님의 재림을 위한 조건으로 보는 것은 본질적으로, 그때를 알 수 없으며 어느 때든지 주님이 오실 수 있다는 강림의 특성을 무효로 한다. 그것은 효과적으로 강림의 때를 현대의 이러한 목표의 성취와 연결하기 때문이다.

[21] 최근 주석서에서 이 접근을 하는 카슨, 데이비스와 엘리슨의 주석을 보라. Craig L. Blomberg, *Matthew*, NAC (Nashville: Broadman, 1992), 353~64도 보라.

둘째, 최근에 많은 연구는 제자들의 두 질문이 강화 본체와 가진 구조적 관계에 초점을 맞추어 감람산 강화가 두 사건에 관계된다고 주장했다. 주후 70년에 일어날 파괴와 종말의 강림이다. 일반 재앙과 박해는 특별히 1세기 상황을 묘사한다고 말한다. 24:14에서 말하는 온 세상에 복음 전파 사역도 주후 70년 이전에 끝났다는 주장이다. 요약하면, 이 견해는 감람산 강화에서 예수님이 성전 파괴와 그의 오심의 두 사건을 구분하신다고 주장한다. 첫째 부분인 마태복음 24:4~35는 주후 70년의 멸망을 말하고, 둘째 부분인 마태복음 24:36~25:46은 강림을 말한다.22

두 견해 모두 감람산 강화 이해에 많이 이바지한다. 하지만 둘 다 중요한 점에서 부족하다. 두 번째 견해는 24:29~31에 묘사된 그리스도의 오심뿐 아니라 그 오심이 이 강화의 첫째 부분 전체에 걸쳐 중대 관심사임을 제대로 다루지 못한다.23 그것은 이 부분의 표현이 1세기 상황에 적용될 수 있음을 강조하려다 그것이 가진 많은 종말적 특징들을 무시한다.24

---

22 예를 들어, R. T. France, *The Gospel of Matthew*, NICNT (Grand Rapids: Eerdmans, 2007), 889~967을 보라. 이 책은 이 주제에 관해 이전에 밝힌 견해를 반복하고 새롭게 한다. 또한, David E. Garland, *Reading Matthew: A Literary and Theological Commentary on the First Gospel* (New York: Crossroad, 1995), 234~45; Alistair Wilson, *When Will These Things Happen?: A Study of Jesus as Judge in Matthew 21~25* (Carlisle, Cumbria: Paternoster, 2004), 109~74, 224~47; Jeffrey A. Gibbs, *Jerusalem and Parousia: Jesus' Eschatological Discourse in Matthew's Gospel* (St. Louis, Mo.: Concordia, 2000), 167~222를 보라.

23 강화의 문맥에서 그리스도의 오심 주제를 제기하는 분은 주님 자신이시다. 마태복음 23:38~39을 보라. 그분 이름으로 온다고 주장하는 사람에게 한 경고들은 24:27에서 그분 오심의 방식에 관한 묘사 및 그러한 경고의 주제가 계속해서 가장 중요한 위치에 있게 한다(24:4, 11, 23, 26). 제자들은 자신들 질문에서 강림과 종말을 연결하며(24:3), 예수님께서는 24:14에서 다가오는 종말을 말씀하시면서 그 연결을 자극하신다. 이 모든 방식에서 오심은 강화의 첫째 부분 전체에 걸쳐 계속해서 중심 주제이다.

첫째 견해는 성전 파괴를 논하려고 구체적 문제로 시작하는 명백히 두서없는 순서로 강화를 다소 혼란스럽게 만들며, 그 대신 교회 시대에 관한 일반 언급으로 시작하고, 갑작스럽게 멸망의 가증스러운 것과 관련한 의도된 문제로 되돌아가며, 이어서 강림의 주제로 급히 나아간다. 멸망의 가증한 것을 뒤따르는 '큰 환란'은 교회의 긴 역사가 되며 그날들의 환란 '후 즉시로'라는 표현은 무의미한, 미래의 어느 때에 대한 막연한 언급이 된다.[25]

두 접근 모두 감람산 강화가 구약의 두 종말적 사건인 주의 날과 다니엘의 종말 때와 가진 문제와 주제의 연결을 보지 못한다. 제자들의 질문과 관련된 감람산 강화의 구조에 관한 최근 연구는 도움이 되지만 결점이 있다. 성전 파괴 언급이 강림과 상관이 없다는 분명한 가정 때문이다. 많은 연구에 따르면, 강화에서 이루어지는 전환은 단순히 징조에 관한 문제에서 시기의 문제로 (혹은 그 반대로의) 전환이라기보다, 주후 70년의 가까운 미래 사건에서 강림의 먼 미래의 사건으로, 주제나 사건 전환이다.[26]

---

[24] 이것은 특별히 이 부분 전체에 걸쳐 다니엘서 인용과 암시가 이루어지는 것에서 볼 수 있다. Davies and Allison, *Matthew*, 3:332를 보라. 이어지는 부분에서 감람산 강화의 이 부분에서 나타나는 다니엘의 구조와 주의 날의 특징을 설명한다.

[25] 해그너는 말한다. "'그날들의 환란 후 즉시'라는 표현이 정해지지 않은 미래의 일반적인 어떤 것만을 가리킨다고 믿기 어렵다. 불분명한 어떤 것보다 그 표현은 앞선 구체적인 것을 요구한다(정관사 τήν[tēn]과 지시대명사 ἐκεῖνον[ekeinōn]을 주목하라). 앞의 문맥에서 '저 날들의 그 고난'에 해당할 수 있는 유일한 구체적인 항목은 15절에서 언급된 성전 모독이다"(Hagner, *Matthew 14~28*, 712). 해그너는 마태가 이 시점에서 혼동했으며 임박함에 관한 주님 가르침을 오해했다고 생각하지만, 마태복음 24:29에 관한 그의 문자적 문법 관찰은 어쨌든 유효하다. 덧붙여야 하는 추가 요점은 강림에 관한 불확실성과 관련하여 주께서 제안하시는 예표론이다(24:36). 아버지께서 연기하시기로 선택하신다면, 그 성전의 황폐화는 하나의 모형으로서 여기서 제안되는 문법적 문자적 패턴을 성취하는 미래의 성전 황폐화로 투사된다.

[26] 앞의 각주 21을 보라.

여기서 문제는 주님께서 자신이 그날과 시간을 모른다고 말씀하신 24:36에서 주님 말씀을 충분히 인식하지 못함이다. 이 구절이 불러일으키는 흥미로운 기독론 질문을 떠나서, 이 강화가 주어졌던 때에 예수께서는 스스로 인정하신 바에 따르면 주후 70년 사건과 강림이 같은 하나의 사건일지, 아니면 다른 두 사건일지 모르셨다는 점을 충분히 인식할 필요가 있다. 주님은 성전과 도성이 그 세대에 파괴됨을 분명히 아셨다. 예수님 자신은 그것을 예견하는 선지자이시다. 물론 그는 성전 모독과 전쟁에 휘말린 예루살렘 모두 구약이 말하는 마지막에 관한 예견의 특징들, 곧 주의 날과 다니엘의 종말 때의 특징들임을 아셨다. 실제로, 강화의 순서에서 주님 자신이 의도적으로 이 패턴들을 호출하신다는 것이 필자의 주장이다. 하지만 강림의 때가 자신에게도 **알려지지 않았다**고 하신 주님의 경고는 **미리 알려진**, 그 세대에 있을 임박한 성전과 도성의 파괴가 강림 자체는 아님을 제자들에게 깨닫게 함이 분명하다.27 실제로 강림의 불확실성을 예시하는 비유들은 그것이 사람들이 생각하는 것보다 더 지연될 수 있음을 암시한다(마 24:48, 50; 25:19). 어쨌든, 강화가 주어졌을 때, 예루살렘에 대한 임박한 심판이 강림일 가능성은 여전히 남아있었다.

이 연구의 요점은 감람산 강화의 첫째 부분(마 24:4~35)에서 예수께서는 인자가 하늘 구름을 타고 오시는 징조를 포함하는 하나의 패턴을 제공하신다는 것이다. 이 패턴은 구조 측면에서 다니엘의 종말 때를 가지며, 주의 날을 묘사하는 특징들을 지닌다. 실제로 감람산

---

27 사도행전 1:6~7에서 다시 한번 강림의 때를 알 수 없음이 강조된다. 여기서 예수님은 당시의 때가 왕국 회복의 때인지 묻는 제자들의 질문에 대답하신다. "아버지께서 그의 권위에 의해 정하신 시간이나 시기를 아는 것은 너희를 위한 것이 아니다"(ESV 번역). 마태복음 24:36에서와같이 시간을 정하는 일은 아버지께 속한다. 베드로는 예수님의 승천 후 그의 두 번째 예루살렘 설교에서 이것을 언급하는 가운데 "하나님께서 오래전에 당신의 거룩한 선지자들의 입을 통하여 말씀하신 모든 것을 회복하시는 때까지는" 그리스도께서 하늘에 남아있으셔야 한다고 말했다(행 3:21 ESV 번역).

강화가 성경적 종말론 발전에 이바지하는 부분은 이 통합된 주의 날, 곧 종말의 때 패턴이다. 이 전체 패턴이 강림이다. 하지만 구약의 경우가 그랬듯이, 종말적 주의 날 모형이 대형에 앞서 역사에 나타날 가능성이 있다. 예수님은 무화과나무의 비유에서 이 가능성을 제자들에게 기억하게 하신다. 여기서 그는 인자의 징조가 나타나기 전까지 패턴의 '이 모든 것'("이 **모든 것**을 볼 때 너희는 그가 가까움을 안다"; 24:33 NIV 대체 독법, 필자 강조)과 징조 자체를 구분하시며, 이어서 그들에게 '이 모든 것'(지금은 인자의 징조까지 모든 것으로 이해되는)이 그 세대에 일어난다고 말씀하신다. 그것이 아버지께서 택하신 날이었다면, 인자의 징조가 그날들의 환란을 뒤따랐을 것이며, 그 모든 순서는 종말적 주의 날, 곧 인자의 강림이었을 것이다. 하지만 모형과 대형을 구분할 가능성이 있었다. 모형이 그때 성전과 도성의 파괴를 예언한 것을 성취하는 가운데 아직 오지 않은 강림이라는 더 큰 성취―부분 성취가 아니라, 전체 패턴의 성취―의 전조가 되었을 가능성이다.28

---

28 앞에서 설명한 대로 이것은 왜 이 패턴에서 1세기 특징들이 존재하는지 설명한다. 여기서 말하는 것은 성경적 종말론에 관한 케어드의 관찰과 유사하다. G. B. Caird, *The Language and Imagery of the Bible* (Philadelphia: Westminster, 1980), 243~71. 그는 다음 말을 한다. "선지자들은 두 초점을 가진 환상을 통해 미래를 보았다. 그들은 가까운 초점으로 친숙한 인적 원인이 유발하는 임박한 역사적 사건들을 예견했다. 예를 들어, 바벨론에 재앙이 가까운 것은 야웨께서 그들을 대항하여 메데인들을 선동하셨기 때문이다(사 13:17). 먼 미래 초점으로는 주의 날을 보았으며, 이 예언적 경험은 그들이 하나의 이미지를 다른 이미지에 부과하여 종합적인 그림을 만들어내려고 자신들 초점을 조정할 수 있었던 특성의 것이었다"(258). 케어드가 꼬리표를 붙이듯이 이 "예언적 카메라 기술"(259)은 구약의 주의 날 예언들, 다가오는 황폐화에 관한 다니엘의 환상들, 감람산 강화에서 우리가 보는 것으로서, 종합적 양식으로 서로 겹쳐지는 가까운 미래와 먼 미래의 사건 묘사다. 가까운 미래 사건이 일어날 때 그것을 참고자료로 인용하는 같은 표현이 그것을 예표론적으로 먼 미래의 지시 대상과 연결한다. 감람산 강화의 경우 그 자체가 예언적 패턴―주의 날과 다니엘의 종말 때―의 종합인 내러티브 구조는, 전적으로 하나에 적용될 수 있거나, 다

이제 우리는 두 개 질문을 다루겠다. 첫째 질문은 전체 관심을 표현한다. 언제 이런 일들이 일어나는지 묻는다. 둘째 질문은 '이런 일들'과 관련하여 더 구체적인 관심을 표현하며, 마가복음이 우리에게 말해주는 대로 이 모든 일이 성취될 때를 가리키는 징조를 묻는다. 마태복음은 이것을 '주의 임하심과 세상 끝'의 징조에 관한 질문으로 만든다. 공관복음의 강화들을 종합하면 둘째 질문은 강림과 세상 끝을 포함하여 모든 예견된 종말 사건이 성취될 징조와 관련이 있다.

강화 구조는 두 부분으로 나뉘며, 구조 변화는 마태복음 24:36(막 13:31)에서 일어난다.29 첫째 부분인 마태복음 24:4~35(막 13:5~31; 눅 21:8~33)는 한 움직임을 묘사한다. 시작(ἀρχή[archē], 24:8)과 끝

른 하나에 적용될 수 있거나, 동시에 둘 다에 적용될 수 있는 표현을 통해 주후 70년의 파괴와 미래의 강림을 모두 가리키며, 케어드가 '히브리인들의 병렬적 성향'이라 부르는 것에 의해 그것이 가진 이중적인 의미(지시, reference)로 인식된다.

29 많은 사람이 감람산 강화를 두 부분으로 나누는 이 시점에서 구조 변화를 인식하는데, 앞의 각주 22번에서 프란스, 데이비스와 엘리슨, 블롬버그, 갈랜드, 윌슨, 깁스가 그렇다. 해그너는 두 번째 부분이 24:37에서 시작한다고 본다(Hagner, *Matthew 14~28*, 717~19). 이에 상응하는 누가복음의 자료는 훨씬 간결하지만, 마샬과 박은 그것을 '적용'으로 보며 나머지 부분과 나눈다. I. Howard Marshall, *The Gospel of Luke*, NIGTC (Grand Rapids: Eerdmans, 1978), 781~82; Darrell L. Bock, *Luke*, vol. 2, BECNT (Grand Rapids: Baker, 1996), 1658, 1693. 마가복음에 관한 최근 주석에서 에반스는 T. W. Manson이 13:32를 기점으로 마가복음의 감람산 강화를 두 부분으로 나누는 것을 설명하며 그 구조가 이점이 있으나 마태복음 주석들에서 볼 수 있는 구조 중요성을 제공하지 않는다고 말한다(Craig A. Evans, *Mark 8:27~16:20*, WBC 34b [Nashville: Nelson, 2001], 340). T. W. Manson, *The Teaching of Jesus: Studies of Its Form and Content* (1931; repr. London: Cambridge University Press, 1967), 262를 보라. 물론 프란스는 마가복음 주석에서 13:32를 구조적 분기점으로 본다. R. T. France, *The Gospel of Mark*, NIGTC (Grand Rapids: Eerdmans, 2002), 541~43. 프란스는 앞서서 이 구조적 구분을 한 캐링턴을 인용한다. P. Carrington, *According to Mark* (Cambridge: University Press, 1960), 293~94, 298을 보라.

(τέλος[telos], 24:6, 13, 14)을 가진 내러티브 순서다. 그 움직임은 '그때'(τότε[tote])라는 표현의 반복적 사용으로 표시되며 하늘에 인자의 징조가 나타나는 것에서 절정에 이른다. 이 내러티브 순서는 이 징조로 끝나며, 강화는 즉각적으로 24:32~35의 가르침으로 나아간다. 이 가르침은 결론 또는 후기 역할을 한다. 이것은 무화과나무의 비유다. "이 모든 것을 볼 때 너희는 그가 가까우심을 안다"(NIV 대체 독법). 여기서 우리는 그 당시 세대가 그분 나타나심의 시점에 접근하는 패턴에서 '이 모든 것'을 볼 것이라는 예견을 발견한다.

강화의 둘째 부분은 마태복음 24:36에서 시작한다. 여기서 분위기와 내용이 갑자기 변한다.[30] 여러 예화를 통해 분명해지는 강화의 이 부분 요점은 누구도 그날과 그때를 모른다는 것이다. 그것은 양과 염소의 심판이 이 부분의 결론 역할을 하는 마태복음 25:31~46에 이르기까지 계속한다.

강화의 두 부분이 두 질문과 관련이 있다고 하는 많은 사람의 제안은 타당성이 있어 보인다.[31] 하지만 그 질문들이 정확하게 강화의 두 부분을 나누는지, 그렇다면 어느 질문이 어느 부분에 해당하는지를 두고는 의견이 다르다.[32] 여기서 말하는 제안은 징조에 관한 질문

---

[30] Gibbs, *Jerusalem and Parousia*, 170~74에서는 분위기와 내용에서 대조를 상세하게 설명한다.

[31] "이 강화의 구조의 핵심은 24:3에서 제자들의 이중적 질문이다." Garland, *Reading Matthew*, 235. 또한, Gibbs, *Jerusalem and Parousia*, 174; Blomberg, *Matthew*, 353; France, *Matthew*, 899를 보라.

[32] 예를 들어, 해그너는 예수께서 첫째 질문에 대답하지 않으시며, 따라서 강화 전체가 둘째 질문에 관한 것이라고 생각한다(Hagner, *Matthew 14~28*, 688). 놀랜드는 둘째 질문에서 '징조'라는 단어를 24:30에 사용과 연결하지만, 이러한 질문들의 구조적 특성을 분명히 말하지 않는다. John Nolland, *The Gospel of Matthew*, NIGTC (Grand Rapids: Eerdmans, 2005), 983을 보라. 많은 이가 프란스를 따라 첫째 질문을 강화의 첫째 부분과, 그리고 둘째 질문을 강화의 둘째 부분과 연결한다. 하지만 길잡이가 되는 원리는 강화를 가까운 미래의 예언과 먼 미래의 예언으로 나누려는

이 징조—인자의 징조—에 초점을 맞추는 강화의 부분에 해당한다는 것이다. '언제'라는 질문은 더 일반적이며 복잡한 사건 전체와 관련이 있는 강화 부분과 연결된다. 따라서 두 질문은 강화와 교차하며 연결된다. 예수님은 (a) 언제 이 모든 일이 일어나며 (b) 어떤 징조가 있을 것인가라는 질문에, 역순으로 먼저 (b) 그의 오심과 세대의 끝의 징조, 곧 모든 종말적 사건이 완성될 때 징조를 말씀하시고, 이어서 (a) 언제에 관한 전체적 질문을 다루신다고 할 수 있다.

무엇이 징조일까?

제자들의 '징조' 질문에 대답이 되는, 예수님의 내러티브와 관련하여 두 가지 기본 관찰을 말하겠다. 하나는 이 내러티브가 다니엘의 '마지막 때'와 기본적으로 같은 구조이며, 많은 주요 특징을 공유한다는 것이다. 또 하나는 전체 내러티브 순서가 주의 날처럼 간본문적(intertextual) 묘사로 제시된다는 것이다.

첫째, 내러티브 순서가 다니엘의 종말 때의 구조를 유지한다는 사실을 어렵지 않게 볼 수 있다. 강화는 다가올 성전의 파괴라는 기본 관심사로 시작한다. 주의 날에 관한 많은 예언이 예루살렘을 말하지만, 다니엘은 구체적으로 성전과 미래에 있을 그 황폐와 파괴에 초점을 맞춘다. 마태복음과 마가복음 모두 '황폐하게 하는 가증한 것'이라는 다니엘의 표현으로 성전 모독을 언급하지만, 마태복음에서 예수님은 다니엘의 이름을 구체적으로 인용하신다. 황폐하게 하는 가증한 것은 마태의 내러티브 순서 중간에 정점으로서 위치한다. 다니엘의 '마지막 때'에서 그 기능과 유사하다. 이어서 예수님은 다니엘

열망으로 보인다. 첫째 질문은 당시 건재한 성전의 파괴를 수반하며 강화의 첫째 부분은 1세기 사건들을 포함하기에 그것들은 서로 연결된다. 하지만 이것은 둘째 질문과 감람산 강화의 첫째 부분과 연결을 무시한다. 감람산 강화의 둘째 부분에서 징조라는 단어가 사용되며, 이 둘째 부분에서 때를 묻는 첫째 질문에 분명히 답하고(답은 아무도 모른다는 것) 있기 때문이다.

12:1을 인용하시며 황폐하게 하는 가증한 것의 때부터 마지막 때까지 있을 '큰 환란'(24:21 ESV)을 말씀하신다. 다니엘 12:7, 11은 황폐하게 하는 가증한 것에서부터 마지막까지 때를 "한 때, 두 때, 반 때" 또는 1,290일로 표시한다. 이것은 7년 시기의 중간에 황폐하게 하는 가증한 것이 세워지는 것을 말하는 다니엘 9:26~27의 구조와 같은 구조다. 중간, 곧 다니엘의 칠십 번째 주의 중간이다.[33]

이와 관련하여 마태복음과 마가복음 모두에서 강화의 이 부분이 (내러티브 순서의 시작부터 인자의 징조 나타남까지) 수미쌍관(inclusio)의 구조임을 알아야 한다. 거짓 그리스도에 대한 경고다. 인자의 징조 바로 앞에 있는 내러티브 순서의 시작과 끝에 거짓 그리스도에 관한 경고가 나타난다. 하지만 마태복음은 그 수미쌍관의 구조 중간에 그 경고를 세 차례 반복하며, 이 전체의 때에 걸쳐 주요 관심사가 (아마도 기근, 전쟁, 박해보다) 거짓 그리스도라는 요점을 강조한다. 마가는 이 중간지점에서 거짓 그리스도 언급을 빠뜨리고 있지만, 중성의 '황폐하게 하는 가증한 것'을 남성 현재분사 ἑστηκότα[hestēkota]를 사용함으로 그 황폐가 성전에서 그 범죄자의 존재 자체와 연결됨을 나타낸다(대조적으로 마태복음에서는 주어와 동사의 성이 일치한다).[34] 황폐하게 하는 가증한 것은 환란의 경험 자체뿐 아니라 거짓 그리스도가 제시하는 위험에서 절정의 기능을 하며 전환점이 된다.

---

[33] 감람산 강화에서 다니엘서 암시는 Davies and Allison, *Matthew*, 3:332를 보라.

[34] 헹겔은 마가복음 13:14에서 신성모독의 의인화에 관한 상세한 논의를 제공하며, 그 사건이 "일어나지 않았다"라고 증명한다. 그가 이 구절을 데살로니가후서 2:3~4와 연결함은 설득력이 있다. Martin Hengel, *Studies in the Gospel of Mark*, trans. John Bowden (Minneapolis: Fortress, 1985), 16~20을 보라. 에반스는 언급한 인물의 정체를 밝히려는 시도를 개관하면서 또한 "예언 자체는 성취되지 않았다"라고 결론 내린다(Evans, *Mark 8:27~16:20*, 320[상세한 논의는 317~20을 보라]).

시간을 나타내는 표시(이레, 한 때 두 때 반 때, 또는 1,290일과 같은)가 없는 것을 제외하고, 그 구조는 정확하게 다니엘의 칠십 번째 이레와 똑같다. 그것은 적그리스도의 출현(여러 거짓 그리스도)과 그것에 수반하는 전쟁과 박해의 현상, 곧 '거짓 그리스도'가 저지르는 황폐하게 하는 가증한 것의 전환점으로서, 그때의 전체 진로를 높은 긴장감으로 이끌며 예표가 가리키는 패턴의 종말에 있을 그 거짓 그리스도의 멸망을 예고하는 구조다.

내러티브의 결말은 인자가 하늘 구름을 타고 오시는 것이다. 예수님은 다니엘 7:13을 인용하시며 "인자 같은 이"를 "인자"로 바꾸신다. 이것은 거짓 그리스도들이 제시하는 속임수와 대조되는 징조로, 그분 오심과 시대 끝의 징조이며, 이 모든 것이 완성되는 징조다. 인자의 징조는 예표된 패턴의 끝에 일어난다. 다니엘에서 교만한 세상 지도자가 멸망하고 왕국이 인자와 지극히 높으신 분의 성도에게 주어지는 시점이다.

감람산 강화의 내러티브 부분에 있는 다니엘서의 구조를 관찰한 후 이제 강화의 이 부분과 관련하여 제시하려는 둘째 관찰은 '주의 날'이 묘사되는 중에 이 내러티브 순서를 구성하는 사건들의 복합체 전체가 진술된다는 것이다. 그리하여 이러한 관찰에서 캐내려는 결론은 강화가 가진 다니엘식의 내러티브 전개를 포함하여 사건들의 복합체 전체가 주의 날로 이해하게 한다는 점이다.

때때로 '메시아의 화'로 불리는 것과 관련하여 예수님은 강화를 시작하신다.35 마태와 마가는 이것들을 전쟁, 기근, 지진으로 열거한다. 주의 날에 관한 묘사에서 통상적 요소들이다.36 누가의 강화는 전염병, 두려움, 하늘의 큰 징조를 더한다. '하늘로부터 큰 징조들'은 강

---

35 Carson, "Matthew," 498을 보라.

36 "이 구절들의 많은 표현이 다시 한번 일반적 묵시의 이미지를 나타낸다"(Hagner, *Matthew 14~28*, 691).

화의 끝에서 '해와 달과 별의 징조들'로 반복한다(21:11, 25).37 이 앞부분의 두려움은 또한 끝에서 "사람들이 세상에 임할 일에 대한 두려움과 불길한 예감으로 기절하리니"로 반복한다(21:26 ESV 번역). 이 요소들 반복은 주제별로 그것들을 한곳에 모으지만, 첫째 조합 다음에서 "곧 끝은 아닐 것이다"라는 묘사(21:9 ESV 번역; 마태[24:6]와 마가[13:7]는 "아직 끝은 아니다"[ESV 번역]로 되어있음)는 이러한 요소들에 관한 묘사들 사이에 위치하여 종말론적인 내러티브 구조가 드러나게 한다.38 따라서 내러티브 구조는 이 상황을 배경으로 일어난다. 주의 날의 전형적 특징인 상황이다.

가장 흥미로운 점은 예수께서 이들 초기 현상(마 24:5~7; 막 13:6~8)을 '산통의 시작(ἀρχὴ ὠδίνων[archē ōdinōn])'으로 묘사하심이다.39 산통 은유는 하나님의 심판을 설명하려고 여러 본문에서 사용

---

37 Bock, *Luke*, 2:1668은 이 묘사들의 평행을 설명한다. 박과 마샬 모두 이들 묘사가 구약 예언에서 통상적이라고 설명한다(Marshall, *Luke*, 765; Bock, *Luke*, 2:1667). 하지만 마샬은 "그 현상은 종말의 묵시적 징조들이 아니"라고 주장한다(766). 박도 "혼란 자체는 종말의 징조가 아니다"라고 말한다(2:1668). 하지만 박이 이 사건들이 확장된 순서에서 연결되었다고 보는 것처럼, 이것은 '종말'을 이해하는 다른 방식을 나타내는 것으로 보인다.

38 누가복음 21:9가 광범위한 종말 사건을 가리킨다는 설명은 Bock, *Luke*, 2:1666을 보라.

39 해석에서 문제는 '진통의 시작'과 '종말이 아직 이르지 않음'을 연결하는 방식이다. 해그너는 여기서 말하는 요점을 '광범위한 진통의 시기'가 있을 것으로 바르게 설명한다(Hagner, *Matthew 14~28*, 691). 이것은 진통의 이미지와 일치하며, 다니엘의 종말의 때 구조 통합과 일치한다. 하지만 블롬버그는 '종말이 아직 이르지 않음'을 마치 예수님께서 이들 중 어느 것도 '종말'과 관련이 없다고 말하고 계신 것처럼, 무시하는 것으로 받아들이는 것 같다. 이것은 예수님께서 자기 제자들에게 '거짓 진통'을 경고하시거나 그들에게 진통의 시작이 정해지지 않은 어떤 것임을 제안하고 계실 가능성이 있다고 그가 제안하도록 이끈다(Blomberg, *Matthew*, 354). 블롬버그와 대조적으로 예수님께서는 이러한 현상들을 '거짓 징조'로서 경고하시기보다(3553) 거짓 그리스도들을 경고하신다. 그의 오심의 징조는 오직 그가 '종말의 때'로서 개관하시는 패턴의 끝에 나타날 것이다. 강화의 이 부분에

되지만, 산통의 **시작**은 특별히 이사야 13:8에서 사용되어 다가오는 주의 날을 묘사한다. 이사야 13장이 말하는 주의 날 예언 특징들이 내러티브의 끝에 예수님이 인자의 징조를 말씀하시기 바로 전에 나타난다. 예수님은 이사야 13:10을 인용하시며 말씀하신다. "그날 환난 후에 즉시 해가 어두워지며 달이 빛을 내지 아니하며 별들이 하늘에서 떨어지며 하늘의 권능들이 흔들리리라"(마 24:29). 이사야 13:8과 3:10에 관한 이 언급들 사이에 다니엘서 구조를 가진 종말적 내러티브가 펼쳐진다.

내러티브 구조에 포함된 주의 날에 관한 다른 묘사는 군대의 예루살렘 포위와 잇따라 일어나는 전투다(눅 21:20, 24).[40] 이것은 강화의

서의 그분의 유일한 요점은 이러한 우주적 현상이 나타나는 것 자체는 거짓 그리스도의 주장—그리스도가 이미 나타나셨다는 주장—에 대한 확인으로 받아들여서는 안 된다는 것이다. 블롬버그처럼 많은 사람이 예수님께서 여기서 초림과 재림 사이의 시대를 예견하고 계신다고 주장했으며, 어떤 사람은 진통에 관한 언급을 로마서 8:22~23에서 바울의 출산 은유 사용과 연결한다(예를 들어, Carson, "Matthew," 798). 하지만 두 곳 모두에서 의미가 같은지는 전혀 분명하지 않다. 로마서 8장은 영원을 기대하며 진통하는 피조물을 말하고 있다. 감람산 강화에서는 이사야 13:8에서와같이 진통이 진노의 날 시작이다. 이것들이 신학적으로 관련 있다고 추론할 수 있지만, 그것은 그 이미지가 두 곳 모두에서 같은 문학적 용법임을 의미하지 않는다. 분명히 그러한 연결에서 적어도 한 가지 목적은 감람산 강화의 첫째 부분이 초림과 재림 사이의 긴 기간과 같다는 해석을 입증하는 것이다(또한 Davies and Allison, *Matthew*, 3:331, 340~41을 보라). 이 현상의 많은 것이 초림과 재림 사이의 시대에 나타나지만, 이 현상의 일부가 타락 후의 인간 상황의 일반 특성인 것과 마찬가지로, 이것은 미래의 주의 날에서 현상이 특별히 형성되고 집약되는 것임을 배제하지 않는다. 구약시대에 일반적으로 일어난 지진과 염려와 전쟁은 바로 이러한 특성을 가진 주의 날이 있음을 배제하지 않으며, 신약과 구약 사이의 시대에 일어나는 이 일들은 아직 일어나지 않은 미래의 주의 날을 배제하지 않는다.

[40] 박은 마태복음과 마가복음과 대조적으로 누가복음의 표현이 명확하게 "종말보다 주후 70년에 예루살렘 패망"을 말한다고 주장하지만, 그는 누가가 가까운 미래의 몰락을 "종말이 무엇과 같을지 보여주는 강도가 약한 미리 보기… 그 끝이 어떤 것과 같을지 보여주는 모형적인 그림—끝에서는 이스라엘

앞부분에서 전쟁에 관한 일반 언급(눅 21:9~10)을 이어가며, 주의 날에 관한 많은 예언처럼 그 전쟁을 예루살렘에 집중하게 한다.41 속담과도 같은 주검과 독수리에 관한 진술(마 24:28, 참고. 눅 17:37)은 전쟁터 이미지와 일치한다. 이사야 13:10과 관련된 어두움 증가는 마태복음 24:22와 마가복음 13:20에서 다시 나타나며 단축된 날들을 의미한다. 어두움은 주의 날에 관한 많은 예견의 특징이며 하늘의 흔들림과 전쟁 시작과 함께한다. 다가오는 진노에 관한 누가의 언급(눅 21:23)도 이 주제와 일치한다. 마지막으로, 인자의 오심과 연관이 있는 나팔 소리는 요엘 2장을 인용한 것으로 보이며, 이 또한 하늘이 흔들리고 어두워지는 것과 다가오는 전투의 이미지를 전달한다. 의미 있게도 요엘서에서 소집하려고 오시는 분은 주님이시다. 그분이 나팔 부는 사람 뒤에 계신다. 다니엘서의 인자 이미지에 요엘과 이사야의 주의 날의 이미지를 입힘으로써 인자의 정체에 관한 또 다른 요점이 드러난다.

나라가 구약의 약속대로 구원받는다는 것을 제외하고—"으로 본다고 생각한다(Bock, *Luke*, 2:1675~76; 또한 1696에 있는 그의 종합을 보라). 강화가 가진 모형으로서 기능은 이 논문에서 주장하는 같은 요점이다. 하지만 필자는 주제 측면에서 구약의 주의 날이 전쟁 이미지의 배경임을 더 강하게 강조하려 한다. 누가복음 21:20이 마태복음 24:15와 마가복음 13:14와 구조적으로 평행을 이루는 것에 관해 포드는 황폐하게 하는 가증한 것이 성전 신성모독을 낳는 복합체 사건으로 가장 잘 이해될 수 있다는 유용한 제안을 내놓았다. 이것은 누가가 언급하는 군대를 다른 공관복음이 언급하는 신성모독과 연결한다. Desmond Ford, *The Abomination of Desolation in Biblical Eschatology* (Washington D.C.: University Press of America, 1979), 163을 보라.

41 라이트는 주의 날의 전쟁 이미지와 감람산 강화 배경의 연결에 주목하면서 스가랴 14장을 암시한다고 주장한다(N. T. Wright, *Jesus and the Victory of God* [Minneapolis: Fortress, 1996], 344~45). 그는 계속해서 주의 날과 다니엘서의 수많은 평행을 관찰하지만, 과거주의 해석을 지지한다. 그는 강림이 종말을 유발한다는 생각(무천년주의 성향의 주된 전통과 앨버트 슈바이처의 '철저 종말론[Consistent Eschatology]'이 가진)에 현혹된 것으로 보인다. 강화가 종말을 말하지 않기에 그의 견해에서 그것은 강림을 말하지 않는다(339~68).

여기서 말하는 요점은 다니엘의 때와 종말의 구조에 주의 날의 이미지를 가리키는 관련 본문들을 의도적으로 포함해 내러티브를 구성한다는 점이다. 이것은 감람산 강화의 마지막 부분의 특징만이 아니다. 그것은 강화 전체에, 특별히 처음과 끝의 비유적 표현에 자주 나타난다. 주의 날의 이미지가 특별히 그러한 것은 전형적으로 주의 날 예언들이 묘사적 용어로 가득하기 때문이다. 주의 날 예견은 아마도 포위와 전투의 순서를 제외하고 통상적으로 순차적 구조를 보이지 않는다. 또 다른 예외는 이사야 13장과 감람산 강화의 시작에 나타나는 진통의 은유다. 진통은 순차적으로 일어나며 출산—숨겨진 이가 이제 공개적으로 드러나는 것—에서 극에 달하는 수축과 고통으로 구성된다. 강화의 시작에서 진통의 시작 이미지는 그 순서의 끝에서 인자의 출현과 연결되며, 다니엘의 마지막 때의 구조와 나란히 움직이는 전체 구조에 통일성을 부여한다. 예수님의 가르침에서 주의 날의 예표와 다니엘의 마지막 때의 예표가 통합되었다.

무화과나무 비유가 감람산 강화의 첫째 부분을 끝맺는다. 나뭇가지에 잎사귀가 돋는 것이 여름이 가까움을 나타내듯이, 이 내러티브 순서의 모든 사건은 주께서 가까우심을 가리킨다.42 하지만 그분 오심의 징조는 이것들의 어느 것도 아니다. 그분 오심의 징조는 공중에서 인자의 징조다. 이 구분은 이 시점까지 전체 패턴이 예표로서 성취할 가능성을 허락한다. 실제로 예수님과 그분 제자들의 세대에 일어난 예표이다.

---

42 무화과나무 비유의 대중적 해석은 무화과나무가 이스라엘 나라를 가리키는 은유이며, 무화과나무가 꽃이 피는 것은 이스라엘이 나라로서 세계무대에 다시 등장하는 것(이것은 1948년에 일어났음)을 뜻한다는 것이다. 그것이 이 말씀에서 주님의 의도가 아니라는 것은 누가복음 21:29의 평행구절을 생각할 때 드러난다. 누가복음의 구절에서 예수님은 "그 무화과나무, 그리고 모든 나무를 보라"(ESV 번역)라고 말씀하신다. "그리고 모든 나무"가 더해진 것은 이것이 이스라엘에 대한 은유가 아님을 가리킨다. 그것은 주의 날 패턴이 서로 연결되어 진행됨을 나타내는, 식물을 통한 은유다.

언제 이 일들이 일어나는가?

예수님은 종말의 때, 곧 주의 날이 펼쳐지는 패턴—강림이 인자의 징조를 포함할 때 그 강림을 구성하는 사건들의 패턴—을 확증하신 후, 마태복음 24:36[막 13:32; 눅 21:34]에서 시작하여 더 일반적인 질문을 다루신다. 곧, 제자들이 한 첫째 질문인 언제 이 일들이 일어나는가를 다루신다. 무화과나무가 주는 교훈은 "이 모든 일을 볼 때 너희는 인자가 가까이 곧 문 앞에 이른 줄 안다"라는 것이다(24:33 ESV 번역). 하지만 의문은 남아있다. 이 모든 일—그분 나타나심을 포함한 전체 패턴—이 언제 일어나느냐는 의문이다. 마태복음과 마가복음에서 주제의 전환을 가리키는 요소는 문학적 구조를 표시하는 "그러나 ~에 관해서"(περὶ δέ.[peri de]), 때에 관한 언급인 "그날과 그때," 그리고 교훈적 요점인 "아무도 모르나니"(οὐδεὶς οἶδεν[oudeis oiden]; 마 24:36; 막 13:32 ESV 번역)다.43 마가는 도입을 나타내는 이러한 설명 뒤에 "그때가 언제인지(πότε ὁ καιρός ἐστιν[pote ho kairos estin]) 너희가 알지 못함이라(οὐκ οἴδατε[ouk oidate])"라고 말함으로 '그때'에 관한 더 일반적인 언급을 덧붙인다(33절). 이 표현은 13:4에서 제자들의 첫째 질문의 표현—"언제 이 일이 있으며… ?"(πότε ταῦτα ἔσται[pote tauta estai]; ESV 번역)—과 거의 정확하게 평행을 이룬다.44 누가는 강화의 이 시점에서 단순히 다가오는 '그날'로 때에 관한 언급을 나타낸다. 대부분 주석가는 '그날과 그때'가 강화의 앞부분에서 제시된 마지막 때의 사건 순서에서 인자의 오심 때를 정하는 언급이 아니라는 데 동의한다. 그것은 24:33~34에서 말한 것의 재해석이 아니다.45 오히려 '그날과 그때'는 단순하게 종합적으로 주

---

43 깁스는 강화의 이 지점에서 '이음매'인 περὶ δέ[peri de]의 의미를 밝힌다. Gibbs, *Jerusalem and Parousia*, 172. France, *Mark*, 541; France, *Matthew*, 936도 보라.

44 Hagner, *Matthew 14~28*, 716.

의 날 자체를 바라다본다.⁴⁶ 그리고 이것은 마가의 '그때'에 관한 더 일반적인 언급(막 13:33)이나 누가의 '그날'(눅 21:34)과 일치한다.

주의 날에 펼쳐지는 패턴—황폐하게 하는 가증한 것으로 비롯한 고난 후에 인자가 구름을 타고 오시는 순서—과 달리, 주의 날 자체는 (종합적 전체로서) 아무런 경고 없이, 그것이 오는 것을 짐작할 수 있게 하는 징조 없이 일어난다. 주님은 말씀하신다. "아무도 모르고 오직 아버지만 아시느니라." 이것은 주의 날이 "여호와께서 아시는 한 특별한 날"이라고 한 스가랴의 설명을 기억하게 한다(14:7 ESV 번역; 문맥에서 스가랴는 "여호와를 위한 한 날이 온다"라고 말한다, 14:1).⁴⁷

또한, 마태복음에서 '그날', '그때', 또는 '그날과 그때'의 도래가 "인자의 임함"(ἡ παρουσία τοῦ υἱοῦ τοῦ ἀνθρώπου[hē parousia tou huiou tou anthrōpou])으로 언급됨에 주목하라. 계속해서 "너희 주가 임하신다"(24:42 ESV 번역), "인자가 오리라"(24:44 ESV 번역), "인자가 올 때"(25:31 ESV 번역)라는 표현이 사용되며, 종들의 주인이 오는 것("그가 올 때", 24:46 ESV 번역; "한 날에 그가 와서", 24:50; "와서", 25:19 ESV 번역)과 신랑이 오는 것("신랑이 오므로", 25:10 ESV 번역)에 관한 비유를 통한 예시가 언급된다. 강화의 이 부분에서 마가는 단지 비유(13:34~37)를 통해 인자의 오심을 말하며, 누가는 단지 '그날'이 이른다고 말한다(21:34). 인자의 오심에 관한 언급들은 강화의 이 부분이 전체 사건으로서 주의 날의 도래에 초점을 맞추고 있다는 요점과 상반하지 않는다. 주의 날은 '그분이 오시는 날'로 이해되었다(말 3:2).

---

45 Wilson, *When Will These Things Happen?*, 224~26.

46 그리하여 Wilson, *When Will These Things Happen?*, 224~25에서는 "분명한 것은 '주의 날'이 언급된다는 것이다"라고 말하며, Davies and Allison, *Matthew*, 3:378에서는 "'그날'은 구약의 '주의 날'이며, 그것은 신약에서 강림이고, '그때'는 더 구체화하는 것으로서 실제로 유사한 표현"이라고 말한다. 참고. Blomberg, *Matthew*, 365; France, *Matthew*, 939.

47 Hagner, *Matthew 14~28*, 716.

주의 날에 주께서 일어나셔서 "땅을 무서워하게 하시며" 땅의 거민은 "주의 두려움 앞에서, 그의 광채와 영광으로부터" 도망할 것이다(사 2:19, 21 ESV 번역). 주의 날 임함은 '여호와와 그의 진노의 병기'의 도래다(사 13:5~6 ESV 번역). 주요 이미지는 전쟁이 끝날 때까지 파괴와 살육을 일삼는 군사 행동이다(추가해서, 앞에서 말한 요엘 2:1, 11; 미가 1:3~4; 2:4; 나훔 1:2~8; 하바국 3:2~15; 스가랴 14:3, 5, 12~14를 보라). 요점은 주의 날 전체가 심판을 위한 주의 오심이라는 점이다. 하나님께서 오셔서 이 심판을 집행하시며 모든 파괴적인 요소—얼마나 오랫동안, 얼마나 폭넓게 그것들이 진행되든—를 쏟으신다. 주께서 그날이나 그날의 끝에 '나타나심'을 보이시든 그렇지 않든 이것은 사실이다. 과거의 '주의 날들'은 주께서 심판하시려고 오신 '날들'이지만, 주의 나타나심은 없었다. 스가랴 14장에서 말하는 주의 날의 끝에 있을 주의 나타나심은 그가 심판을 위해 오시는 연장된 사건의 절정을 이룬다. 요점은 그의 오심이 단순히 그 전조에 지나지 않은 연장된 재앙의 끝에 일어나지 않는다는 것이다. 한 군사 행동의 이미지에 뒤이어, 전체 군사 행동—외곽지역의 유린이나 도성을 포위하고 싸우는 것, 그것이 얼마나 오래가던지—은 장군과 그의 군대가 도성을 통과하며 일어난다. 그가 오는 것은 단순히 정복의 끝에 함락된 도성으로 승리의 입성만이 아니다. 그가 오는 것은 전체의 파괴적인 사건을 말하며, 성이 함락되고 그가 그곳으로 들어가는 것은 그 사건의 완성이다.

따라서 여기서 말하는 바는 마태복음 24:36~25:46에서 인자의 오심이 주의 날의 도래 자체와 전적으로 같다는 것이다. 이날의 절정에 인자가 사람들이 볼 수 있도록 나타나실 것이지만, 그날 전체는 그분이 오시는 날이다.

감람산 강화의 첫째 부분에서 사용한 산통과 출산의 이미지는 특별히 이 연장한, 그날 도래의 개념에 적합하다. 주의 날의 순서는 산통의 시작과도 같이 인간 경험에 들어오며 그것은 주님 오심의 특성을 말한다(참고. 사 13:5~8). 감람산 강화의 이곳에서 출산 진행은 인자가 사람들 눈에 보이게 나타나심에서 절정에 이른다. 따라서 여기서 말하는 것은 감람산 강화의 이 둘째 부분에서 예수님은 주의 날을 전체로서, 하나의 복합체 사건 전체로 언급하신다는 것이다. 주의 날은 그가 오시는 날이며, 따라서 주의 날 언급과 인자의 오심 언급은 같다. 마태복음 24:37, 39에서 예수님은 인자의 강림을 말씀하실 때 단순히 24:30에서처럼 인자가 공중에 나타나심만을 말씀하시는 게 아니다. 예수님은 그의 나타나심에서 절정에 이르는 그분 오심의 전체 진통을 말씀하신다.

이 사실을 생각할 때, 우리는 감람산 강화에서 예수님께서 한편으로 징조를 말씀하시고 다른 한편으로 아무런 징조도 말씀하지 않으시는 이유를 이해할 수 있다. 예수님은 어떤 암시도 없이 갑자기 일어나는 뜻밖의 일로서 '그의 오심' 또는 '그날'의 도래를 말씀하신다. 하지만 그는 자신이 하늘 구름 가운데 나타나시는 일의 징조를 말씀하신다. 황폐하게 하는 가증한 것이 있은 다음에 그 일이 일어난다는 것이다. 그리고 황폐하게 하는 가증한 것 자체는 거짓 그리스도들, 전쟁, 땅과 하늘에서 소동이 그 배경이다. 모두가 주의 날이나 마지막 때의 특징이다. 모든 징조는 주의 날에 있다. 그것들은 그의 오심의 끝에 있을 그의 나타나심으로 이어진다. 주의 나타나심으로 절정에 이르는 전체로서 주의 날―심판을 위한 그의 오심 전체―은 아무런 경고 없이 아무런 징조 없이 역사 안으로 들어온다. 주의 날이 시작하면 그의 나타나심이 임박했음을 알리는 한 패턴의 사건들이 시작하며(주의 날의 시작이 그의 오심의 시작이기에), 심판을 위한 그의 오심과 관련하여 계시된 잘 알려진 패턴에 따르면 심판을 위한 그의 오심이 시작하면 그의 나타나심이 가까움을 알 수 있다.

따라서 감람산 강화와 관련하여 우리가 관찰한 결론은 이렇다. 예수님은 예루살렘, 특히 성전에 임할 다가오는 파괴적 사건을 분명히 말씀하신다. 그의 제자들이 예수께서 심판을 집행하시고 왕국을 세우시려고 인자로 오신다는 예언과 연결하는 예언이다. 예수님은 이 모든 것이 일어날 징조를 묻는 그들 질문에 대답하시며 종말론적인 패턴을 말씀하신다. 이 패턴은 예언적인 주의 날과 관련된 출산 이미지와 묘사적 특징들을 다니엘의 마지막 때와 통합하여 형성한 패턴이다. 그러한 패턴의 심판이 적어도 그의 나타나심의 징조에 이르기까지 그 세대에 임할 것이다. 그의 오심의 징조, 종말의 징조, 모든 종말 사건들이 성취된다는 징조가 성전에서 황폐하게 하는 가증한 것으로 비롯한 고통의 때 다음에 **이 종류의 패턴으로** 일어날 것이다. 하지만 주후 70년의 사건들이 인자의 징조를 포함한 완전한 패턴이 될 것인지—달리 말해, 그 세대에 예루살렘에 닥칠 심판이 인자가 오시는 종말적 주의 날이 될지—는 알려지지 않았다. 우리에게 모형과 대형의 구분이 주어질 것인지, 아니면 완전한 하나의 성취가 주어질지는 알려지지 않았다. 그리고 만일 우리에게 완전한 성취에 앞서 그 패턴의 모형적 적용이 있었었더라도(그리고 실제로 그랬다) 모형과 대형의 시간적 간격은 알 수 없다. 그 복합체 전체는 기대치 않게 시작될 것이다. 의심의 여지 없이, 주님 의도는 그 세대의 경험에서 앞선 징조(거짓 그리스도의 출현, 우주와 지상에서 소동, 도성을 포위할 때까지 이어지는 박해[누가복음], 성전의 황폐화[마태복음과 마가복음]) 없이 그러한 사건들의 패턴이 시작한다는 것이다. 하지만 주후 70년 이후 그것을 보면 그 심판의 패턴이 인자의 오심이 되는 것은 아버지의 뜻이 아니었음을 알 수 있다. 따라서 그 패턴은 인자의 오심, 그의 심판, 그가 종말적 하나님 왕국을 최종적으로 성취에서 하시는 것에서 온전히 반복되기 위해 미래로 연장된다. 그리고 그것이 올 때(그가 오실 때) 그것은 땅에서 사람들의 경험에서 갑자기 기대치 않게 시작할 것이다.

환란 전 견해를 지지하는 논증과 관련하여 우리는 감람산 강화가 주의 날에 관한 향상된(다니엘의 마지막 때의 구조를 통합함으로써 향상된) 이해력을 제시한다고 말할 수 있다. 다니엘서와 연관된 이 향상된 주의 날은 환란 전 견해 지지자가 환란이라 부르는 것이며, 바울은 데살로니가전서 5장에서 주의 날이 임한다고 말할 때 그 환란을 가리킨다.

바울의 환란 전 견해

이제 우리는 바울이 주의 날의 시작에 신자가 하나님의 진노에서 벗어난다고(문맥에서 이것은 휴거를 가리킨다) 말하는 데살로니가전서 5장을 살펴보겠다. 이것은 환란 전 휴거와 같은 견해인가? 그렇다는 대답이 여기서 말하려는 요점이다. 그리고 이것은 주의 날과 그 도래에 관한 바울의 이해가 감람산 강화에서 예수님의 가르침에 의존하는 방식으로 알 수 있다.

데살로니가전서 5장에서 바울이 감람산 강화에 의존하고 있다는 것은 널리 알려진 사실이다. 전승을 가리키는 것이 분명한 작문(구성)에서 이들 본문 사이에 많은 언어와 주제의 연결이 있기 때문이다.48 데살로니가 성도는 주의 날의 도래에 관한 어떤 것을 이미 알고 있었다. 바울은 감람산 강화에서 가져온 핵심 예화와 요약 가르침으로 그들이 알고 있는 것을 생각하게 한다. 하나를 제외하고 모두가 감람산 강화의 둘째 부분에서 온 것이다. 종말적 패턴 전체를 살펴보며 "어느 때에 이런 일이 일어납니까?"라고 묻는 제자들의 첫째 질문에 대답하는 부분이다. "밤에 도둑같이"(5:2; 참고. 마 24:43), "뜻밖의 일"처럼(5:4; 참고. 마 24:43~44, 50), '갑작스러운 멸망'처럼, "그들이 평안하다 안전하다 할 그때"(5:3; 참고. 마 24:37~41, 50~51; 막 13:36; 눅 17:26~37; 21:34) 주의 날이 임할 것이다. 이 사실에 비추어, 그들은 "깨어 정신을 차리도록" 경고를 받는다(5:6, 8; 참고. 마 24:42, 44; 25:13; 막 13:33, 35, 37; 눅 21:34, 36). 감람산 강화에서

---

48 David Wenham, *The Rediscovery of Jesus' Eschatological Discourse* (Sheffield: Sheffield University Press, 1984), 176~80, 295~96을 보라. 또한, Davies and Allison, *Matthew*, 3:385; Blomberg, *Matthew*, 367; France, *Matthew*, 942; Bruce, *Thessalonians*, 108~09; Robert Thomas, "1 Thessalonians," in *Ephesians-Philemon*, EBC, 12 vols. (Grand Rapids: Zondervan, 1978), 11:282~83을 보라.

예수님은 '주의 날'이라는 용어를 사용하지 않으셨지만, 감람산 강화의 이 둘째 부분에서 주님께서 염두에 두신 것은 사실상 다가오는 주의 날이 분명하다는 것을 우리는 이미 살폈다. 그리고 우리는 주의 날이 감람산 강화의 첫째 부분에서 그가 제시하시는 종말 패턴, 구약의 선지자에게서 가져온 주의 날을 묘사하는 특징들로 시작하고 끝나는 패턴임을 보았다. 감람산 강화의 둘째 부분을 인용함으로써 바울은 다가오는 주의 날에 대한 자기 이해를 주님의 가르침에서 가져오고 있음을 가리킨다.49 이것은 감람산 강화의 첫째 부분에서 주어진, 다니엘의 마지막 때의 구조와 통합된 주의 날이다. 바울은 '주의 날'이라는 자기 용어를 예수님께서 말씀하신 것과 연결함으로써 분명히 같은 통합 사건을 의도하고 있다. 곧, 다니엘의 칠십 번째 이레로서 구성한 주의 날이다.

더 중요한 것은, 바울이 예수님이 감람산 강화의 둘째 부분에서 말씀하신 주의 날과 감람산 강화의 첫째 부분에서 말씀하신 통합된 패턴 사이의 연결과 관련하여 어떤 의심이 있었다면, 바울은 감람산 강화의 첫째 부분으로 가서 그 패턴의 시작을 묘사하는 은유—출산 시작의 은유(5:3; 참고. 마 24:8; 막 13:8)—를 상기함으로써, 그리하여 계속해서 감람산 강화의 둘째 부분의 주제인 그날의 갑작스러운 시작을 힘들여 고침으로써 그 의심을 잠재웠을 것이라는 사실이다. 따라서 바울 자신은 감람산 강화의 두 부분을 연결해(첫째 부분의 전체 패턴이 둘째 부분에서 말하는 사건임) 둘의 적합한 주제가 주의 날임을 가리킨다.

---

49 그린은 강도의 은유에 관해 말하면서 "이러한 단언은 예수님께서 자신의 오심에 대한 가르치신 것에 기초하며(마 23:43~44; 눅 12:39~40), 이어서 교회에게 주신 종말에 관한 교훈에 반영되었다(벧후 3:10; 계 3:3; 16:15)"라고 쓰고 있다(Green, *Thessalonians*, 232). 워너메이커는 "바울은 전통적인 종말론적이며 묵시적인 이미지들—아마도 그것들 모두 이미 예수전통의 일부였을 것임—을 자기 권고의 목적을 위해 사용했다"라고 쓰고 있다(Wanamaker, *Thessalonians*, 180).

다시 말해, 예수님은 다니엘의 마지막 때를 통합해, 칠십 번째 이레의 구조를 주의 날에 관한 예언적 개념과 연결하신다. 바울 데살로니가전서 5장에서 주의 날을 말하면서 가리키는 바는 그 사실이다. 나아가, 바울은 감람산 강화의 둘째 부분에서 말하는 전체로서 그날의 시작에 관한 예수님의 가르침에 근거함으로써, 그리고 예수님께서 주의 날의 시작을 감람산 강화의 첫째 부분에서 그 시작에 관해 묘사하시는 것과 함께 언급함으로써 오심, 시작, 주의 날의 시작에 초점을 맞춘다. 다른 말로 하면, 데살로니가전서 5장에서 주의 날을 말할 때 바울은 7년의 환란—다니엘의 칠십 번째 이레—을 말하고 있다. 그리고 그는 시작, 아무런 경고 없이, 도둑처럼 임하는 그 환란의 시작을 말한다. 그리스도께 속한 사람이 주님과 영원히 함께하려고 휴거되고, 나머지 사람들에게는 멸망이 이르는 때다.

이 시점에서 데살로니가후서에서 이 문제에 관한 바울의 논의와 관련하여 의문이 자연스럽게 일어난다. 그 편지에서 그리스도의 오심에 관한 논의는 데살로니가전서에서 우리가 이해한 것을 확증하는가, 아니면 그것과 대립하는가?

데살로니가후서 2:1에서 바울은 다시 한번 "우리 주 예수 그리스도의 강림하심(τῆς παρουσίας[tēs parousias])과 우리가 그 앞에 모임(ἐπισυναγωγῆς[episynagōgēs])"(ESV 번역)의 주제로 향한다.50 '우리가 그 앞에 모임'을 휴거로 이해하는 것이 합당해 보인다. 이전의 편지에서 바울은 휴거를 그가 오실 때까지(εἰς τὴν παρουσίαν[eis tēn parousian]; 살전 4:15) 살아있는 우리가 "그들과 함께(σὺν αὐτοῖς[syn autois]) 구름 속으로 끌어 올려… 그리하여 우리가 항상 주와 함께(σὺν κυρίῳ[syn kyriō]; 17절) 있을" 사건으로 묘사했다.

---

50 대부분의 주석가는 이것에 동의한다. Bruce, *Thessalonians*, 163; Green, *Thessalonians*, 302; Wanamaker, *Thessalonians*, 238; Thomas, *2 Thessalonians*, 318을 보라.

문자적이면서도 개념적으로 주님께로 함께 모이는 사건으로서 휴거는 강림과 연결되어 있다. 바울이 그것들을 연결된 주제로 제시했기에 우리는 자연스럽게 잇따른 논증에서 그것들을 다루는 것을 기대할 수 있다. 하지만 바울은 즉시 주의 날에 관한 거짓 소문의 문제로 나아간다. 그렇지만 이것이 놀랍지 않은 것은, 앞의 데살로니가전서 4~5장과 감람산 강화의 논의에서 보았듯이, 파루시아라는 표현은 단순히 가시적인 강림뿐 아니라 주의 날 전체에 사용되며, 그 가운데 가시적 강림이 절정이기 때문이다. 뒤따르는 부분에서 바울은 감람산 강화에서 주님께서 제공하신 것(다니엘의 칠십 번째 이레의 핵심 요소들을 전달하는 패턴)과 유사한 패턴을 개관한다. 하지만 그렇게 하면서 바울은 마가복음 13:14에서 말하는 황폐하게 하는 가증한 것이 가리키는 것의 명시적인 의미를 유도한다. 바울이 제공하는 순차적 패턴은 '배교'와 '불법의 사람' 출현으로 시작하는데, 그 사람은 다니엘 11:36을 인용함으로써 묘사된다(다니엘과 감람산 강화[특별히 마가복음의 감람산 강화] 사이의 의도적인 텍스트 간 관련성에 유의하라).51 불경스럽게 자신을 높이는 불법의 사람 특성은 그가 성전에서 자신을 신격화하는 행위로 이어진다. 성전에서 이 불경은 다니엘의 칠십 번째 이레와 감람산 강화에서 황폐하게 하는 가증한 것과 연관이 있으며, 분명 그것에 대한 해석이다.52 사건의 순서는 거짓 표적과 속

---

51 Hengel, *Studies in Mark*, 18~20.

52 그린은 다니엘과 감람산 강화와 다른 참고자료의 간본문적 연결을 포함하여 불법의 사람 정체와 행위를 둘러싼 해석학적인 논의를 개관함으로써 도움을 준다. 하지만 예루살렘에서 일어나는 사건들은 독자와 너무 멀리 떨어져 있고 그들 관심사가 아니라는 가정에 근거하여 성전이 예루살렘 성전이 아니라는 그의 제안은 근시안적이다. 분명히 데살로니가 사람들은 예수님의 죽음과 부활이라는 예루살렘 사건에 크게 관심이 있었으며, 그들은 그의 재림에 대해 아는 일에 큰 관심이 있었다. 그들의 부활과 승천을 포함할 일련의 사건들의 한 부분으로서 주님께서 예루살렘 성전에서 자신을 신으로 높인 적그리스도를 죽이시는 것이 그들에게 흥미로운 주제가 아니었을 것으로 생각할 이유가 없다. Green, *Thessalonians*, 308~13. 그린과 대조되는 생각은 Ernest

임수로 표시되며 주님은 그것을 경고하신 바 있다. 그리고 그것은 최종적으로 주의 오심이 **나타나는 것**(τῇ ἐπιφανείᾳ τῆς παρουσίας αὐτοῦ[tē epiphaneia tēs parousias autou], 살후 2:8]—이것은 마태복음 24:30에서 주의 말씀 "그때 인자의 징조가 하늘에서 나타나겠고 [φανήσεται(phanēsetai)]"와 일치한다)으로—끝난다.

환란의 전개에 관한 더 많은 계시로써 이 모든 것이 우리에게 매우 중요하다. 특별히 그것은 환란 때 황폐하게 하는 가증한 것에서 적그리스도와 그의 행위에 관한 신약 교리를 발전하게 하는 일에 공헌한다. 하지만 바울이 환란의 패턴에 관한 이 간략한 진술로 주의 날이 이미 이르렀다는 거짓 소문에 대답한 의도가 무엇인지에 의문을 품을 수 있다. 바울의 논증을 따라가면서 만나는 문제는 2:3~4에서 생략이다. 바울은 분명히 순차적 패턴을 열거하기 시작한다. 먼저 '배교'가 있고 불경스럽게 성전에서 자신을 하나님으로 높이는 불법의 사람이 나타날 것이다. 하지만 불법의 사람을 언급한 다음에 바울은 문장을 끊고 그들에게 자신이 그들에게 가르친 것을 기억하라고 권면한다. 아마도 데살로니가 사람들이 잘 기억하지 못했다면 그들은 바울에게 그의 종말론 전체를 재검토하는 세 번째 편지를 요청했을 것이다. 하지만 분명히 그들은 그의 가르침을 생각해 냈으며 주의 날이 시작했다는 거짓 소문을 멀리하는 일에서 이 편지에서 바울이 설명하는 것에 도움을 받았다고 생각할 수 있다. 하지만 그러한 생략은 현대 해석자들에게 문제가 된다. 번역자들은 변함없이 그러한 생략을 메우려고 하며 일반적으로 "그날은 오지 않을 것이다"와 같은 것으로 그렇게 한다. 그리하여 바울이 특정 종말적 사건들, 이 경우 '배교'와 불법의 사람 출현이 있기 전까지 주의 날이 오지 않는다고 주장하는 것으로 생각된다.53 배교가 가리키는 것이 무엇이

Best, *A Commentary on the First and Second Epistles to the Thessalonians* (New York: Harper and Row, 1972), 286~87의 논의를 보라.

53 배교와 불법의 사람이 순차적이 아니라 함께 일어나는 일이며, 차례로

든지, 여기서 제시된 불법의 사람의 행위는 실제로 주님께서 가르치셨으며 바울이 상기하게 한 통합된 주의 날과 마지막 때의 패턴에 속하지, 그것을 앞선 어떤 것이 아니다. 감람산 강화와 데살로니가전서 5장에서 주의 날의 도래는 징조도 없고 경고도 없다. 그것은 놀라운 일로서 갑자기 기대하지 않게 임한다. 누구도 언제 그것이 일어나는지 알 수 없다. 다른 것을 가리키는 어떤 것이 본문에 없는 상태에서 우리는 이러한 정경상의 이해, 그리고 바울의 독자에게는 전통적인 이해(바울 자신이 기대했던 것이 분명한 어떤 것, 2:15에서 그는 그들에게 "말로나 우리의 편지로 가르침을 받은 전통을 지키라"[ESV 번역]고 말한다)와 일치하는 어떤 것으로 그러한 생략을 메우려는 충동을 받는다. 따라서 "먼저 배교가 있지 않았다면 그날은 아직 여기 있지 않을 것이다"와 같은 것을 추측하는 것이 더 나을 것이다(2:3).54

일어나기보다 두 요소 모두 나타남을 염두에 두고 있음을 암시한다는 베스트와 워너메이커의 견해에 주목하라(Best, *Thessalonians*, 281; Wanamaker, *Thessalonians*, 243~44).

54 여기서 채택한 견해는 기블린의 제안을 그의 논증의 주된 요점을 확증하지 않고서 재이용한 것이다(Charles Giblin, *The Threat to Faith: An Exegetical and Theological Re-examination of 2 Thessalonians 2* [Rome: Pontifical Biblical Institute, 1967], 122~39). 본문에는 귀결절이 진술되지 않는다는 문제가 있다. 전통적으로 제안되는 보완의 내용과 대조적으로 우리는 "바울이 마음에 두었던 것으로 [전통적으로] 추정되는 것을 말하지 않았다"라는 점을 기억해야 한다(128). 기블린의 설명처럼, 바울이 "주의 날이 이르지 않았을 것이다"와 같은 어떤 것을 의도했다는 것도 이처럼 가능하다. 하지만 기블린의 견해의 문제점은 바울이 그 문제를 "시계와 달력의 시간"의 문제로 보며, 그가 주의 날이 "단순히 현재이지도 단순히 미래이지도 않다"라는 것을 데살로니가 사람에게 전하려고 했다고 기블린이 부인하는 것이다. 이것은 바울이 주의 날이 가진 질적인 측면에 좀 더 관심이 있었다고 하는 기블린의 주장의 핵심이다. 베스트는 기블린의 견해를 바르게 비평했으며(Best, *Thessalonians*, 280~81), 워너메이커(Wanamaker, *Thessalonians*, 243~44)와 그린(Green, *Thessalonians*, 306~07)은 이 일에 베스트의 뒤를 따랐다. 하지만 기블린이 그 문제를 달력의 시간으로 해석하지 않고 질적인 것으로 해석하는 것에 반대하는 것이 그 자체로 생략된 귀결절에 제안되는

물론 바울이 휴거가 아직 일어나지 않았다는 명백한 요점을 분명히 했다면 환란과 휴거 사이의 관계에 대한 이러한 논란은 더 단순했을 것이다.55 바울이 환란의 사건을 열거하기 시작한다는 사실은 어떤 사람에게는 환란 중 휴거 견해나 환란 후 휴거 견해를 선호하는 것으로 보일 수 있지만, 그것은 필요하지도, 그럴 것 같지도 않다. 그것이 필요하지 않은 것은 휴거가 환란과 어떤 관계인지 상관없이, 나타나지 않은 환란 사건들을 열거하는 것이 소문을 무시하는 적법한 방법이기 때문이다. 나아가, 진정으로 여기서 바울은 자신의 대답에서 휴거에 관해 아무것도 말하지 않는가?

데살로니가후서 2장의 시작에 제시한 주제는 강림과 '우리가 그 앞에 모이는 것'이다. 이것이 휴거를 가리킨다는 우리 생각이 옳다면, 뒤따르는 본문에서 그것이 다루어질 것을 기대하는 것은 자연스러운 일이다. 바울이 독자에게 이러한 것들에 관해 이전에 그들이 배웠던 지식을 활용할 것을 기대했다는 것을 생각할 때, 그의 편지에서 이 이중 주제의 부분을 채택하는 것으로 보이는 부분은 2:13~15다.56 여기서

대안적인 해결—시간적 관심에 답하는 것으로 보일 수도 있는 대안—을 배제하지 않는다. 이 시점에서 해석자는 그 주제에 대한 더 넓은 문맥적 이해에 영향을 받아 결정을 내린다. 여기서 선택한 견해는, 주의 날을 바울이 강조하는 요소들과 감람산 강화에서부터 데살로니가전서 5장까지 이어지는, 주의 날이 징조 없이 시작한다는 전통을 포함하는 복합적 사건으로 보는, 우리가 발전된 생각이라고 판단했던 것과 일치한다.

55 잉글리쉬는 문자적으로 '떠남'을 뜻하는 ἡ ἀποστασία[hē apostasia]가 실제로 휴거를 가리켰다는 흥미로운 제안을 한다. E. Schuyler English, *Re-Thinking the Rapture* [Traveler's Rest, S.C.: Southern Bible Book House, 1954], 69~71. 하지만 ἀποστασία는 일관적으로 '도덕적 이탈'을 뜻하며 공간적인 떠남을 의미하지 않는다. 잉글리쉬의 견해는 정당하게 거절되었다. 세대주의자인 토마스는 그것을 언급조차 하지 않는다(Thomas, *2 Thessalonians*, 321~22). ἀποστασία에 관한 다양한 제안은 Bruce, *Thessalonians*, 166~67을 보라.

56 Wanamaker, *Thessalonians*, 264~65.

우리는 '너희'와 '그들'의 대조를 발견한다. '그들'의 운명이 심판과 멸망(2:10~12; 참고. 1:7~9, 특별히 '멸망'[ὄλεθρος, olethros]은 1:9와 살전 5:3에서 사용된다)인 것과 대조적으로 "하나님께서는 너희를 택하셔서 구원을 받게 하셨다(εἵλατο ὑμᾶς ⋯ εἰς σωτηρίαν[heilato hymas⋯ eis sōtērian])".[57] 데살로니가전서 5장에서 '그들'을 위한 멸망과 대조되는 '너희'를 위한 '구원'이라는 이러한 표현은 **시작**, 곧 주의 날의 시작에서 일어나는 분리를 가리키며, '구원'은 4:13~17에서 묘사된 휴거로 일어난다. 바울은 그들에게 분명하게 "말로나 우리의 편지로 가르침을 받은 전통"을 참조하라고 함으로써 '배교와 우리가 그 앞에 모임'에 관한 자신의 소견을 맺는다. 다른 말로 하면, 그는 휴거가 주의 날과 어떤 관계인지 분명히 말한 이전의 편지를 다시 참조하게 한다.[58] 그리하여 바울은 먼저 주의 날의 시작의 요소들, 곧 환란의 순서가 아직 일어나지 않았음을 지적하고, 둘째로 그들에게 주의 날이 시작할 때에 그들이 휴거를 통해 구원받기로 정해져 있다고(이것 또한 아직 일어나지 않았다) 한 자신의 이전 가르침을 상기하게 함으로써 주의 날이 이미 이르렀다는 거짓 소문을 반박한다. 데살로니가후서 2:16~17에서 말한 대로, 이 가르침이 의도한 결과는 데살로니가전서 4:18에서와같이 그들이 다가오는 구원의 소망으로 위로받게 하는 것이다.

---

[57] Bruce, *Thessalonians*, 264~65; Green, *Thessalonians*, 326, 328. 워너메이커는 περιποίησις[peripoiēsis]라는 단어로 데살로니가전서 5:9와 추가적 연결에 주목한다(Wanamaker, *Thessalonians*, 267). 이 부분과 데살로니가전서의 개념상 많은 유사성이 있다는 사실은 Best, *Thessalonians*, 310~22를 보라.

[58] 워너메이커와 같이 어떤 사람은 데살로니가후서가 데살로니가전서를 앞선다고 주장했다. 그것이 사실이라면 데살로니가후서 2:15에서 말하는 이전의 편지는 우리에게 알려지지 않은 것이다. 하지만 이것은 주의 날의 시작에서 구원이 데살로니가 사람들이 받았던 전통의 일부였다는 사실을 바꾸지 않는다(살전 5:1~2, 9). 워너메이커의 제안이 옳다면, 우리는 데살로니가전서 4:13~5:10이 데살로니가후서에 남아있는 모든 모호한 점을 분명히 하는 것으로 볼 수 있다. 하지만 대부분 사람은 편지의 순서에 대한 워너메이커의 견해를 따르지 않으며, 필자는 논문에서 그것이 옳음을 입증하지 않는다.

환란 전 휴거 견해와 계시록

계시록은 성경의 다른 어느 곳보다 환란 주제를 폭넓게 다룬다. 주의 날과 다니엘의 마지막 때의 통합—주님께서 감람산 강화에서 제자들을 위해 개략적으로 설명하셨으며, 바울이 데살로니가로 보낸 편지에서 사용하고 부분적으로 상세히 설명한—은 여기서 본문 간 공명이 선명한 성경적 예언, 모형, 이미지들의 장대한 종합을 통해 다시 제시된다. 이러한 예언적 종합은 (1~3장에서 요한이 임무를 위탁받고 일곱 교회로 편지를 전달한 후) 4장에서 시작하여 22장의 마지막 권고에 이르기까지 계시록을 지배한다. 이러한 긴 부분을 구성하는 주요 두 부분 모두 우리가 말하는 종합을 제시한다.59 첫째 부분은 4장에서 시작하여 11장의 결론까지 이어지며, 다니엘의 하늘 보좌와 인자 이상(단 7:9~14)을 주의 날의 예견들 특유의 심판 특징들과 통합한다. 둘째 부분은 12장에서 시작하여 22장까지 이어지며 또한 다니엘의 마지막 때 내러티브와 연대적 관계를 주의 날의 특징들과 통합한다. 그리고 두 부분 모두 본문 간 암시와 다른 본문들 인용으로 가득하다. 이 논문에서 전체를 설명하고 강해하기는 가능하지 않다. 하지만 이러한 통합의 범위에 관해, 특별히 계시록에서 말하는 대로 환란의 시작이 정확하게 주의 날과 같은지 질문과 관련하여 일부 소견이 필요하다. 이러한 고찰의 초점은 어린 양이 일곱 인을 떼시는 계시록 6장에 있다. 일반적으로 환란 전 견해 지지자는 그 사건을 환란의 시작으로 본다.

인이 떼어질 때 요한은 재난들이 땅 위에 시작되는 것을 본다. 계시록의 유명한 기수 네 명이 등장하는데 인이 떼어질 때마다 그들이 차례대로 소개된다. 그들은 정복자, 전쟁, 기근, 죽음이다. 다섯째 인이

---

59 계시록의 구조는 Christopher R. Smith, "The Structure of the Book of Revelation in Light of Apocalyptic Literary Conventions," *Novum Testamentum* 36 (1994): 373~93을 보라.

떼어지며 순교한 영혼들의 장면이 나타나며, 여섯째 인에서 요한은 하늘과 땅에서 일어나는 큰 소동을 목격한다. 큰 지진이 일어나며 해와 달이 어두워지고, 별들이 떨어지며, 모든 사람이 "보좌에 앉으신 이와 그 어린 양의 진노"를 피해 산의 바위와 동굴로 피한다. "그들의 진노의 큰 날이 이르렀으니 누가 설 수 있는가?"(6:16~17 ESV 번역).

의심의 여지 없이 여섯째 인 장면에서 요한이 보는 것은 주의 날이다. 그 이미지는 주의 날을 말하는 본문(사 2:19~21; 13:9~10, 13; 욜 2:10~11, 30~21; 3:15)에서 발견되는 것들과 평행을 이룬다. 그리고 "그들의 진노의 큰 날"이라는 구체적인 언급은 명백하다. 의문점은 이 인들이 처음 다섯 인의 환란의 사건들 후에 주의 날이 일어난다고 말하는지, 아니면 이 사건들 전체가 주의 날로 간주하도록 의도되는 지이다.

세 가지 고찰이 후자의 견해—계시록 6장에서 묘사하는 환란 사건 모두를 주의 날로 보아야 한다는 견해—를 지지한다. 첫째 고찰은 요한이 본 인 환상의 요소들과 예수님의 감람산 강화의 앞부분 요소들의 평행이다.60 그 평행은 두드러진다. 공관복음의 각 이야기에서 예수님께서는 전쟁, 기근, 순교를 강조하신다. 첫째 환상인 정복자는 감람산 강화에서 예수님의 첫째 경고, 곧 거짓 그리스도에 경고—마지막 때의 시작과 함께 나타날 제국주의적이며 군국주의적인 교만한 인물에 대한 다니엘의 예견과 연결된 경고—와 관련하여 나타난다.61 이는 적그리스도의

---

60 마운스는 "요한의 환상 형식은 스가랴와 관련이 있으나, 주제는 공관복음에서의 예수님의 종말론적인 강화와 부합함을 주목할 필요가 있다"라고 쓰고 있다. Robert Mounce, *The Book of Revelation*, NICNT (Grand Rapids: Zondervan, 1977), 152~53. 공관복음과의 평행에 관한 개관은 R. H. Charles, *A Critical and Exegetical Commentary on the Revelation of St. John*, vol. 1, ICC (Edinburgh: T & T Clark, 1920), 158~60을 보라. 또한, 공관복음과 구약의 배경에 관해서는 G. K. Beale, *The Book of Revelation*, NIGTC (Grand Rapids: Eerdmans, 1999), 372~74를 보라.

61 물론 이 인물을 두고 여러 가지로 해석한다. 견해 요약은 Stephen S.

인물로 환란의 중간 시점에 황폐하게 하는 가증한 일을 행하며, 환란의 끝에 주님에 의해 멸망될 자다. 그의 특성과 행위는 이어지는 계시록의 장들에서 더 전개된다. 이 논문 앞에서 필자는 감람산 강화의 앞부분에 열거된 요소들이 주의 날의 특징들로 이해되어야 하며, 감람산 강화 전체가 주의 날과 다니엘서의 마지막 때를 온전히 통합하는 내러티브 패턴을 제시한다고 주장했다. 요한의 인 환상에서 환란의 시작과 감람산 강화에서 예수님께서 말씀하신, 내러티브를 시작하는 요소들의 분명한 평행은 계시록 6장의 앞부분 특징들을 주의 날의 특성들로 이해하는 것을 지지할 것이다.

둘째 고찰은 감람산 강화의 둘째 부분과 우리가 살펴본 대로 바울의 가르침에서 주의 날이 시작한다고 말하는 방식과 관련이 있다. 주의 날은 어떤 경고도 없이, 비교적 평안하고 안전하다고 하는 때 갑자기 일어난다. 계시록 6장의 환상에서 그에 해당하는 요점은 첫째 인의 경우일 것이다. 이 사건으로 이어지는 어떤 조건도, 어떤 징조도 제시되지 않는다. 그것은 단순히 일어난다. 하지만 그것이 일어날 때 다른 요소들—전쟁, 기근, 죽음, 순교로 이어지는 박해—이 이어진다. 그것들은 주의 날의 특징이며, 그것이 시작하는 배경의 특징은 아니다.

셋째 고찰은 계시록 6장에서 주의 날이 '오는 것'을 말하는 문법적, 문학적 묘사와 관련이 있다. 일반적으로 관찰되지 않는 것은

Smalley, *The Revelation to John* (Downers Grove, Ill.: InterVarsity, 2005), 148~51을 보라. 스몰리는 직그리스도로 보는 견해를 거절한다. "그것은 이 장면에서 언급되는 비인격적인 원인들의 전후 관계를 깨뜨리기 때문이다"라고 그는 말한다(150). 마운스와 같이 그는 이 인물이 '일반 군사적 정복'을 가리킨다는 것에 동의한다(151; 참고. Mounce, *Revelation*, 154). 하지만 그는 현대 주석가 대다수가 그 기수를 '군사적 인물'로 본다고 설명한다(150). 인물을 가리킨다고 하는 증거는 이 본문과 평행을 이루는 감람산 강화에서 찾을 수 있다. 감람산 강화에서 '거짓 그리스도들'은 '비인격적인 원인들'과 함께 열거됨에도 일반 비인격적인 힘이 아니다. 아마도 다니엘서에서 주어지는 모형론에 따라 적그리스도의 최초 출현이 일반적인 전쟁의 상황을 유발한다는 의미에서 그 둘을 함께 연결하는 것이 최선일 것이다.

6:17에서 "날이 이르렀으니"(ἦλθεν ἡ ἡμέρα[ēlthen hē hēmera])와 이 장의 앞에 사용한 '이르다(오다)'라는 동사(ἔρχομαι[erchomai])의 연결이다. 처음 네 인의 환상들에서 요한은 각 네 생물이 "오라(ἔρχου[erchou])"라고 부르는 소리를 듣는다. 그 응답으로서 이 요소들이 나타나는 것을 본다. 우리가 이미 주의 날의 특징들이라고 인지한 것들이다. 우리가 계시록 6:1~8에서 보는 것과 같은 호출은 구약의 주의 날 예언에서 전형적이다. 예를 들어, 이사야 13:2~4에서 주의 날을 소개하는 호출들을 보라. 그 호출에 반응하여 "그들, 곧 여호와와 그의 진노의 병기가 왔으며"(13:5 ESV 번역), "보라 여호와의 날이 이르러 땅을 황폐하게 할 것이다"(13:9 ESV 번역). 마찬가지로, 요엘 3:9에서 "그들로 오게 하라"(ESV 번역)라는 호출과 3:11에서 "속히 오라"(ESV 번역)라는 호출은 주의 날을 초래한다. 그 호출은 주의 날에 참여하는 자에게 주어지며, 그들이 옴으로 그 호출은 그 날의 도래 자체의 한 구성요소가 된다. 계시록 6:17에서 "그날이 이르렀다"라는 표현은 6:12~14의 하늘과 땅에서의 소동과 6:15~16에서 사람들이 산과 동굴로 피하는 사건의 배경에서 모든 사람이 시인하는 말이다. 하지만 이 부분—일곱 인을 떼는 것—의 문학적 구조에서 여섯째 환상에서 "이르렀다(ἦλθεν[ēlthen])"는 "오라(ἔρχου[erchou])"라는 호출—인 심판 시작에서 네 번 반복하는—의 결과들을 시인하는 말이다. "오라"라는 호출은 주의 날의 요소들을 생각나게 한다. "이르렀다"라는 선언은 이 모든 요소를 되돌아보며 실제로 됐다는 인정이다.62

---

62 최근에 6:17의 ἔρχομαι[erchomai]의 용법을 논하는 주석가는 거의 없으며, 그것이 이 장의 첫 번째 부분과 문자적으로 연결된다는 것에 관심은 더 낮다. 토마스는 부정과거 직설법 ἦλθεν[ēlthen]이 "일어나려는 어떤 것보다 이전에 나타난 진노"를 가리킨다고 바르게 주목한다. 그는 진노의 날이 첫째 인까지 거슬러 올라가지만, 그 진행이 시간에서의 변화를 부정할 수 없는 것으로 만들기 전까지는 그것이 그런 것으로 인식되지 않는다고 제안한다(Robert Thomas, *Revelation, an Exegetical Commentary* [Chicago: Moody, 1992], 1:457~58).

그다음의 분명한 질문(이 책의 목적상)은 계시록에서 휴거와 환란의 관계에 관한 것이다. 이 질문에 대답할 때 어려움은 감람산 강화에서와같이 계시록에 휴거를 **명시적**으로 언급하지 않음이다. 이 침묵 자체는 본서에서 제시하는 환란에 관한 견해의 어느 것도 지지하지 않는다. 우리가 결론을 내릴 수 있는 전부는 휴거의 주제에 관한 명시적 논의가 계시록의 목적이나 이러한 환상들을 계시하는 일에서 주님의 목적과 일치하지 않았다는 것이다. 환란 전 견해는 데살로니가전서 4:13~5:10에서 바울이 주의 날 전의 휴거를 가르치는 것에 의존해야 할 것이다. 그 접근은 (1) 예수님께서 주의 날의 특징들을 다니엘서의 마지막 때 구조와 통합하시는 것과 (2) 바울이 데살로니가전서와 데살로니가후서에서 이 통합의 이해를 사용하는 것을 통해 주의 날을 환란으로 이해하고, 이 이해를 계시록에서 환란과 주의 날 시나리오에 적용하며, 휴거와 환란의 관계에 대한 정경적 대답을 발전시키는 방식이다.

계시록에서 휴거에 관한 명시적인 언급이 없더라도 일곱 교회에 보내는 편지―계시록에서 환상을 통해 환란을 설명하는 부분보다 앞에 있는 부분―에서 암시적 언급이 있는 것으로 보인다. 빌라델비아교회에 보내는 편지에서 예수님의 약속을 발견할 수 있다. "네가 인내로 견디라는 내 명령을 지켰은즉 내가 또한 너를 시험의 때로부터 지켜줄 것이니, 이는 장차 온 세상에 임하여 땅에 거하는 자들을 시험할 때라. 내가 속히 올 것이다"(계 3:10~11).

휴거와 관련하여 이 약속을 설명하는 많은 글이 있다.[63] 사람들이

---

[63] 이 구절은 환란 전 견해를 지지하는 저작에 자주 인용되었다. 하지만 최근 문헌의 많은 것은 Robert Gundry, *The Church and the Tribulation* (Grand Rapids: Zondervan, 1973)에 반응으로 나왔다. 건드리의 견해는 Schuyler Brown, "The Hour of Trial, Rev. 3:10," *JBL* 85 (1966): 308~14와 George Eldon Ladd, *A Commentary on the Revelation of John* (Grand Rapids: Eerdmans, 1972), 62의 해석과 유사했다. 건드리에 대한 주된 대응은 Jeffrey L. Townsend, "The Rapture in Revelation

동의하는 한 가지 요점은 '장차 온 세상에 임하여 땅에 거하는 자들을 시험할 때'가 미래 환란이라는 것이다.64 '시험의 때(시간)'는 60분의 기간이 아니라, 일반적으로 받아들여지는 다가오는 시험의 때를 말한다. 감람산 강화에서 예수께서 "그날과 그때"를 말씀하신 경우와 같다. 나아가 이 시험의 때는 보편적인 범위—전 세계, 땅에 거하는 사람들—에 의해 설명된다. 이것은 단순한 지역적인 시험의 개념을 배제한다. 이러한 묘사들은 계시록의 뒷부분에서 반복되며 이러한 '시험의 때'를 이 책의 더 많은 부분에서 묘사하는 환란과 분명히 연결한다.65

중요한 불일치는 "내가 또한 너를 시험의 때로부터 지켜줄 것이니"라는 약속의 해석과 연관된다. 환란 전 견해자는 이것이 환란의 때를 벗어나게 함으로써 보존을 의미한다고 반복해서 주장했으며, 이것을 환란 전 휴거 약속으로 보았다. 분명, 환란 전 휴거는 실제로 일부 사람들—휴거되는 사람들—을 환란의 때로부터 옮김으로써 보존하는 한 방법이다. 하지만 많은 환란 후 지지자는 계시록 3:10의 약속이 환란의 때를 **거치는 동안 보호**를 의미한다고 주장했다. 이 견해는 접속사 ἐκ[ek]를 "역동적으로" 해석하고 특별히 요한복음 17:15와

3:10," *BSac* 137 (1980): 252~66이다. 또한, David G. Winfrey, "The Great Tribulation: Kept 'Out Of' or 'Through?'" *GTJ* 3 (1982): 3~18; Thomas R. Edgar, "Robert H. Gundry and Revelation 3:10," *GTJ* 3 (1982): 19~49; Thomas, Revelation, 1:283~90을 보라. 파인버그는 이 책의 이전 기고자로서 계시록 3:10에 상당한 관심을 기울였으며 타운센드(Townsend)에 의존한다. 실제로 세 기고자 모두 자기 논문과 논평에서 계시록 3:10을 논한다. Paul Feinberg, "The Case for the Pretribulational Rapture Position," in Richard Reiter, Paul D. Feinberg, Gleason L. Archer, and Douglas J. Moo, *The Rapture: Pre-, Mid-, or Post-Tribulational* (Grand Rapids: Zondervan, 1984), 47~86.

64 과거주의자는 분명히 동의하지 않겠지만, 대다수는 여기서 주의 날을 보길 선호할 것이다. 예를 들어, Grant Osborne, *Revelation*, BECNT (Grand Rapids: Baker, 2002), 192~94; Beale, *Revelation*, 289~92를 보라.

65 계시록 6:10; 8:13; 11:10; 12:12; 13:8, 12, 14; 17:2, 8을 보라.

비교하는 것에 의존한다. 요한복음 17:15에서는 "아버지께서 악한 자로부터 그들을 보전하시기를(τηρήσης αὐτοὺς ἐκ[tērēsēs autous ek])"이라고 하신 예수님 기도에 같은 동사 τηρέω[tēreō]가 ἐκ[ek]와 함께 사용된다.66 환란 후 견해를 주장하려는 이 비교의 약점을 여러 학자가 지적했다.67 요한복음 17:15에서, 예수님은 아버지께서 예수님 제자들이 악한 자를 '거치는 동안 그들을 지키시기'보다 그들이 악한 자를 '벗어나도록 지키실' 것을 요청하셨을 가능성이 더 크다. 두 구절에서 전형적 환란 후 견해 해석의 실패는 동사적 표현의 대상을 온전히 인식하지 못하는 것이다. 요한복음 17:15에서 예수님은 제자들이 인격적 존재인 악한 자로부터 지켜지고 보존되길 요청하신다. "아버지께서 그들을 세상 밖으로 데려가시기를 요청하는 것이 아니라"(ESV 번역)라고 하신 예수님 설명은 (이 특별한 기도에서) 이 악한 자'로부터 그들을 지키심'이 가진 두 가능한 선택(세상에서 지키는 것과 세상을 벗어나게 하여 지키시는 것)에서 단순히 하나의 가능한 선택을 배제한다. 예수님은 당신 말에 대한 하나의 가능한 해석을 제외함으로 당신 요청을 명확히 하신다.

환란 전 견해 지지자가 자주 지적했듯이 계시록 3:10에서 동사적 표현의 대상은 악한 자가 아니라 '시험의 때'이다. 그 약속은 그들이 시험의 때로부터 지켜진다는 것이며, 요한복음 17:15에 근거해서 우리는 '세상으로부터 벗어나는 것'이 그 약속이 성취될 수 있는 가능한 한 가지 방법이라고 생각할 수 있다. 어떻게 다른 식으로 그것이 성취될 수 있는가? 이 편지를 읽는 빌라델비아 독자에게 어떻게 그것이 실제로 성취되었는지는 왜 생각하지 못하는가? 그들이 환란을 **거치는 동안 지켜졌다**는 것은 분명 사실이 **아니다**. 그들은 환란이 오기 전에 죽었기 때문이다. 그들은 **환란을 벗어나서 지켜짐**으로써 그것의 때로

---

66 Gundry, *The Church and the Tribulation*; Beale, *Revelation*, 290~91을 보라.

67 각주 63에서 Townsend, Edgar, Winfrey, Thomas의 글을 보라.

부터 지켜졌다. 따라서 원래의 독자에게 일어난 이 말들의 실제 성취는 전형적인 환란 후 견해 해석의 가능성을 배제한다.68

물론 사람들은 계시록 3:10의 약속이 휴거와 환란의 관계와 무슨 관련이 있는지 의문을 제기한다. 관련이 없을 수 있다. 다른 한편으로, 우리가 이런 식으로 표현된 그 약속이 성취되었을 수 있는 다른 **가능한** 방식들의 문제를 제기했기에, 환란 전 휴거가 이 말들을 성취했을 수 있다는 가능성을 생각할 수 있다. 실제 성취처럼, 그리고 전형적 환란 후 견해 제안과는 달리, 그것은 **환란의 때로부터 제거**되는 것을 포함했을 것이다. 나아가, 이러한 제거는 땅에서 옮겨지는 것으로 일어났을 것이다. 그것은 요한복음 17:15에서 보듯이, 그리고 주의 날의 때 이전에 육체 죽음을 경험함으로써 빌라델비아 사람들이 경험했던 것처럼, '~으로부터 벗어나'가 성취될 수 있는 한 가지 가능한 수단이다.

요점은 원래 독자에게 주어진 이 약속의 실제 성취가 τηρέω ἐκ[tēreō ek]가 '~으로부터 벗어나게 하여 지키는 것'을 의미하는지, 또는 '~을 통과하는 동안 지키는 것'을 의미하는지와 관련한 의문을 해결한다는 것이다. 그것은 '~로부터 벗어나게 하여 지키는 것'을 의미했다. 그리고 일단 그것이 확증되었으면 우리는 그러한 약속이 성

---

68 놀랍게도 계시록 최근 주석들을 포함하여 이 논쟁에서 어느 편도 이 요점을 고려하지 않았다. 아우내는 환란 전 견해와 환란 후 견해의 논쟁을 논의하면서 "불행하게도 논쟁의 두 진영 모두 여기서 말하는 약속이 빌라델비아 그리스도인들에게 속한다는 사실을 무시했다"라고 David E. Aune, *Revelation 1~5*, WBC 52a [Nashville: Nelson, 1997], 240에 설명한다. 하지만 그는 이 관찰에서 출발하여 지역적 보호만을 추론한다. 월부드는 빌라델비아 성도의 죽음이 계시록 3:10 약속의 가까운 성취이며, 따라서 그 약속이 미래 환란에 대해 가지는 취지는 모형론적인 것—환란 전 견해를 지지하는 예표론—으로 보아야 함을 인정했다. "휴거가 빌라델비아교회가 있었던 당시에 일어났다면 그들은 휴거로 큰 환란으로부터 보호받았을 것이다. 하지만 그들은 이 사건이 일어나기 전에 죽었다." John F. Walvoord, *Major Bible Prophecies* [Grand Rapids: Zondervan, 1991], 278.

취되는 가능한 방식들이 어떤 것인지 질문할 수 있다. 하지만 환란 전 휴거는, 나중에 밝혀진 것처럼 빌라델비아 사람을 위한 실제 성취가 아니었지만, 하나의 가능성이었을 것이다. 환란 후 휴거 견해는 그렇지 않았을 것이다.

계시록 3:10을 살피는 일을 마치기에 앞서, 우리는 이 논문에서 제시하는 환란 전 견해에서 죽음으로 환란 때로부터 지켜진 빌라델비아 그리스도인이 환란이 시작될 때에 실제로 죽음으로부터 부활할 것이라는 사실을 주목해야 하겠다. 그리고 그들은 살아있는 신자들과 함께 휴거되어 주와 함께 있을 것이며, 함께 다가오는 진노로부터 전적으로 해방될 것이다. 따라서 그들은 죽었더라도 죽음으로부터 일으킴을 받을 것이며, 따라서 환란 때 이전에 그들 죽음은 최종적으로 그들이 환란의 때로부터 지켜지게 되었을 방식이 아닐 것이다. 환란이 이를 때 그들 상태는 변할 것이다. 그들은 더는 죽은 사람이 아니고, 일으킴을 받은 사람일 것이다. 그리고 그 부활의 상태에서 들려 올려져, 혹은 휴거되어 주님과 함께 있음으로써 환란 때로부터 지켜질 것이다.

환란 전 휴거 종말론의 통일성

지금까지 우리는 데살로니가전서 4~5장에서 바울이 가르친 휴거와 관련하여 강림과 환란에 관한 성경 가르침에 집중했다. 하지만 이 논문의 결론에서 필자는 환란 전 견해가 해결에 도움을 주는 조화와 관련한 두 가지 문제를 다루고 싶다. 하나는 우리가 이미 부분적으로 다룬 것으로 구속된 사람이 강림에 가지는 두 가지 태도의 문제다. 다른 하나는 왕국에서 두 가지 삶의 양식과 관련이 있는, 왕국으로 들어가는 두 가지 다른 방식에 관한 것이다.

강림에 대한 두 태도는 감람산 강화에서 가장 쉽게 볼 수 있다. 한편으로, 강화의 둘째 부분에 묘사된 방향으로 사람들은 그날과 그

때를 모른다. 인자가 생각하지 않은 때에 오시기 때문이다. 이것은 사도행전 1장에서 제자들에게 주어진 것과 같은 태도다. 거기서 주님은 그들에게 말씀하신다. "아버지께서 당신 권한으로 정하신 때와 시기는 너희가 알 바 아니다"(7절 ESV 번역). 이 논문 앞부분에서 말했듯이 바울은 주의 날이 도둑처럼 갑자기 이른다고 교회에 말할 때 감람산 강화의 둘째 부분을 이용한다.

다른 태도는 감람산 강화의 첫째 부분에서 주어진 것으로, 무화과나무의 예화에 요약되었다. "너희가 이 모든 일을 볼 때 인자가 가까이 이른 줄 안다"(마 24:33 ESV 번역). 이것은 환란의 패턴이 전개되는 징조를 보는 태도다.

환란 전 견해는 두 가지 태도를 모두 온전히 존중하는 종말적 패턴을 제공한다. 둘 다 주님의 오심에 관한 소망을 표현한다. 주의 날과 강림이 시작되기 전에 그리스도께 속한 사람은 모두 감람산 강화의 둘째 부분과 데살로니가전서 1:10; 4:13~5:10과 사도행전 1:7에서 묘사하는 위치에 있다. 주님의 오심이 조만간 이루어짐을 분명히 나타내는 징조가 없다. 그분 오심은 어느 때든 일어날 수 있다. 언제라도 주님은 하늘로부터 내려오셔서 주의 날을 종결하실 때 자신과 함께 데려오실 무리를 형성하시려고 그들을 자신에게로 데려가실 수 있다.

다른 한편으로, 주의 날이 하나님의 진노를 표현하고 하나님의 심판을 집행하는 때이지만, 회개하고 경고에 주목하는 사람이 있으며(계 14:9~11), 증가하는 박해에도 "죽기까지 자기들의 생명을 사랑하지 않았기"에 자신들 증언과 어린 양의 피로 짐승과 마귀를 극복하는 사람이 있을 것이다(계 12:11 ESV 번역). 그들은 주께서 주의 날 끝에 땅으로 내려오셔서 통치를 시작하실 때에 주께서 왕국으로 받아들이실 무리를 형성한다. 환란 시기에 걸쳐 그들은 감람산 강화의 첫째 부분과 계시록에서 묘사하는 위치에 있다. 그들은 주의 날의 주된 특징이 전개되는 것—적그리스도의 출현과 황폐하게 하는 가증한 것—을 볼 것이다. 환란 전의 교회가 보지 못할 것들이다(살후 2장). 그들은 징조들을 보고 그분이 가까우심을, 곧 그분의 나타나심(또는 바울이 말한 대로 그의 강림의 나타남)이 가까움을 알 수 있을 것이다.

이 두 가지 태도는 다르며 '임박성'의 두 가지 다른 형태를 나타낸다. 휴거가 임박한 것은 그것이 가까움을 알 수 있는 징조가 없기 때문이다. 그것은 가까울 수도 있고 멀리 있을 수도 있다. 때는 알려지지 않았다. 그것은 기대치 않게 일어날 것이다. 주께서 천년왕국의 통치를 시작하시려고 주의 날 끝에 땅으로 내려오실 때 그가 그와 함께 데려오실 무리를 형성할 사람들에게 그것은 어느 순간에도 일어날 수 있다. 이것은 휴거를 설명하면서 환란 전 견해가 전통적으로 주장한 임박성이다.

'그분 오심의 나타남'—당신의 천년왕국 통치를 시작하려고 주께서 땅으로 내려오시는 것—의 임박성은 계시된 환란의 구조와 그 시작에서 끝까지 경과를 표시하는 징조들과 연결된다. 이 시기에 믿음으로 나아와 주의 오심을 기다리는 사람은 '이 모든 것'을 볼 때 그분이 가까우심을 안다. 그분 오심은 계시된 7년의 환란 구조가 종결되면서 그것이 가깝다고 알려졌다는 의미에서 임박하다. 그들은 "머리를 들 것이다. 그들의 구속이 가깝기 때문이다." 환란 후 휴거와 진노 전 휴거 견해 모두 이러한 임박성의 두 형태를 혼동한다. 강림의 임박성—전체로서 주의 날의 임박성—을 그분 오심의 나타남의 임박성으로 대체하기 때문이다.69

조화와 관련된 둘째 문제는 왕국으로 들어가는 방식이 왕국에서 삶의 두 양식—하나는 유한한 몸으로 사는 것, 다른 하나는 불멸의 몸으로

---

69 휴거의 임박성은 앞선 고난의 때에 관한 언급 없이 그리스도께서 교회를 위해 오신다는 점에서, 전통적으로 그리스도인의 소망을 나타내는 구절들과 연결되었다. 우리가 데살로니가전서 1:10; 4:13~5:10에서 본 구절들뿐 아니라 요한복음 14:1~3; 고린도전서 15:51~55; 빌립보서 3:20~21; 디도서 2:11~14; 요한1서 3:1~3 등이다. 임박함에 관한 환란 전 견해의 고전적 논의는 John F. Walvoord, *The Rapture Question* (Grand Rapids: Zondervan, 1957), 75~82를 보라.

사는 것—과 어떻게 연결되는지와 관련이 있다.70 이 이중성은 마지막 영원한 나라에 적용되지 않는다. 천년왕국에서 영원한 나라로 전환되는 시점에 최종적으로 육체의 죽음이 폐지되며 그 일로 육체적 유한성이 끝이 나기 때문이다. 하지만 마지막 나라가 시작하기 전에 인간의 불멸성의 조건들이 나타나기 시작한다. 지금 이미, 그리스도는 죽음으로부터의 첫 열매이시며, 자신 안에서 미래의 나라에서의 삶의 특성이 될 영화롭게 된 인간의 불멸성을 나타내신다. 바울은 휴거 때에 죽음으로부터 부활이나 변형으로 그리스도께서 이 불멸성을 성도에게 부여하신다고 가르친다. 계시록 20장 또한 천년왕국이 시작하는 시점에 그리스도 안에서 죽은 사람이 일으킴을 받고 그와 함께 천 년 동안 다스린다고 가르친다. 부활에 의해서든, 변형에 의해서든 불멸의 몸으로 영화된 성도는 그리스도와 함께 왕국을 상속받으며 왕국 예언에 따라 부활한 무리의 거대한 인구를 형성한다.

하지만 천년왕국은 유한한 왕국 상황을 예견하는 여러 예언을 성취한다. 실제의, 또는 가능한 죽음, 생물학적 증식, 그리고 우리가 지금 아는 대로 유한한 삶의 연속성을 가리키는 다른 특징들이다. 이러한 팽창하는 유한한 삶은 자라나 천년왕국에서 큰 무리를 이룬다.

천년왕국으로 들어가는 것은 왕국에서 이 삶의 방식들을 위한 것이다. 유한한 왕국의 상황들이 성취되려면 분명히 어떤 사람은 유한한 몸으로 들어가야 할 것이다. 우리가 이미 알고 있듯이 불멸의 몸으로 들어가는 것은 부활이나 변형에 의해서다.71

---

70 Feinberg, "Case for the Pretribulational Rapture," 72~79의 논의를 보라.

71 휴거 후의 부흥을 통해 믿는 사람 모두가 환란 시기의 박해를 견디고 살아남지는 않는다. 계시록 6:9~11은 그때 순교하는 사람을 말하며, 계시록 7:9~17은 그들을 모든 나라와 족속과 방언으로부터 온 큰 무리로 묘사한다. 이 순교자들은 그리스도의 지상 강림 다음에 죽음에서 부활할 것이며 (계 20:4~6) 불멸의 몸으로 왕국에 들어갈 것이다.

문제는, 유한한 몸과 불멸의 몸으로 왕국에 들어가는 것을 어떻게 성경 본문의 제한 범위에서 설명하는가이다. 그 제한들은 무엇인가? 첫째, 휴거가 일어날 때마다 **당시에 살아있는 모든 신자가 불멸의 몸으로 변화하는 결과가 일어난다**(우리 모두 변화할 것을 말하는 고린도전서 15장과 살아있는 사람을 말하는 데살로니가전서 4장 모두 살아있는 모든 신자를 가리킨다). 둘째, 유한한 몸을 가진 사람 가운데 누가 왕국에 들어갈 것인지 결정하는 심판에서 **오직 유한한 신자들만 들어간다**(마 25:31~46). 물론 문제는, 휴거가 유한한 사람의 심판과 더 가까울수록 유한한 몸으로 왕국에 들어감이 허락되는 신자는 더 적다는 것이다. 환란 후 견해는 분명히 이 문제와 관련하여 가장 큰 어려움을 겪는다. 진노 전 휴거 견해와 환란 중 휴거 견해는 가장 큰 고난과 속임의 때(7년 환란의 후반부)이기는 하지만 믿는 남은 사람이 증가할 더 많은 시간을 허락한다. 환란 전 휴거 견해는 다른 견해들보다 그 문제를 더 잘 해결한다. 믿는 유한한 남은 사람이 증가할 최대한의 시간—온전한 7년의 환란의 시기—을 기대할 수 있을 뿐 아니라 휴거 후에 있을 회심과 부흥을 가장 큰 고난과 더 큰 속임수가 있기 전인 환란의 전반부에 위치시킴이 더 타당하기 때문이다.

세대주의와 환란 전 휴거

잘 알려진 대로 환란 전 휴거 교리는 세대주의 핵심 특징이다. 하지만 이 논문에서 제시한 논증은 특별히 세대주의적이지 않다. 여기서 제시한 논증은 바울이 쓴 첫째 편지인 데살로니가전서에서 휴거가 주의 날과 가진 관계에 관한 해석인데, 분명한 본문간의 연결을 통해 확증된 문맥을 토대로 주의 날이 가진 환란 의미를 끌어낸다. 이것이 세대주의자와 비세대주의자 모두에게 도움이 되는 논증이기를 바란다. 하지만 세대주의자는 전형적으로 자신들 논증에서 환란 전 휴거를 지탱하려고 다른 고찰들을 끌어들이는데, 세대주의 신학이 이해하는 대로 하나님의 계획이 전개되는 과정에서 휴거의 의미와 목적에 그리고 그 역할에 이바지하는 바를 고찰한다.

　전통적으로 세대주의자는 환란을 세대주의적 변화의 시기로 여겼다. 곧, 교회 세대에서 천년왕국 세대로 변화다. 세대주의적 변화는 하나님의 목적에서 초점 변환을 나타냈다. 교회에서 이스라엘로, 또는 고전적 세대주의자가 더 일반적으로 표현한 대로 하늘의 백성에서 땅의 백성으로 변화이다. 이 생각의 많은 부분에서 환란 전 휴거는 세대주의 신학의 교회론—하나님의 계획에서 독특한 별개의 구속된 백성으로서 교회의 정체성—과 직접 연결된 조직적 특성이었다. '하늘의 백성'으로서 교회는 구속된 '땅의 백성'(주로 이스라엘을 뜻하는)과 구분되었다. 이전에 계시 되지 않은, 하늘의 프로그램인 교회는 이스라엘을 위한 하나님의 목적인 땅의 프로그램에 삽입부로 들어온다. 이 삽입부는 땅의 프로그램이 다시 시작하게 끝나야 한다. 이 삽입부의 종결이 환란 전 휴거다. 휴거—하나님의 계획에서 교회 자체가 그런 것처럼 징조가 없는, 갑작스러운, 신비한 사건—를 통해 하늘의 백성은 땅에서 하늘로 옮겨진다. 다니엘이 말한 칠십 번째 이레는 교회에 의해 중단되었다가 다시 시작한다. 칠십 번째 이레—7년의 환란—가 시작하며 하나님께서 다시 땅의 약속들을 이루시려고 땅의 백성을 준비하기 시작하신다.

　휴거에 관한 많은 고전적 세대주의 논증은 교회가 독특한 하늘 백성이라는 세대주의 견해를 참작한다. 예를 들어, 다니엘의 '땅의' 연대가 다시 시작할 때에 **정의상 교회**는 존재할 수 없다. 교회는 '진노'를 겪지 않는데, 정의상 환란의 진노 때에 존재할 수 없기 때문이다. 위로 들리는 것은 단순히 휴거의 때에 존재하는 교회가 아니며, 완성되는 것은 하나님의 계획에서 하나의 프로그램으로서 교회다. 따라서 "하나님은 우리를 진노에 이르게 정하지 않으셨다"(ESV 번역)라는 데살로니가전서 5:9의 약속이 하나님께서 교회 자체가 환란 시기에 존재하지 않게 정하셨다고 주장하는 데 사용되었다. 성령의 침례가 교회의 정체성을 구분하는 표시이므로, 이것은 휴거와 함께 성령의 침례 사역이 중단됨을 의미하였다. 따라서 논리적으로 뒤따르는 것은 환란 시기에 믿음으로 나아오는 사람은 교회의 일부가 아니라는 것이다. 교회는 보편적으로 성령의 침례에 의해 그리스도께 연합되는 사람으로 정의되기 때문이다. 이것이 세대주의의 논증이 전형적으로 계시록에서 3장 이후로 **교회**라는 단어가 나타나지 않는다는 관찰을 강조한 이유다. 이것에 따르면, 세대주의자는 전형적으로 2:6~7에서 막는 자를 교회에 거하는 자―신자를 그리스도에게로 연합하게 하는, 교회를 형성하는 자―로서 성령으로 보았다. 막는 자가 제거되는 것은 교회가 제거되는 것이다. 그리고 마지막으로, 교회에 관한 세대주의 견해는 일곱 교회로 보내는 편지와 관련된 교회 시대 견해와 합쳐졌다. 빌라델비아교회가 휴거 때에 땅에서 제거되는 진정한 교회를 나타낸다고 본 것이다.

휴거에 관한 이러한 교회 프로그램 견해는 결국 환란 전 견해에 반대하는 주장들이 형성되는 데 도움을 주었다. 예를 들어, 계시록 3장 이후의 환란 시나리오에 신자가 존재하는 것은 교회가 존재해야 함을 가리키기에 환란 전 견해가 잘못된 것이 분명하다고 주장하거나, 막는 자가 분명히 침례 사역에서 성령으로 밝혀질 수 없기에 환란 전 견해가 잘못되었다고 주장하는 논증이다.

환란 전 견해에 관한 고전적 또는 준고전적 세대주의 논증을 추구하려는 독자는 그 논증을 제시하는 다양한 저작을 참고할 수 있다.72

---

72 다음은 우리가 검토할 수 있는 일부 저작이다. 세대주의 종말론의 고전으로 J. Dwight Pentecost, *Things to Come* (Grand Rapids: Zondervan, 1958)이 있다. 이미 언급한 *The Rapture Question*을 포함해 John F. Walvoord의 많은 저작이 이 주제를 다룬다. 또한, 그의 3부작 *Israel in Prophecy, The Church in Prophecy, The Nations in Prophecy* (Grand Rapids: Zondervan, 1962, 1964, and 1967)를 보라. 월부드는 *The Blessed Hope and the Tribulation* (Grand Rapids: Zondervan, 1976)과 앞에서 언급한 것으로, 그의 삶 후기 저작인 *Major Bible Prophecies*, 그리고 *The Prophecy Knowledge Handbook* (Wheaton:

이 저작의 많은 수가 환란 전 견해의 강력한 논증을 진술한다. 독자는 이 진술들을 고려할 수 있다. 하지만 이들 저작의 논증이 가진 교회론 차원을 알고 그 방향으로 그 문제를 추구하도록 준비해야 한다.

두 영원히 분리된 구속된 백성 집단으로서 교회와 이스라엘을 구분하는 일에, 모든 세대주의자가 고전적 모델을 따르지는 않는다. 점진적 세대주의자는 경영적으로(조직적으로), 구성적으로(민족 대 다민족), 정치적으로, 역사적으로, 상징적으로 이스라엘과 교회를 구분하며, 둘 다 다가오는 왕국의 국면 또는 차원을 보여주는데, 곧 다민족이며(이스라엘과 이방 민족을 포함하는) 성령에 의해 그리스도 안에서 함께 연합된다(지금 세대에서 교회가 증언하듯이). 하지만 교회를 독특하게 구분된 구속받은 백성 집단으로 보지 않기에, 전형적으로 환란 전 휴거가 또 다른 구속받은 자들의 집단을 형성하려는 프로그램으로써 교회의 분리라고 주장하지 않는다.[73] 점진적 세대주의자가 보기

Victor, 1990)에서 환란 후 견해의 다른 형태들에 관한 연구를 발표했다. 또 다른 고전으로 Charles Ryrie, *The Basis of the Premillennial Faith* (Neptune, N.J.: Loizeaux, 1953)가 있다. 또한, 라이리의 *What You Should Know about the Rapture* (Chicago: Moody, 1981)를 보라. 마지막으로, 특별히 논문 두 편을 추천한다. 이미 언급한 Paul Feinberg, "The Case for the Pretribulation Rapture Position," in *The Rapture*, 47~86과 Zane Hodges, "The Rapture in 1 Thessalonians 5:1~11," in *Walvoord: A Tribute*, ed. Donald K. Campbell (Chicago: Moody, 1982), 67~79다.

[73] 세대주의 역사적 발전에 관한 회고를 포함해 점진적 세대주의를 개관하는 책인 Craig A. Blaising and Darrell L. Bock, *Progressive Dispensationalism* (Wheaton: Victor, 1993); *Dispensationalism, Israel and the Church*, ed. Craig A. Blaising and Darrell L. Bock (Grand Rapids: Zondervan, 1992)을 보라. 또한, Robert L. Saucy, *The Case for Progressive Dispensationalism* (Grand Rapids: Zondervan, 1993)을 주목할 필요가 있다. 세대주의에 관한 잘 알려진 책으로 Charles Ryrie, *Dispensationalism Today* (Chicago: Moody, 1965)가 있다. 이 책의 개정증보판은 1995년에 *Dispensationalism*이라는 제목으로 발행되었다. 이 책은 점진적 세대주의에 대한 비평을 제시한다. 견해 비교는 Herbert W. Bateman IV, *Three Central Issues in Contemporary Dispensationalism: A*

에, 휴거가 환란의 시작에 일어나는 것은 교회 프로그램을 분리할 필요가 있어서가 아니라, 바울이 데살로니가로 보낸 편지에서 드러내듯이 하나님께서 그렇게 의도하시기 때문이다.

하지만 석의에 기초해 이전 프로그램 논증과는 구별된 논증을 펼치며 다다른 이 시점에서, 필자는 적어도 환란 전 휴거가 어떤 더 큰 종말론적인 의미를 지닐 수 있는지 제안할 어떤 의무감을 느낀다. 물론 지적한 대로 휴거는 그리스도 안에서 소망하거나 소망했던 모든 사람에게 은혜를 내리시는 일—진노의 날에서 구원하고 영광을 주시는 일—이다. 그것은 곧 쏟아질 심판과 대조되어, 하나님의 구원이 확실히 그리고 분명히 승리했다는 표시, 곧 잃어버린 자들에게 내릴 심판으로부터 의인이 보호받는 가운데 전개되는 사건들(참고. 양과 염소 심판, 그리고 지옥 심판과 대조해 천년왕국의 끝에 유한한 신자의 변화)에서 다시 펼쳐질 패턴이다. 많은 환란 전 견해 지지자가 휴거에서 시작하여 환란의 끝에 있을 나타남—성도들이 영광 가운데 그리스도와 함께 오게 될 때—까지 일어나는 예언된 사건들을 지적했다. 그것은 그리스도의 심판대와 어린 양의 혼인 잔치를 포함한다. 이것들은 동시에 일어난다고 생각되지 않는다. 환란의 때 동안 휴거된 성도들은 그리스도께서 영광 가운데 강림하실 때에 그와 함께 나타나기를 준비한다. 하지만 우리는 휴거의 사실이 환란 가운데 믿음으로 나아올 사람에게 줄 충격을 생각할 수 있다. 우리는 은혜가 환란 시기에도 지속한다고 알고 있다. 계시록은, 그가 원하는 사람에게 부활 생명을 확장하는 그리스도의 부활과 능력을 생각함으로 시험을 견디는 사람에게 위로와 격려를 확장한다. 환란 전 휴거는 부활의 능력을 베풀고 불멸성을 주시는 그리스도의 능력이 드러나는 사건일 것이다. 가장 가혹한 고난과 속임수 시기에 믿음으로 나아오는 사람에게, 곧 어린 양의 피에 그 옷을 씻어 희게 한 사람에게(계 7:14), 어린 양의

Comparison of Traditional and Progressive Views (Grand Rapids: Kregel, 1999)를 보라.

피와 자기가 증언하는 말씀으로 이기고 죽기까지 자기 생명을 아끼시 않는 사람에게(계 12:11), 끝까지 견디도록 부름을 빋은 사람에게(14:12), 그리고 또한 머지않아(천년왕국이 시작할 때에 부활로, 계 20:4, 6), 또는 후에(천년왕국의 끝에 변화로, 계 21:4) 불멸성을 받을 사람에게 힘을 주는 표시다.

결론

이 논문에서 필자에게 주어진 임무는 환란 전 견해를 지지하는 논증을 제시하는 일이었다. 이것이 할 수 있는 단 하나의 논증이 아니며, 독자는 위에서 주어진 주제에 관한 다른 저작들을 참고할 수 있다. 하지만 필자는 환란 전 휴거 견해를 취하는 성경적 이유가 있음이 분명하다고 생각한다.

이 책에서 우리는 모두 이 주제와 관련하여 이전에 발행된 책을 따라갈 수 있는 이점이 있다. 그 책은 복음주의 진영에 많은 유익을 끼치며 널리 사용되었다. 같은 주제에 다른 접근을 살펴보려는 독자는 그 책에서 필자의 선임자인 파인버그의 훌륭한 논문을 참고하기 바란다.

물론 이 책의 기고자로서 우리 각자는 휴거가 환란과 어떤 관계인지에 의견을 달리한다. 하지만 독자는 우리가 일치하는 부분이 매우 많음을 기억해야 한다. 그리스도께서 다시 오신다. 그분께서는 이 땅에서 다스리시려고 오신다. 그리스도 안에서 죽은 사람이 부활하고 그가 오실 때에 살아있는 사람은 변화한다. 그리고 우리는 그분과 함께 다스린다. 그것은 천년왕국뿐 아니라 영원히 지속한다. 우리가 함께 확증하는 것으로서 우리 각자가 열거할 수 있는 또 다른 것이 너무도 많다. 우리에게는 그리스도께서 죽은 자 가운데서 부활하셨으며 우리를 위해 확실한 유업이 하늘에 간직되어 있다는 살아있는 소망이 있다. 그가 오실 때에 그 유업도 함께 올 것이다(벧전 1:3~4).

베드로도 그리스도의 오심을 예언한 선지자들이 그리스도가 누구시며 언제 예언 사건들이 이루어지는지 "연구하고 부지런히 살폈다"라고 기억하게 한다(벧전 1:10~12). 그들 연구는 자신들뿐 아니라 그 다음에 오는 사람을 위한 것이었다.

우리는 예언자가 아니라 단지 그리스도의 종으로서, 성경을 이해하고 환란의 때와 관련하여 그분 오심의 때를 이해하려고 조심스럽게 연구하고 문의하는 일에서 신실한 자가 되길 힘쓴다. 예언된 사건들의 시기와 관련된 이 모든 일은, 그것을 통해 우리, 그리고 만일 주께서 지체하시면 우리 다음에 오는 사람이 실제로 이 연구에 기대 하나님의 말씀을 이해하고 그리스도 안에서 우리가 가진 소망에 관한 더 확실히 아는 데 자란다면 유익할 것이다. 그렇게 하는 한 가지 길은 이 견해들을 정직하게 말하고 성경에 비추어 그것들을 진지하게 고려하고 비평하는 일이다. 이러한 노력에서 필자는 동료들을 신뢰하고 가장 존경하며 그들과 함께 성경을 연구해가기를 기대한다. 필자는 우리 모두를 대표하여 이렇게 말할 수 있다고 생각한다. 우리는 모두 독자가 이 노력에 우리와 함께하고, 이 논문들을 읽으며, 이전의 베뢰아 사람들처럼 이것이 그러한지 알려고 우리와 함께 성경을 살피길 바란다(행 17:11). 우리가 더 바라는 바는 독자가 성경에 관한 더 나은 지식을 얻으려는 것보다 바르게 작동하는 몸의 지체처럼 우리가 모두 모든 방식으로, 곧 믿음, 소망, 사랑으로 머리이신 그리스도께로 자라가는 것이다(엡 4:15~16).

96   휴거 세 가지 견해

A Prewrath Response
진노 전 견해로 논평

앨런 헐트버그
Alan Hultberg

블레이징 박사는 환란 전 휴거 견해를 지지하는 자극적인 새로운 논거를 제시한다. 논평자는 많은 면에서 그의 논지에 동의하지만, 궁극적으로는 그의 주장에 설득되지 않는다. 특별히 블레이징의 첫째 주요 논지에 동의하는데, 곧 데살로니가전서와 데살로니가후서에서 주의 날이 시작할 때에 하나님의 진노가 쏟아지기 전에 (그리고 그들을 진노로부터 구원하려고) 교회가 휴거될 것을 바울이 약속한다는 논지에 동의한다. 하지만 주의 날이 다니엘의 칠십 번째 이레와 같은 기간에 일어난다는 그의 둘째 주요 논지에는 동의하지 않는다. 그는 세 가지 사실을 보여줌으로써 자기 둘째 논지를 입증하려고 한다. (1) 다니엘이 '마지막 때'에 있을 7년 동안의 진노 시기에 관한 예표론적 패턴을 제시하며, (2) 감람산 강화(특히 마태복음 24장)가 주의 날의 특징과 다니엘의 7년 동안의 '마지막 때'를 통합하고, (3) 데살로니가 편지들과 계시록에서 감람산 강화 사용이 자기 마태복음 해석을 확증한다는 것이다. 또한, 블레이징은 환란 전 휴거 신학의 통일성에 관한 몇 가지 부수적 요점을 주장한다. 환란 전 휴거 견해가 다른 견해들보다 성경에서 발견되는, 강림을 대하는 두 가지 태도와 두 가지 방식의 왕국 입성, 그리고 환란 기간에 신자들에게 소망을 주는 일에서 휴거가 가진 기능을 이해하기 더 쉽다는 것이다.

논평자는 논평 대부분을 블레이징의 주된 논증에 집중할 텐데, 먼저 후자의 요점들을 간략하게 다루겠다.

　두 방식의 왕국 입성과 환란 때의 성도들에게 소망을 주는 것과 관련하여 블레이징은 환란 전 휴거가 유한한 신자와 불멸의 신자가 천년왕국으로 들어가는 것을 가장 잘 허용하고, 환란 기간의 성도에게 하나님께서 그들을 환란의 공포로부터 구원할 수 있으시며 그렇게 하실 것이라는 가장 큰 확신을 준다고 주장한다. 하지만 이 문제에서 환란 전 휴거 견해가 진노 전 휴거보다 더 실제적 이점을 가졌다고 볼 수 없다. 첫째, 환란 전 휴거 견해가 휴거 다음에 신자가 구원받을 수 있는 약간 더 많은 시간과 초기의 더 나은 환경을 제공하는 것을 맞지만, 그 이점은 단지 몇 년의 문제다. 분명히 두 견해 모두 환란의 끝에 필멸의 몸을 가진 신자를 허락한다. 둘째, 환란의 성도가 진노 전 휴거보다 환란 전 교회 휴거로 더 격려를 받는 아무런 이유가 없다. 둘 다 자기 백성을 구원하신다는 하나님 약속을 똑같이 보여준다.

　성경에서 발견되는 강림을 기대하는 두 가지 태도와 관련한 몇 가지 관찰 사항은 유효하다. 첫째, 환란 전 견해가 다른 견해들보다 조금 더 쉽게 일반적 성경 자료들과 결합한다는 것에 동의하지만, 이 관찰은 다른 견해들도 성경 본문으로 입증된다면 그 자체로는 설득력이 없다. 다른 근거로 환란 전 견해가 주장이 실패하면, 강림을 기다리는 두 태도가 환란 전 휴거와 어울린다는 주장은 잘못 짚은 것이 되기 때문이다. 성경적 자료는 여전하지만 다르게 다루어져야 하며, 이것은 진노 전 휴거와 환란 후 휴거를 지지하는 자들이 정확히 하는 일이다. 둘째, 어떤 일이 일어나는지 알 수 없고 기대할 수 없게 되려면 그것이 있기 전에 징조가 있을 수 없다는 것은 단순히 사실이 아니다. 징조와 사건 시작 사이 시간 길이를 헤아릴 수 없는 한 그 시기는 모를 수 있으며("세 시 후에 갈게"), 사람이 적절하게 그 징조에 주의하지 않는 한 그것은 기대하지 않은 일일 수 있다("벌써

왔어? 내가 시계를 안 보고 있었네!"). 성경 자료에서 진노 전 휴거와 관련하여 이 두 조건을 약하게 하는 자료는 없다.

게다가, 논평자가 논문에서 주장하듯이, 강림 시간을 알 수 없다고 말하며 강림에 앞서 주어질 징조들에 유의하라는 신약 권고들(특별히 감람산 강화에서)이 교회에 주어졌으며, 그것은 환란 전 휴거와 성경적 자료의 '조화'를 보기보다 더 복잡하게 만든다. 마태복음 24:36에 대한 블레이징 자신의 논증이 이 사실을 지지한다. 블레이징에 따르면, 예수님은 1세기 사건들이 그가 오시는 실제 마지막 때의 사건들로 밝혀질지 모른다고 인정하시지만, 제자들에게 그들이 1세기에 그의 강림의 전조가 될 수도 있는 사건들을 볼 수도 있다고 말씀하시는데, 그 사건들이 구약에서 윤곽으로 나타난 대로 마지막 사건들과 일치하기 때문이다. 하지만 이 사실에 비추어 마태복음 24장에서 강림을 '알 수 없다'라고 한 것을 절대적인 '알 수 없음'보다 예수님께서 세계 역사와 폭넓게 관련하여 자신이 오는 때를 단지 모른다고 말씀하신 것으로 이해할 수 있다. 그분께서는 그것에 앞서 있을 사건들 유형을 아신다. 단지 그 사건의 어떤 현시가 궁극적인 것으로 밝혀질지 모르시는 것뿐이다. 또한, 예수님은 자기 강림이 1세기에 나타날 예정이었다면 그의 1세기 제자들이 황폐하게 하는 가증한 것을 포함하여 자기 강림의 징조들을 목격했을 것이라고 말씀하시는 것이다. 하지만 1세기 그리스도인이 종말적 강림의 징조들을 목격할 수 있었다면 어느 세기의 그리스도인이라고 그럴 수 있다. 나는 뒤에 가서 이 마지막 요점을 더 자세히 말하겠다. 지금으로서는 블레이징의 신학적 통일성에 근거한 논증들이 오로지 환란 전 견해에만 도움이 되지도 않으며, 그 자신의 논증과 온전히 일관되지도 않다는 점을 말하는 것으로 충분하다. 이제 그의 논증의 주된 요소들에 관심을 집중하도록 하자.

다니엘서

블레이징이 자기 주장이 정당함을 입증하려면, 진노로 가득한 주의 날이 다니엘의 칠십 번째 이레와 같은 시간에 걸쳐 일어남을 보여주어야 한다. 그의 논증은 세 가지 증거에 의존한다. 첫째는 다니엘에서 가져온 것인데, 여기서 블레이징은 '마지막 때'(그리고 안티오쿠스의 박해에서 그 모형)가 칠십 번째 주 전체를 포함하며 시간순으로 적그리스도의 출현, 전쟁, 박해, 황폐하게 하는 가증한 것, 전례 없는 환란, 인자의 오심을 포함하는 것이 분명한 조직화된 패턴이라고 주장한다. 그는 또한 칠십 번째 주, 곧 '마지막 때'가 하나님의 진노 시기임을 암시하는 것으로 본다. 하지만 다니엘서의 증거는 이 주장들과 일치하게 만들기가 쉽지 않다.

다니엘서에서 '마지막 때'에 관한 표현이[74] 쓰이는 문맥은 세 곳이다(8:15~19; 11:20~44; 12:4~13). 하지만 이 표현을 일련의 특정 사건과 관련짓기는 쉽지 않다. 다니엘 12:4~13은 실제로 도움이 되지 않는다. 12:4~13에서는 다니엘의 예언이 그 '마지막 때'까지 봉인된다고 말한다. 예언이 전적으로 성취되기 이전 어느 시점으로 생각된다. 박해가 진행되는 동안 지혜로운 사람이 그 예언을 이해할 수 있을 것이기 때문이다(12:10). 예언된 놀라운 일들은 '날들의 끝'(12:13)에 일어나는 부활과 함께 끝날 것이며(12:2~3; 참고. 12:6), 따라서 여기서 '마지막 때'는 마지막 여러 날의 특정 기간을 가리킨다는 것이 불가능하지는 않다더라도, 단순히 마지막 날들을 일반적으로 말할 가능성이 크다. 다니엘 8:15~19에서 '마지막 때'와 '마지막의 정한 때'는 다니엘 8장에 예언된 시기의 마지막, 곧 환상에서 계시한 대로 페르

---

74 그것은 '종말의 때'(עֵת־קֵץ ['et qēṣ], 단 8:17; 11:35, 40; 12:4, 9)와 '정한 때/끝'(מוֹעֵד [môʿēd], קֵץ מוֹעֵד [môʿēd qēṣ], 단 8:19; 11:27, 29, 35)와 '끝[날]'(קֵץ [qēṣ], קֵץ הַיָּמִין [qēṣ hayyāmîn], 단 12:23)을 포함한다.

시아와 그리스가 지중해 동쪽을 지배하던 '마지막' 시기의 안티오쿠스 4세의 이력을 가리킨다.75 이것은 8:23에 의해 분명해지는데, 이 구절은 "그들 통치의 끝에"라는 말로 안티오쿠스에 집중하기 시작하는 곳이다. 다니엘 11:20~35에서 동일한 안티오쿠스 시대를 언급하지만, 여기서 "정한 때"(11:27, 29)는 특별히 안티오쿠스가 거룩한 언약에 '분노하는(זַעַם[zāʿam])' 시기와 관련이 있다(11:30). 11:35에 언급한 '마지막 때'도 이 시기를 가리키는 것으로 보이지만, 전적으로 간단한 문제는 아니다. 많은 사람이 주목하듯이, 다니엘 11:36~12:3은 안티오쿠스를 말하기보다 시대의 바로 끝의 사건들로 뛰어넘는 것처럼 보인다(참고. 12:1~3). 안티오쿠스의 모형(11:29~34)에서 적그리스도의 대형(11:36~40)으로 전환이다. 11:29~34와 같이 11:36~12:3에서 묘사하는 시기는 또한 '분노의 때'(זַעַם[zāʿam], 11:36)와 '마지막 때'(11:40)로 명명되며, 따라서 "마지막 때가 여전히 정한 때에 이를 것이다"라는 11:35의 진술은 안티오쿠스에 관한 예언을 종결하려는 의도보다, 안티오쿠스에 대한 예언에서 '마지막'을 적그리스도의 박해에서 그 대형과 연결을 의도할 수 있다.

따라서 '마지막 때'는 다니엘서에서 단순한 개념이 아니다. 처음에 그것은 일반적으로, 숫양과 숫염소의 환상이 가리키는 예언의 시기든, 다니엘의 때에 시작해 이 시대의 마지막까지 이어지는 이방인의 유다 지배를 가리키는 예언의 시기든, 고려하는 그 예언 시기의 마지막 부분을 가리킨다. 하지만 더 구체적으로 '마지막 때'는 이 환상들에 나타난 마지막 왕들의 이력, 그리고 특별히 유대인을 박해하는 자들로서 그들 이력에 집중한다. 따라서 다니엘 8:23~26은 황폐하게 하는 가증한 것과 그 뒤를 잇는 사건들에 집중하며 안티오쿠스의 박해를 해석한다. 이 '마지막 때'는 '진노의 때 마지막 부분'에 일어난다(בְּאַחֲרִית הַזַּעַם[beʾaḥarît hazzāʿam], 8:19). 곧, 안티오쿠스의 이력의

---

75 예를 들어, Joyce G. Baldwin, *Daniel: An Introduction and Commentary*, TOTC 21 (Downers Grove, Ill.: InterVarsity, 1978), 59이다.

마지막 부분이나 페르시아와 그리스가 고대 근동을 지배하던 시대의 마지막 부분이며, 그 전체가 '분노의 시기(הַזַּעַם[hazzaʿam])'로 불린다. 다니엘 11:20~44는 이 초점을 더 정확하게 구체화한다. 20~27a절에서 안티오쿠스의 최초 이력을 돌이켜본 다음 27b절에서 독자는 "여전히 마지막이 정한 때에 이를 것이다"라는 말을 듣는다. 이어서 29~34절은 이 '정한 때'(29절)에 초점을 맞춘다. 안티오쿠스가 로마에게 굴욕을 당하고, 그러는 동안 그가 언약에 '분노하며' 황폐하게 하는 가증한 것을 세우며 정기 제사를 없애고 신실한 유대인들을 박해하는 그다음 때다. 36~44절에서는 안티오쿠스의 이력에서 이 평행되는 시기를 다시 시작한다. '분노'(11:36) 시기에 그가 자신을 모든 신 위에 높이는, 유대인에게는 전례 없는 고난의 때다(12:1). 다니엘 9:24~27이 '마지막 때'나 '분노의 시기'를 언급하지 않지만, 다니엘 8:9~14; 11:29~35; 11:36~12:3의 관계는 분명히 칠십 번째 '이레'의 후반부와 대응하게 한다. 그것은 황폐하게 하는 가증한 것이 세워진 다음에 해당하는 부분이기 때문이다(9:27). 따라서 '마지막 때'와 '진노[의 시기]'가 안티오쿠스와 적그리스도의 전체 이력을 가리킬 가능성이 있어도, 그것들은 좀 더 구체적으로 마지막 삼 년 반 동안의 공포를 가리킨다. 따라서 '마지막 때'가 다니엘서에서 말하는 칠십 번째 '이레' 전체를 포함하는 체계화된 패턴을 가리킨다고 보는 것은 너무 안이한 접근이다. 다니엘서가 집중하는 패턴은 황폐하게 하는 가증한 것을 뒤따르는 박해와 궁극적 구원의 시기다.

이것은 둘째 관찰로 우리를 이끈다. '마지막 때'에 있을 '분노'가 죄인에게 있을 하나님의 진노가 아니라, 하나님과 그 백성에게 있을 이방 왕들의 분노라는 것이다. 다니엘은 동사 זָעַם[zaʿam]('~에 대해 분노하다, ~에 분개하다, 저주하다')을 11:30에서만 사용한다. 거기서 그것은 언약에 대한 안티오쿠스의 적대감을 묘사한다. 이것은 8:19 그리고 11:36에서 언급하는 동등한 זַעַם[zaʿam]의 시기가 제국이 하나님의 백성과 다투는 시기임을 암시한다. 그곳에서 분노가 죄에 대한 하나님의 진노를 가리킨다고 주장하는 사람은 일반적으로 구약의 다른 곳에서의 זַעַם[zā'am]의 용례와 다니엘에서 이방인들의 지배가 전체적으로 이스라엘의 죄의 결과라는 주장에 근거한다. 다니엘이 하나님께서 궁극적으로 이스라엘과 지배하는 나라들의 흥망을 주관하신다고 말하며 바벨론에서 포로 생활이 언약과 관련된 함축을 가진다는 것은 사실이지만, 구체적으로 안티오쿠스와 적그리스도의 박해를 이스라엘의 죄에 대한 하나님의 진노와 연결하는 증거를 찾기란 쉬운 일이 아니다. 다니엘이 백성에 대한 진노를 말할 때 그것은 명백히 제국의 분노이며, 그가 예언에서 심판자로서 하나님의 기능을 묘사할 때 그것은 황폐하게 하는 제국을 심판하는 자이신 하나님이시다(7:9~11; 참고. 8:25; 9:27; 11:45~12:1).[76]

따라서 다니엘서의 증거에 관한 블레이징의 주장은 바로 설 수 없다. 다니엘서에서 '마지막 때'는 하나님의 진노 시기로 언급되지도 않으며, 칠십 번째 이레 전체와 쉽사리 동일시될 수도 없다. 실제로 그것은 훨씬 더 쉽게, 단지 그 이레의 후반부에만 초점을 맞추고 있다.

감람산 강화

블레이징의 논증 요점은 예수님께서 감람산 강화에서 자신이 주의 날에 심판하려고 오시는 것과 그 시기의 끝에 영광스럽게 나타나시는 것을 구분하신다는 내용이다. 전자는 기대하지 않게 시작되며 다

---

[76] 다니엘 8:12에서 반증을 찾을 수 있지만, 거기서 죄는 유대 백성이 아니라 안티오쿠스의 죄가 거의 분명하다. 13절의 הַפֶּשַׁע שֹׁמֵם[happešaʻ šōmēm](참고. 단 9:27; 11:31; 12:11)과 11:31에서 8:12과 평행을 참고하라. Martin Pröbstle, "Truth and Terror: A Text-Oriented Analysis of Dan. 8:9~14," vol. 1 (Ph.D. diss., Andrews University, 2006), 243~309를 보라. John J. Collins, *Daniel*, Hermeneia (Minneapolis: Fortress, 1993), 335; Baldwin, Daniel, 157~58; John E. Goldingay, Daniel, WBC 30 (Dallas: Word, 1989), 197; Peshitta, Vulgate, KJV, Tanakh 번역들을 참고하라.

니엘의 칠십 번째 이레 전체의 사건들을 반영하지 않고, 후자는 관찰이 가능한 황폐하게 하는 가증한 것 다음에 일어난다는 주장이다. 더 구체적으로 블레이징은 마태복음 24:4~35의 사건들이 다니엘의 '마지막 때'의 구조를 모방한다는 것을 보여주려고 한다. 이 부분에서 사건들 묘사에 주의 날의 언어가 주입되며, 마태복음 24:36~25:30에서 알지 못하는 때에 인자가 오신다고 말씀하실 때 예수님은 마태복음 24:4~35에서 말하는 주의 날의 전체적 복합체를 말씀하신다는 주장이다.

감람산 강화에서 다니엘 인용

블레이징은 마태복음 24:4~35의 사건이 다니엘의 '마지막 때'의 구조를 모방한다고 주장하며 다음 두 가지 사항을 관찰한다. 첫째, 마태복음 24:4~35는 명시적인 시작(8절)과 끝(6, 13, 14절)을 가진 내러티브 순서로 진술되며 일련의 '그때'로 표시된다(9, 14, 16, 23[ESV 번역], 30[ESV 번역]절). 둘째, 그 순서에는 다니엘의 특성이 있으며, 거짓 그리스도의 출현과 그에 따르는 전쟁과 박해로 시작하고, 그 중간에 황폐하게 하는 가증한 것에 관한 언급이 있으며, 인자의 오심으로 끝난다. 블레이징은 이 순서가 자신이 앞에서 개요를 말한 '마지막 때'의 순서를 따른다고 주장한다.

이 주장에 몇 가지 논평이 적합하다. 첫째, 필자는 황폐하게 하는 가증한 것에 앞서 어떤 중요한 다니엘의 '마지막 때' 순서가 존재한다는 생각 자체가 의문스럽다고 이미 주장했다. 따라서 감람산 강화에서 전형적인 '전반부' 사건들에 관한 언급들을 제안하는 것은 명백히 의심스럽다(상세한 내용은 아래를 보라).

둘째, 예수님께서 다른 것들 가운데 거짓 그리스도, 전쟁, 박해의 시기로 시작되며 자기 영광스러운 재림으로 끝나는 사건의 순서를 구상하시는 것은 사실이지만, 마태복음 24:4~31은 단순한 순서로 구성되지 않는다. 오히려 4~14절은 명시적으로 마지막을 가리키지 않고 일반 현상을 개관하며, 그와 대조적으로 15~31절은 황폐하게 하는 가증한 것으로부터 인자의 오심까지 순서를 따른다. 일반 현상이 먼저 일어나는 것이 분명하지만, 마지막 일련의 사건의 시작은 다니엘이 말하는 황폐하게 하는 가증한 것 다음이다. 따라서 4~14절은 순서를 말하는 언어보다 일반적 병렬(접속사 없이 구와 절을 나란히 늘어놓기)에 의해 표시되며,[77] 더 중요하게는, 부인하는(이 사건들이 마지막의 사건들이 아니라고 하는) 말에 의해 표시된다(24:6, 14). 4~14절의 사건들을 진통의 시작(8절)으로 보는 요점은 그것들을 '마지막'의 일부로 만들기보다 그것들을 그것과 구분하기 위함이다.[78] 하지만 15절에서 반의의 또는 전환 접속사 οὖν[oun]('그러나')에 의해 하나의 대조가 표시된다.[79] 그다음부터는 분명한 순차적 자료가 지배적이다. 따라서 마태복음 24:4~31에 순서가 요약되어 있어도, 블레이징이 요구하는 단순한 순서는 아니다.

셋째, 15~31절에 분명한 다니엘서 암시 이전에 어떤 것이든 다니엘의 순서를 가리키게 의도한다는 것은 전혀 명확하지 않다. 블레이징은 데이비스와 엘리슨을 인용하여[80] 자기 입장을 지지하지만,

---

[77] 9절과 10절의 τότε[tote] 용법은 Michael J. Wilkins, *Matthew*, NIVAC (Grand Rapids: Zondervan, 2004), 774를 보라.

[78] 예를 들어 D. A. Carson, "Matthew," in *Matthew, Mark, Luke*, EBC, ed. Frank E. Gaebelein, 12 vols. (Grand Rapids: Zondervan, 1984), 8:498; Donald A. Hagner, *Matthew 14~28*, WBC 33B (Dallas: Word, 1995), 689~92; Craig L. Blomberg, *Matthew*, NAC 22 (Nashville: Broadman, 1992), 353~54; Craig S. Keener, *A Commentary on the Gospel of Matthew* (Grand Rapids: Eerdmans, 1999), 566~67; Wilkins, *Matthew*, 772~74를 보라.

[79] 참조. 마가복음 13:14에서는 δέ[de]('하지만')이다.

[80] W. D. Davies and Dale C. Allison Jr., *A Critical and Exegetical Commentary on the Gospel according to Saint Matthew*, vol. 3, ICC (Edinburgh: T & T Clark, 1997), 332.

4~14절에서 확인할 수 있다고 그들이 제안하는 다니엘에 관한 단지 두 개의 암시는 전쟁 소문(6절)과 성도 박해이며(9~10절),[81] 어느 것도 추천할 만한 것이 아니다. '전쟁 소문'은 다니엘 9:26의 '전쟁'과 다니엘 11:44의 '소문'을 암시한다고 하지만, '전쟁'은 다니엘, 심지어 예루살렘에서 전쟁 특유의 것이 아니며, 다니엘 11:44는 제자들이 듣고 두려움으로 반응하는 '전쟁의 소문'이 아니라 적그리스도가 듣고 반응할 '동쪽으로부터 오는 소문'을 가리킨다. 게다가, 마태복음 24:7에서 계속되는 이 전쟁 묘사에서 어느 것도 다니엘을 암시하지 않는다. 이와 비슷하게 마태복음 24:9~10에서의 박해에 대한 묘사는 '환란(θλῖψις[thlipsis])'이라는 용어 사용을 제외하고 주제와 언어 면에서 특별히 다니엘과 관련된 것은 없으며, 이것조차도 명시적으로 21절에서 말하는 다니엘의 환란(θλῖψις[thlipsis])과 구분된다. 그리고 마태복음 24:4~14에서 다른 어느 것도, 심지어 멀게라도 다니엘과 연관성이 없기에, 다니엘의 '마지막 때'의 순서가 다니엘의 칠십 번째 이레의 전반부에 자리 잡을 수 있더라도, 예수님께서 마태복음 24:4~14에서 그 순서의 시작을 가리키려고 일반 현상을 의도하실 가능성은 매우 낮아 보인다. 그보다 다니엘의 순서가 15절에서 명시적 언급으로 시작한다고 보는 것이 옳다.

감람산 강화에서 주의 날

블레이징은 마태복음 24:4~35 전체가 주의 날에 관한 것이라고 주장할 때, 더 확실한 증거에 입각하고 있다. 그의 주장이 가진 설득력은 "진통의 시작"이라는 표현(마 24:8)에 이사야 13:8을 암시한다는 제안에 근거하며, 따라서 마태복음 24:4~31은 이사야 13장의 암시로(참고. 사 13:10; 마 24:31) 그 뼈대가 형성되며, 이사야가 말하는

---

[81] Davies and Allison, *A Critical and Exegetical Commentary on the Gospel according to Saint Matthew*, "9~11[원문 그대로]."

주의 날의 부분을 의도적으로 포함한다. 하지만 필자는 블레이징이 자기주장의 정당성을 입증한다고 생각하지 않는다. 이사야 13:8을 암시한다고 인정하고, 마태복음 24:4~14의 현상(기근, 지진, 전쟁, 박해)이 일반적 종말의 환경을 나타내려 한다고 동의할 수는 있지만, 이 관찰들은 이 강화에서 일반적으로는 4~14절, 구체적으로는 8절의 기능에 의해 중재된다. 앞에서 말한 대로, 8절은 4~14절이 말하는 일반 '종말적' 사건들과 6절과 14절에서 언급한 '끝'을 의도적으로 구분한다. 따라서 그것들은 주의 날 **진통**이 아니라 진통의 **시작**이다. 그 중요한 사건들은 복음이 온 세상에 전파된 다음에(14절) 다니엘이 말한 황폐하게 하는 가증한 것으로 시작한다(15절). 실제로, 끝이 오기 전에 복음이 온 세상에 전파되어야 한다는 것은 적어도 4~14절의 일반 '종말적' 사건들이 교회 시대의 전형적 현상임을 암시한다. 이것은 신약이 말하는 일반적 관점이다. '마지막 날'이 그리스도의 초림 그리고 그와 관련한 사건들로 시작했으며, 심지어 1세기의 교회 박해도 하나님의 종말적 심판의 표현이었다는 것이다. 8절에서 언급한 진통이 30절에서 그리스도께서 영광 가운데 나타나시는 것으로 종결된다고 블레이징이 인식한 것은 분명히 옳다. 하지만 그러한 관찰과 이사야 13:8에 대한 암시 어느 것도 좀 더 구체적으로는 마지막 종말론적인 주의 날이 1세기에 시작되었음을 의미하지 않으며, 그것이 미래 어느 때에 마태복음 24:4~14가 말하는 일반 현상과 함께 시작함을 의미할 가능성도 훨씬 더 낮다. 오히려 '마지막'의 중요한 사건들을 강조하는 15, 21, 30절에서 명시적으로 다니엘을 암시하는 것과 같이 29절에서 이사야 13:10의 명시적인 암시가 종말적 주의 날 시작을 강조한다.

블레이징은 그러한 견해가 마태복음 24:36에서 예수님께서 이 일들이 일어날 때를 자신이 모르신다는 것을 설명할 수 없다고 주장하는데, 특별히 33~34절에서 예수님께서 제자들이 볼, 전조가 되는 사건들과 그가 강림하시는 절정의 사건을 구분하시기 때문이라는 것이다. 하지만 그가 말하는 요점을 이해할 수 없다. 중요한 모형의 사건들이 4~28절의 것들인지 15~28절의 것들인지는 차이가 없다. 어느 경우든 예수님은 그것들이 1세기에 나타나는 것이 종말론적인 나타남으로 밝혀질지 모르셨을 것이다. 두 일련의 사건들 모두 '그것'—주의 날, 29~31절에서의 예수님의 강림—이 가까움을 나타낸다.

그리스도의 확장된 오심으로서 주의 날

또한, 블레이징은 마태복음 24:36~25:30에서 예수님께서 자신의 알 수 없는 도래를 말씀하실 때 마태복음 24:4~31의 주의 날의 복합체 전체를 말씀하신다고 주장한다. 그는 이 주장으로 24:29~31에서 영광스러운 나타나심—징조 다음 일—을 그것과 다른 것으로 생각되는 24:36~25:30에서 오심(곧, 24:4~31에서 사건들 복합체 전체)과 구분하게 한다. 이 주장에 논평으로, 첫째, 논평자가 시작 부분에서 말한 대로, 이 요점은 감람산 강화에 관한 블레이징 자신의 앞에서 주장과 모순이다. 앞에서 블레이징은 24:4~28의 현상이 종말적 주의 날에 속하는 것으로 드러나더라도 예수님께서 제자들이 그것들을 경험하길 기대하신다고 주장했지만, 24:36~25:30을 석의할 때는 그것들이 그렇게 드러나면 제자들이 그것들의 어느 것도 보길 기대해서는 안 된다고 제안한다. 어떻게 그가 두 가지 주장을 유지할 수 있는지 분명하지 않다. 둘째, 예수님께서 24:36에서 '그날'을 말씀하실 때 주의 날을 말씀하신다는 블레이징의 말에 동의하지만, 특별히 3절에서 35절까지 예수님 강림 논의의 흐름이 주어지는데 그날(37절과 39절)을 포함하는 강림을 24:30~31에서 명시적으로 언급하는 강림과 구분할 마땅한 이유가 없다. 24:30~31의 강림은 24:36~39의 강림이다. 단지 징조와 '알 수 없음'을 나눌 필요가 있다는 가정 때문에 블레이징은 이것을 부인하며, 따라서 24:4~31이 말하는 모든 것이 36절이 언급하는 주의 날 또는 강림이라고 확증하려고 한다. 하지만 앞에서 나는 이 후자의 노력이 미흡함을 밝혔으며, 앞에서 전자의 가정이 잘못이라고 주장했다. 따라서 나는 다른 근거에서 주의 날 혹은 강림이 휴거로 시작해서 그리스도의 영광스러운 나타나심으로 종결되는 사건들의 복합체라는 블레이징의 생각에 동의하지만, 이 요점은 감람산 강화에서 확증되지 않는다.

데살로니가후서

블레이징의 논증 다른 부분들은 감람산 강화에 관한 그의 결론에 의존한다. 그 결론이 의심스럽기에 그의 논증 나머지도 의심스럽다. 따라서 데살로니가전서 5장에서 주의 날과 관련하여 블레이징이 휴거를 하나님의 진노가 시작할 때에 신자들을 그것으로부터 구하는 것으로 보는 것과 바울이 감람산 강화 이면의 전통을 주의 날에 관한 자료로 사용하는 것을 인식하는 것은 옳다. 하지만 바울이 감람산 강화에 의존하면서 주의 날을 다니엘의 칠십 번째 이레와 통합한다는 블레이징의 제안은 정확하지 않다. 앞에서 말한 대로, 예수님은 실제로 그러한 통합을 하지 않으시기 때문이다(적어도 마태복음에서 묘사하는 대로). 블레이징이 제시하는 유일한 증거는 데살로니가전서 5:3에서 바울이 출산 은유를 사용하는 것이다. 그의 주장에 따르면, 바울이 감람산 강화에서 윤곽을 그리는 주의 날에 의존하며, 감람산 강화에서 주의 날은 마태복음 24:4~14에서 말하는 진통으로 시작하기에 바울 또한 그날이 마태복음 24:4~14의 현상들과 함께 시작한다고 이해하는 것이 분명하다. 하지만 나는 마태복음 24:8에서 진통을 언급한 것은 명시적으로 24:4~14가 말하는 일반 어려움을 다니엘의 칠십 번째 이레의 후반부의 '종말적' 사건들과 구분하기 위한 것임을 보여주었다. 그 일반적 의미에서 주의 날은 아마도 기독교시대의 시작과 함께 시작했을 것이다. 하지만 이것은 바울이 그 은유를 사용하는 방식이 아니다. 그것은 그가 마태복음 24:4~14의 다른 표현의 어느 것도 사용하지 않는다는 사실에서 분명하다. 오히려 바울은 주의 날에 불신자가 경험할 진노의 갑작스러움과 잔인함에 그 은유를 집중한다. 따라서 그는 이사야 13:8의 원래 의도와 더 유사하게 그 은유를 사용하는 것으로 보인다. 그는 마태복음 24:8의 진통의 일반적 시작보다 강림의 시작에서 고통스러운 진노의 구체적 시작을 생각하고 있다(마 24:29~31; 참고. 눅 21:25~27). 이것은 데살로니가후서 2:1~15에 의해 확증된다. 거기서 바울은 좀 더 뚜렷하게 주의 날이 황폐하게 하는 가증한 것 다음에 시작을 기대하고 있다.

논평자는 이 요점을 이미 논문에서 다방면으로 주장했기에, 여기서는 블레이징의 반론에 대답하겠다. 블레이징은 감람산 강화 해석에 근거해 데살로니가후서 2:3에서 중요한 생략된 말(먼저 저 불법의 사람['배교' NASB 번역]이 나타나기 전에는 [어떤 일이 일어나지 않을 것이기] 때문이다")이 "그날이 이를 것이다"가 아니라, "그날이 여기 있지 않을 것이다" 또는 "이르지 않았을 것이다"이어야 한다고 주장한다. 하지만 어떻게 이것이 블레이징의 입장을 지지하는지 알 수 없다. 블레이징이 주장하는 대로 황폐하게 하는 가증한 것이 주의 날의 중간에 일어나면 황폐하게 하는 가증한 것이 일어나지 않은 채로 그날은 분명히 존재할 수 있기 때문이다. 그날이 이르렀을 수 없다고 하는 바울의 증거(2:2)는 전혀 증거가 될 수 없다. 이것은 바울이 "**먼저** 배교가 이르지 않으면"이라고 말한다는 사실과 합쳐져, 배교와 황폐하게 하는 것이 주의 날을 **앞서거나** 그 시작이 됨을 암시하며, 이는 바울이 제의한 증거와 더 일치한다. 그리고 바울이 휴거가 한참 지난 다음에 일어날 사건들이 없음을 언급함으로써 휴거로 시작하는 어떤 날이 이르지 않았음을 설명하고 있을 가능성을 배제할 수 없지만, 특별히 그가 이들 '나타나지 않은 환란 사건들'에 그토록 집중하는 때에(무려 아홉 절에 걸쳐), 그리고 특별히 사라진 휴거가 당면한 문제라면, 그가 그렇게 할 마땅한 이유가 없어 보인다. 적어도 블레이징은 이것을 설명해야 한다. 그는 바울이 데살로니가후서 2:13~15에서 휴거 문제를 다시 논의하지 않는다고 말하며, 나는 그의 말에 동의한다. 하지만 이 관찰은 환란 전 견해에서 2:3~12에서의 바울의 논리를 설명하기가 어렵다는 문제를 해결할 수 없다. 따라서 잘해야 데살로니가후서 2장이 환란 전 휴거의 관점에서 극도로 이해하기 힘들다고 말할 수 있지만, 그것은 그 관점, 그리고 그것과 함께 블레이징의 감람산 강화 해석 전체를 허물 가능성이 더 크다.

계시록

또한, 블레이징은 계시록의 증거를 고려하면서, 특별히 계시록에서 휴거를 명시적인으로 언급하지 않기에 감람산 강화 석의에 의존한다. 특별히 그는 계시록 6장이, 주의 날이 마태복음 24:4~14의 현상들로 시작한다는 자기 이해를 확증한다고 믿는다. 그는 (1) 일곱 인을 가진 두루마리의 처음 여섯 인을 떼는 것(계 6:1~17)이 마태복음 24:4~29의 현상들 다음에 일어나며, (2) 마태복음 24:36~25:30과 데살로니가전서 5:2~3에서 주의 날이 갑자기 기대하지 않은 때에 시작하므로 주의 날이 계시록 6장의 첫 번째 인(그 결과가 갑작스러움과 기대치 못함의 성격과 조화되는 유일한 인)으로 시작함이 분명하며, (3) 계시록 6:17(여섯째 인)에서 사용한 단어 ἦλθεν[ēlthen]('이르렀다', '와 있다')이 계시록 6:1~8(처음 네 인)에서 주의 날의 호출을 연상하게 하며, 여섯 인으로 사람들이 주의 날 가운데 있다는 깨달음을 암시한다고 주장한다.

논평자는 블레이징의 첫째 관찰, 곧 계시록 6장의 여섯 인이 감람산 강화에서 자세히 묘사하는 현상들과 평행을 이루고 있음을 인지할 수 있다는 것에 동의한다. 이것은 주석가들이 일반적으로 관찰하는 내용이다. 하지만 블레이징의 다른 두 요점에도 불구하고 요한이 주의 날을 첫 번째 인으로 시작하는 감람산 강화의 전통에 대한 이해를 반영하려고 이 대응을 의도한다는 것은 무척 의문스럽다. 첫째, 인 심판에서 시간 순서를 준다는 면에서 갑작스러움과 기대치 못함이 첫 번째 인에게 가장 쉽게 적용될 수 있음은 사실이지만, 두 가지 사실이 그 관찰이 가진 가치에 의문을 제기한다. 첫째, 블레이징의 예측에서도 여섯 째 인의 우주적 징조 전까지 땅에 거주자들은 주의 날의 도래를 깨닫지 못한다. 이것은 처음 다섯 개 인에서 나타나는 현상들이 그들에게 비정상적인 것으로 보이지 않았음을 암시한다. 실제로 거짓 메시아들, 전쟁, 기근 등은 비정상적인 일로 보기 힘들다. 그것들은 적어도 1세기 이후로 일어나고 있다. 따라서 거짓 그리스도들, 심지어 '메시아적' 제국의 인물도 갑작스럽거나 기대치 못한 일이 될 수 없으며, 요한은 그것을 그렇게 묘사하지 않는다. 주의 날의 갑작스러움은 여섯 째 인에서 뚜렷하게 나타난다. 둘째, 마태복음 24:37~39에서 예수님과 데살로니가전서 5:2~3에서 바울이 주의 날이 시작할 때에 세상이 전적으로 평화로울 것을 말한다고 보기 힘들다. 그들이 사용하는 유비들은 그때 전쟁이나 기근이나 거짓 메시아가 없을 것보다 단지 삶이 기본적으로 정상적일 것임을 가리킨다. 이외에도 바울은 주의 날 바로 전에 '평화와 안전'을 외치는 불신자의 외침에 예레미야 6:14; 8:11; 에스겔 13:10과 같은 구절들에 의존하고 있을 가능성이 있다. 하지만 이 구절들에서 백성들과 그들의 지도자들은 실제로 '평화가 없는' 때에 모든 것이 정상이라는 망상을 유지하려고 "평화, 평화"를 말한다. 따라서 주의 날이 이를 때에 그것이 갑작스럽고 기대치 않은 일이라고 성경이 말하는 것이 여섯 번째 인에서 요한이 그것을 말하는 것과 잘 어우러진다.

그렇지만 블레이징은 여섯 번째 인에서 주의 날의 도래를 명시적으로 인식하는 것이 처음 다섯 인을 다시 언급하는 것임을 보여주려고 한다. 하지만 이사야 13:1~6의 호출(블레이징이 말하는 요엘의 증거는 설득력이 떨어진다)이 처음 네 인의 '전사들'을 호출하는 것과 주제면에서 대응된다는 것에 블레이징과 동의할 수 있어도, 중요한 의문점은 실로 여섯 째 인에서 사용된 ἦλθεν[ēlthen]('이르렀다', '와 있다', 계 6:17)의 의미이며, 여기서 그 증거는 결정적으로 블레이징에 불리하게 작용한다. 블레이징은 계시록 6:17의 ἦλθεν[ēlthen]이 처음 네 인의 호출에 사용한 같은 동사('오라' ἔρχου[erchou]; 계 6:1, 3, 5, 7)를 연상하게 하며, 그것은 땅에 거주자들이 처음 다섯 인으로 일어난 사건들이 주의 날 일부였음을 깨닫는 것을 가리키려는 의도라고 주장한다. 하지만 한편으로, '오다'라는 단어(ἔρχεσθαι[erchesthai])는 계시록에서 통상적 동사로 그 책 전체에 상당히 고르게 36번 사용되며, 따라서 여섯 번째 인과 처음 네 인에서 그것이 사용된 것 사이에 다른 분명한 연결이 없는 상황에서 그 연결을 단정할 마땅한 이유가 없다. 다른 한편으로, ἦλθεν[ēlthen]은 계시록의 다른 세 곳에서 6:17에서 그 용법과 유사한 것을 가진 표현들에서 사용되며 각각 '이제 이르렀다' 또는 '이제 시작하려 한다'는 뜻이다(계 14:7, 15; 19:7). 논평자 논문에서 그리고 무(Moo)의 논문을 논평에서 주장하는 대로, 인과 나팔의 환상의 내러티브 전개에 비추어 볼 때 이것이 6:17에서 의도한 ἦλθεν[ēlthen]의 의미임이 분명하다. 따라서 원수를 갚아주시길 바라는 기도와 기다리라는 권면(다섯째 인) 다음에 진노의 날이 이르렀다는 선언(여섯째 인)이 뒤따르고, 그다음에 특정 조건들이 충족할 때까지 진노의 실행이 선행되어야 한다는 것(7장)이 뒤따르며, 그다음에 진노를 쏟으심으로 원수 갚아주시기를 구한 기도에 응답하시는 것(일곱째 인, 나팔 심판)이 뒤따르고, 진노와 하나님의 원수 갚아주심이 이제 완성되었다는 결론적 진술(일곱 번째 나팔)이 뒤따르는 순서는 6:17의 ἦλθεν[ēlthen]이 이전의 말보다 앞으로 있을 말을 가리킴이 분명하다.

따라서 계시록 6장은 주의 날이 마태복음 24:4~14에서 사건들로 시작한다는 생각에 신빙성을 제공하지 않는다. 계시록 6장에서 주의 날은 마태복음 24장에서 그것이 시작되는 같은 장소에서 시작하며, 여섯 번째 인의 명시적 주의 날 사건들은 마태복음 24:29~31에서 인자의 강림 사건들이다. 그리고 논평자가 논문에서 주장했듯이, 이 관찰과 관련하여 특별히 중요한 것은 앞에서 개요를 말한 인과 나팔 심판의 순서에서 7장의 막간이 분명히 휴거를 묘사한다는 것이다.

계시록이 휴거를 명시적으로 언급하지 않는다는 블레이징의 일반적으로 받아들여지는 관찰에도 불구하고 이것은 사실이다. 따라서 7장에서 임박한 진노의 날로부터의 보호를 말하려고 지목되는 두 무리 가운데 144,000은 땅에 남아 보호받으며, 교회에 속한 셀 수 없이 많은 무리는 하늘에서 갑자기 나타남으로써 보호받는다는 것은 주목할 만하다. 14장과 15장은 비슷한 장면을 연관 짓는다. 포도 추수에서 진노가 쏟아지고(계 14:17~20) 그 결과로 대접의 심판(계 15:1, 5~16:21)이 일어나기에 앞서 인자 같은 분이 구름을 타고 오며(참고. 단 7:13; 계 1:7, 13) 자기 추수를 한다. 이것은 분명 하늘에서 짐승을 이기는 자들이 나타나는 결과를 낳는다(계 15:2~4). 이들 두 장면 모두 마태복음 24:29~31의 강림에 해당한다. 이것들이 휴거 장면들이라면(그리고 필자는 논문에서 그것을 입증하는 상당한 증거를 제시했다고 생각한다) 그것들은 블레이징의 바울서신과 마태복음 해석—휴거와 땅에 진노를 쏟으시는 일을 수반하는 강림이 황폐하게 하는 가증한 것 다음에, 주의 날에 있을 우주적 징조들과 맞물려 일어난다는 해석—보다 필자 해석을 확증하는 일에 도움이 된다.

결론

환란 전 휴거를 지지하는 블레이징의 논증은 기본적으로 다니엘의 칠십 번째 이레 전체가 감람산 강화에서 주의 날과 통합한다는 전제에 기초한다. 교회가 주의 날 이전에 휴거하기에, 교회는 칠십 번째 '이레'가 시작되기 전에 휴거해야 한다. 블레이징은 감람산 강화 자체를 통해, 그리고 데살로니가전서 5장에서 바울이 감람산 강화를 사용하고 요한이 계시록 6장에서 그것을 사용하는 방식을 통해, 이 통합을 보여주려고 노력한다. 필자는 이 경우의 어느 것에서도 그 통합이 유지할 수 없음을 보여주려 했다. 한편으로, 다니엘에서는 칠십 번째 '이레'의 후반부—황폐하게 하는 가증한 것으로 시작하며 유대인들에 대한 적그리스도의 분노가 특징인 절반—에 초점 외에 주의 날 항목들과 통합할 수 있는 그 이레의 구조가 없다. 따라서 우리는 마태복음 24:15에서 황폐하게 하는 가증한 것을 통해 다니엘을 명시적으로 언급하기 전까지는 다니엘서 자료가 감람산 강화에 나타난다는 타당한 증거를 발견할 수 없다. 다른 한편으로, 마태복음, 바울, 요한의 글에서 주의 날이 마태복음 24:4~14의 현상들로 시작한다는 증거는 그리 흥미롭지 않다. 마태복음 24:8에서 이사야 13:8을 사용한 것은 분명히 마태복음 24:4~14의 현상들을 15~31절의 중요한 사건들과 분리하려는 의도이며, 마지막에 관한 비유에 대한 제자들의 질문으로부터 강화의 전체 취지는 주의 날과 강림을 마태복음 24:29~31에 집중하게 한다. 바울은 데살로니가전서 5:3의 출산 은유를 마태복음 24:8에서와는 전혀 다르게 사용한다. 그리고 데살로니가후서 2:3의 분명한 의미는 주의 날과 그에 수반하는 휴거가 황폐하게 하는 가증한 것이 있기 전까지는 시작하지 않는다는 것이다. 마지막으로, 계시록에서 동사 ἦλθεν[ēlthen]의 용법과 다섯째 인에서 일곱째 나팔에 이르기까지 내러티브의 전개는 주의 날이 여섯째 인과 함께 이르며, 그것은 마태복음 24:29~31의 강림에 해당한다. 실제로 계시록은 정확하게 이 지점에 휴거를 두는 것으로 보이며, 환란 전 휴거보다 진노 전 휴거를 강력하게 주장한다. 필자는 이 반론이 결정적이라고 생각한다. 환란 전 휴거에 관한 블레이징 박사의 사려 깊고 활기찬 변호는 칭찬할만하지만, 궁극적으로는 필자에게 확신을 주지 못했다.

A Posttribulation Response
환란 후 견해로 논평

더글라스 무
Douglas Moo

사반세기 지나고 다시 한번 마지막 환란 때와 신자 휴거 사이의 관계에 관한 토론에 참여하는 기회를 얻어 매우 감사하다. 논평자는 특별히 두 가지 이유로 감사한다. 첫째, 이 책이 채택한 주고받는 형식으로 논평자 견해와 중요한 구절 해석을 분명히 하는 기회를 얻어 기쁘다. 우리는 모두 서로 다른 견해를 지지하는 사람과 활발히 대화하며 가장 잘 배운다. 블레이징과 헐트버그는 논평자에게 생각할 많은 내용을 제공했다. 둘째, 지난 25년에 걸쳐 많이 발전한 견해로 이 주제를 토론할 기회를 반긴다. 이 책의 초판에서 지금은 고인인 동료 폴 파인버그(Paul Feinberg)는 당시 주요 환란 전 견해—고전적 세대주의 신학과 관련한 견해—을 아주 잘 대변했다. 그 후로 이른바 '점진적 세대주의(progressive dispensationalism)' 견해가 일어나 상당히 인기를 끌었다. 블레이징은 이 패러다임으로 환란 전 휴거 견해를 변호한다. 전체적으로 전통적 세대주의보다 훨씬 나은 석의적 근거를 가진 것으로 평가받는 패러다임이다. 비슷하게, 헐트버그가 변호하는 진노 전 휴거 견해는 흥미로우며, 초판에서 논평자의 또 다른 동료로, 지금은 고인인 글리슨 아처(Gleason Archer)가 변호한 환란 중 휴거 견해보다 거의 모든 면에서 더 나은 근거를 근거하고 있다. 그렇다면 정말로 감사해서는 안 되는데, 블레이징과 헐트버그는 환란 후 휴거를 주장하는 내 일을 훨씬 더 어렵게 했기 때문이다. 어쨌든, 사반세기가 지나고, 논평자는 여전히 마지막 때의 사건들을 말하는 다양한 성경적 '퍼즐' 조각을 종합하는 이런 방식이 제일 나은 선택이라고 생각한다. 확실히, 이 책에서 논평자의 논문을 초판 책과 비교하는 조심스러운 독자는 특정 본문을 해석하는 방식과 이 주제를 바라보는 전체적 맥락이 조금 다름을 알아챌 것이다. 하지만 변호하는 견해는 실제로 같다.

이 문제에 관한 논평자의 기본 견해가 변하지 않았다면, 그것에 관한 관점도 마찬가지다. 모든 진영은 이 책에서 논의하는 문제를 상대적으로 덜 중요한 문제로 보는 것이 분명하다. 교회의 어떤 중요한 교리가 영향을 받지 않는다. 어떤 본문도 그것이 가진 일반적인 신학적이며 실천적 가르침이 흐려지도록 다르게 해석되지 않는다. 논평자는 동료 저자들이 본서와 같은 책이 필요한 이유가 성경에서 휴거의 때를 분명하게 말하지 않기 때문이라는 것에 동의한다고 생각한다. 어떤 견해—분명히 논평자 견해도 포함—도 본질적으로 다르며 때때로 양립하지 않는 증거들을 가지고 전체적 그림을 구성하려 하기도 한다. 우리는 이 견해들을 변호할 때는 정말로 겸손해야 한다.

블레이징의 환란 전 휴거 견해를 비평하면서 먼저 논평자 자신의 기본 논문을 독자에게 소개한다. 거기서는 여기서 할 수 있는 것보다 더 자세하게 블레이징이 제기하는 석의와 신학 문제 대부분을 다룬다. 여기서는 논평자가 생각하기에 블레이징의 주장에 있는 문제 일부를 다음 내용으로 요약한다.

블레이징의 기본 논증은 쉽게 요약할 수 있다. (1) 바울은 데살로니가전서 4~5장에서 휴거가 주의 날과 관련된, 하나님의 임박한 진노로부터 '구출 작전' 형태라고 가르친다. (2) 주의 날은 다니엘의 칠십 번째 이레(단 9:25~27)이고, 그래서 마지막 환란과 동등하다. (3) 따라서 휴거는 환란 전에 있다. 블레이징은 감람산 강화가 주의 날 암시들을 다니엘의 종말적 순서를 가리키는 언급들과 통합한다고 주장함으로써 주의 날이 마지막 환란과 같다는 자기 둘째 요점을 지지한다. 바울은 감람산 강화의 암시를 통해 신자가 주의 날이 시작하기 전에 구원받을 것을 예견할 때에 자신 또한 마지막 환란을 가리키고 있음을 보여준다. 블레이징은 계시록에서 비슷한 상황을 발견하며 환란 전 휴거의 견해가 신약에서 여러 긴장을 해결하는 일에 성공을 거둔다고 말하며 결론을 내린다. 블레이징의 논증은 면밀한 석의 작업에 견고하게 근거하며 논리적으로 분명하다. 하지만 결국 가장 중요한 것은 그의 논증이 설득력이 없다는 것이다. 아래에서 블레이징의 요점들을 그가 제시하는 같은 순서로 다루면서 그 이유를 설명하겠다. 하지만 시작하는 시점에서 간략하게 우리의 기본적 차이가 주의 날에 관한 것임을 밝힌다. 블레이징은 그 '날'이 다니엘의 칠십 번째 주의 '7년'에 걸쳐 이어지며 마지막 환란을 포함한다고 주장한다. 나는 그 '날'이 마지막 환란을 뒤따른다고 주장한다.

데살로니가전서 4~5장

이미 언급했듯이, 블레이징의 기본 요점은 데살로니가전서 4~5장이 '주의 날 이전에 휴거, 또는 주의 날을 시작하는 휴거'를 가르친다는 것이다. 그리고 이 주의 날이 마지막 환란이기에 휴거는 환란 전에 일어나야 한다. 실제로 이 구절에서 휴거는 신자가 주의 날에 쏟아지는 하나님 진노로부터 구원되는 수단으로서 제시된다고 블레이징은 주장한다. 헐트버그도 비슷하게 주장한다. 지면을 절약하려고 헐트버그의 주장은 그의 논문에 대한 논평에서 다루겠다. 지금으로서는, 이 문맥에서 하나님의 진노로부터 구원이 휴거라는 형식을 취한다고 생각되지 않는다고 말하는 것으로 충분하다.

블레이징은 이 구절에서 신자와 불신자의 기본적 분리를 가르친다고 주장한다. 그리고 그의 생각은 옳다. 그가 지적한 대로 '사람들'과 '그들'(5:2~3)로부터 '너희'(4절)로 변환은 명확하다. 나아가, 이 구절이 신자와 불신자의 분리가 주의 날의 '시작'에 일어남을 가르친다고 블레이징은 주장한다. 우리가 보았듯이, 이 요점은 그의 논증에서 중요하다. 그가 휴거를 주의 날—그가 마지막 환란과 같다고 보는—의 시작에 두려 하기 때문이다. 실제로, 본문은 다가오는 주의 날이 신자와 불신자에게 다른 방식으로 영향을 미친다고 제안한다. 불신자는 준비되어 있지 않으며, 따라서 그들에게 '밤의 도적같이' 놀라운 일로 임한다. 베드로후서 3장의 비웃는 사람들처럼 불신자는 일들이 항상 지금 모습대로 계속한다고 확신한다. 그들은 심판에 대한 아무런 염려 없이 자신들 삶을 살 수 있다고 생각한다. 하지만 신자는 더 잘 알며, 따라서 주의 날이 그들에게도 임하지만 '도둑처럼'이 아니며 또한 그들을 '놀라게' 하지도 않을 것이다(4절). 이 두 집단의 차이는 그들이 주의 날을 경험하는가, 경험하지 않는가보다 **어떻게** 그들이 그것을 경험하는가에 있다. 블레이징은 신자와 불신자의 분리가 그날의 진노로부터 구원받는 것과 남아서 그것을 경험하는 것의 대조라고 제안한다. 하지만 이것은 바울이 말하는 바가 아니다. 게다가, 이 구절에서 주의 날 '시작'에 관한 블레이징의 초점은 적어도 과도한 강조로 보인다. 이 본문에서 마치 우리가 그 '시작'과 그 지속적 전개를 구분할 수 있는 것처럼, 주의 날이 어떤 '기간'이라는 암시는 없다. 데살로니가전서 5장에서 블레이징이 오래 끄는 주의 날을 제안하는 이유는 다른 본문에 기인한다. 이제 그곳으로 가보자.

다니엘의 칠십 번째 주와 마지막 환란

앞에서 말했듯이, 환란 전 휴거를 지지하는 블레이징의 주된 논증은 데살로니가전서 5장의 주의 날이 다니엘의 칠십 번째 주와 동일하며, 그리하여 마지막 환란과 일치한다는 것이다. 그의 논증에서 핵심 매개가 되는 용어는 다니엘의 '칠십 번째 주'이다. 블레이징은 자기 논증이 효과가 있게 하려고 (1) 다니엘의 칠십 번째 주가 마지막 환란이며, (2) 다니엘의 칠십 번째 주가 주의 날과 같음을 보여줘야

했다. 그렇게 함으로써만 바울의 주의 날 언어가 마지막 환란을 가리킨다고 주장할 수 있다. 여기서 논평자 논증은 이 요점 각각을 다룰 것이다. 논평자는 그의 첫째 요점이 입증할 수 없으며, 둘째 요점이 분명하지 않다고 주장한다.

이상하게도, 블레이징은 자기 주요 첫째 요점—다니엘의 칠십 번째 주가 마지막 환란과 같다—의 논증을 거의 제공하지 않는다. 그는 환란 전 지지자가 그것이 사실임을 이해한다고 말한다. 하지만 이것은 우리가 입증해야 하는 일을 가정만 하는 것이다. 또한 블레이징은 '칠십 번째 주'가 다니엘서의 다른 구절들과 같은 뜻이라고 주장함으로써 이 동일성을 제안한다. 다니엘서의 예언들이 '마지막 때'(8:17, 19; 11:36, 40; 12:4, 9), '분노'의 때(8:19; 11:36)에 관한 것이며 '한 때와 두 때와 반 때' 기간에(단 7:25) 하나님의 백성을 압제하는 한 정치적 인물이 나타나 활동하는 것을 현저하게 다룬다는 블레이징의 말은 옳다. 이 인물은 다니엘에서 특별히 성전을 더럽히는 일과 연관되며, 그가 시작하는 압제 시기는 하나님께서 친히 개입하셔서 그에게서 통치권을 빼앗아 성도에게 주시는 때에 끝난다. 블레이징은 이 사건 순서가 다니엘의 칠십 번째 주와 같으며 마지막 환란을 가리킨다고 제안한다. 하지만 논평자는 이 해석이 믿을 만하지 않다고 생각한다.

첫째, 다니엘서에서 환란의 때는 '장차 올 한 왕'이 자신이 맺은 언약을 깨뜨리고 성전을 더럽히는 때(9:26~27; 또한 앞에서 인용한 7:25를 보라), 곧 다니엘의 이레 후반부에 집중된 것으로 보인다. 블레이징은 감람산 강화에서 사용되는 다니엘의 패턴이 논리적으로 환란 전 휴거보다 환란 중 휴거로 이어지지 않는 이유를 설명하지 않는다. 더 중요한 것으로, 논평자 논문에서 말하는데, 다니엘의 칠십 번째 '이레'의 의미에 관한 블레이징의 가정은 면밀한 논의 없이는 받아들이기 힘들다. 다니엘 9:25~27의 칠십 '이레' 구절은 해석이 어려우며 매우 많은 해석을 낳았다. 논평자에게는 그 본문을 어느 정도 자세히 들여다볼 시간도 능력도 없다. 하지만 다니엘의 칠십 번째 '이레'와 그와 관련한 예언들을 마지막 환란과 동일시하는 것을 의심해야 하는 두 가지 이유를 제안하겠다.

첫째, 우리는 '마지막 때'를 예견한다는 다니엘의 주장이 그의 예언들이 역사의 종말에서만 성취될 수 있음을 의미하지 않는다는 사실을 기억해야 한다. 참으로 블레이징과 대부분 해석가가 동의하듯이 다니엘은 분명히 마카베오 시대의 사건들을 염두에 두고 있다. 논평자는 다니엘이 전형적 예언 스타일로 궁극적인 '종말적' 사건들을 예견한다는 해석이 분명히 옳다고 생각한다. 하지만 어느 예언이 마카베오 시대에 성취되며, 어느 것이 궁극적인 종말론 시나리오에서 성취되고, 어느 것이 어느 정도 두 시대 모두에서 성취되는지 분류하는 일은 전혀 쉽지 않다. 하지만 여기서 논평자의 주된 요점은 다니엘이 생각하는 '마지막 때'를 인류 역사의 바로 끝에 한정할 타당한 이유가 없다는 것이다. 논평자 논문이 주장하듯이, 신약의 관점에서 '종말론'은 그리스도의 초림부터 재림까지 그리고 재림을 포함하여 이어지는 모든 사건을 포함한다. 따라서 다니엘이 언급하는 '마지막 때'의 사건들은 기독교 시대의 끝으로부터 뿐 아니라 그리스도의 때로부터 그리고 초기 기독교 역사로부터 사건들을 포함할 수 있다. 이것이 사실이라면 다니엘의 '칠십 번째 이레'는 아마도 그리스도의 초림으로 시작하는 종말적인 절정의 전체 시대를 언급할 수 있다(논평자는 그럴 개연성이 높다고 생각한다). 다니엘 9:25~27에는 분명 69번째 '이레'와 칠십 번째 이레 사이에 이천 년이나 그 이상의 '간격'을 암시하는 것이 아무것도 없다. 그리고 입증 책임은 그 간격이 있다고 가정하는 사람에게 있다(블레이징이 책임지고 입증해야 한다).

둘째, 신약의 다니엘서 사용은 다니엘의 예언에 관한 이 견해를 확증한다. 바울이 데살로니가후서 2장에서 '불법의 사람'을 묘사하려고 다니엘의 표현을 사용하는 것은 하나님의 백성을 크게 박해하는 자에 대한 다니엘의 예견이 마지막 환란의 적그리스도에 의해 궁극적으로 성취된다는 것을 분명히 한다. 하지만 신약 또한 이 절정의 적그리스도가 나타나기 전에 '많은 적그리스도'가 일어난다고 경고한다(요일 2:18). 그렇다면 이 압제자와 그가 저지른 성전 모독은 예비적 성취들이 있을 가능성이 매우 크다. 우리가 살펴보겠지만, 참으로 블레이징은 이것이 사실일 거라고 인정한다. 하지만 우리 요점에 더 중요한 것은 신약에서 다니엘서의 다른 암시들이다. 다니엘 9:27를 가장 분명히 말함은 계시록에서 대략 3년 반의 시기를 말하는 여러 구절에 있다. 다음이 그 구절이다.

- 이방인이 거룩한 도성을 '마흔두 달' 동안 짓밟는다(11:2).
- '두 증인'이 1,260일 동안 예언한다(11:3).
- 백성이 두 증인의 시체를 3일 반 동안 본다(11:9).
- 두 증인이 3일 반 후에 하나님에게서 온 생기로 부활한다(11:11).
- 한 여인이 광야에서 1,260일 동안 하나님의 보호하심을 받는다.
- 한 여인이 '한 때, 두 때, 반 때' 동안 하늘에서 쫓겨난 용으로부터 보호받는다(12:14).
- 짐승에게 42달 동안 권세가 주어진다(13:5).

이것들이 다니엘의 칠십 번째 '이레'의 절반(아마도 후반부)을 가리킴은 분명하다. 그리고 다니엘에서 비슷한 시기에 관한 언급과 함께 여기서 암시들은 많은 해석자가 마지막 환란이 다니엘의 칠십 번째 주의 후반부에 한정하는 것이 분명하다고 생각하는 이유를 말한다. 하지만 계시록에서 이 본문은 어느 시기를 가리키는가? 계시록 6~16장이 마지막 환란을 묘사한다고 생각하는 사람은 답이 준비되어 있다. 하지만 이것은 우리가 입증할 수 없는 또 다른 가정이다. 논평자는 계시록의 이 언급 모두가 마지막 환란 시기를 가리킨다는 것이 의심스럽다. 그 일부, 아마도 대부분이 더 자연스럽게 더 넓게 생각되는 교회 시대를 가리키는 것으로 보인다.[82] 하지만 더 중요한

---

[82] 여기서 오스본의 계시록 주석과 빌의 계시록 주석 비교가 도움이 된다. 오스본은 이 본문이 구속사의 마지막 시기를 가리킨다고 이해한다. Grant Osborne, *Revelation*, BECNT (Grand Rapids: Baker, 2002),

것은 영원한 나라가 인자를 통해 도입되도록 그것을 그리스도의 초림에 두는 것으로 보이는 신약 본문들이다. 우리가 인용할 수 있는 많은 본문의 하나인 마태복음 28:18에서 "하늘과 땅의 모든 권세를 내게 주셨다"라고 하신 예수님의 주장에 주목하라. 이것은 적어도 다니엘 7:14의 최초 성취로 보인다. 그리고 누가복음 1:33에서 예수님의 왕국이 "무궁하다"라고 한 예견은 이 세상 나라들을 이을 영원한 왕국에 관한 다니엘 예견의 또 다른 분명한 암시다. 참으로 많은 사람이 "하늘 구름을 타고 오시는"(단 7:13) 인자에 관한 신약의 언급이 역사의 끝에 그리스도께서 땅으로 내려오시는 것보다 승천 때에 하나님 앞으로 올라가시는 것을 가리킨다고 생각한다.83 하지만 이것은 의심스럽다. 그리고 일반적으로 신약이 영원한 왕국에 관한 다니엘 예언의 절정이 오직 그리스도의 재림과 함께 온다고 보는 것이 분명하다고 생각한다. 하지만 물론 왕국은 지금도 시작되었으며, 따라서 다니엘의 왕국 예언들은 지금도 초기의 성취를 보고 있다.

이 이유로, 논평자는 블레이징의 제안, 곧 다니엘의 칠십 번째 주를 마지막 환란과 동일시할 수 있는지를 의심한다. 그리고 이것은 감람산 강화에서 주의 날을 다니엘의 칠십 번째 주와 관련지음이 주의 날이 마지막 환란과 같음을 의미한다는 그의 주요 주장을 허문다.

417~18, 463~64, 498~99. 다른 한편으로, 빌은 그 모두가 그리스도의 죽음이 앞쪽 끝의 경계가 되고 그의 영광스러운 재림이 뒤쪽 끝의 경계가 되는 '3년 반' 기간인 교회 시대를 가리킨다고 생각한다. G. K. Beale, *The Book of Revelation: A Commentary on the Greek Text*, NIGTC (Grand Rapids: Eerdmans, 1999), 565~67, 646~47, 694~95.

83 예를 들어, R. T. France, *The Gospel of Mark: A Commentary on the Greek Text*, NIGTC (Grand Rapids: Eerdmans, 2002), 609~10(막 14:62에 대해)을 보라. 프란스는 본문이 인자가 땅으로 '오심'을 뜻한다는 전통적 견해에서 상당히 벗어나, 인자가 하나님이 계신 곳으로 '오심'을 가리킨다는 견해를 말한다.

주의 날과 감람산 강화

블레이징이 감람산 강화에 들이는 분량은 그의 논증에서 이 본문의 중요성을 나타낸다. 그의 주장에 따르면, 이곳이 다니엘의 예언 순서—우리가 보았듯이 블레이징이 마지막 환란과 동일시하는 순서—가 주의 날 표현과 혼합되어 주의 날이 마지막 환란과 같은 시기에 일어남을 가리키는 곳이기 때문이다. 블레이징의 감람산 강화 해석은 자세한 정보에 근거하기에 여러 매력적 특징이 있다. 하지만 논평자는 결정적으로 두 가지 핵심 요점이 이해하기 어렵다. 감람산 강화에서의 주의 날 표현이 예수님이 마지막 환란을 가리킴(적어도 하나의 '대형'을 통해)을 보여준다는 것, 그리고 마태복음 24:36과 평행 구절들에서 초점 전환이 환란 후 강림으로부터 사건들 순서로 생각되는 강림으로 전환을 나타낸다는 것이다.

주의 날과 자주 연관되는 이미지가 감람산 강화 전체에 흩어져 있다는 블레이징의 말은 옳다. 따라서 감람산 강화가 구약이 '주의 날'이라 부른 것을 묘사한다는 주장은 어느 정도 정당하다. 그렇다면 이것은 감람산 강화가 인류 역사의 마지막 시기를 염두에 두고 있음을 가리키는 것이 분명하지 않은가? 반드시 그럴 필요는 없다. 다시 한번 여기서 핵심 요점은 신약이 말하는 시작된 종말론(inaugurated eschatology)을 진지하게 고려하는 것이다. 논평자 논문이 주장하듯이, 신약은 상당히 분명하게 예수님의 죽음과 부활이 구약 선지자들이 예견한 '말세'가 시작하게 했다고 주장한다. 신약에서 '주의 날'의 언어(완전한 목록은 논평자의 논문을 보라)는 일반적으로 예수님께서 자기 백성을 구원하시고 자기 대적을 심판하시려고 다시 오시는 말세의 절정 완성에 사용됨이 틀림없다. 하지만 '주의 날'의 언어는 또한 구속사의 현재 국면에도 적용된다. 바울은 이사야 49:8을 인용하면서 그것을 자기 때에 적용한다. "그가 '내가 은혜 베풀 때 너에게 듣고 구원의 날에 너를 도왔다'라고 하셨으니, 지금이 은혜받을만한 때

요, 보라 지금은 구원의 날이다"(고후 6:2). 유사하게, 야고보는 아모스로부터 주의 날에 관한 예언(암 9:11)을 초대 그리스도인 교회에 이방인 포함에 적용한다(행 15:14~18). 예수님의 죽음과 부활은 하나님의 '주의 날' 프로그램의 첫 회를 나타낸다. 따라서 감람산 강화에서 '주의 날'의 언어는 반드시 역사의 끝에서 마지막 때를 염두에 두고 있음을 가리킨다는 말이 아니다. 그 강화는 예수님의 초림과 재림 사이의 구속사 전개 전체를 망라할 수 있다고 생각한다.

논평자의 논문은 감람산 강화에 관한 이런 더 넓은 해석을 주장한다. 블레이징은 강화에 관한 이 견해를 확신하지 못하며, 그것이 성전의 파괴를 논하는 구체적 안건으로 시작해, 그것으로부터 교회 시대에 관한 일반 언급으로 나아가고, 성전에 관한 중요한 문제로 돌아오며, 최종적으로 강림의 때로 '엄청나게 빨리 날아가는' '산만한 순서'를 포함한다고 주장한다. 논평자는 다만 블레이징의 말이 논평자 논문에서 주장하는 순서에 대한 정당하지 못한 풍자로 이해한다고 말할 수 있을 뿐이다. 하지만 더 중요한 것은 블레이징이 여기서 성전 파괴로부터 강림으로 나아가는 것이 '엄청나게 빨리 날아가는' 것이라는 가정이다. 이 표현은 블레이징이 다른 곳에서 정당하게 부정하는 것을 가정하는 것으로 보인다. 예수께서는 그 강화를 가르치시면서 성전 파괴와 자기 강림 사이에 상당한 분량의 시간이 있음을 아셨다는 것이다. 전체적으로 논평자는 이 강화의 기본 개요에 관한 블레이징의 해석이 논평자 해석보다 덜 믿을 만하다고 생각한다. 그는 그 강화를 두 기본 부분으로 나눈다. 첫째 부분인 마태복음 24:4~35는 그리스도의 재림으로 절정에 이르는 사건들의 내러티브 순서를 제시한다. 그는 이 순서에 전형적 특성이 있다고 주장한다. '인자의 징조'가 있기 전까지 예수님께서 예견하신 사건들이 제자들이 살아있는 동안 일어날 수도 있었다(그리고 참으로 그랬다). 그것이 내러티브 순서의 절정을 이루기에 강화의 이 부분에서 예수님의 '오심'은 역사 끝에서 그분이 땅으로 다시 오심을 가리킨다. 따라서 강화의 이 첫째 부분은 24:3에서 제자들의 둘째 질문—"주의 임하심과 세상 끝에 있을 징조는 무엇입니까?"—에 대답이다. 첫째 질문—"언제 이 일이 일어납니까?"—에 대답은 강화의 둘째 부분인 마태복음 24:36~25:46에서 주어진다. 이 구절들에서 초점은 예수님의 강림 때가 불확실함에 있다. 이 불확실성 때문에 24:4~35에서 강림이 '예견 가능'한 것과 대조적으로, 예수님은 여기서 강화의 이 둘째 부분에서 역사의 끝에 있을 영광스러운 재림 자체보다 마지막 사건들의 복합체 전체를 가리킴이 분명하다. 이 구분으로, 블레이징은 "케이크를 보존하고 또 그것을 먹을" 수 있다(상반되는 두 가지를 모두 가질 수 없다는 뜻, 역주). 그는 예수님이 주후 70년의 사건들을 염두에 두고 계시며 마태복음 24:29~35의 '오심'이 환란 다음에 오심을 가리킨다고 생각할 수 있다(논평자 생각에, 해석자들이 그래야 하듯이). 하지만 그는 또한 강화의 둘째 부분이 신자들에게 다니엘의 칠십 번째 주, 곧 마지막 환란 전체를 포함하는 '오심'을 준비하도록 격려한다고 주장함으로써 환란 전 휴거를 간직할 수 있다. 왜 논평자가 이 해석이 설득력이 있다고 깨닫지 않겠는가?

강화에서 전환이 36절에서 이루어짐을 시인할 수 있다. 하지만 의문을 가져야 할 부분은 블레이징이 생각하듯이 그 전환이 핵심 단어인 강림의 다른 초점을 나타내는지 이다. 예수님의 '오심'은 강화의 첫째 부분의 절정이다(30절). 그리고 강화의 둘째 부분에서 예수님은 강림이라는 명사로 이 '오심'을 다시 언급하시는 듯하다. 강화의 첫째 부분에서 예수님의 오심을 가리키는 같은 명사다(27절, 참고. 3절). 하지만 블레이징은 그 단어의 지시 대상이 변한다고 주장한다. 하지만 본문은 그러한 변화를 지지하지 않는다. 36절에서 '그날과 때'를 말씀하실 때 예수님은 (블레이징이 생각하듯이) '주의 날'을 어느 정도 암시하실 수 있다. 하지만 그것은 주된 지시 대상이 될 수 없다. 그렇지 않으면 그 이미지는 이치에 닿지 않는다. 그 구절에 '주의 그 날과 때'를 채워 넣으려고 해 보라. 주석가들이 보편적으로 말하듯이 불확실한 그 '날과 때'는 예수님께서 말씀하고 계셨던 강림의 때를 가리키는 것이 분명하다.84 다른, 또는 더 넓은 언급은 그 효과를 분명히 표시하지 않고는 확증될 수 없다. 분명히 블레이징은 문맥이 그러한 표시를 제공한다고 생각한다. 24:4~35의 강림은 징조들이 선행되지만, 24:36~25:46의 강림은 기대치 않게 사람들에게 임한다는 주장이다. 신약 전체에 이 두 종류의 본문이 존재한다는 것은 명백히 어려움을 만들고 있으며, 환란 전 지지자는 자주 예수님께서 교회를 위해 '오시는 것(휴거)'과 환란의 끝에 심판을 위해 '오시는 것'을 연대적으로 구분하는 것이 문제를 해결한다고 주장했다. 블레이징의 해석은 이 주장의 한 형태다. 참으로, 논평자가 보기에 이 주장의 뛰어난 형태다. 하지만 논평자가 말한 대로, 문제는 4~35절에서 강림과 24:36~25:46에서 강림을 구분해야 하는 이유를 발견하는 것이다. 논평자의 논문이 주장한 대로, 신약 어디에서도 강림이라는 단어가 가리키는 것(전문적인 의미에서)을 구분하는 근거를 발견할 수 없다. 따라서 감람산 강화에서 예수님의 '오심' 언급들은 모두 마태복음 24:29~35의 중요한 본문으로 거슬러 올라가며, 거기서 '오심'은 환란 후의 사건이다.

블레이징의 해석에서 둘째 문제는 강화의 부분들을 24:3의 질문들과 연결하는 방식이다. 예수님께서 강화의 둘째 부분에서 "언제 이 일이 일어납니까?"라는 질문에 대답하신다는 블레이징의 주장은 이 질문에서 '이 일'이 성전의 파괴를 가리킨다는 사실과 충돌한다(2절을

---

84 예를 들어, France, *Matthew*, 936~37; Donald A. Hagner, *Matthew 14~28*, WBC 33B (Dallas: Word, 1995), 716; John Nolland, *Matthew: A Commentary on the Greek Text*, NIGTC (Grand Rapids, 2005), 991; W. D. Davies and Dale C. Allison, *Matthew 19~28: A Critical and Exegetical Commentary on the Gospel according to Matthew*, ICC (Edinburgh: T & T Clark, 2004), 378; Craig L. Blomberg, *Matthew*, NAC 22 (Nashville: Broadman, 1992), 365; David L. Turner, *Matthew*, BECNT (Grand Rapids: Baker, 2008), 588.

보라). 성전을 언급하는 곳은 강화의 첫째 부분이다(15절을 보라). 따라서 예수님께서 이 질문에 대답하시는 곳은 이곳이다. 이것에 비추어 예수님은 3절의 두 질문에 순서대로 대답하고 계실 가능성이 더 크다. 제자들이 살아있는 동안 성전 파괴와 큰 환란 시작을 먼저 설명하시는 것이다(4~28절). 예수님께서 둘째 질문에 대답하시는 곳은 예수님의 '오심'에 초점을 맞추는 29~35절이다. 강화의 둘째 부분(마 24:36~25:46)은 이 시나리오에 근거한 일련의 권고로 되어있다. 따라서 논평자의 논문이 주장하듯이 예수님의 내러티브 묘사의 첫째 부분(4~28절)은 메시아가 오셨으며 왕국이 역사에 침입하는 교회 시대 전체를 특징짓는 환란을 가리킨다. 예수님께서 성도들을 모으시려고 영광스럽게 다시 오시는 것(31절)은 '그날 환란 후'이다(29절).

논평자는 블레이징의 해석이 감람산 강화에서 환란 전 견해의 핵심 문제를 다루는 일에 궁극적으로 성공을 거두는지 의심스럽다. 논평자의 논문이 언급하듯이, 그리고 헐트버그가 논문에서 충분히 주장하듯이, 예수님은 강화에서 교회를 대표하는 자들인 당신 제자들에게 말씀하신다. 블레이징은 명시적으로 이것에 이의를 제기하지 않는다. 하지만 이것이 사실이라면 예수님은 다가오는 사건들에 대해 경고를 받아야 하는 사람이 "황폐하게 하는 가증한 것"을 보고(15절) 큰 환란을 경험할(18~21절) 그리스도인임을 가정하고 계신 것으로 보인다(24:4~14). 논평자는 논증을 위해 이 순서가 전형적 의미를 가지며 역사에서 반복할 수 있다는 블레이징의 주장을 받아들일 수 있다. 하지만 그는 마지막 환란을 포함하며 그리스도께서 영광스럽게 다시 오시는 것에서 절정에 이르는 마지막 '대형적' 순서가 역사의 더 이른 시기에 '전형적' 현상이 아닌 다른 어떤 청중에게 영향을 미친다고 생각하는 것에 아무런 이유도 제시하지 않는다.

다시 데살로니가 편지로

블레이징은 자기 마음에 들게, '주의 날'='마지막 환란 시기'라는 등식을 확증하고서, 데살로니가전서 5장으로 돌아온다. 이 구절과 감람산 강화의 많은 평행은 이 구절에서 주의 날이 마태복음 24:4~35의 연장된 강림—물론 마지막 환란을 포함하는—과 같은 시간에 걸치는 것이 분명함을 보여준다. 논평자는 그 평행들을 인정하지만, 그의 결론에는 동의하지 않는다. 블레이징이 인용하는 평행들은 주로 감람산 강화의 둘째 부분과 관련 있다. 하지만 그러한 평행이 블레이징이 바라는 바를 입증하는 경우는 강화에 대한 그의 특이한 견해를 받아들일 때뿐이다. 블레이징이 감람산 강화에서 언급하는 평행 표현들은 모두 강림과 관련된 것들이다('주의 날' 또는 유사한 표현들[예를 들어 '그날']은 강화에서 나타나지 않는다[앞의 마태복음 24:36 설명을 보라]). 그러한 평행들이 확증하는 것은 바울이 데살로니가전서 5장에서 주의 날이 강림과 평행이라고 여기는 것이다(어쨌든 이것은 4:15~16에서 암시된다). 논평자는 기꺼이 그것을 인정한다. 하지만 바울의 '주의 날'은 마지막 환란을 포함하여 연장된 시기를 포함하는가? 감람산 강화에서 강림이 연장된 때의 시기를 가리킨다는 블레이징의 주장에 논평자는 이미 이의를 제기했다. 그리고 데살로니가 편지에서도 이것이 사실이라고 생각할 이유는 없다.

데살로니가후서 1:5~10에서 바울은 "주 예수께서 자기의 능력의 천사들과 함께 하늘로부터 불꽃 가운데에 나타나실 때" 하나님께서 고난받는 데살로니가 신자에게 "안식을 주신다"라고 가르친다. 같은 때에 하나님께서는 그들을 박해하는 자들을 '영원한 파멸'로 징벌하신다. 이 구절의 이미지는 역사의 끝에 있을 예수님의 재림을 가리킨다. 그것은 '환란' 후에 일어나며, 그 환란은 물론 데살로니가 사람들이 이미 겪고 있는 환란이다. 데살로니가후서 2:3은 같은 시나리오를 암시한다. 거기서 바울은 주의 날이 이르기 전에 특정 환란의 사건들—'배교'와 '불법의 사람' 나타남—이 일어나야 함을 기억하게 함으로 데살로니가 신자를 진정하게 한다. 블레이징은 이 결론이 본문에서 잘못 추론함에 근거한다고 말함으로, 이것이 본문의 가르침이 아니라고 주장한다. 이 구절의 헬라어 본문에는 조건절('만일')만 있고 주절이 없다. "배교하는 일이 일어나지 않고 불법의 사람이 나타나지 않는다면… " 우리는 신발 다른 한 짝이 떨어지기를 기다리지만, 소용이 없다. 문맥에서 유추한 어떤 것으로 바울이 생략한 헬라어 부분을 채워야 한다는 것에 모두가 동의한다. 거의 모든 주석가는 바로 앞의 표현으로 이 구절을 채워야 한다고 주장한다. "주의 날이 이르지 않을 것이다"라는 표현이다. 하지만 블레이징은 "그날이 이곳에 있지 않았을 것이다"라고 번역해야 한다고 주장한다. 그의 주장은 정경적 통일성에 관한 관심에서 비롯한다. 그는 신학의 다른 곳에서 주의 날이 전조 없이 이르는 것으로 묘사된다고 말한다. 따라서 바울은 여기서 징조가 주의 날에 앞서 있다는 주장일 수 없다. 배교와 불법의 사람 출현은 주의 날의 전조이기보다 그 구성요소임이 분명하다. 하지만 블레이징의 주장은 여기서 근거가 불확실하다. 첫째, 그의 해석은 그가 바라는 바를 이루지 못한다. '먼저'라는 단어가 포함된 한(원문에 의하면 이것이 분명하다) 순서를 의도한 것이다. 우리가 그 구절을 "그날이 이르지 않을 것이다"라고 번역하든 "그날이 여기 있지 않다"라고 번역하든 상관없다. 둘째, 그의 해석을 지지하는 문헌은 찾기 힘들다.[85] 주요 영어 번역은 모두 TNIV의 "그날이 이르지 않을 것이다"라는 번역과 같으며, 이러한 전통적인 번역을 벗어나려면 분명한 증거가 있어야 한다.

---

[85] 블레이징의 해석을 유일하게 지지하는 중요한 자료는 기블린의 색다른 저작에서 볼 수 있다. Charles Giblin, *The Threat to Faith: An Exegetical and Theological Re-examination of 2 Thessalonians 2*, Analecta Biblica 31 (Rome: Pontifical Biblical Institute, 1967), 122~39. 블레이징은 기블린의 전체적인 해석에 거리를 두지만, 어떻게 해서 기블린의 번역을 받아들이면서 그의 더 큰 해석의 패키지를 무시할 수 있는지 이해하기 어렵다.

따라서 논평자가 논문에서 주장하듯이, 신약이 말하는 '주의 날'은 인류 역사의 정점, 곧 최종적 환란을 포함하여 지금 교회 시대의 환란을 뒤따르는 절정을 가리킨다고 결론을 내려야 할 아주 타당한 이유가 있다.[86] 휴거, 신자의 부활, 불신자 심판을 포함한 절정이다.

헐트버그의 논증이 상당 부분 계시록의 해석에 의존하기에, 그의 논문을 논평할 계시록을 다루겠다. 하지만 블레이징이 계시록에서 하나의 논증을 펼치기에, 여기서 그것을 다루겠다. 블레이징과 헐트버그는 계시록 3:10의 유명한 약속이 예수님께서 빌라델비아 그리스도인을 '시험의 때'로부터 지키실 것을 말하는지(곧, 그것이 시작되기 전에 그들이 휴거되는 것), 아니면 그가 그 기간에 그들을 보호하시는 것을 말하는지를 그 구절의 문법에 근거해서 결정할 수 없다는 것에 동의한다. 하지만 블레이징은 역사적 사실이 환란 후 견해를 불가능하게 한다고 분명히 주장한다. 실제로 빌라델비아 그리스도인이 마지막 환란 동안 온전하게 보존되었던 것이 아니라, 죽음으로 그것을 벗어났기 때문이라는 것이다. 물론 이 약속이 1세기 그리스도인에게 주어졌다는 사실은 '시험의 때'가 여기서 과거 역사적 박해이며, 이 경우 그 구절은 휴거 문제와 상관이 없다고 일부 해석자가 생각하게 한다. 하지만 대부분 해석자는 본문이 적어도 마지막 환란을 포함함이 분명하다고 생각한다. 이 구절은 그리스도께서 영광스럽게 다시 오심으로 절정에 이르는 환란을 염두에 두고 있는 계시록 전체의 다른 본문과 유사하기 때문이다. 어쨌든 빌라델비아 그리스도인이 그 환란이 이르기 전에 죽음을 맞이함으로써 그것으로부터 구원받았다는 블레이징의 제안은 이 문맥에 알맞지 않다. 그리스도께서는 빌라델비아 그리스도인이 하나님의 말씀에 신실함에 근거하여 시험의 때로부터 구원을 약속하고 계신 것으로 보인다(10절). 죽음(물론 이것은

---

86 이 점에서는 사도행전 2장에서 베드로가 요엘을 인용하는 것이 감람산 강화에서 언급된 우주적 혼란의 일부(마 24:29)가 "주의 크고 영화로운 날이 이르기 전에" 일어남을 분명히 가리킴을 주목하라(행 2:17~20).

모든 사람이 경험하는 일이다)은 하나님께서 이 약속을 승낙하시는 일반 방식이 아니다. 하지만 3:10에 대한 블레이징의 주장이 가진 더 큰 문제는 이 편지에서 1세기 계시록 독자의 기능을 헤아리지 못함이다. 논평자의 논문이 주장하듯이, 요한은 당시 그리스도인에게 마치 그들이 역사의 마지막 세대인 것처럼 말한다. 예수님의 초림으로 '마지막 때'가 시작했기에 다니엘이 예견한 '환란의 때'는 이미 시작했으며, 그것은 빌라델비아 그리스도인에게 위협이 되었다. 또한, 필자가 보기에 여기서 블레이징이 따르는 해석학적 접근은 신약의 다른 종말론 구절들에 문제를 일으킨다. 예를 들어, 바울은 자신과 데살로니가 성도가 휴거를 경험하며("우리 살아있는 자들도"[살전 4:17]), 주께서 영광 가운데 나타나실 때 데살로니가 성도가 고난으로부터 해방될 것처럼 말한다(살후 1:5~10). 분명히 이 모든 본문은 역사 전체의 신자를 대표하는 자인 1세기 그리스도인에게 말하며, 이 전체 신자들의 어떤 사람은 살아서 역사의 마지막 사건을 볼 것이다.

A Rejoinder
논평에 응답

크레이그 블레이징
Craig Blaising

　필자 논문을 알란 헐트버그와 더글라스 무 박사가 논평해서 매우 감사드린다. 또한, 이 책에 응답할 기회를 준 존더반출판사에게도 감사드린다. 이 형식으로 만들어지는 대화가 유용하다고 생각하며, 독자에게도 도움이 된다고 생각한다.

　응답할 지면이 제한되어 있기에, 하나하나 자세히 대답하기는 불가능하다. 헐트버그와 무가 제기하는 문제의 많은 것이 그들 논문을 필자가 논평한 부분에서 응답하고 있으니, 독자는 살펴보기 바란다. 하지만 나머지는 다섯 항목으로 요약할 수 있다.

시작된 종말론과 예표론적 성취

　감람산 강화와 계시록의 다양한 특징들이 미래의 환란이 아닌 교회 역사에서 성취됨을 주장하려고, 무와 헐트버그는 시작된 종말론(inaugurated eschatology)에 호소한다. 하지만 이것은 범주 실수(category mistake)다. 시작된 종말론은 현재와 미래의 성취 모두를 확증한다. 시작된 성취는 미래의 성취를 배제하지 않고 확증하고 보증한다.

　현재 왕국 약속 개시는 미래 완전한 성취를 보증한다. 예수님께서 이미 죽음에서 부활하셨지만, 우리는 그것 때문에 미래 우리 부활을 부정하지 않는다. 바울과 요한 모두 적그리스도(또는 불법)의 영이 세상에 존재한다고 말하지만, 둘 다 미래에 적그리스도가 나타날 것을 기대한다. 요점은 환란에 관한 예언들의 개시적 현시가 있다는 사실에 동의하더라도, 그것들 미래 성취를 배제할 수 없다는 점이다. 오히려 시작된 종말론—실현된 종말론(realized eschatology)과 대조적으로—의 논리에 따라 우리는 지금 부분적으로 나타나는 것들이 미래에 좀 더 완전히 성취될 것을 기대할 것이다. 미래 성취는 또한 그러한 예언들의 요소들을 서로 연결하는 어떤 순서나 패턴도 포함한다. 또한, 어느 것도 개시된 시기 안에서(또는 그 시작에서) 통일된 모형으로서 그 패턴의 이전 현시를 배제하지 않는다. 문제는 단순히 그것이 과거에 그랬는지, 또는 미래에 그럴 것인지 보여주는 증거가 우리에게 있는가라는 것이다. 필자는 우리에게 1세기와 미래 환란 사건들의 모형과 대형 관계의 증거가 분명히 있다고 주장한다. 게다가, 그 패턴은 이전 예언 역사에서도 예표됐다. 이 패턴의 반복은 중요하며 성경의 예언이 최종적으로 완전히 성취되는 방식을 우리가 이해하는 일과 관계가 있다. 해석자는 초림과 재림 사이의 시기를 특징짓는 개시의 특징들에 더하여 이 예표론적 성취에 주의를 기울여야 한다.

다니엘서에서 칠십 번째 주의 구조 통일성

무와 헐트버그는 통합된 종말 시대로서 칠십 번째 주의 통일성을 문제 삼는다. 하지만 그들은 여러 특징을 무시하거나 간과하고 있다. 첫째, 다니엘 9:26~27에서 칠십 번째 이레는 앞선 69 이레들과 따로 위치하고 다뤄진다. 둘로, 그것은 도성과 성전의 파괴와 연결된다(앞선 69 이레들은 구체적으로 도성의 재건과 연관된다). 셋째, 그것은 플롯 구조—절반으로 나누면서도 그것을 통합하는 구조—와 함께 묘사되는 유일한 '이레'다. 넷째, 그 플롯 구조의 주된 인물인 미래의 왕은 7년 패턴 전체에 걸쳐 활동한다. 실제로 내러티브의 두 절반은 그의 활동과 관련하여 규정된다. 다섯째, 칠십 번째 주의 후반부는 전적으로 분리된 내러티브로서가 아니라 플롯 구조 내에서 점증으로 묘사된다. 여섯째, 다니엘서에서 칠십 번째 주는 다른 환상들의 대형들을 함께 모으고 그것들을 메시아가 끊어진 후 상황에 맞춘다. 그 주의 전반부에서 적그리스도의 등장은 다니엘 7장에서 '작은 뿔'이 일어나는 것과 다니엘 8장과 11장에서 안티오쿠스라는 예표적 인물이 일어나는 것과 관련이 있다. 다른 환상들에서 그 주의 후반부에 주어지는 반복적 관심은 문학적 효과를 통해 다니엘 9장의 묘사가 가진 점증의 개념을 강화한다.

힐트버그는 필자가 칠십 번째 주 전체를 가리켜 '마지막 때'라는 표현을 사용한다고 불평한다. 하지만 필자는 다니엘 8, 11, 12장에서 그 표현이 그 주의 후반부에 한정한다는 것에 동의하지 않는다. 그 구절들은 적그리스도의 모형이 일어나는 것과 그가 성전을 파괴하는 것을 모두 말하며, 그리하여 그 주의 전반부와 후반부를 모두 언급하고 있다. 나아가, 다니엘 9:26~27에서의 '마지막'이라는 단어의 반복 사용, 특별히 마지막 구인 '정한 종말'은 다니엘 11~12장과 문학적 연결을 제공한다. 다니엘 11~12장에서는 '마지막'과 '정하신 것'이 '마지막 때' 언급들과 함께한다(11:35, 36, 40, 45; 12:4, 7, 9, 13). 따라서 필자가 사용하는 대로 그 표현을 사용하는 게 정당하다고 생각한다. 하지만 명칭보다 더 중요한 것은 칠십 번째 주의 패턴이 신약까지 이어져 적용된다는 것이다.

감람산 강화에서 칠십 번째 주의 구조 통일성

감람산 강화로부터 칠십 번째 주의 구조를 벗어나게 하려는 무와 힐트버그의 시도에 필자는 다음 내용으로 대답한다. 첫째, 감람산 강화는 다니엘 9:26의 칠십 번째 주와 동일한 배경으로 주어진다. 곧, 도성과 성전의 파괴다(참고. 마 23:37~24:3). 필자가 보기에, 무가 그 패턴의 통일성을 힘들어하는 한 가지 이유는 그 예언이 이스라엘과 예루살렘과 성전에 초점을 맞추고 있음을 이해하지 못하기 때문이다. 이 초점은 다양한 예표적 성취를 그 대형과 연결하며, 그 패턴은 예루살렘과 성전을 배경으로 미래 심판까지 연장한다. 그 예언이 교회의 역사 안으로 사라지는 가장 큰 이유는 대체주의(supersessionist) 또는 대체신학(replacement theology)일 것이다. 하지만 그것은 또 다른 포럼의 주제이다.

강화의 구조를 말할 때 배경을 고려해야 한다. 제자들의 두 질문을 다루는 필자 방식에 무의 비평은 누가와 마가의 글을 고려하지 않는다. 거기서 두 질문 모두 그 주제는 "이것들" 또는 "이 일들"이다(ταῦτα[tauta], 막 13:4; 눅 21:7). 둘째 질문에서 마태의 말맛은 공관복음의 문맥에서 해석해야 한다. 예수님은 강림과 성전의 파괴를 대조하시기보다, 예표와 대응의 이중 성취가 가능한 하나의 패턴을 말씀하신다. 완전한 또는 대형적 성취를 가리키는 표시는 실제로 인자가 나타나시는 것이다. 1세기의 예루살렘 멸망에 그 표시가 없었으므로 우리는 미래 성전 파괴를 포함하는 미래 대형으로 향한다. 그 시기는 알 수 없다. 따라서 제자들의 질문에 조직화된 대답은 '언제'와 '징조'의 제목으로 나뉠 가능성이 가장 크다. 무의 제안처럼 ταῦτα[tauta] 또는 '이 일(성전 파괴)'의 주제로 나뉠 수 없다.

둘째, 칠십 번째 주의 통일성과 관련하여 무와 힐트버그는 '거짓 그리스도들'의 구조적 특성을 주목하지 못한다. 거짓 그리스도들은 감람산 강화 패턴의 시작과 끝에 나타나며(그리고 마태복음에서도 한 차례 중간의 언급과 함께) 전체시기를 수미쌍관 한다. 전체 패턴(그 후반부뿐 아니라)이 거짓 그리스도들 활동과 관련 있다. 다니엘 9:27에서 칠십 번째 주 전체(후반부뿐 아니라)가 적그리스도의 활동과 관련 있는 것과 같다.

셋째, 강화의 두 부분이 하나의 순차적 내러티브로 연결하는, 구조와 관련된 τότε[tote]('그때')의 중요성을 줄이려는 힐트버그의 시도는 미약해 보인다. 그는 마태복음 24:15~31에서 τότε[tote]가 가진 순서를 나타내는 효과를 인정하지만, 24:4~14에서는 그것을 의문시한다. 하지만 24:4~14에서 τότε[tote]가 세 번 사용되는데, 하나(14절)는 분명히 순서를 나타내며, 다른 하나(10절)는 순서를 나타낼 가능성이 크다(믿음에서 떠나고 배반하는 일은 박해로 비롯할 가능성이 크다). 나머지 τότε[tote]는 순서의 시작에 위치한다.[87]

넷째, 무는 황폐하게 하는 가증한 것과 그리스도의 나타나심 사이에 긴, 초림과 재림 중간기 시대를 끼워 넣는다. 주께서 그 간격을 모른다고 하신 것에 근거한다. 하지만 주님은 "그날 환난 후에 곧바로"(29절)라는 표현으로 두 사건을 연결하신다. Εὐθέως δὲ μετὰ τὴν θλῖψιν τῶν ἡμερῶν ἐκείνων[eutheōs de meta tēn thlipsin tōn hēmerōn ekeinōn] 구조는 상당히 구체적이다. 하지만 무의 해석으로는 그것이 모순된 생각으로 축소된다. 여기서는 단순히 초림과 재림 사이의 긴 중간시대의 여지가 없다. 당시 주님께서 모르셨던 시대도 그렇다. 이것을 그의 실제 강림에 적용할 연결 패턴으로 이해하는 편이 더 낫다.

강림, 주의 날, 감람산 강화

감람산 강화를 주의 날의 예언으로 보는 필자 해석에, 헐트버그의 논평은 다음 여러 이유로 미약하다. 첫째, 그는 기근, 지진, 전쟁의 현상(감람산 강화의 전반부 패턴에서)이 주의 날 예표에 속하는 특징임을 모른다. 둘째, 그는 주의 날 변화, 특히 바벨론 유수 이후 예언에서 주의 날이 예루살렘에 대한 군사적인 공격이 분기점이 되는 두 단계로 이루어진 사건으로 발전을 참작하지 못한다(참고. 누가복음에서

---

87 마태복음에서 τότε[tote]는 일반적으로 순서를 나타낸다. 따라서 여기서 비슷한 용법은 그리 놀라운 일이 아니다. F. Blass and A. Debrunner, *A Greek Grammar of the New Testament and Other Early Christian Literature*, trans. R. Funk (Chicago: University of Chicago Press), 240을 보라.

의 감람산 강화). 셋째, 헐트버그가 허용하는 것보다 진통의 은유를 더 고려해야 한다. 마태복음 24:8이 한 주의 날 이미지의 의도적 사용이라면, 그 효과는 단순히 잊어버리는 것보다 지식을 전달하는 것이다. '시작'과 '끝'을 은유에 적용은 이미지에 잠재력을 만들며(진통은 시작과 끝이 있는 과정이므로), 이 잠재력은 이후의 주의 날 주제 발전 그리고 그것과 다니엘의 칠십 번째 주의 통일성에 적합하다.

무와 헐트버그 모두 필자의 감람산 강화 해석이 같은 문맥에서 강림의 두 의미―좁은 의미(예를 들어, 마 24:27)와 넓은 의미(예를 들어, 마 24:37)―를 요구함에 불평한다. 하지만 필자는 감람산 강화 자체에서 이것이 정당하다고 생각한다. 첫째, 강화의 둘째 부분에서 누가와 마가는 마태의 '인자의 오심'을 '그날' 또는 '그때'로 대체한다(마 24:36~37, 39; 막 13:33; 눅 21:34). 이것은 어떤 본문에서 주의 날 도래가 기능적으로 주의 오심과 교체 가능한 것과 유사하다(예를 들어, 말라기 3:1~2를 보라). 다른 말로 하면, 주의 오심이 넓은(더 확장된) 의미와 좁은 의미 모두로 생각할 수 있음은 성서신학에서 이미 사실이다. 공관복음의 평행들은 강화의 둘째 부분에서 주의 오심을 더 넓은 의미로 보아야 함을 가리킨다. 둘째, 진통의 은유는 곧바로 깨달을 수 있는 이미지를 제공함으로 개념 설정을 추가한다. 아기가 '오는 것'은 출산 과정 전체, 또는 그 끝에서 구체적 나타남을 가리킬 수 있다. 감람산 강화의 순서 전체를 망라하려는 진통 은유 사용은 '오심'이 가진 더 넓은 의미를 이해하게 독자를 준비하게 한다. 마태복음 24:27에서와같이 그 순서에서 **강림**을 사용할 때, 그것은 더 좁은 의미―출산 과정의 끝에서 나타남―가 있다. 하지만 24:36에서 강림은 출산 전체의 더 넓은 개념을 적절하게 가리킨다. 공관복음의 평행들로 확증되는 결론이다.

서로 관련 있는 두 의미 깨닫기는 마태복음 24:32~35의 강림 배경(징조와 함께 오심)과 마태복음 24:36 이후 배경(징조 없이 오심)의 긴장을 해결하게 돕는다. 헐트버그는 시계에 주의를 기울이지 않다가

(아마도 일상적인 일에 정신이 팔려) 전에 계획하였으나 잊어버린 만남으로 '놀라는' 어떤 사람의 예화로 그 둘을 조화하게 하려 한다. 하지만 이것은 이전에 없던 가장 큰 위협으로 격렬해지는, 정한 시간 후에 작동하는 환란의 순서에 적용되기 어렵다. 그것은 경계하는 성도가 일상 일로 정신이 산만해지는 상황이 아니다.

계시록

간단히 말하면, 필자는 계시록 3:10에서 주께서 빌라델비아 성도에게 죽음을 **약속**하셨다고 말한 것이 아니라, 죽음이 그가 그들에게 주신 약속을 **이루신** 방식이었다고 말했다. 마찬가지로, 그분께서는 그 이후로 이런 식으로 신자의 모든 세대에 그것을 성취하셨으며, 이것은 신자를 환란을 **통하여**가 아닌 환란으로부터 지키신다는 그 약속의 의도를 밝힌다.

A Case for the Prewrath Rapture
진노 전 휴거 견해
앨런 헐트버그 **2**
Alan Hultberg

진노 전 휴거 견해는 두 개의 주요 논지에 근거한다. 교회가 다니엘의 칠십 번째 주의 후반부에 들어간다는 것1 그리고 교회의 휴거와 그리스도의 지상 재림 사이에 하나님의 특별한 진노가 쏟아지는 중대한 시기가 있다는 것이다.2 이 두 논지가 증명되면 필연적으로

---

1 필자는 이 논문에서 다음 세 가지를 가정한다. (1) 다니엘의 칠십 번째 '주'는 세계 역사의 마지막 7년을 말하며, (2) 다니엘서에서 마지막 왕국은 로마이고, (3) 다니엘은 로마의 이스라엘 지배가 역사적 발현(주후 1세기)과 종말적 발현(역사의 끝)을 모두 가리킨다는 것이다. Stephen R. Miller, *Daniel*, NAC 18 (Nashville: Broadman & Holman, 1994), 267~73; Gleason L. Archer Jr., "Daniel," in *Daniel–Minor Prophets*, EBC (Grand Rapids: Zondervan, 1985), 7:116~19를 보라. 참고. Joyce G. Baldwin, *Daniel: An Introduction and Commentary*, TOTC 21 (Downers Grove, Ill.: InterVarsity, 1978), 171, 177~78. 아래에서 살피겠는데, 감람산 강화, 데살로니가 편지들, 계시록 모두 이 가정에 의존하는 것으로 보인다.

2 예를 들어, 다니엘 12:10~11에 언급한 1,290일과 1,335일의 중요성과 데살로니가후서 2장에서 억제하는 자 정체를 포함하여 종말론에 관한 다른 여러 논제가 한 명 이상의 진노 전 휴거 주장자의 지지를 받는다. 비평가가 이것을 논의하는데, 필자는 많은 경우 그 비평이 정당하다고 생각한다. 하지만 기본적인 진노 전 휴거 견해는 이들 논제와 운명을 같이하지 않기에, 필자는 이어지는 부분에서 그것들을 고려하지 않겠다.

휴거는 환란 전 휴거나 환란 후 휴거일 수 없다. 전자는 휴거가 다니엘의 칠십 번째 주의 중간 이전에 일어나야 한다고 주장하는(일반적으로 휴거가 그 주가 시작되기 전에 일어난다고 주장하는) 견해이며, 후자는 (고전적인 의미에서) 휴거와 그리스도의 지상 재림 사이에 상당한 시간의 시기를 요구하지 않는 견해이다. 하지만 필자가 보기에 이 요점들을 절대적으로 증명하기는 불가능에 가깝다. 증거의 많은 부분이 여러 해석의 여지가 있기 때문이다. 따라서 이 논문에서 진노 전 휴거의 가능성을 증명하겠다. 곧, 증거의 가장 개연성 있는 해석이 이 입장의 두 개 주요 논지를 지지함을 보여주겠다.3 필자 논증은 이들 논지를 차례로 입증함으로써 진행한다. 먼저, 교회가 다니엘의 칠십 번째 '주' 후반부에 들어감을 입증하겠고, 이어서 교회가 그 주가 끝나기 전에, 곧 하나님의 진노가 쏟아지기 전에 휴거됨을 입증하겠다. 첫째 논지를 지지하는 증거로 시작하겠다.

---

3 주장은 일반적으로 적어도 둘의 하나 방식으로 공격을 받는다. 첫째, 핵심 본문들에 대안 해석 제공이 그 주장의 가능성을 허문다는 제안이 종종 있다. 이것은 관심을 딴 데로 돌리는 일이다. 모든 석의에서 우리는 어느 것이 최선의 해석인가를 결정한다. 그리고 최선의 해석은 단순히 경쟁적인 해석들이 존재하기에 뒤집히거나 가능성이 작아지지 않는다. 둘째, 그 경우가 추론 위에 추론을 펴고, 불확실성 위에 또 다른 불확실성을 전개하기에 약한 것일 수밖에 없다고 주장한다. 예를 들어, Paul S. Karleen, *The Pre-wrath Rapture of the Church: Is It Biblical?* (Langhorne, Pa.: BF Press, 1991)을 보라. 그 추론들은 개연성이 가장 높지 않으며, 한 추론이 실제로 다른 약한 추론들에 의존한다면 그 주장은 옳다. 필자 주장은 대부분 이러한 종류의 추론들 연결에 의존하지 않으며, 개연성 높은 증거의 상대적으로 독립적인 가닥들을 축적한 것에 의존한다. 그 경우는 필연적으로 약한 것이 존재하지 않는다. 마지막으로, 다른 관련된 본문들과 비교함으로 해석들의 개연성을 시험하는 것은 효과적이다. 성경 저자들이 서로 모순되지 않는다는 전제 아래, 다양한 본문들의 가장 개연성 있는 해석들의 가장 많은 수를 가장 잘 조화하는 논제가 최선의 논제이며, 해석이 그러한 조화와 어울린다면 그것은 더 개연성 있다. 이것은 추론 위에 추론을 전개하는 정당한 경우다.

교회는 다니엘의 칠십 번째 주 후반부에 들어간다

교회가 다니엘의 칠십 번째 주 후반부에 들어감을 입증하는 데는 성경의 세 개 본문이 특별히 중요하다. 감람산 강화, 데살로니가후서 2장, 계시록이다. 감람산 강화에서 예수님은 당신 강림 바로 전에 제자들이 다니엘이 말한 황폐하게 하는 가증한 것과 그에 뒤이어 일어나는 환란을 모두 볼 것을 가리키는 것으로 보인다(마 24:15~22; 막 13:14~20). 바울은 데살로니가후서 2장에서 전자를 기대하는 것으로 보이며, 요한은 계시록 2, 7, 13, 17장에서 적어도 후자를 기대하는 것 같다. 이어지는 부분에서 각 경우에서 저자가 실제로 교회가 황폐하게 하는 가증한 것을 보거나 다니엘이 말한 환란을 경험할 것과 그리하여 다니엘의 칠십 번째 주의 후반부에 들어감을 분명히 기대하고 있음을 보여주겠다. 필자 논증의 어느 것이라도 성공적이라고 입증되면, 진노 전 휴거 주장의 부분은 논거의 정당함이 입증되는 셈이다. 물론 모든 논증이 성공적으로 밝혀지면 이 주장은 상당히 강화된다. 감람산 강화를 고려하는 것으로 시작하자.

마태복음 24장

감람산 강화는 시대의 끝에 관한 제자들의 질문(마 24:3)에 예수님께서 대답하시는 내용이다.[4] 그들의 질문은 유대 성전 파괴에 관한 예수님의 예견으로 유도됐으며, 그들은 성전 파괴를 종말적 사건으로

---

[4] 편의상, 그리고 후에 감람산 강화의 청중에 관한 마태의 관점을 고려하기에, 여기서 마태복음에서 감람산 강화의 형식을 통해 감람산 강화를 다루겠다. 기본 분석은 마가복음의 감람산 강화에도 유효하며, 누가복음의 감람산 강화가 1세기 사건들을 더 강조해도 그 대부분에서 우리 기본적인 분석이 유효하다. 신약성서 이면의 전통의 재구성은 David Wenham, *The Rediscovery of Jesus' Eschatological Discourse*, Gospel Perspectives 4 (Sheffield: JSOT, 1984)를 보라.

생각한 것 같다.5 부분적으로 예수님의 대답은 1세기의 성전 파괴를 인자가 오시는 시대의 끝과 구분하려 한다.6 따라서 예수님은 제자들이 성전 파괴를 둘러싼 특정 대재앙의 사건들을 보겠지만,7 그러한 것들은 명백히 종말을 가리키지 않는다고 말씀하신다(마 24:5~13; 특별히 6절을 보라). 이것들은 단순히 진통의 시작이라는 말씀이다

---

5 이 가정은 아마도 다니엘 9:26~27에서 왔을 것이다. 이 본문은 예루살렘과 성전이 '장차 올 한 왕의 백성', 하나님과 그의 백성에 관한 마지막 원수에게 파괴될 것을 예견한다. 1세기 유대인은 로마를 장차 올 한 왕의 백성으로 인식했다. Baldwin, *Daniel*, 174~75; Craig S. Keener, *A Commentary on the Gospel of Matthew* (Grand Rapids: Eerdmans, 1999), 561~62를 보라.

6 1세기 예루살렘의 파괴가 다니엘의 환란과 그리스도의 재림과 어떤 관계인지에 상당한 논쟁이 있다. 오래되었지만 여전히 유용한 개관으로 D. A. Carson, "Matthew," in *Matthew, Mark, Luke*, EBC, ed. Frank E. Gaebelein, 12 vols. (Grand Rapids: Zondervan, 1984), 8:491~95를 보라. 두 가지 최선의 대안이 있다. 첫째, 예수님께서는 예루살렘 파괴가 다니엘이 말한 황폐하게 하는 가증한 것이며, 이어지는 다니엘의 환란이 그 후로의 하나님의 백성에 대한 박해, 곧 재림까지 계속할 박해의 특성을 묘사한다고 선포하셨다는 것이다(예를 들어, Craig L. Blomberg, *Matthew*, NAC 22 [Nashville: Broadman and Holman, 1992], 355~57을 보라). 이 시나리오에서 황폐하게 하는 가증한 것은 종말의 징조가 아니거나, 마지막 날들이 예루살렘의 파괴와 함께 시작했지만, 인자가 오시기까지 끝나지 않는다는 의미에서만 종말의 징조이다. 이 견해는 상대적으로 정확한 다니엘의 3년 반이 상징임을 요구한다. 둘째, 예수님은 성전 파괴가 황폐하게 하는 가증한 것과 같으며 심지어 예언적으로 그것과 연결되지만, 그 둘이 같지 않다고 선언하신다는 것이다. 예루살렘의 파괴가 중요한 종말 사건이며, 초림과 재림 사이의 기간이 환란으로 특징되어도, 어쨌든 다니엘이 그림으로 보여주듯이 인자의 오심에 앞서 황폐하게 하는 가증한 것과 3년 반의 환란이 있을 것이다(예를 들어, David Hill, *The Gospel of Matthew* [Grand Rapids: Eerdmans, 1972]). 마태복음 24:21~22의 과장 표현은 이 해석을 지지한다. 29절의 '곧바로' 그리고 바울이 데살로니가후서 2장에서 실제 적그리스도 인물 기대 그리고 황폐하게 하는 가증한 것을 매우 구체적으로 이해한 것도 마찬가지다.

7 6절에서 "너희는 머지않아 들을 것이다…(μελλήσετε… ἀκούειν[mellēsete... akouein])"라고 하신 말씀에 주목하라.

(24:8). 종말을 가리키는 주된 징조는 "선지자 다니엘을 통해 말씀하신 황폐함을 일으키는 가증한 것"일 것이다(15절).8 그것이 다니엘이 말한 큰 환란의 시작일 것이다(21절; 참고. 단 12:1). 이 환란이 끝나는 때는 하늘에 '인자의 징조'가 나타나고 천사들이 사방에서 택하신 자들을 모으게 될 때다(마 24:29~31). 제자들은 예루살렘의 파괴에서 이러한 사건들의 예기적 성취를 보겠지만,9 시대의 종말과 인자의 오심은 여전히 미래 일이었다. 따라서 제자들은 이 환란의 사건들의 주된 증인인 동시에 마지막 세대를 대표하는 자로서 예수님의 말씀을 듣고 있다.

감람산 강화의 문맥은 전적으로 유대인과 관련 있으며, 이것은 대부분의 환란 전 지지자가 이 장에서 교회를 염두에 두고 있다는 것을 부정하게 했다. 교회는 시대의 끝에 소집되어 대표들로서 제자들에게 주어지는 경고의 말씀을 듣는 마지막 세대의 '택하신 자'가 아니라는 것이다. 그리하여 예를 들어, 레날드 쇼우어즈는 예수님께서 유대인 제자들을 대상으로 감람산 강화를 말씀하신다는 증거로서 (1) 강화에서 구약에 대한 암시에서 유대인을 가리키는 것들, (2) 강화와 그 경고에 나타나는 유대의 분위기, (3) 마태복음 25장 이전에 명시적으로 이방인을 주제로 말하는 것이 없다는 사실을 가리킨다.10 존 월부드는 유대 왕국의 소망을 전제로 하는, 제자들의 질문 성격

---

8 15절에서 οὖν[oun]('따라서'; NIV "그리하여")은 중대한 전환을 가리킨다 (막 13:14에서는 δέ[de], '그러나'). BDAG, 736~37을 보라. 거기서 οὖν[oun]은 앞선 것에서 새로운 것, 심지어 반대의 어떤 것으로 전환을 가리킬 수 있다. 참고. Wenham, *Rediscovery*, 177; W. D. Davies and Dale C. Allison, *A Critical and Exegetical Commentary on the Gospel according to Saint Matthew*, ICC (Edinburgh: T & T Clark, 1997), 3:326, 345.

9 15, 23, 25, 26절의 '너희', 32~35절의 권고들, 누가복음 21의 평행들에 주목하라.

10 Renald E. Showers, *The Pre-wrath Rapture View: An Examination and Critique* (Grand Rapids: Kregel, 2001), 124~29.

이 예수님의 강화에 있는 유대적 성격을 가리킨다고 덧붙인다.11 그 단정 어느 것도 반박할 수 없다. 마태복음에서 제자들은 메시아 공동체를 시작하는 신실한 유대인들 외의 다른 어떤 것으로도 자신들을 생각하지 않으며, 예수님도 그들을 그렇게 대하지 않으신다. 따라서 감람산 강화에 기록된 질문과 대답에 유대적 성격이 있음은 그리 놀라운 일이 아니다. 하지만 우리가 교회와 이스라엘의 극단적 불연속성을 전제로 시작하지 않는 한, 어느 쪽도 감람산 강화에서 교회를 염두에 두고 있지 않음을 보여주지 않는다. 하지만 이 전제는 아주 가능성이 작다.

이 주제를 온전히 논하기에는 지면이 부족하다.12 우리 목적을 위해, 마태복음이 교회를 어떤 의미에서 유대 왕국의 계승자로 간주하며, 그 가운데 예루살렘의 파괴는 그 전환에서 중요한 역할을 차지한다는 것과 제자들이 새로운 메시아 공동체의 중심을 형성한다는 것을 보여주는 것으로 충분하다.13 마태복음에 그 견해가 있음은 다음 증거들에서 볼 수 있다.

---

11 John F. Walvoord, *The Blessed Hope and the Tribulation* (Grand Rapids: Zondervan, 1976), 87.

12 수많은 석의적 질문과 신학적 질문이 있다. 필자 관점은 점진적 세대주의의 한 형태다. 일반적 소개는 Craig Blaising and Darrell L. Bock, eds., *Dispensationalism, Israel, and the Church: The Search for Definition* (Grand Rapids: Zondervan, 1992); 같은 저자, *Progressive Dispensationalism: An Up-to-Date Handbook on Dispensational Thought* (Wheaton: Bridgepoint, 1993)를 보라. 참고. Russell D. Moore, *The Kingdom of Christ: The New Evangelical Perspective* (Wheaton: Crossway, 2004), 특별히 4장의 분석을 보라.

13 참고. 예를 들어, R. T. France, *Matthew: Evangelist and Teacher* (Downers Grove, Ill.: InterVarsity, 1989), 206~41; Scot McKnight, "Matthew, Gospel of," in *Dictionary of Jesus and the Gospels*, ed. Joel B. Green, Scot McKnight, and I. Howard Marshall (Downers Grove, Ill.: InterVarsity, 1992), 536~38; Blomberg, *Matthew*, 25~27.

1. **이스라엘은 메시아이신 예수님 안에서 그 성취에 이른다.** 약속된 메시아로서 예수님께서 구약을 성취하신다는 마태복음의 분명한 모티프(마 5:17에 요약되어 있으며 성취를 나타내는 아주 많은 인용에 나타나지만, 복음 전체에 걸쳐 여러 다른 방식으로 입증되는)와 별개로 많은 학자는 마태복음에서 예수님이 이스라엘 자체의 역할을 성취하신다는 묘사에 주목하였다.14 따라서 예를 들어, 마태복음의 앞 장들에서 예수님은 종말의 이스라엘과 같이 황금과 유향을 가지고 오는 이방인의 방문을 받으시며(마 2:11; 참고. 사 60:1~6), 이스라엘과 같이 애굽에서 온 하나님 아들이라 불리시고(마 2:13~14; 호 11:1; 참고. 출 4:22~23), 이스라엘처럼 자녀가 아버지에게 하듯 율법에 순종하심으로 광야에서 유혹을 성공적으로 견디신다(마 4:1~11; 신 6~8장; 특별히 8:1~5를 보라).15 후에 그는 고난받는 종(마 8:17; 12:17~21; 20:28)과 인자로 진술되신다. 둘 다 이스라엘을 대표하는 대표자로서의 '메시아적인' 인물이다.16 따라서 마태복음에서, 이스라엘에 속하려면 메시아이신 예수님께 속해야 한다.

2. **예수님은 열두 사도를 중심으로 새로운 공동체를 세우신다.** 마태복음은 예수님께서 새로운 공동체인 에클레시아(ἐκκλησία[ekklēsia], 16:18; 18:17)를 세우신다고 분명히 말하는 것으로 잘 알려져 있다. 표현은 구약의 (יִשְׂרָאֵל) אֹהֶל[āhal (yiśrāēl)] 또는 '(이스라엘의) 회중'을 헬라어로 번역에서 온 것으로 예수님께서 세우시는 메시아 공동체가 어떤 의미에서 '참된' 또는 '새로운' 이스라엘임을 가리킨다. 나아가,

---

14 France, *Matthew*, 206~10 외에도 같은 저자의 책 *Jesus and the Old Testament* (London: Tyndale, 1971), 50~53; C. H. Dodd, *The Founder of Christianity* (London: Collins, 1970), 106~08을 보라.

15 또한, 예수님께서 이스라엘을 대표하신다는 주제의 한 부분으로서 마 16:21(그리고 평행구절들)에서 호세아 6:2를 인용하는 가능성을 보라.

16 다윗 언약(삼하 7:12~14)에서 유래하는, 하나님의 아들로서 메시아 개념(예를 들어, 시편 2; 110) 또한 메시아가 이스라엘을 대표함을 암시한다.

이 공동체는 열두 사도를 중심으로 하며, 숫자 12는 이스라엘의 재구성을 나타낸다(예를 들어, 마태복음 19:28을 보라).17 예수님께서 믿지 않는 유대인에게 배척당하신 것이 이 공동체 설립의 촉진제가 된다.

3. 유대인이 예수님을 버림으로 이스라엘이 버림받으며 교회가 세워진다. 마태복음의 기본 주제는 왕이신 예수님께서 이스라엘에게 천국을 전파하시지만(2:20; 10:5~6; 15:24), 궁극적으로 그들에게 배척받으신다는 것이다.18 이러한 주제는 고난주간의 내러티브에서 무르익는다. 거기서 예수님은 메시아 왕으로서 예루살렘에 입성하시지만, 유대 권위에 맞서시고, 결국 그들에게 죽는다. 감람산 강화와 그를 죽이려는 음모로 이어지는 일련의 비유와 비난에서, 예수님은 유대인의 불신을 정죄하시고 이스라엘의 '상속권 박탈'을 공표하신다. 마태복음 21:33~45의 포도원의 비유가 가장 중요하다. 예수님은 대제사장과 백성의 장로들에게 그들이 그를 배척한 결과로 "하나님의 나라를 너희는 빼앗기고 그 나라의 열매 맺는 백성이 받을 것"이라고 공표하심으로써 그 비유를 끝맺으신다(43절). 예수님께서 왕국을 다른 '나라(ἔθνος[ethnos])'에게 주시며, 마태는 명백하게 예수님을 배척하는 일에 온 나라가 공모했다고 이야기한다는(27:25) 사실은 단지 유대 지도자만이 아니라 이스라엘 전체를 배척하심이 예수님의 의도임을 보여준다. 따라서 이러한 비난들은 한편으로, 예루살렘에 대한 선언(23:37~39)과 감람산 강화(24~25장)로 이어지며, 다른 한편으로, 지상명령(28:18~20)으로 이어진다. 후자는 복음이 이스라엘을 넘어 모든 나라로 나아가도록 허용하는데, 이는 아브라함 언약(1:1)과 구약에서 이스라엘 역할이 성취됨을 가리킨다. 이 새로운 메시아 공동체의 증언

---

17 이것은 마태가 이스라엘의 미래가 없다는 것으로 본다는 말이 아니다. 마태복음 23:39; 24:30은 그리스도께서 다시 오실 때 이스라엘이 회심할 것을 암시한다(슥 12:10). 하지만 마태복음 24:30은 택한 자의 모임을 회개하는 이스라엘 지파들과 구분하는 것으로 보인다.

18 France, *Matthew*, 213~27.

은 예수님이 다시 오시는 때인 시대의 끝까지 계속한다(24:14; 28:20).

4. 마태복음에서 강화의 목적은 교회를 제자도로 훈련하는 것이다. 마태복음의 또 다른 기본적이며 연관된 주제는 제자도, 예수님에게 유일한 바른 반응이다. 메시아 공동체의 일원이 되는 것은 제자(또는 '학생')가 되는 것이며, 제자가 되는 것은 예수님의 가르침에 순종하는 것이다(7:21~27; 28:19~20).[19] 예수님의 다섯 개 주된 강화 주위로 구성된 마태의 복음은 그 가르침을 전하고자 한다. 따라서 각 강화는 "제자들이 나아온지라"라는 도입 형식으로 시작해(5:1; 10:1; 13:10; 18:1; 24:1),[20] "예수께서 이 말씀을 마치시매"라는 표현의 변화 형태로 맺는다(7:28; 11:1; 13:53; 19:1; 26:1). 이것에 비추어 감람산 강화의 가르침은 결코 제자가 아닌 자들—그 복음이 가르치도록 의도된 자들을 대표하는 자들—로서 제자들에게 주어진 것일 가능성은 매우 낮다.[21]

따라서 필자는 예수님께서 당신 제자들에게 다니엘서의 황폐하게 하는 가증한 것과 큰 환란에 대해 경고하실 때에 메시아 공동체인 교회를 대표하는 자들에게 하듯이 그렇게 하셨다고 결론 내린다. 그리고 휴거 자체가 감람산 강화에서 명백하게 언급되지 않더라도(가장 가능성 있는 언급은 마태복음 24:31에서 인자의 강림['오심'] 때에 택하신 자들을 모으시는 것이다), 여기서 중요한 것은 교회가 황폐하게 하는 가증한 것과 큰 환란을 볼 것을 마태가 기대한다면, 휴거는 다니엘의 칠십 번째 주의 중간지점 이후에 일어나야 한다는 점이다. 이 요점은 데살로니가 편지에서 바울이 휴거와 그리스도의 재림을 가르치는 것에서 확증된다. 바울의 가르침 자체는 감람산 강화 이면의 전통을 숙고한 것이다. 특별히 데살로니가후서 2:3~4에서 바울은 황폐하게 하

---

[19] 그리하여 마태는 특징상 열두 사도를 '제자'로 말한다.

[20] 마태복음 10:1에서는 "예수께서 그의 열두 제자를 부르사"이다.

[21] 예를 들어, Michael J. Wilkins, *Matthew*, NIVAC (Grand Rapids: Zondervan, 2004), 32, 770에서 그렇게 말한다.

는 가증한 것을 휴거가 다가옴을 알 수 있는 주요 징조로 밝히며, 따라서 휴거를 다니엘의 칠십 번째 주의 중간지점 이후에 배치한다.

데살로니가후서 2장
데살로니가전서 4:15~16은 휴거를 마태복음 24:31에 둔다

데살로니가 성도에게 보낸 편지들에는 강림에 관한 집중적이며 자세한 지침을 포함하기에 바울의 편지들 가운데 독특하다.22 이 지침의 많은 부분은 편지가 작성되기 이전에 바울이 처음 데살로니가 교회를 세웠을 때 데살로니가 사람에게 구두로 전해졌다(살전 1:9~10; 살후 2:15; 참고. 3:6). 이 가르침에는 환란의 확실성(살전 3:4), 주의 날 때의 불확실성(살전 5:1~2), 특정 사건들이 주의 날에 앞서 일어나야 한다는 사실(살후 2:1~5)을 포함한다. 바울은 이 가르침을 그와 그의 동역자 실라와 디모데에 의해 데살로니가 사람에게 전수된 '전통들'(ESV; παραδόσεις[paradoseis])이라 부르며(살후 2:15), 마태복음 24장(그리고 평행구절들)과 데살로니가 편지들의 광범위한 일치가 가리키는 대로, 많은 사람이 적어도 이 전통의 일부가 감람산 강화 이면의 전통들에 의존하고 있을 가능성에 주목했다.23 따라서 '잠자는

---

22 참고. 살전 1:10; 2:19; 3:13; 4:13~18; 5:1~11, 23; 살후 1:6~10; 2:1~15.

23 특별히, Lars Hartman, *Prophecy Interpreted: The Formation of Some Jewish Apocalyptic Texts and of the Eschatological Discourse in Mark 13 Par.* (Lund: CWK Gleerup, 1966), 178~79; G. Henry Waterman, "The Sources of Paul's Teaching on the 2nd Coming of Christ in 1 and 2 Thessalonians," *JETS* 18 (1975); 105~13; David Wenham, "Paul and the Synoptic Apocalypse," in *Gospel Perspectives: Studies of History and Tradition in the Four Gospels*, vol. 11, ed. R. T. France and David Wenham (Sheffield: JSOT, 1981), 345~75, 그리고 대부분의 현대 주석가들(예를 들어, Charles A. Wanamaker, *Commentary on 1 and 2 Thessalonians*, NIGTC [Grand Rapids: Eerdmans, 1990], 170~71, 179~81, 184; F. F. Bruce, *1 and 2 Thessalonians*, WBC 45 [Waco: Word,

자들'과 관련하여 데살로니가 성도가 보인 관심(13절)에 대답하면서 바울은 그의 독자를 다음 말로 안심하게 한다.

> 주께서 강림하실 때까지 우리 살아남아 있는 자도 자는 자보다 결코 앞서지 못하리라. 주께서 호령과 천사장의 소리와 하나님의 나팔 소리로 친히 하늘로부터 강림하시리니, 그리스도 안에서 죽은 자들이 먼저 일어나고, 그 후에 우리 살아남은 자들도 그들과 함께 구름 속으로 끌어 올려 공중에서 주를 영접하게 하시리니, 그리하여 우리가 항상 주와 함께 있으리라. (살전 4:15~17)

이 구절과 마태복음 24:30~31의 평행은 주목할 만하다. 두 곳 모두 예수님께서 성도를 모으시려고 나팔 소리와 함께 천사들을 동반하여 구름 가운데 나타나시는 것(강림)을 말한다. 이 요소들의 일부는 또한 데살로니가 편지들의 다른 강림 구절들에서 중요한 역할을 한다. 예를 들면, 예수님께서 천사들과 함께 오시는 것(살후 1:7, 그리고 아마도 살전 3:13)과 그가 성도를 모으시는 것(살후 2:1과 아마도 살전 1:10; 3:13; 5:9; 살후 1:7; 2:13)이다. 특별히 흥미로운 평행은 데살로니가후서 1:6~10인데, 거기서는 원수들에 대한 예수님의 강력한 복수와 그가 "자기의 능력의 천사들과 함께 하늘로부터 불꽃 가운데에 나타나실 때에" 그의 성도가 얻는 영광을 강조한다(ESV 번역; 참고. 마 24:30~31). 이 증거는 마태복음 24:31에서 '휴거'를 명확히 말하지 않아도, 바울이 휴거를 전통에서 자리매김하는 바로 그곳임을 나타낸다. 그는 데살로니가전서 4:15에서, 적어도 전통 확장이 전승(ἀγαφόν[agraphon])이든 예언의 말이든 "주님에게서 온 말씀"(ESV 번역)에 의한 것이라고 말하며,24 그것들의 연결을 부정하려고 두 본문

1982], 95, 108)을 보라.

24 바울이 휴거에 관한 자기 가르침의 근거로 삼는 '주의 말씀'이 부활하신 후의 주님의 예언적 말씀이었다면, 이것은 고린도전서 15:51~52의 '비밀'을 설명할 수도 있다.

의 차이를 지적하는 논증의 모든 효과를 허문다.25 따라서 데살로니가전서 4:15~16은 필자의 마태복음 24장 해석을 확증하며, 마태와 마찬가지로 바울도 교회가 다니엘의 칠십 번째 '주'의 후반부의 사건들을 경험할 것을 기대한다고 제안한다.

데살로니가전서 2:3은 휴거에 앞서 황폐하게 하는 가증한 것이 나타난다고 말한다

바울이 감람산 강화 이면의 예수 전통에 의존하는 것은 데살로니가후서 2:1~12에서도 계속한다(참고. 마 24:13~15, 24).26 마태복음 24:15와 같이 바울은 데살로니가 교회에게 그리스도의 오심에 앞서 있어야 하는 다니엘의 적그리스도 출현과 연관된 특정 징조들을 가리킨다. '주의 날'이 아직 이르지 않았다고 그들을 안심시키려 함이다. 그는 다음과 같이 쓰고 있다.

형제들아, 우리가 너희에게 구하는 것은 우리 주 예수 그리스도의 강림하심과 우리가 그 앞에 모임에 관하여 어떤 예언으로나 또는 말로나 또는 우리에게서 받았다 하는 편지로나 주의 날이 이르렀다고 해서 쉽게 마음이 흔들리거나 두려워하거나 하지 말아야 한다는 것이라. 누가 어떻게 하여도 너희가 미혹되지 말라. 먼저 배

---

25 예를 들어, Showers, *Pre-wrath Rapture View*를 보라. 그가 제시하는 마태복음 24:31과 데살로니가전서 4:16의 14가지 차이 목록은 대부분 침묵에 기초한다.

26 참고. Wenham, "Paul and Apocalypse," 349~52. 모임(살후 2:1; 마 24:31), 강림에 관한 혼란(살후 2:2; 마 24:6), 배교와 이탈(살후 2:3; 마 24:10), 불법(살후 2:3, 7, 8; 마 24:12), 기만적인 이적과 기사(살후 2:10~11; 마 24:20), 미혹되지 말라는 권고(살후 2:3; 마 24:4)에 관한 언어적 평행을 주목하라. 데살로니가후서 2:1~12와 감람산 강화 사이의 평행은 데살로니가전서에서 평행만큼 분명하지 않아도, 바울 종말론의 두 연관된 본문을 합친 증거는 바울이 두 본문 모두에서 예수 전통에 의존하고 있음을 거의 분명하게 한다.

교하는 일이 있고 저 불법의 사람 곧 멸망의 아들이 나타나기 전에는 그날이 이르지 아니하리니, 그는 대적하는 자라 신이라고 불리는 모든 것과 숭배함을 받는 것에 대항하여 그 위에 자기를 높이고 하나님의 성전에 앉아 자기를 하나님이라고 내세우느니라. 내가 너희와 함께 있을 때에 이 일을 너희에게 말한 것을 기억하지 못하느냐? (살후 2:1~5)

이 구절과 관련하여 몇 가지 점에 주목하자. 첫째, 바울은 주 예수의 강림과 우리가 '그에게로 모이는 것'을 '주의 날'이라고 한다(참고. 마 24:31). 전자는 데살로니가후서 2:1~12를 데살로니가전서 4:13~5:12와 그 이면의 예수 전통과 연결하는 표현이다. 그것은 바울이 데살로니가후서 2:3~4에서 주의 날 전의 징조들을 언급할 때 그러한 징조들이 휴거에 앞서 일어남을 포함한다는 뜻임을 암시한다.27 이것은 데살로니가전서 5:1~11에서도 암시된다. 거기서 바울은 4:13~18에서 시작한 강림에 관한 논의를 이어간다.28 4:13~18이 강림 때 부활과 휴거의 관계를 다뤘다면, 5:1~11은 이 사건들이 일어나는 때와29 그

---

27 표현되지 않은 데살로니가후서 2:3("…이 아니라면 [어떤 것이 사실 혹은 사실이 아닐 것이기] 때문이다")의 조건절이 '주의 날이 이르지 않을 것'이라는 데 모든 진영이 동의한다. "누구도 너희를 속이게 하지 말라"라는 표현을 사용한 것은 마태복음 24:4에서의 비슷한 표현을 연상하게 한다. 거기서는 같은 것을 염두에 두고 있다. 아무도 너희가 주의 날이 이미 이르렀다고 생각하도록 속이지 못하게 하라는 말이다.

28 예를 들어, Wanamaker, *1 and 2 Thessalonians*, 176; John F. Walvoord, *The Rapture Question*, rev. (Grand Rapids: Zondervan, 1979), 211~12에서 그와 같이 말한다. περὶ δέ[peri de]('이제 …에 관해서는')가 새로운 주제를 도입하지만(살전 4:9, 그리고 아마도 4:13에서와같이; 참고. 고전 7:1, 25; 8:1; 12:1; 16:1, 12), 앞의 내용과 완전히 다른 것을 말하려는 의도라고 반드시 생각할 필요는 없다(참고. 고전 7:1~24, 25~40). 데살로니가전서 5:9~11은 바울이 4:13에서 시작한 논의를 이어가고 있음을 분명히 보여준다.

29 '때와 시기' 또는 때때로 단순히 '그때'는 유대주의와 초기 기독교에서

시기에 비추어 데살로니가 성도의 편에서 필요한 경각심을 다룬다. 바울이 강림과 휴거를 주의 날로 언급하는 것에 주목하라(5:1~2).30 구약에서 주의 날은 하나님께서 역사에 개입하셔서 당신 대적들을 심판하시며 때때로 자기 백성을 변호하시는 때다.31 특별히 종말적 주의 날은 하나님께서 심판을 위해 나라들을 모으시고 구원과 축복을 위해 이스라엘을 모으시는 때다(예를 들어, 사 2:12~21; 13:6~16; 겔 30:3; 욥 15; 습 1:14~2:3). 여기서 바울은 그 표현을 사용하면서 그 여러 구절을 생각하는 것이 분명하다. 주(예수)의 날에 관해 그가 강조하는 주된 특성의 하나가 불신자에게 임할 '갑작스러운 멸망'(3절)과 신자가 벗어날, 그날에 있을 진노(9절; 참고. 1:10)이기 때문이다. 따라서 바울은 데살로니가후서 1:6~8(참고. 2:8)에서 예수님께서 나타나시는 날에 교회에게 쉼을 주시며 교회의 원수들에게 보응하신다고 말할 수 있다. 하지만 더 중요한 것은 이 구절에서 바울이 분명히 주의 날이 신자에게 갑자기 임한다고 말하는 사실에 주목하는 것이다. 이것은 4:15~17의 강림과 관련하여 바울이 실제로 휴거를 그날 일부로 생각함을 확증한다.

강림 시기에 관한 문제에 바울의 기본 대답은 그날이 밤에 오는 도적같이 이를 것을 데살로니가 사람이 이미 알고 있다는 것이다(살

종말적 사건을 가리키는 표준어였으며, 아마도 다니엘 2:21에서 파생했을 것이다. 참고. 행 1:7; 3:19~21; 막 13:33; 계 1:3; 바룩2서 14:1~2(이것은 계시록 1:1과 마찬가지로 다니엘 2:29, 45를 암시한다); 에스라4서 7:75.

30 내가 아는 한 모든 환란 전 견해 지지자가 이것에 동의한다. 바울이 여기서 '주의 날'이라는 표현을 가장 넓은 의미로, 곧 휴거부터 천년왕국까지 종말적 사건 복합체 전체에 사용하는 것으로 대부분이 이해한다.

31 예를 들어, Richard H. Hiers, "Day of the Lord," in *ABD*, 2:82~83, 그리고 그의 문헌 목록을 보라. 일반적으로 필자는 Walvoord, *Rapture Question*, 218에서 "구약에 따르면… 주의 날은 그리스도의 재림에서 절정에 이르고, 천년왕국에서 성취되는 특별한, 하나님의 축복 때가 뒤따르는 심판의 때다"라고 한 것에 동의한다.

전 5:2). 여기서 강조점은 강림이 기대치 않게 있다는 것이다. 바울은 3절에서 불신자와 관련해 이 개념을 상세히 설명한다. 그날이 그들에게 기대치 않게 파괴적으로 임한다는 것이다. 대조적으로, 4절과 5절에서는 그날이 신자에게는 도적같이 임하지 않는다고 말한다. 그들은 빛의 자녀이며 낮에 속한 사람이라, 어둠에 있지 않기 때문이다. 월부드는 바울이 4절에서 그날이 절대로 갑자기 그들을 덮치지 않음을 의미한다고 주장하는데,32 이 해석은 바람직하지 않다. 첫째, 이 해석이 "도적같이"라고 한 비교 표현이 포함된 것을 잘 설명하는 것은 맞다.33 바울이 "그날이 신자에게 갑자기 임하지 않음을 의미 게 더는 말할 필요가 없다"라는 의도였다면, 왜 '도적같이'라는 표현을 덧붙이는가? 월부드가 이해한, 바울의 의도는 신자가 불신자가 속한 같은 시기(밤)에 속하지 않기에 그날이 도적같이 그들에게 갑자기 이르지 않는다는 것이다. 하지만 이것이 실제로 문제를 해결하지 않는데, 월부드가 단지 원인절을 설명하고 있으며 비교 표현은 설명하지 않기 때문이다. 사실상 그것은 단지 바울이 "하지만 그날이 도적과 같이 너희들에게 갑자기 임하지 않음은 그것이 너희와 아무 상관이 없기 때문이다"라고 말하는 셈이다. 따라서 비교 표현을 포함한 이유는 여전히 의문으로 남는다. 월부드의 해석에 따르면, 바울은 그것을 포함할 필요가 없었다. 둘째, 이 해석은 깨어서 정신 차리고 있으라는 6~8절의 구체적 권면을 잘 설명할 수 없다. 월부드는 그것을 그리스

---

32 Walvoord, *Rapture Question*, 221.

33 참고. Douglas Moo, "Posttribulation Rapture," in Richard Reiter, Paul D. Feinberg, Gleason L. Archer, and Douglas Moo, *The Rapture: Pre-, Mid-, or Post-Tribulational* (Grand Rapids: Zondervan, 1984), 185. 몇몇 사본에서 발견되는 복수형 κλετας[kleptas]에 비해 단수 κλετης[kleptēs]가 더 선호된다. Bruce M. Metzger, *A Textual Commentary on the Greek New Testament*, 2nd ed. (New York: UBS, 1994), 565를 보라. 참고. Leon Morris, *The First and Second Epistles to the Thessalonians*, NICNT, 2nd ed. (Grand Rapids: Eerdmans, 1991), 155.

도인들에게 어울리는 일종의 태도에 관한 일반 권고로 만든다. 우리는 '낮 사람'이기에 낮 사람처럼 깨어서 정신 차리고 있어야 한다는 것이다.[34] 하지만 이것은 무엇에 정신 차리고 있어야 하는지의 질문에 대답하지 않는다. 문맥은 주의 날을 가리키는 것으로 보일 것이다. 하지만, 주의 날이 그리스도인에게 갑작스럽게 덮쳐오지 않는다면, 왜 그들이 주의 날에 정신을 차리고 있어야 하는가?[35] 마지막으로, 바울이 주의 날이 신자에게 갑자기 덮쳐오지 않는다고 말하는 것으로 이해는 누가복음 21:34~36과 마태복음 24:42~51에 기록된 예수 전통과 연결을 간과한다.[36] 이 구절에서 제자들은 정신 차리고 깨어 있어서 그날이 그들에게 덫이나 도적같이 갑자기 이르지 않게 하라고 권고받는다. 강림의 징조들을 볼 때, 그들은 머리를 들어야 한다. 구속이 가깝기 때문이다(눅 21:28). 따라서 데살로니가전서 5:4는 신자가 주의 날을 경험하지 않음을 의미하는 것으로 보이지 않는다.

이 구절은 주의 날이 불신자에게 기대치 않게 파괴적으로 이르는 것과 대조적으로, 신자에게는 **그런 식으로** 오지 않음을 의미할 가능

---

[34] John F. Walvoord, *The Thessalonian Epistles* (Findlay, Ohio: Dunham, n.d.), 84. 또한, John MacArthur Jr., *First and Second Thessalonians*, MNTC (Chicago: Moody, 2002), 161; Morris, *Epistles to the Thessalonians*, 154~56을 보라. 참고. Moo, "Posttribulation Rapture," 186.

[35] 월부드는 이 요점이 가진 힘을 분명히 의식한다. 그는 신자에게 덮쳐오지 않을, 주의 날 진노를 신자에게 덮쳐올 주의 날 자체(주의 날은 휴거와 함께 시작되므로)와 구분하는 교묘한 전환으로 자기 논의를 결론지으려는 압박을 받기 때문이다. "사실, 바울은 주의 날이 시작되는 때를 정할 수 없는 만큼 휴거의 때를 정할 수 없다고 말하고 있었다. 하지만 이것은 신자에게 상관이 없다. 우리에게 정해진 것은 주의 날의 진노가 아니라, 그리스도 안에서 우리가 소유한 구원이기 때문이다"(*Rapture Question*, 222). Morris, *Epistles to the Thessalonians*, 156~57에서는 깨어 있으라는 명령이 문맥과 어떻게 연결될 수 있는지 설명하지만, 그 문제는 뺀다.

[36] 참고. Moo, "Posttribulation Rapture," 185.

성이 훨씬 더 크다.37 신자는 주의 날이 가져오는 파멸에 도덕적으로 책임지지 않고 그날이 다가옴을 모르지도 않기 때문이다(살전 5:4~5).38 따라서 그날이 다가옴을 주시하고 도덕적 타락을 피해야 한다(6~8절). 9절은 그날이 진노로 불신자를 갑자기 덮치지만, 신자에게는 진노로부터 구원한다고 되풀이함으로써 논의를 종합한다.39 이것은 데살로니가후서 1:7~8과 비슷한데, 이 구절은 앞에서 감람산 강화 전통과 관련이 있다고 말한 바 있으며, 거기서 바울은 예수님께서 하늘로부터 나타나실 때 불신자에게는 보응을, 신자들에게 쉼을 주신다고 말한다. 데살로니가전서 5:1~12라는 더 넓은 문맥의 일부인 4:15~16은 강림 때에 신자가 얻을 구원이 실제로 휴거임을 암시한다. 따라서 우리는 데살로니가전서 4:13~5:12로부터 바울이 강림과 관련하여 두 사건이 일어날 것으로 이해하고 있다고 결론 내린다. 예수님은 불신자에게 진노를 쏟으시며 교회를 데려가심으로 그들이 그러한 진노를 피하신다. 이 사건들의 복합체를 바울은 주의 날이라 부른다.

위 내용은 바울이 데살로니가후서 2장에서 "우리 주 예수 그리스도의 강림하심과 우리가 그 앞에 모임에 관하여"라고 쓸 때 하나의 기본 사건을 생각하고 있을 가능성을 매우 크게 한다. 그가 데살로니가전서 4:13~5:12에서 말했던 것과 같은 사건,40 예수님께서 오셔서 교회는 데려가시고 대적은 심판하시는 사건이다. 데살로니가전서

---

37 대부분의 주석가가 그렇게 말한다. 예를 들어, Wanamaker, *1 and 2 Thessalonians*, 181; Earl J. Richard, *First and Second Thessalonians*, SP 11 (Collegeville, Minn.: Glazier, 1995), 252를 보라.

38 Wanamaker, *1 and 2 Thessalonians*에서는 기본적으로 예기치 않음을 염두에 둔 것으로 보지만, '어둠에' 있는 것에 관해 문맥이 도덕과 인식의 의미를 모두 허용함을 인정한다. 진지함과 깨어 있음의 권면 초점은 그 둘의 균형을 지지한다(대부분의 주석가가 그렇게 말한다).

39 Richard, *First and SecondThessalonians*, 262.

40 참고. Bruce, *1 and 2 Thessalonians*, 163.

5:1과 같이 바울은 이 사건을 주의 날이라 부른다. 환란 전 지지자는 종종 데살로니가전서 5:2에서보다 여기서 '주의 날'에 더 넓은 의미를 부여한다.41 곧, 다니엘의 칠십 번째 주다. 그리하여 그들은 3절이 휴거를 앞서는 징조들을 제공한다는 결론을 피하려고 주의 날의 징조들을 휴거로부터 분리하기를 바란다. 두 가지 논증이 주어진다. 첫째 것은 "쉽게 마음이 흔들리거나 두려워하다(ταχέως σαλευθῆναι ὑμᾶς ἀπὸ τοῦ νοὸς μηδὲ θροεῖσθαι[tacheōs saleuthēnai hymas apo tou noos mēde throeisthai])"라는 표현을 부정적으로 이해한 것에 근거한다.42 이 표현은 데살로니가 사람이 경험하는 환란으로 휴거를 놓친 것은 아닌지(그리하여 주의 날에 참여하지 못하는 것은 아닌지) 두려워했음을 의미하는 것으로 이해된다. 하지만 이 표현은 중립적이다. 부정적으로도 긍정적으로도 사용될 수 있다.43 따라서 환란 후 견해 지지자는 데살로니가 사람이 휴거가 가깝다는 생각에 들떠있다고 주장한다. 후자가 나은 것은 바울이 데살로니가후서 2:3~4에서 같은 식으로 그들의 오해에 대답하는지 이유를 훨씬 더 쉽게 설명하기 때문이다. 주의 날이 칠십 번째 주가 시작되는 시점에 시작되며 휴거가 그것을 앞선다고 바울이 가르쳤다면, 왜 그가 그들을 안심시키려고 칠십 번째 주 **후반부**의 징조들을 가리키는지 그 이유를 알기 어렵다.44 실제로 바울은 주의 날에 앞서 '먼저' 징조들이 있어야 한다고 말한

---

41 예를 들어, Walvoord, *Rapture Question*, 239; Showers, *Pre-wrath Rapture View*, 175를 보라. 그러나 MacArthur, *1 and 2 Thessalonians*, 271을 참고하라.

42 Walvoord, *Rapture Question*, 238~39.

43 정확한 표현은 신약이나 칠십인역의 다른 곳에서 발견되지 않지만(하지만 행 17:13 참조), '동요되다'나 '선동되다(θροέω[throeō])'라는 용어는 두 방식 모두로 사용될 수 있다(참고. 칠십인역 아가 5:4; 눅 24:37에 대한 P75, B, 1241의 독법). *BDAG*, 460, 911을 보라. 참고. θροέω[throeō]가 마태복음 24:6에 사용됨.

44 참고. Moo, "Posttribulation Rapture," 188~89.

다. 그밖에, 바울이 주의 날이 환란으로 시작한다고 가르쳤다면, 그것은 그가 그것이 기본적으로 황폐하게 하는 가증한 것과 동시에 시작된다고 가르쳤음을 의미할 것이다. 하지만 이것은 데살로니가전서 4장에서 예기되지만, 알 수 없는 그 특성을 가르침을 무의미하게 만든다. 그것이 예기된 것이 되게 하려고 징조가 필요하지만, 그것이 알 수 없는 것이 되게 하려고 징조 후에 정해지지 않은 시간이 필요하다. 따라서 바울은 아마도 그들이 다니엘의 환란을 경험하고(살전 3:3~4) 환란의 중간지점 이후 알려지지 않은 시점에, 주의 날이 시작되는 때에 휴거될 것이라고(살전 5:4~5) 데살로니가 성도에게 가르쳤을 것이다. 아마도 데살로니가 사람은 자신들이 다니엘의 환란을 경험하고 있으며 주의 날이 이미 이르렀다고 잘못 생각했을 것이다. 그리하여 그들은 자신들이 곧 휴거될 것으로 생각했다. 바울은 그 반대의 증거로서 그날에 앞서 있어야 할 징조들이 일어나지 않았음을 상기시킴으로써 주의 날이(주의 날뿐 아니라 다니엘의 환란도 마찬가지로) 이르지 않았다고 설명한다.45

환란 전 견해의 해석을 지지하는 데 주어지는 둘째 논증은 데살로니가전서 2:3의 구문론을 가리킨다. 로버트 토마스는 데살로니가후서 2:3이 주의 날을 앞서는 징조들을 제공한다기보다, 주의 날 시작에(곧, 주의 날에 포함되는 시작 부분에) 일어날 사건들을 말한다고 이해한다.46 그는 마태복음 12:29; 마가복음 3:27; 요한복음 7:51; 로

---

45 Richard, *Thessalonians*, 345~46에서는 데살로니가후서 2:6이 당시 데살로니가 사람의 고난을 마지막 환란 시기와 구분하는 역할을 한다고 제안한다. 곧, 바울은 실제 종말을 앞서는 종말과 같은 고난 시기를 단정하고, 독자를 그 시기에 둠으로 그들의 묵시적 열정을 약하게 하려 한다. 이 목회 전략은, 실제로 그것이 사실이라면, 마태복음의 감람산 강화에서 3~14절의 기능과 같다.

46 Robert L. Thomas, "2 Thessalonians," in *EBC*, ed. Frank E. Gaebelein, 12 vols. (Grand Rapids: Zondervan, 1978), 11:320. 또한, 1975년에 썼으나 발행하지 않은 논문 "Exegetical Digest of the Epistle of II Thessalonians," 65를 보라. 이 논문은 전자의 강해 근거를 이다.

마서 15:24에 근거하여, ἐὰν μὴ··· πρῶτον[ean mē...prōton]('먼저··· 하지 않으면')이라는 표현은 귀결절('만일 ···면 ···다'의 구조에서 '···다'를 나타내는 절)의 사건이 조건절(그 구조에서 '만일···'을 나타내는 절)의 사건과 동시에 일어나거나 그것에 포함을 가리킨다고 주장한다. 하지만 이 증거는 토마스가 원하는 대로 책임을 떠맡지 못한다. 로마서 15:24는 데살로니가후서 2:3과 평행되는 구조가 아니며, 다른 세 예문(신약과 칠십인 역과 요세푸스의 글 가운데 오직 세 개)은 귀결절의 행동이 조건절의 행동을 앞선다고 말하는 것으로 쉽게 이해될 수 없다. 따라서 마태복음 12:29과 마가복음 3:27에서 강도는 먼저 집주인을 결박함으로써 집과 물건들에 손댈 수 있으며, 요한복음 7:51에서는 먼저 말을 듣지 않고서 심판을 집행하지 않는다. 달리 말해, 그 증거에 대한 토마스의 해석은 지나치게 세밀하거나, 전적으로 불필요하고 자연스럽지 않다.47 따라서 우리는 바울이 데살로니가후서 2:3에서 주의 날에 앞설 징조들을 말할 때 이 징조들이 또한 휴거에도 앞섬을 의미한다고 결론 내린다.

데살로니가후서 2:1~15에서 우리가 주목하려는 둘째는 주의 날에 앞설 주된 징조가 황폐하게 하는 가증한 것이라는 것이다. 이것이 사실임은 즉각적으로 분명하지 않다. 하지만 다시 한번 예수 전통과 연결은 그와 같은 것을 암시한다. 바울은 데살로니가후서 2:3에서 주의 날에 앞서야 하는 분명한 두 사건, 곧 배교와 불법의 사람 드러남을 언급한다. 문맥에서 어느 것도 분명하게 설명되지는 않는다. 9~12절은 배교가 무엇을 가리키는지에 관해 가장 분명한 문맥적 가능성을 제공한다. 마귀의 영감으로 불법의 사람 도래와 관련된 진리로부터 떠나는 것이다.48 3절에서 배교와 불법의 사람 드러남의 밀접

---

47 따라서 내가 아는 한, 그를 따르는 주석가는 없다. 하지만 평행들이 분명히 보여주는 것은 때때로 주장되었던 것과 같이, 데살로니가후서 2:3에서 πρῶτον[prōton]이 '그 배교'를 불법의 사람의 드러남이 아니라, 주의 날과 연결한다는 것이다. 참고. Wanamaker, *1 and 2 Thessalonians*, 343.

48 '그 배교(ἡ ἀποστασία[hē apostasia])'는 바울의 독자에게 알려진 어떤 것이었지만(관사와 5절에서 바울이 말로서 가르친 것을 언급한 것이 그것을 나타낸다), 현대 학자들은 그것이 정확하게 무엇을 가리키는지에 의견을 달리한다. 용어 자체는 '인정한 권위에 도전하거나 떠남'이며, 따라서 '믿음에 반항하며, 떠나며, 배신하는 것'을 뜻한다(*BDAG*, 120; 참고. Heinrich Schlier, "ἀφίστημι, αποστασία, δικοστασία," in *TDNT* 1:512~14; W. Bauder, "ἀφίστημι," in *NIDNTT* 1:606~8). 그것과 그 동족어들은 칠십인역에서 정치적 반역을 가리킬 수 있지만, 특별히 종교적 배반 의미로 사용된다. ἡ ἀποστασία[hē apostasia] 자체는 칠십인역에서 단지 네 번 사용되며(수 22:22; 대하 29:19; 렘 2:19; 마카비1서 2:15), 각각 종교적 배반의 의미로 사용된다. 예레미야와 마카비1서는 그 용어를 거의 전문적 의미로 사용한다. 유대 묵시 본문들은 종말에서 이스라엘의 배교를 말하지만, 어떤 것은 세상에 만연한 일반적, 하나님에 대한 종교적 반역을 그리고 있을 수도 있다(바룩2서 41:3; 42:4; 요벨의 서 23:14~21; 1QpHab. 2:1~10; 참고. b. Sanh. 97. 에녹1서 91:3~10; 93:9; 에스라4서 5:1~13이 유대인만을 가리키는지, 모든 사람을 가리키는지는 분명하지 않다). 신약은 자칭 그리스도인의 배교를 예견한다 (마 24:11~12; 딤전 4:1; 딤후 3:1~5; 벧후 3:3~6). 대부분의 환란 전 견해 지지자는 바울이 이 배교를 말한다고 이해한다. 이러한 견해의 어려움은 배교가 1세기에 이미 교회에서 일어나고 있었으며, 따라서 주의 날의 징조로서 그 기능이 효과가 없어 보인다는 것이다. 따라서 Walvoord, *Thessalonian Epistles*, 120과 Thomas, "2 Thessalonians," 322에서는 지금 배교가 전례 없이 보편적이라고 이해한다. 월부드는 이 더 큰 배교를 불법의 사람의 드러남과 관련짓는다. 그는 본문을 지적하지 않지만, 데살로니가후서 2:8이 그의 견해를 지지할 것이다(반대의 견해로, MacArthur, *1 and 2 Thessalonians*, 272를 보라). 특별히 성전을 언급하고, 이 전통이 감람산 강화와 연결되는 상황에서(참고. 마 24:24; 살후 2:9~12), 학자 대부분은 바울이 일부 그 종말적 종교적 배교를 염두에 둔다고 생각한다. Eberhard Nestle, "2 Thess. 2.iii," *ExpTim* 16 (1904~05): 472~73에서 칠십인역 3 Kings 20:13(ET 왕상 21:13)의 코덱스 A; 신명기 15:9의 Aquila; 사사기 19:22; 사무엘상 2:12; 10:27; 25:17; 30:22; 잠언 16:27; 요나 1:11을 인용하며 ἡ ἀποστασία[hē apostasia]가 '그 벨리알'로 번역되어야 한다는 제안은 주목할 만한 가치가 있다. 그럴 경우, '배교가 이르지 않으면'은 '마귀가 이르지 않으면'이라는 뜻이다. 그와 같이 '불법의 사람'은 '벨리알의 사람'(אִישׁ בְּלִיַּעַל ['îš belîaʿal]; 참고. MT 삼하 20:1)이며, 아마도 그가 마귀 행위와 일치해 나타난다는, 바울이 말하는 바에 설명이 된다(살후 2:9). ἡ ἀποστασία[hē apostasia]를 적그리스도

한 연관성은 이 해석에 상당한 효력을 제공한다.49 하지만 그 이상으

로 보는 것은 궁극적으로 이어지는 절("그리고 불법의 사람이 드러난다")을 이해하기 어렵게 할 가능성이 있지만, 흥미롭게도 교회 교부 일부는 그렇게 이해했다. 현대 학자들은 ἡ ἀποστασία[hē apostasia]가 휴거를 가리킨다는 E. Schuyler English, *Re-thinking the Rapture* (Traveler's Rest, S.C.: Southern Bible Book House, 1954)의 이론을 받아들이지 않는 것으로 보인다. Robert H. Gundry, *The Church and the Tribulation: A Biblical Examination of Posttribulationism* (Grand Rapids: Zondervan, 1973), 115~18을 보라.

49 Wanamaker, *1 and 2 Thessalonians*, 244; Richard, *Thessalonians*, 326, 348~49에서 그렇게 말한다. Morris, *Epistles to the Thessalonians*, 219의 각주 20번에서는 밀접한 연결에 주목하지만, 배교와 드러남의 시간적 연결을 확신하지 않는다. 드러남이 배교를 일으킨다면, 우리는 왜 바울이 배교를 먼저 열거하는지 의아하게 여길 수 있다. 다른 한편으로, 우리는 또한 왜 바울이 데살로니가후서 2:3에서 배교를 적그리스도의 드러남과 함께 언급하지만, 그것은 설명하지 않고, 8~12절에서 달리 그의 논증에 필요하지 않은, 적그리스도가 나타나는 것과 연관된 종류의 배교를 설명하는지 의심할 수 있다. Richard, *Thessalonians*, 351~52에서는 바울이 적어도 도덕적 실패와 관련하여 자기 논의를 배교로 시작하고 끝맺는다고 제안한다. 바울이 편지를 쓸 때 그것이 데살로니가 교회의 주된 위험이기 때문이다. 하지만 데살로니가 사람을 실제 배교와 관련짓는 언급이 없는 상황에서 이 설명은 아무런 이점이 없다. MacArthur, *Thessalonians*, 272~74에서는 배교가 드러남이며 두 개념 모두 황폐하게 하는 가증한 것을 나타낸다고 제안한다. 하지만 3절에서 어떻게 καί[kai]가 설명의 기능인지 이해하기 어려우며, 맥아더는 9절의 뜻을 경시하는 것이 분명하다. Marvin J. Rosenthal, *The Pre-wrath Rapture of the Church: A New Understanding of the Rapture, the Tribulation, and the Second Coming* (Nashville: Nelson, 1990), 199~206에서는 다니엘 11:36에 대한 암시가 가진 효과에 근거하여 배교가 칠십 번째 '주'의 시작이 될, 장래에 나타날 왕이 유대인과 맺을 언약이라고 주장했다(단 9:27). 그렇다면 그 드러남은 그 주의 중간에 언약을 깨뜨리는 것의 한 부분이 되는 황폐하게 하는 가증한 것으로 밝혀진다. 이러한 제안은 어느 정도 설득력이 있어도 추측에 가깝다. 그것은 또한 다니엘 9장에서 이 언약을 배교로 언급하지 않는 것과 일치하지 않는다(하지만 "많은 사람"[9:27]은 남은 자들과 대비되는 배교하는 이스라엘을 나타낼 수 있다[참고. 11:39]). 로젠탈은 문맥적으로 연결된 안티오쿠스 4세의 종교적 지배

로, 9~12절의 언어와 개념은 마태복음 24:24(그리고 평행구절들)와 밀접하게 평행을 이루며, 데살로니가전서 4~5장과 데살로니가후서 2장에서 바울의 종말론을 예수 전통과 연결하는 구절들의 복합체의 일부를 형성한다. 둘 다 거짓 그리스도를 나타내는 인물이나 인물들과 연관된 극도로 현혹되기 쉬운 '표적과 기사'가 일어나는 시기를 단정한다. 마태복음에서 이것은 "선지자 다니엘이 말한바 멸망의 가증한 것이 **거룩한 곳에 선 것**"(15절 ESV 번역, 저자 강조; 참고. 막 13:14의 남성 분사 "그가 속한 자리가 아닌 곳에 서는 것")을 뒤따라 일어나는 '큰 환란'의 시기다(21, 23~24절).50 이 표현은 불법의 사람이 하나님의 성전에 앉아 자기를 하나님이라고 내세운다고 한 바울의 표현에 대응한다(살후 2:4). 이 이유로, 그리고 데살로니가후서 2:4에서의 다니엘 11:36에 대한 암시로, 대부분 학자는 바울이 불법의 사람이 활동하는 기간을 언급하면서 황폐하게 하는 가증한 것을 생각한다고 동의한다.51 하지만 이 전통과 연결은 또한 성전에서 불법의 사람 활동 기간이 실제로 불법의 사람이 '드러나는' 징조를 통해 바울이 의미하는 것임을 강하게 암시한다. 앞에서 우리가 주목한 대로, 황폐하게 하는 가증한 것이 마태복음 24:3~15에서 마지막 사건들이

에 대한 협정(단 11:30~32)이 마카비1서 2:15에서 ἡ ἀποστασία[hē apostasia]로 언급된다고 제안한다.

50 참고. R. T. France, *The Gospel of Mark: A Commentary on the Greek Text*, NIGTC (Grand Rapids: Eerdmans, 2002), 523.

51 다니엘의 칠십 번째 주는 마지막 왕이 유대인과 맺는 언약으로 시작하며, 그 언약은 분명히 황폐하게 하는 가증한 것과 관련하여(단 9:27) 그 주의 중간에 그 왕이 예루살렘 성전에서 제사를 중단할 때 파기된다. 다니엘 12:11은 이 같은 사건들을 언급하는데, 여기서 그것은 "스스로 높여 모든 신보다 크다 하는" 왕과 연결되며(단 11:36), 여기서 바울은 이 구절을 암시한다. 따라서 바울이 이 다니엘의 왕을 예루살렘 성전에서의 한 활동 기간에서 자신을 하나님으로 선포하는 사람으로 밝힐 때 그는 분명히 알려진 다니엘의 사건을 밝힌다. 바울의 활동 기간과 멀리 떨어져 관련된 것이라 할지라도 그러한 사건만이 희미한 황폐하게 하는 가증한 것이다.

가까움을 나타내는 주된 징조로 선택되기 때문이다.52

성전에서 불법의 사람 활동 기간이 그 사람의 현저한 출현을 통해 바울이 의미하는 바를 밝힌다는 바울의 의도는 또한 데살로니가후서 2:6~12의 나머지 부분에서도 암시된다. 첫째, 문맥에서 그렇게 드러날 수 있는 다른 후보자를 찾을 수 없다. 데살로니가후서 2:4~12에서 바울이 불법의 사람의 드러남을 세 번 언급하고(4, 6, 8절) 불법의 사람 도래를 한 번 언급하지만(9절), 그는 결코 그것이 불법의 사람이 어떻게 드러나는 것인지는 말하지 않는다. 6절과 8절은 억제하는 자가 제거되기 전에는 그가 드러날 수 없다고 말하지만, 그 억제하는 자가 누구인지 분명하지 않기 때문에 그 정보는 사적으로 바울의 구두의 가르침을 들을 수 없는 현대 주석가에게 거의 도움이 되지 않는다(5절).53 9~12절은 불법의 사람이54 '오는 것'(παρουσία[parousia])이 광범위한 마귀 속임수를 동반한다고(하나님의 승인 아래) 말하지만, 특

---

52 참고. Wenham, *Rediscovery*, 177~79.

53 여러 제안은 주석서들을 참고하라. 막는 자가 성령일지라도 그가 제거되는 것이 많은 환란 전 견해 지지자가 주장하듯이 교회의 휴거를 포함하는지 의심스럽다. 첫째, 바울은 막는 자가 제거된 후인 주의 날에 교회가 존재한다고 이미 말했다. 둘째, 불법의 사람이 드러나도록 허용하는 바로 그것이 휴거라면, 바울은 혼란스러워하는 데살로니가 사람에게 주의 날이 이르지 않았다는 증거로 불법의 사람이 나타나지 않은 것을 제시하지 않을 것이다. 왜 단순히 그들에게, 그것이 주의 날이 될 수 없는 것은 휴거가 먼저 일어나지 않고서 주의 날이 일어날 수 없기 때문이라고 말하지 않는가? (진노 전 휴거 견해에는 이 문제가 없는데, 그것이 휴거를 주의 날을 위한 필수 조건으로 만들지 않기 때문이다). 셋째, 휴거 후에 성령이 세상으로부터 제거된다면 휴거 후에 회개할 수 없지만, 성경은 달리 말한다. 막는 자는 성령일 수 있지만, 그럴 때 바울은 성령이 세상에서 완전히 제거되는 것보다 그의 억제하는 영향력이 제거되는 것을 말하고 있다.

54 여기서 파루시아(παπυσία[parousia])는 아마도(확실하지는 않지만) 드러남(ἀποκάλυψις[apokalupsis], 바울이 동사의 형태를 사용하고 있지만)과 평행을 이룰 것이다. 바울은 두 용어 모두 그리스도의 오심에도 사용할 수 있기 때문이다(살후 1:7; 2:8).

별히 그것이 3절에서 언급된 배교라면 그 광범위한 속임수 자체가 불법의 사람이 드러나는 것일 수 없다. 따라서 일종의 불법의 사람 출현, 하나님의 성전에서 자기를 하나님으로 내세우는 그의 활동 기간을 언급하는 4절이 남은 유일한 선택이다.

둘째, 데살로니가후서 2:3~4의 구문론은 밀접하게 그 시기를 그의 드러남과 연결한다. 헬라어에서 3절과 4절은 한 문장이며(NIV와 대조적으로), 따라서 바울이 불법의 사람 드러남을 언급한 후 기본적으로 그의 정체를 나타내는 특징들을 묘사할 때에 이 절들의 밀접한 연결, 그리고 특별히 강력하게 결론짓는 결과의 절은 그의 활동, "자신을 내세우는"(ἀποδεικνύντα ἑαυτὸν[apodeiknunta heauton]) 행위가 그러한 드러남에 대한 설명이 되도록 바울이 의도하고 있음을 강력하게 암시한다. 달리 말해, 바울이 불법의 사람 정체를 밝히는 방식은 하나님께 도전하는 그의 독특한 행위, 그를 세상에 나타내는 그러한 행위를 명확하게 지적하는 것이다. 바울이 여기서 그렇게 하지 않는다면, 특별히 바울이 그 드러남을 달리 설명하지 않는 상황에서 이 절들이 포함된 이유를 바르게 설명할 길이 없다.

바울이 그의 성전 활동을 언급하는 이유는 그것이 적그리스도의 주된 행위이기 때문이라고 주장할 수 있다. 하지만 그것은 근거 없는 단정이다. 그 활동이 적그리스도의 정체를 알 수 있는 주된 행위라면, 왜 바울은 드러남과 밀접하게 연관 지어 그 행위를 언급하며 다른 어떤 것과 연관 지어 그렇게 하지 않는가? 독자가 이미 잘 알고 있었기에 바울이 그 드러남이 무엇인지 언급할 필요가 없었을 수 있으며, 그는 단지 우연히 또한 불법의 사람 행위를 언급했을 수 있다. 하지만 바울이 활동을 언급한 것은 그것이 불법의 사람이 드러나는 수단이 되는 행위이기 때문이라는 대안이 설명적인 가치가 훨씬 더 크다. 데살로니가후서 2:5는 독자가 그 드러남이 무엇인지 이미 알고 있기에 바울이 그것을 설명하지 않았다는 것과 거리가 멀다. 실제로 이 본문은 바울이 그가 이전에 그들을 가르쳤던 것을 반복함을 가리킨다.

쇼우어즈는 적그리스도의 드러남을 가리키려는 데 사용한 수동태 ('드러나다'; 살후 2:3, 6, 8)가 그 드러남이 활동 기간과 동일함을 허락하지 않는다고 주장한다. 적그리스도가 그 활동 기간을 능동적으로 떠맡는다는 것이다.[55] 분명히 그 드러남을 언급하는 표현에 사용된 수동태는 적그리스도가 드러나는 일에 하나님의 행위를 가리키지만 (특별히 6절), 피조물의 행위가 하나님의 주권의 영향 아래에 있을 수 없다고 주장하기를 바라지 않는 한 문제는 없다. 10절은 적그리스도가 나타날 때 있을 마귀적 기만이 하나님의 통제 아래에 있음을 가리킨다. 계속해서 쇼우어즈는 계시록 6:1~2에 근거하여 적그리스도의 드러남이 그가 '다음 세계 통치자'가 되는 수단이 되는 그의 외교적 또는 군사적 승리라고 주장한다.[56] 하지만 외교적 또는 군사적 승리들이 징조가 되려면 그것들이 얼마나 특별한 것이어야 하는지 생각하기 어렵다는 것을 떠나서(그들이 아는 세상 대부분을 다스리는 로마제국의 세력에 익숙한 바울의 독자에게든, 다른 독자에게든), 데살로니가후서 2:1~12는 적그리스도의 도래를 정치적 승리보다 종교적 기만과 관련짓는다.[57] 분명 적그리스도는 제국의 인물이겠지만, 그것은 데살로니가후서 2장에서 염두에 두지는 않아 보인다.

따라서 데살로니가후서 2:3~5에 대한 최선의 해석은 그리스도의 강림—그리스도께서 교회를 데려가시고 그의 대적들에게 진노를 내리시는 사건—에 앞서 황폐하게 하는 가증한 것이 있다고 바울이 이해하고 있다는 것이다.[58] 이것은 분명히 교회가 다니엘의 칠십 번째 '주' 후

---

[55] Showers, *Pre-wrath Rapture View*, 185~87.

[56] Showers, *Pre-wrath Rapture View*, 187~89.

[57] 참고. 마 24:6~7, 15. "난리와 난리 소문을 듣겠으나… 이것들은 [단지] 진통의 시작이라. 그러나 너희가 멸망의 가증한 것이 거룩한 곳에 선 것을 보거든…"

[58] Thomas, "2 Thessalonians," 321에서는 바울이 어느 곳에서도 교회가 실제로 배교나 드러남을 본다고 말하지 않는다는 사실을 중시하지만, 이것은 바울이 자신의 요점을 전달하려고 이상한 논증을 사용하게 만든다. 만일 바울

반부에 들어감을 암시한다. 또한, 데살로니가후서 2장 전체는 마태복음 24장이 묘사하는 묵시 전통과 일치하는 것으로 발견된다. 가장 중요한 것은 두 곳 모두에서 마지막 사건들의 주된 징조가 황폐하게 하는 가증한 것이라는 점이다. 두 구절은 서로를 확증하는 역할을 한다. 마태복음 24장은 강림이 멸망의 가증한 것을 뒤따른다는 바울의 가르침을 확증하며, 데살로니가후서 2장은 마태복음 24장이 교회에게 말하고 있음을 확증하는 일에 이바지한다.

이 해석은 데살로니가전서 5:1~12가 말하는 '임박함'에 영향을 미치지 않는다

학자들은 오랫동안 데살로니가전서 5:1~11에서 말하는 임박한 강림에 대한 기대와 데살로니가후서 2:1~4에서 말하는 특정 징조들이 그 사건에 앞서야 한다는 가르침의 분명한 불일치에 주목해왔다. 어떤 사람은 이것을 바울이 데살로니가후서를 쓰지 않았다는 증거로 받아들였다. 환란 전 견해 지지자는 때때로 이것을 두 구절이 강림의 다른 두 측면—데살로니가전서에서는 기대치 않은 휴거, 데살로니가후서에서는 하나님의 진노—을 염두에 두고 있다는 증거로 받아들인다. 불일치를 생각할 필요가 없다.[59] 첫째, 우리 석의에 따르면, 바울은

이 데살로니가 사람이 주의 날을 경험하지 않는다고 믿었다면, 왜 단순히 그렇다고 말하지 않는가? 실제로, 그는 단순하게 데살로니가 사람에게 "너희가 그날에 있을 수 없는 것은 그날에 앞서거나 그날의 시작을 알리는 사건들이 아직 일어나지 않았기 때문이다"라고 말하지 않는다. 오히려, 그는 분명한 이유 없이, 계속해서 그들이 보지 않을 더 많은 것을 설명한다. 나아가, 바울이 데살로니가후서 1:6에서 그리스도의 오심을 데살로니가 사람들을 박해하는 이들을 심판으로 보응하시는 것으로 말한다는 사실은, 2:8에서 그리스도께서 오셔서 적그리스도를 멸하시는 일을 그들이 경험할 수 있음을 그가 믿고 있다는 뜻이다. 참고. 데살로니가전서 4:17의 "우리 살아서 남은 자들."

59 특별히 Bruce, *Thessalonians*, xlii~xliv를 보라. 참고. Donald Guthrie, *New Testament Introduction* (Downers Grove, Ill.: InterVarsity, 1970), 570~72; D. A. Carson, Douglas Moo, and Leon Morris, *An Introduction*

데살로니가전서 5:4에서 신자에게 강림이 갑작스럽지 않다고 명백히 말했다. 짐작건대, 이것은 적어도 데살로니가후서 2:3에 언급한 징조들 때문이다(두 구절 모두에서 바울이 이전에 자신이 이 문제에 관해 말로 가르침을 언급한다는 것에 주목하라; 살전 5:1; 살후 2:5).60 이것은 신자가 '그날과 그때'를 안다는 뜻이 아니고, 그들이 일반적 시한을 안다는 말이다. 둘째, 예수님은 또한 감람산 강화에서 '임박함'을 징조들, 특히 황폐하게 하는 가증한 것과 혼합하셨다(마 24:32~33, 42~44, 그리고 평행구절들).61 따라서 바울과 예수님 모두 듣는 사람에게 깨어서 강림을 기다리라고 이른다.

좀 더 일반적으로, 중간에 일어나는 사건들의 수와 그 사건들과 휴거의 기간이 알려지지 않는 한, 깨어 기다리라고 이르는 것과 강림의 때를 알 수 없다는 말은 환란 전 견해 지지자의 주장처럼 논리적으로, '어느 때든지 일어날 수 있는' 휴거를 반드시 수반하는 것은 아니다.62 환란 후 견해 지지자는 황폐하게 하는 가증한 것과 휴거 사이에 정확한 삼 년 반의 기간을 주장한다면 앞의 사실은 그들에게 문제가 되지만, 그것은 진노 전 휴거 견해에는 문제가 되지 않는다.

---

to the New Testament (Grand Rapids: Zondervan, 1992), 345; Paul J. Achtemeier, Joel B. Green, and Marianne Meye Thompson, *Introducing the New Testament: Its Literature and Theology* (Grand Rapids: Eerdmans, 2001), 443~44; Wanamaker, 1 and 2 Thessalonians, 178.

60 Bruce, *Thessalonians*, xliii에서 그렇게 말한다.

61 Bruce, *Thessalonians*, xliii. 마태복음 24:45~51; 25:5, 19; 누가복음 12:41~48; 19:11~27 또한 그리스도의 오심이 지연됨과 그것이 엄밀한 의미의 임박함에 어긋남을 지지한다.

62 참고. Millard J. Erickson, *Contemporary Options in Eschatology* (Grand Rapids: Baker, 1977), 141. '언제라도 일어날 수 있는' 휴거를 주장하는 어떤 사람이 가까운, 그리스도의 오심 징조들을 찾아서 계속 신문을 살피는 일은, 암묵적이며 풍자적으로, 이러한 사실을 승인하는 셈이다. 신약에 나타난 기다림 언어가 요구하는, 언제라도 일어날 수 있는 휴거에 반하는 증거는 Gundry, *Church and Tribulation*, 30~37을 보라.

진노 전 휴거 견해는 두 사건 사이에 정확한 시기를 명시하지 않기 때문이다.63

계시록

다니엘의 칠십 번째 주의 중간지점 이후 휴거 시기는 계시록에서도 나타난다. 특별히 계시록 7:9~17과 13:1~18이 이것을 보여준다. 한 곳에서 교회는 '큰 환란'(곧, 다니엘의 환란)에서 나오는 것으로 묘사되며, 다른 한 곳에서 교회는 다니엘의 환란에서 묘사된다. 계시록 7장을 먼저 살펴보자.

계시록 7장은 교회를 환란 가운데 위치시킨다

계시록 5장에서 메시아이신 어린 양은 하나님에게서 일곱 인을 가진 두루마리를 받으신다. 그분은 처음 여섯 인을 차례로 떼심으로써 두루마리를 열기 시작하셨다. 여섯 째 인을 떼실 때 하나님과 어린 양의 진노가 이르렀음이 인식되었다. 이사야 2:12~22; 13:6~16; 34:1~15; 요엘 2:1~11, 30~32; 3:9~17; 스바냐 1:14~18; 말라기 3:2를 암시함은 '하나님의 진노의 날'이 주의 날을 가리키는 요한의 표현임을 분명히 한다. 일곱 번째 인을 떼실 때 하늘에 정적이 흐르는데, 이는 스바냐 1:7과 스가랴 2:13를 암시하며 하나님의 진노 폭풍 이전의 불길한 평온을 알린다. 이어서 하나님의 진노를 가져올

---

63 따라서 환란 후 지지자는 일반적으로 두 사건 사이의 시기가 정확하게 삼 년 반이 아니라고 주장한다. 황폐하게 하는 가증한 것(그리고 강림 외에 감람산 강화의 모든 다른 사건들)이 1세기에 일어났기 때문이거나(Craig L. Blomberg, *Matthew*, NAC 22 [Nashville: Broadman, 1992]; Carson, "Matthew"에서 그렇게 말함), 칠십 번째 주가 단축되었기 때문(마 24:22; Gundry, *Church and Tribulation*, 42에서 그렇게 말하는데, 이는 Rosenthal, *Pre-wrath Rapture*, 108~09의 입장과 비슷하다)이라는 것이다. Moo, "Posttribulation Rapture," 209도 강림의 알 수 없는 특성이 종말을 제외한 모든 세대에 적용될 수 있다고 책임 없이 제안한다.

나팔이 일곱 천사에게 주어지며, 제단에서 가져온 불이 성도들의 기도와 섞여(참고. 6:9~10) 땅으로 던져진다. 그때부터 나팔이 울리고 초자연적 격변이 땅을 혼란하게 한다. 하지만 계시록 6:12~17의 여섯 번째 인과 8:1~5의 일곱 번째 인 사이에는 막간이 있다. 인을 떼는 과정이 계시록 7장에서 멈춘다. 하나님의 진노가 부어지기 전에 하나님의 종들을 보호하기 위해서다(계 7:1~3). 이 막간에서 요한은 두 무리를 본다(혹은 안다). 첫째는 144,000명의 이스라엘 사람 무리이다. 그 사람들을 '인치는 것'(구별의 표시를 주는 것)이 계시록 7:4~8에 기록되어 있다. 이 일 후에 계시록 7:9~10에서 요한은 모든 나라에서 온 셀 수 없이 많은 무리가 하늘에서 하나님의 보좌 앞에 선 것을 본다. 그들은 흰 예복을 입고 종려 가지를 들고 큰 소리로 "구원하심이 보좌에 앉으신 우리 하나님과 어린 양에게 있도다"라고 외친다. 이 무리가 누구인지 물었을 때, 요한은 그들이 큰 환난에서 나온 사람으로 구성된다는 말을 듣는다. 그들은 자신들 예복을 어린 양의 피에 씻었으며 종말적 복을 경험할 것이다. 이 둘째 무리를 이해하는 최선의 방식은 교회를 나타내는 그림으로 보는 것이다.

이 무리가 교회인 것은 그것을 묘사하는 데 사용하는 언어에서 분명하다.64 계시록 7:9는 셀 수 없이 많은 무리가 "각 나라와 족속과 백성과 방언"에서 왔으며,65 7:14는 그들이 자기 예복을 '어린 양의

---

64 참고. Robert H. Mounce, *The Book of Revelation*, NICNT, rev. ed. (Grand Rapids: Eerdmans, 1998), 139; David E. Aune, *Revelation 6~16*, WBC 52B (Nashville: Nelson, 1998), 447; Henry Barclay Swete, *Commentary on Revelation* (Grand Rapids: Kregel, 1977), 100; G. K. Beale, *The Book of Revelation: A Commentary on the Greek Text*, NIGTC (Grand Rapids: Eerdmans, 1999), 433; Grant R. Osborne, *Revelation*, BECNT (Grand Rapids: Baker, 2002), 303. Showers, *Pre-wrath Rapture View*, 150에서는 무리가 교회일 수 없으며, 교회였다면 요한은 분명히 어떤 사람을 알아보았을 것이라고 주장한다. 그러한 접근은 이 장르를 실제보다 훨씬 더 문자적으로 다룬다.

65 "각 나라와 족속과 백성과 방언"이라는 표현은 다니엘에서 온 것이며

피로' 씻었다고 말한다. 이것은 계시록 5:9에서 교회에 이미 적용한 표현이다. 거기서 어린 양이 "각 족속과 방언과 백성과 나라 가운데에서 사람들을 피로 사서 하나님께 드리셨다"라고 말한다. 요한은 거기서 분명히 교회를 묘사하려 한다. 5:10에서 교회가 나라와 제사장들이라는 묘사를 반복하기 때문이다(참고. 출 19:6). 1:5~6에서 비슷한 맥락으로 사용된 표현이다. "우리를 사랑하사 그의 피로 우리 죄에서 우리를 해방하시고 그의 아버지 하나님을 섬기도록 우리를 나라와 제사장으로 삼으신 그에게 영광과 능력이 세세토록 있기를 원하노라." 셀 수 없이 많은 무리에 관한 묘사는 교회보다 더 큰 무리를 망라하도록, 그리하여 그 무리가 교회와 다른 이들을 모두 포함하도록 요한이 의도하고 있을 가능성이 있지만, 다른 강력한 증거가 없이는 그 요점은 논의의 여지가 있다.66 요한은 분명히 교회를 묘사하려 한다.

어떤 사람은 셀 수 없이 많은 무리가 교회의 한 부분, 곧 모든 시대나 마지막 환란 때의 순교자들을 묘사한다고 제안한다.67 그들은

(3:4, 7, 29; 4:1; 5:19; 6:25; 7:14), 거기서는 일반적으로 제국의 거주자와 특별히 종말에서 인자와 같은 이를 섬기는 자를 묘사한다. 계시록에서 그것은 그러한 같은 의미이며(5:9; 7:9; 10:11; 11:9; 13:7; 14:6; 17:15), 일반 사람(제국의 지배를 받는)과 인자에게 속한 사람 모두를 묘사한다. 후자는 문맥에서 다른 묘사로 전자와 구분된다. Alan Hultberg, "Messianic Exegesis in the Apocalypse: The Significance of the Old Testament for the Christology of Revelation" (PhD diss., Trinity Evangelical Divinity School, 2001), 277~82를 보라.

66 흰 예복을 입는 것(계 4:4; 하지만 참고. 3:5, 18; 19:8, 14)과 종말적 복을 누리는 것(계 21:4, 6)이 교회보다 더 큰 무리에게 적용될 수 있다는 것은 사실이다. 하지만 이것은 요한이 반드시 여기서 교회보다 더 큰 무리를 묘사한다는 증거는 아니다. 교회는 분명히 그 무리에 포함되며 요한은 단지 그 표현을 더 큰 무리의 한 부분으로 교회에 적용하는 것일 수 있기 때문이다. 요한이 교회 외에 이 더 큰 가상의 집단의 몇몇 하부 집단을 묘사하려고 한다는 더 많은 말은 증거가 부족하다.

67 R. H. Charles, *The Critical and Exegetical Commentary on the Revelation of St. John*, ICC (Edinburgh: T & T Clark, 1920), 1:189;

흰 예복(계 7:9, 13, 14), 어린 양의 피로 예복 씻기(14절), 무리가 큰 환란으로부터 나왔다는 사실을 언급한 것 모두가 순교를 가리킨다고 제안한다. 따라서 다섯째 인을 떼실 때 제단 아래의 순교자들에게 흰 예복이 주어졌다는 것(계 6:11), 그리고 계시록 12:11에서 용을 이긴 자들이 "어린 양의 피와 자기들이 증언하는 말씀으로써 그를 이겼으며 그들은 죽기까지 자기들의 생명을 아끼지 아니하였다"라고 말하는 것을 지적할 수 있다. 따라서 예복을 세탁하는 것 또한 다니엘 11:35을 암시한다고 할 수 있다. 거기서는 "또 그들 중 지혜로운 자 몇 사람이 [안티오쿠스의 박해 동안] 몰락하여68 무리 중에서 연단을 받아 정결하게 되며 흠이 없게[לְלַבֵּן(lalbēn), '희게'] 된다"라고 말한다(참고. 단 12:10).69 따라서 무리가 '큰 환란으로부터 나온다'라 함은 그들이 순교했음을 의미하는 것이 분명하다.70

하지만 대부분 주석가는 여기서 순교 언어를 보지 못한다.71 한편

Martin Kiddle, *The Revelation of St. John*, MNTC (New York: Harper and Bros., 1940), 133~37; G. B. Caird, *The Revelation of St. John*, BNTC (Peabody, Mass.: Hendrickson, 1966), 96.

68 כָּשְׁלוּ[kāšlû]는 '넘어지다'를 뜻하지만, 다니엘 11:33이 분명히 하는 것처럼 이 동사는 여기서 죽임을 당하는 것에 쓰인다.

69 특별히 Richard Bauckham, *The Climax of Prophecy: Studies in the Book of Revelation* (Edinburgh: T & T Clark, 1993), 227~29를 보라. 히브리어 표기를 추가해 편집함을 밝힌다.

70 어떤 사람은 또한 셀 수 없이 많은 무리가 144,000과 같은 무리라고 가정하고는 그들을 순교자들로 본다(Kiddle, *Revelation*, 138; Caird, *Revelation*, 100). 144,000이 '이스라엘 자손의 각 지파'(계 7:4)에서 선택한 사람이며, 이스라엘 자손은 교회 전체만을 의미할 수 있으므로, 144,000은 교회 전체의 한 하부 무리이다. 하지만 그럴 때 우리는 하나님의 진노로부터 보호받는 사람이 오직 순교자들, 구체적으로, 자기 믿음을 지키려고 죽는 사람이며, 교회에 속한 나머지, 구체적으로는 자기 신앙을 위해 죽지 않을 사람은 하나님의 진노에 들어간다는 이상한 명제를 가진다. 이 두 무리의 정체에 관한 더 많은 비평은 아래를 보라.

으로, 계시록에서 교회 자체는 자주 전적으로 '순교자들'로 구성하는 것으로 간주한다.72 계시록에서 '증인'이 되는 것은 반드시 신앙 때문에 죽는 것이 아니며, 어떻게 죽든 삶 전체에 걸쳐 충성을 다하는 것이다. 따라서 7:9~17의 표현이 분명히 순교 언어임을 보여줄 수는 있어도, 그것은 전체 교회를 염두에 둔 것이 아님을 보여주지는 않을 것이다. 다른 한편으로, 그리고 좀 더 중요하게, 이 표현의 어느 것도 계시록에서 순교자들에 제한되지 않는다. "이는 큰 환난에서 나오는 자들인데"라는 표현에서 반드시 순교를 암시하거나 그 일에서 심지어 죽음을 암시하는 것은 아무것도 없다. 그리고 다섯째 인을 떼신 후에 제단 아래에 있는 순교자들에게 흰 예복이 주어지더라도(계 6:11), 계시록에서 흰 예복을 입는 것은 모든 그리스도인에게 공통적이다(3:5, 18; 19:8, 14). 비슷하게, 계시록 12:11이 분명히 순교 문맥이라도, '어린 양의 피로' 이기는 것이 '그가 그랬던 것처럼 믿음을 위해 죽임을 당하는 것'을 의미하며, 따라서 "자기들이 증언하는 말씀으로써[그리고 그들은 죽기까지 자기들의 생명을 아끼지 아니하였다]"를 "어린 양의 피로"와 유사하게 한다는 것은 의심스럽다. 첫째, 어린 양의 피로 이기는 것은 계시록 5:5, 9를 회상하려는 의도이며, 거기서 메시아의 승리는 십자가에서 이룬 구속이었다. 12:11에서 '형제들'은 어린 양의 구속하는 죽음으로 뱀을 이긴다. 둘째, 요한이 전치사 구(διά[dia]+대격)를 반복하는 12:11의 구문론은 그가 그 승리에 하나가 아닌 두 개의 이유를 말함을 보여준다. 따라서 그 형제들이

---

71 예를 들어, Aune, *Revelation 6~16*, 447; Swete, *Revelation*, 100; Mounce, *Revelation*, 154; Beale, *Revelation*, 433; Osborne, *Revelation*, 318을 보라.

72 Beale, *Revelation*, 171~72, 269~72; Osborne, *Revelation*, 285~86. 참고. Caird, *Revelation*, 293, 296~298; Bauckham, *Climax of Prophecy*, 233~35. 계시록 12:11은 교회를 '순교자들'로 보는 경우다. 참고. 2:10, 13; 13:10; 20:4(그리고 11:7, 증인이 교회를 대표한다고 이해하면). 교회로 보내는 각 편지에서 '이기는 사람'은 어떤 종류든 죽음에 이르기까지 예수님께 충성하는 사람이다.

승리하는 것은 어린 양의 구속하는 죽음과 그들 자신이 보인, 복음에 대한 죽기까지—순교에 의한 죽음이든 그렇지 않든—의 충성 때문이다(참고. 계 2:10). 그리고 예복을 세탁하는 것이 다니엘 11:35를 암시할 수 있지만('큰 환란'이라는 표현에서 다니엘 12:1을 분명히 암시함에 힘입어) 그것은 또한 이사야 1:8을 암시할 수도 있다(참고. 시 51:7). "어린 양의 피에 그 옷을 씻어 희게 하였다"라는 표현이 구속의 주제이며 순교 주제가 아니라고 하는 다른 증거는 후자를 지지한다.73

또한 문맥이, 셀 수도 없이 많은 무리가 순교할 것을 요구한다고 주장한다. 계시록 6:9~10에서 다섯째 인을 떼신 후 요한은 제단 아래에 원수 갚아주기를 호소하는 순교자들을 보았다. 11절에서 그들은 순교자의 수가 차기까지 기다려야 한다는 말을 듣는다. 하나님의 진노가 나팔소리와 함께 시작하므로 셀 수 없이 많은 무리는 완성된 수의 순교자들이 분명하다. 이 주장은 상당한 설득력이 있다. 하지만 하나님의 진노가 부어지기 전에 순교자들의 수가 완성되는 장면을 기대하는 것이 합리적이기는 해도, 계시록 7장이 그런 식으로 작용한다는 것은 의심스러워 보인다. 그렇다고 하더라도 그 순교자들이

---

73 John Walvoord, *The Revelation of Jesus Christ* (Chicago: Moody, 1966), 144~47와 Robert L. Thomas, *Revelation 1~7: An Exegetical Commentary* (Chicago: Moody, 1992), 485 모두 셀 수 없이 많은 무리가 환란, 곧 교회의 휴거 이후 시기에 믿은 사람을 대표한다고 생각한다. 월부드는 그들을 순교자로 생각하지만, 토마스는 그들을 그렇게 볼 이유를 찾지 못한다. 오히려 그는 그들이 처음 여섯 개 인 심판 동안 어떤 식으로든 죽은 사람으로 이해한다. 하지만 이들이 '환란 성도'라는 명제는 7:9~17의 명백한 교회의 언어에 어긋나며, 요한이 교회가 아닌 한 무리를 나타내려는 의도라는 훌륭한 증거가 없다는 사실에 비추어 거짓일 가능성이 크다. 월부드는 24장로가 교회를 대표하며, 따라서 셀 수 없이 많은 무리가 다른 무리가 분명하다고 제안한다. 하지만 이것은 모호한 것이 분명한 것을 해석하게 하는 것과 같다. 셀 수 없이 많은 무리가 교회를 대표한다는 분명한 증거가 있지만, 24장로가 실제 교회(휴거되어 하늘에 존재하는)를 대표한다는 명백한 표시는 없다. 환란 전 휴거라는 전제가 없이 이것이 전체든지 단지 부분이든지, 교회가 아닌 어떤 무리라고 결론 내리기 힘들다.

셀 수 없이 많은 무리로 밝혀질 것인지는 의심스럽다. 첫째, 우리가 보았듯이, 무리 묘사에서 그들이 순교자들이라고 하는 것은 아무것도 없다. 둘째, 7:9~17이 순교자들의 수가 완성되는 것을 말한다면, 왜 이 장면이 여섯째 인 전에 나타나지 않고 후에 나타나는지 알 수 없다. 하나님의 진노가 나팔소리가 들리기 전까지 시행되지 않겠지만, 하나님의 진노는 여섯째 인을 떼시는 것과 함께 이른다고 순교자들에게 기다릴 것을 명한 후에 말하고 있다. 이것이 암시하는 것은 여섯째 인이 떼어졌을 즈음이면 순교자의 수가 이미 완성되었다는 것이다.74 더 나은 해결은 하늘에 나타나는 셀 수 없이 많은 무리를 교회의 휴거를 나타내는 그림으로 보는 것이다. 이것은 계시록 6~8장과 매우 유사한 14~16장에서의 일련의 장면으로 확증된다.

계시록 12~16장은 계시록 전체에서 하나의 문학 단위를 형성한다. 그것은 요한이 보는 하늘의 세 가지 '이적' 언급으로 구분된다(계 12:1, 3; 15:1). 처음 두 이적은 계시록 13~14장에 묘사한 종말 사건들의 우주적인 배경을 이룬다. 성도들과 싸우는 다니엘의 짐승(계 13:7; 참고. 단 7:21; 12:1; 계 12:11~17)은 에덴동산에서 시작한, 마귀적 뱀이 하나님의 백성과 싸우는 더 큰 전쟁 일부다(계 12:9).75 짐승과 전쟁은 하나님의 진노 포도즙 틀에서 결말에 이르며(계 14:17~20), 셋째 이적은 그 진노를 상세히 설명한다(계 15:1; 16:1~21). 이 묘사에서 짐승이 마귀적으로 세상을 정복하고 성도를

---

74 참고. Beale, *Revelation*, 396.

75 계시록 12장의 여인은 메시아 공동체의 상징으로 보인다. 그녀가 용과 벌이는 전쟁은 에덴동산으로부터(12:9) 역사의 마지막 시기까지 연장한다(12:14와 계시록의 나머지 부분, 이 부분은 이 에피소드에 의존한다). 그리하여 하와처럼 그녀는 어린 메시아를 출산하며, 옛 뱀은 그 아이의 목숨을 노린다(12:4; 창 3:15). 이스라엘처럼 그녀는 요셉의 꿈 특성을 가지며(12:1; 창 37:9) 메시아를 낳는다(12:5; 시 2:9). 그녀 자신은 하나님의 보호를 받지만, 그녀 나머지 자녀는 짐승의 사역으로 용의 진노에 들어간다(12:17; 13:7). 참고. Osborne, *Revelation*, 456.

박해하는 것을 묘사한 후(계 13:7~10; 참고. 단 7:21), 144,000이 어린 양과 함께 시온 산에 서 있는 모습으로 다시 나타난다. 그들은 13장에서 짐승과 그의 추종자들과 대조를 이룬다. 마치 시합을 기다리며 운동장 맞은편에서 싸울 태세를 갖추고 있는 두 팀을 묘사하는 것 같다. 14:6~12에서 세 천사가 그 시합의 관심 사항 세 가지를 공표한다. 첫째, 천사는 땅에 거하는 사람에게 회개를 요구한다. 하나님의 심판 때가 이르렀기 때문이다(14:7). 둘째와 셋째 천사는 짐승과 함께 하는 사람의 결말을 공표한다. 그들은 하나님의 진노 포도주를 마신다(14:10). 하지만 진노의 포도를 수확하기에 앞서 요한은 또 다른 추수를 본다. '인자 같은 분'이 땅의 작물을 수확하시는 때다(14:14~16).[76] 이 추수는 분명히 첫 열매인 144,000으로(14:4) 시작한 '구속'을 완성한다. 그 후 14:17~20에서 하나님의 진노가 부어지는 것을 상세히 설명하는 셋째 이적에서 요한은 '짐승을 이긴 사람들'(계 15:2; 참고. 7:14)이 하나님의 보좌 앞에 선 것(15:2; 참고. 4:5~6; 7:9)과 그들이 그들 구원을 노래하는 것을 본다(15:3; 참고. 7:10).[77] 그 의미는 이들이 14:14~16에서 인자가 추수하신 사람이라는 것이다. 하나님의 진노 대접들이 이 무리가 하늘에 나타난 다음에 부어지기 때문이다. 땅에서 인자가 추수하신 다음에 곧바로 진노의 추수가 일어나는 것과 같다.[78]

---

[76] 다른 것들 가운데 Aune, *Revelation 6~16*에서는 14:14~16에서 추수를 단순히 그 뒤를 따르는 포도 수확과 평행을 이루는 천사의 심판으로 이해한다. 이 논제는 가능성이 매우 낮다. 특별히 Bauckham, 290~96에 있는 결정적 논증을 보라. 14~16장이 6~8장과 평행을 이루는 것 외에도, 계시록 1:7, 13이 주제의 중심이 되는 상황에서 요한이 다니엘 7:13을 암시하면서 예수님을 밝히려는 의도가 아닐 가능성은 매우 낮다. 나아가, 두 추수가 심판이라면, 특별히 첫째가 그 대행자에 의해 둘째와 구별되고, 둘째가 뚜렷하게 하나님의 진노와 연결됨으로 첫째와 구별된다면, 두 추수의 요점을 상상하기 어렵다.

[77] 계시록 15:3~4의 노래가 '모세의 노래'로 불리는 것은 그것이 가진 구원의 특성을 가리킨다(참고. 출 15:1~21). 참고. Bauckham, *Climax of Prophecy*, 296~307.

따라서 계시록 14~16장은 7~8장과 상당히 밀접하게 평행을 이룬다. 두 본문 모두에서 땅에서 하나님의 표(이름)를 이마에 가진 144,000이 나타나고, 다음에 하늘에서 환란에서부터 나온 승리한 사람들이 나타나고, 이어서 하나님의 진노가 뒤따르는 순서를 볼 수 있다.79 이것은 계시록 15:2의 무리가 7:9의 셀 수 없는 무리와 같음을 암시한다. 하지만 15:2에서 하늘의 무리는 죽음에 의해서가 아니라, 구름 가운데 오시는 인자 같은 분에 의해서 땅으로부터 추수되어 그곳에 이른다. 이것은 강림을 나타내는 분명한 그림이며, 따라서 이 무리가 하늘에 나타나는 것은 아마도 요한이 본 휴거일 것이다.80 이것은 계시록 7:9~17의 셀 수 없이 많은 무리가 또한 휴거로

---

78 참고. 15:2~4의 승리자들과 14:14~20의 추수의 연관성은 Beale, *Revelation*, 784~85가 정교하게 분석한다. 그는 15:2~4를 추수되는 자들로서 14:14~16과 연결하지 않는다. 14:14~16이 전적으로 심판을 가리킨다고 이해하기 때문이다.

79 계시록의 세 개 '심판' 시리즈 가운데 문학적 연결은 일곱째 인이 일곱 나팔을 포함하며, 일곱째 나팔이 일곱 대접을 포함함을 가리킨다. 그리하여 일곱째 인이 떼어질 때 나팔들이 주어지며(8:1~2), 하늘에서 성전이 열리며 나팔들이 끝나고 대접들이 시작한다(11:19; 15:5). 따라서 각 시리즈는 동일한 현현 현상들로 끝나며, 하나님과 그분 왕국의 도래를 가리킨다 (11:15~18; 참고. 16:17). 처음 여섯 인은 우리를 하나님 진노 날의 도래로 데려가며, 일곱째 인(나팔들과 대접들을 통합)은 하나님의 진노가 쏟아짐을 가리킨다. 일곱 대접은 짐승과 그를 경배하는 자들에게 최종적 강력한 심판의 시기이며, 회개할 수도 없는 때다.

80 Traugott Holtz, *Die Christologie der Apokalypse des Johannes*, TUGAL 85 (Berlin: Akademie, 1971), 134; Pierre Prigent, *L'Apocalypse de Saint Jean*, CNT 14, 2nd ser. (Lausanne: Delachaux & Niestlé, 1981), 232~33을 보라. Bauckham, *Climax of Prophecy*, 293~95와 Swete, *Revelation*, 189~90 두 곳 모두에서는 추수가 종말에 인자가 오셔서 신실한 사람을 모으심을 인정하지만, 이 모임을 전도와 관련지어 이해한다. 보컴은 계시록 14:14~16(특별히 타작)과 다니엘 7:13~14 모두에서 심판의 이미지가 결여한 것이 인자에 의한 추수가 심판으로 이어지지 않음을 가리킨다고 제안한다. 하지만 그것은 분명히 포도 수확과 포도주 틀을 밟기로 이어지는 게 맞고, 이것을 나라들을 심판하시는 그리스도의 이미지이며(계 19:15), 다니엘

하늘에 나타남을 암시한다.

  계시록 7:9가 강림이며, 따라서 휴거인 것은 계속해서 계시록 6:1~17에서 감람산 강화 전통 사용으로 암시된다. 많은 이가 처음 여섯 인과 마태복음 24:5~31에서 열거하는 사건들의 평행에 주목했다.81 따라서 첫째 인(계 6:1~2)은 적그리스도가 아니라면 아마도 거짓 그리스도들의 출현을 나타내며, 마태복음 24:5에 대응한다(참고. 24:24). 셋째 인인 기근(계 6:5~6)은 마태복음 24:7의 기근에 대응한다. 다섯째 인인 순교(계 6:9~11)는 마태복음 24:9의 순교에 대응한다. 그리고 여섯째 인인 우주적 혼란(계 6:12~14)은 마태복음 24:31의 우주적 혼란에 대응한다.82 마태복음에서 우주적 혼란은 인자가 구름 가운데 오셔서 택하신 자들을 모으시는 강림 때에 일어난다. 분명히 계시록 14:14~16에서 말하는 장면과 그에 대응하는 하늘에서의 승리자

7:9~14에서 인자 같은 이의 오심은 넷째 짐승에 심판과 같은 때에 일어나는 사건이다. 계시록에서 여러 측면을 가진 강림을 봐야 한다. 그것들은 곡식 추수/휴거, 포도 추수/진노, 진노를 완성하고 왕국을 시작하려고 영광 가운데 다시 오심이다. Beale, *Revelation*, 770~73에서는 마태복음 24:30과 연결과 공관복음의 전통과 계시록에서 강림 주제 모두 구원과 심판(바울에게서도 발견되는 주제)을 가져오는 것으로 인식하지만, 어쨌든 14:14~16에서 인자에 의한 추수를 심판으로 이해한다. 전적으로 17~20절에서 평행하는 추수에 근거한 해석이다. 하지만 우리가 주목한 대로, 두 개 추수를 병렬하고 구분되게 묘사는 그것들 정체를 받아들이기 어렵게 한다.

  81 예를 들어, Charles, *Revelation*, 1:158~60; Mounce, *Revelation*, 140; Walvoord, *Revelation*, 123; Thomas, *Revelation 1~7*, 416; Beale, *Revelation*, 373~74; Osborne, *Revelation*, 270. 참고. Aune, *Revelation 6~16*, 424; Swete, *Revelation*, 92은 판단하기가 조심스럽다.

  82 넷째 인인 죽음(계 6:7~8)은 감람산 강화와 특별히 연결되지 않는다. Thomas, *Revelation 1~7*, 452에서는 여섯째 인의 우주적 소동이 마태복음 24:29의 사건들과 유사하지만 같지는 않다고 주장했다. 마태복음에서 그것들이 바로 끝에 환란 뒤에 오지만 계시록에서는 그렇지 않기 때문이라는 것이다. 참고. Osborne, *Revelation*, 291. 하지만 이것은 강림이 하나의 통일된 사건이라는 것과 요한이 마태가 통일된 것으로 묘사했던 것을 확장할 수 없다는 것을 전제로 한다.

무리의 출현이다. 따라서 일곱째 인의 우주적 혼란으로 도입되며 14:14~16에서 인자에 의해 추수되는 승리자들의 장면과 평행을 이루는 계시록 7:9~17은 휴거된 교회를 보여주는 그림인 것이 거의 분명하다. 그리하여 마태복음 24:29에서 강림이 '큰 환란'(마 24:21)을 뒤따른다는 사실은, 어떻게 해서 계시록 7:14에서 셀 수도 없이 많은 무리가 '큰 환란'에서 나왔다고 하는지 그 이유를 설명한다.

어떤 사람은 계시록 7:14에 사용한 현재분사 ἐρχόμενοι[erchomenoi]('나오는')에 주목함으로써 7:9~17이 휴거를 말하지 않는다고 주장한다.83 그 분사는 진행 의미를 나타낸다는 것이다("이는 큰 환난에서 나오는 자들인데"). 따라서 하늘에 셀 수 없이 많은 무리가 나타나는 것은 휴거에 대한 묘사에서 기대되는 것같이 한 번에 이루어지기보다, 사람이 죽어 개인적으로 하늘에 이르는 것에서 기대되는 것 같이 지속하는 일이다. 하지만 이것은 분사를 지나치게 해석함이다. 한편으로, 앞선 7:9~17에서 휴거를 가리키는 증거는 그 반대를 보여주며, 다른 한편으로, 계시록 7:9~17의 다른 동사들은 그 분사가 진행의 의미를 나타내지 않을 가능성을 말해준다. 따라서 9절에서 요한은 무리가 보좌 앞에 선 것(ἑστῶτες[hestōtes])을 본다. 이 완료분사는 그들이 특별한 상태에 있음을 묘사한다. 하지만 요한이 무리 가운데 새로운 사람들이 계속해서 나아오는 것을 전달하려는 의도라면 '오는 것' 또는 '모이는 것'과 같은 동사를 기대할 것이다. 따라서 또한 13절에서 장로가 요한에게 "그들은 어디서 왔는가(ἦλθον[ēlthon])"(ESV 번역)라고 물을 때에 사용되는 동사는 부정과거다. 결정적이지 않지만, 요한이 지속적 나아옴을 전달하려는 의도라면 여기서 우리는 현재나 미완료 형태의 동사를 기대할 것이다. 좀 더 중요한 것은 οἱ ἐρχόμενοι[hoi erchomenoi]('오는 자들')와 같이 명사적 용법의 분사는 일반적으로 코이네 헬라어에서 특정 시상(aspect)을 잃어버리며, 따라

---

83 특별히 Showers, *Pre-wrath Rapture View*, 147~50을 보라. 참고. Charles, *Revelation*, 1:209.

서 οἱ ἐρχόμενοι[hoi erchomenoi]가 현재를 가리키는 것은 고사하고, 진행의 의미를 반드시 가질 필요가 없다는 것이다.[84] 계시록 20:10에서 현재분사의 명사적 용법을 비교해 보라. "그들을 미혹하는(ὁ πλανῶν[ho planōn]) 마귀가 불과 유황 못에 던져지니." 여기서 현재분사는 바로 앞의 절에 기록된 과거 미혹의 일을 가리킨다. 이런 이유로 대부분의 주석가들은 οἱ ἐρχόμενοι[hoi erchomenoi]가 '[지속적으로] 오는 자들'보다 단순히 '오는 자들' 또는 '온 자들'을 의미하는 것으로 이해한다.[85]

따라서 셀 수 없이 많은 무리를 휴거된 교회로 보는 것이 최선의 해석이다. 그리고 요한이 교회가 큰 환란에서 온다고 할 때, 그것이 가장 분명하게 가리키는 것은 교회가 적어도 다니엘의 환란의 일부를 경험한다는 것이다. 이것은 또한 계시록 2:10, 22에서 교회에 주어진 다가오는 환란에 대한 경고들과 일치한다.

계시록 13장은 교회를 환란에 둔다

요한이 쓰는 계시록의 수신자(계 1:4, 11)인 아시아의 일곱 교회는 1세기의 문자 그대로 일곱 개 교회이지만, 그들은 아마도 교회 전체를 대표하도록 의도됐을 것이다.[86] 요한은 이것을 여러 방식으로 나타낸다. 첫째, 계시록에서 숫자 7 자체는 매우 중요한 숫자다(하나님의 일곱 영, 일곱 촛대, 일곱 별, 일곱 인, 일곱 눈, 일곱 뿔, 일곱 나팔, 일

---

[84] Daniel Wallace, *Greek Grammar beyond the Basics* (Grand Rapids: Zondervan, 1996), 625~26에서는 현재분사가 주동사와 같은 시간, 심지어 (특별히 관사가 있는 현재분사의 경우) 주동사보다 과거의 동작이나 상태를 가리킬 수 있다고 설명한다. 참고. BDF, § 339.

[85] 예를 들어, Aune, *Revelation 6~16*, 430, 각주 14d~d, 473; Mounce, *Revelation*, 164; Osborne, *Revelation*, 324; Swete, *Revelation*, 102; Ernst Lohmeyer, *Die Offenbarung des Johannes*, HKNT 16 (Tübingen: J. C. B. Mohr, 1926), 69를 보라.

[86] Beale, *Revelation*, 186~87, 226~27을 보라.

곱 우레, 일곱 대접에 주목하라). 그것은 온전함이나 완성된 세트를 나타내는 것이 분명하다. 따라서 요한이 일곱 교회에 편지를 쓰는 것은 일곱 교회가 모든 교회를 대표하도록 의도하고 있음을 암시한다. 특별히 1세기 로마제국의 아시아 지역에 다른 교회가 존재했기 때문이다(행 20:4; 골 1:2; 4:13). 둘째, 계시록 2~3장에서 각 신탁이 개별적인 교회에게 주어지지만, 들으라고 하는 상투적 요청(2:7, 11, 17, 29; 3:6, 13, 22; 참고. 2:23)에서 복수 '교회들'이 가리키듯이 그 경고와 약속은 모든 교회에게 주어진다. 셋째, 신탁에서 개 교회에게 주어진 종말적 약속들은 마지막 상태에서 모든 그리스도인에 대해 성취된다(참고. 예를 들어, 계 2:7; 22:2, 14). 따라서 계시록은 1세기 일곱 교회에게 주어진, 모든 교회를 가르치도록 의도한 편지다. 이것은 시간의 관점에서 계시록을 다소 복잡하게 만든다.[87] 한편으로, 1세기 관점에 대한 분명한 암시들이 있다. 이 책에서 예언된 사건들이 요한과 그와 가까운 동시대 사람들의 삶에서 성취될 것이라는 기대다(예를 들어, 사건들이 가깝다고 하는 수 많은 단언과 이 책을 아시아 일곱 교회에 적용하는 것). 다른 한편으로, 미래의 관점에 대한 분명한 암시가 있다. 따라서 적어도 사건들 일부는 종말에 성취된다(예를 들어, 짐승의 강림과 패배, 부활, 마지막 심판). 이것은 계시록에 나타난 상징들을 다루는 일을 어렵게 한다. 요한이 가까운 관점을 말하는지, 먼 미래를 말하는지, 둘 다를 동시에 말하는지 항상 분명하지는 않기 때문이다.

이 복잡성은 아마도 일곱 교회에 주어진 신탁에서 가장 심각하게 느껴질 것이다. 일곱 교회는 실제 교회이면서도 교회 전체를 대표하는 존재이기 때문이다. 분명히 이 여러 신탁에서 1세기 문제들을 다루지만, 그것들은 계시록의 나머지 부분에서 상세하게 다루는 종말 사건들과 연결된다. 딱 들어맞는 사례가 서머나교회(계 2:8~11)와 두아디라교회(2:18~29)에게 주어진 신탁이다. 거기서 부활하신 그리스도

---

[87] Marvin C. Pate, ed., *Four Views on the Book of Revelation* (Grand Rapids: Zondervan, 1998)을 보라.

는 다가오는 환란 시기에 관해 경고하신다. "마귀가 장차 너희 가운데에서 몇 사람을 옥에 던져 시험을 받게 할 것이며, 너희가 십 일 동안 환난을 받을 것이다"(계 2:10 ESV 번역)라는 경고가 서머나 사람에게 주어진다. 두아디아 사람은 특정 여자 선지자와 그녀를 따르는 자들이 "그 행위를 회개하지 아니하면 큰 환난 가운데에 던져진다"라는 말을 듣는다(2:22 ESV 번역).88 이들 교회가 겪을 환란이 임박해 보이지만, 이들 교회가 전체 교회를 대표하는 특성을 가진 것과 계시록 후반부에서 분명히 묘사하는 환란의 종말적 특성은 요한이 또한 미래 교회에게 다니엘의 큰 환란을 경고하고 있음을 입증한다.89

계시록 13장에서 요한은 사탄에 의해 바다로부터 소환되어 사탄의 영감에 의해 세상을 지배하는 짐승의 활동을 묘사한다. 그 묘사의 특징은 다니엘 7장의 넷째 짐승과 그것이 가진 불경스러운 작은 뿔을 암시한다(참고. 단 7:8, 20, 21, 25; 계 13:5~7). 다니엘에서 넷째 짐승은 역사적인 동시에 종말론적인 이미지다. 그것은 이스라엘을 지배하는 넷째 왕국, 곧 그리스를 밀어내는 왕국인 로마를 묘사하지만, 그

---

88 계시록 3:10에서 '시험의 때'에 관해서는 아래를 보라.

89 필자가 보기에, 계시록 현상을 다루는 최상의 방식은 그것들을 이중적 관점으로 이해하는 것이다. 요한이 로마 황제의 요구에 굴복하라는 압박이 머지않아 증가할 것을, 종말에 있을, 황제로서 적그리스도의 요구와 그리스도의 최종적 승리의 관점으로 묘사한다는 것이다. 곧 나타날 로마 황제(도미티아누스)는 요한의 교회들에게 적그리스도, 곧 종말의 적그리스도의 한 모형일 것이다(참고. 요일 2:18; 4:3; 살후 2:7~8). 이것은 종말 환란의 한 모형으로서 1세기의 예루살렘의 파괴를 말하는 감람산 강화의 관점과 비슷하며, 다니엘의 종말론에 의존한다. 다니엘은 적그리스도를 1세기의 로마에 의한 예루살렘 파괴와 연결하며, 안티오쿠스 에피파네스 4세를 통해 그를 예표한다. 참고. C. Marvin Pate, "A Progressive Dispensationalist View of Revelation," in *Four Views on the Book of Revelation*, 95~175; Osborne, *Revelation*, 1, 21~22. 계시록 1:19는 이중적 관점을 가리킬 수 있다. 이 경우 그것은 다음으로 읽혀야 한다. "그러므로 네가 보는 것(εἶδες[eides]), 곧(καὶ[kai]) 지금 있는 일, 그리고(καὶ[kai]) 이 일들 후에 일어나야 할 일을 기록하라"(밝힘. 헬라어 추가함). 참고. Beale, *Revelation*, 163.

것의 작은 뿔은 그 왕국의 마지막 왕이다. 그가 '성도들과 싸우는' 것은 종말적 큰 환란의 구성요소가 된다(단 7:21, 25; 12:1, 7). 계시록의 짐승은 그와 비슷한 역사적이며 종말적 연결을 가지고 있다. 따라서 계시록 17:10에서 짐승은 로마 황제를 나타낸다. 계시록 17장에서 요한은 음녀가 짐승을 탄 것을 보며, 이 음녀가 "땅의 왕들을 다스리는 큰 성"이라는 설명을 듣는다(18절). 이 음녀는 일곱 산 위에 앉아 있는 것으로 묘사된다(17:9). 요한의 독자에게 이 음녀는 로마일 수밖에 없다.[90] 짐승 자신은 일련의 왕의 여덟 번째이며 이전의 일곱 왕의 한 명이 '환생'한 것으로 설명된다(17:10~11). 한 여자가 로마를 나타내는 이 짐승-왕을 타고 있는 사실은 아마도 그 짐승이 로마 황제임을 가리키며, 그는 아우구스투스로부터 여덟 번째 황제로서, 네로가 적그리스도로 '환생'할 것으로 예견되는 도미티아누스일 가능성이 가장 크다.[91] 따라서 계시록 13:7에서 짐승이 '성도들과 싸우는 것'은 기본적으로 계시록 2:10, 22에서 언급되는 역사적 환란이며, 그것 숭배는 황제숭배와 관련 있다.[92] 하지만 그 짐승은 1세기 로마 황제 그 이상을 나타낸다. 그 짐승과 짐승 탄 음녀를 묘사하는 표현들이 모두 그들을 다니엘이 말하는 더 넓은 제국의 주제와 연결하기 때문이며,[93] 그들은 분명히 종말적 사건들에 관여하기 때문이다.[94]

---

[90] 음녀에 관한 묘사는 「알려진 로마(*Dea Roma*)」의 도상학(iconography)을 따른다. 특별히 Aune, *Revelation 17~22*, 920~22, 944~45를 보라.

[91] Swete, *Revelation*, 220~21; Stephen S. Smalley, *The Revelation to John: A Commentary on the Greek Text of the Apocalypse* (Downers Grove, Ill.: InterVarsity, 2005), 436을 보라. 참고. Charles, *Revelation*, 2:69~70. 그리하여 많은 학자는 짐승의 이름의 숫자인 666(혹은 616)을 네로 황제(Nero Caesar)의 헬라어와 라틴 번역의 히브리어 음역에 대한 게마트리아(gematria)로 이해한다.

[92] 예를 들어, Aune, *Revelation 6~16*, 756을 보라. 황제숭배가 교회를 압박했음이 버가모교회에게 보낸 편지에서 암시되었다. '사탄의 권좌'가 그 도시에 있다고 말한다. 이는 버가모가 아시아 지역에서 황제숭배의 공식적인 본부로 구별되었음을 가리킨다.

이 종말적 연결의 적지 않은 것이 짐승의 거짓 선지자가 행하는 기만적 표적들이며, 이것은 아마도 인 환상에서 발견된 대로 묵시적 예수 전통에 대한 또 다른 언급으로 이해되어야 할 것이다(참고. 마 24:24; 살후 2:9~10).95 이것은 요한이 다가오는 환란에 대해 그의 교회들에게 경고할 때에 두 관점을 염두에 두고 있음을 확증하는 것으로 보인다. 계시록 13:7에서 짐승이 일으키는 '성도들과 전쟁'은 일곱 교회를 삼킬 것으로 기대되는 역사적 환란과 미래 교회를 기다리는 종말적 환란을 모두 가리킨다.96 그렇다면 이것은 요한이 계시록 7:9~19에서 교회가 큰 환란으로부터 나오는 것으로 볼 수 있는 이유에 대한 설명이 된다. 계시록 13장의 환란은 14장에서 인자가 땅에서 행하시는 추수와 그 뒤를 따르는 짐승의 왕국에 쏟아지는 진노의 대접과 짐승을 탄 음녀인 바벨론의 멸망으로 끝난다.

---

93 그와 같이, 예를 들어, 짐승은 다니엘 7장에서 제국들을 가리키는 네 짐승이 혼합된 것이며(참고. 단 7:4~7; 계 13:1~2), 음녀는 '큰 바벨론, 땅의 음녀들과 가증한 것들의 어미'와 동일시된다(계 17:5; 단 4:30). '큰 바벨론'은 다니엘에서 하나님이 대적하시는 인간적 제국의 오만을 나타낸다. 1:2에서 다니엘이 바벨탑과 연결하는 오만이다.

94 그와 같이, 예를 들어, 짐승은 어린 양을 대적하여 10개국 연합을 형성하며(계 17:14; 19:19~21), 그리스도의 재림 직전에 음녀는 이들 왕에게 멸망한다(계 14:8~20; 17:16; 18:1~19:21).

95 따라서 짐승의 형상을 숭배하는 것은 데살로니가후서 2:4에서 불법의 사람 활동과 일치할 수 있다.

96 이것은 1세기에 그 지시 대상이 쉽게 발견되지 않는, 13장에서 짐승에 관한 세부 내용이 아마도 미래 적그리스도와 관련된 실체를 가리킴을 암시한다. 일반적으로 짐승을 예배하는 것은 황제숭배를 가리킬 수 있지만, 짐승이 치명적 부상으로부터 회복된 것으로 그를 예배하는 것, 거짓 예언자의 기만적 이적들, 말하는 형상, 경제적 통제는 로마제국을 넘어서는 일이며, 어느 정도 바울이 말하는 데살로니가후서 2장에서의 불법의 사람 개념과 연결된다.

결론

따라서 우리는 마태와 바울과 요한 모두 교회의 휴거가 다니엘의 칠십 번째 '주'의 중간지점 이후에 일어난다는 데 동의한다고 결론을 내린다. 세 저자 모두 교회가 종말적 적그리스도를 볼 것을 기대하며, 마태와 바울은 명확하게 교회가 황폐하게 하는 가증한 것을 볼 것을 기대하고, 마태와 요한은 명확하게 교회가 종말적 환란을 경험할 것을 기대한다. 그리고 셋 모두 교회의 휴거를 이 사건들 후에 두는 것으로 가장 잘 이해된다. 또한, 셋 모두 자기 견해에 같은 예수 전통을 의지하는 것으로 보인다. 따라서 석의적 증거에 따른 최선의 해석은 환란 전 휴거에 반한다. 하지만 석의적 증거에 따른 최선의 해석은 또한 환란 후 휴거의 근본을 허문다. 교회는 다니엘의 칠십 번째 주의 중간지점 이후에 휴거될 것이지만, 그 증거는 또한 그것이 그 주의 마지막 이전에 휴거될 것을 요구하기 때문이다.

교회가 시대 끝에 하나님의 진노를 피하는 방식은 휴거이다

교회가 하나님의 진노를 경험하지 않음은 먼저 바울의 편지에서 분명하다. 바울은 자기 편지에 세 번에 걸쳐 그리스도인이 하나님의 진노를 당할 운명이 아니라고 말한다(롬 5:9; 살전 1:10; 5:9). 분명히 바울은 이 진술로 신자가 그리스도께서 그들에게 가져온 구속으로 마지막 심판에서 하나님의 진노에 들어가지 않음을 의미할 가능성이 있다. 이것은 아마도 로마서 5:9가 말하는 것이다. 하지만 바울은 또한 예수님께서 드러내시는 날, 곧 강림 때에 하나님의 진노가 부어진다고 말한다(살전 5:2~3; 살후 1:6~10; 2:8).[97] 이 문맥에서 우리는

---

97 참고. 로마서 1:18; 2:5; 에베소서 5:6; 골로새서 3:6. 이 본문은 전자와 같은 표현을 사용한다. 이것은 그것들이 강림의 진노를 말함을 암시하지만, 그러한 결론은 분명치 않다.

하나님의 진노로부터 보호를 말하는 다른 두 약속을 발견한다. 따라서 데살로니가전서 1:10에서 데살로니가 사람은 '장래의 노하심에서 우리를 건지시는' 하나님의 아들이 하늘로부터 오시는 것을 기다린다. 이 진노와 그것으로부터 데살로니가 사람의 구원이 데살로니가전서 5:2~4에 언급된다. 주의 날이 파괴적으로 불신자들을 덮치지만, 신자에게는 자애롭게 임하는 때다. 이것은 바울이 데살로니가전서 5:9~10에서 "하나님이 우리를 세우심은 노하심에 이르게 하심이 아니요, 오직 우리 주 예수 그리스도로 말미암아 구원을 받게 하심이라. 예수께서 우리를 위하여 죽으심으로 우리가 깨어 있든지 자든지 자기와 함께 살게 하려 하셨다"라고 결론을 내리게 한다. 이 후자의 진술은 데살로니가전서 4:13~18에서 휴거에 관한 논의를 가리키며 주의 날에 신자들이 얻는 구원이 휴거로 성취됨을 암시한다. 따라서 이것이 바울이 1:10에서 언급하는 것일 수 있다. 예수님께서 하늘로부터 드러나실 때 그리스도인은 휴거를 통해 다가오는 진노로부터 구원받을 것이다. 같은 개념이 데살로니가후서 1:6~11에서 발견된다. 거기서 강림은 하나님과 그의 백성을 대적하는 자들에게 고난과 응보를 가져오지만 박해받는 그리스도인에게는 놓임을 가져온다. 여기서 바울이 휴거를 염두에 두고 있다는 것은 데살로니가후서 2:3~12에서 적그리스도와 그에게 속한 자들에 대한 심판을 논하는 일에서 모든 것에 우선하는 개념, 곧 "우리 주 예수 그리스도의 강림하심과 우리가 그 앞에 모임"(2:1)에 의해 암시된다. 데살로니가전서 5:9에서와같이 여기서 논의는 교회의 구원에 관한 선언으로 끝난다. "주께서 사랑하시는 형제들아, 우리가 항상 너희에 관하여 마땅히 하나님께 감사해야 하는 것은 하나님이 처음부터[98] 너희를 택하

---

[98] 데살로니가후서 2:13에 대한 증거들은 바울이 '처음 열매(ἀπαρχὴν [aparchēn])'라고 썼는지 '처음부터'(ἀπ ἀρχῆς[ap archēs])라고 썼는지 관련하여 대등하게 나뉜다. 바울의 문체는 '처음 열매'를 선호하게 하지만, 문맥상 그것은 맞지 않기에 필자는 '처음부터'가 더 나은 독법이라고 생각한다. Wanamaker, *1 and 2 Thessalonians*, 265에서 그와 같이 말하며, TNIV와

셔서… 구원을 받게 하셨기 때문이다"(2:13). 이것은 일반적으로 하나님의 심판으로부터의 구원을 가리킬 수 있지만, 문맥(데살로니가후서 2장과 더 넓은 데살로니가 편지들 모두)은 그것이 강림 때에 임할 하나님의 심판을 포함함을 암시한다.99 따라서 바울이 하나님의 심판으로부터 교회가 보호받을 것을 약속할 때 그가 의미하는 것은 예수님께서 오실 때에 그가 내리시는 진노로부터 보호로써 휴거를 포함할 가능성이 가장 크다.

이것은 바울이 강림을 말할 때, 사건들의 복합체를 염두에 두고 있음을 암시한다. 강림은 먼저 휴거, 이어서 하나님의 진노, 그리고 땅으로 귀환을 포함한다. 바울은 이 사건들의 복합체 지속 기간을 가리키는 암시들을 제공하지 않지만, 사건들의 복합체를 요구하는 것은 분명하다.100 따라서 재림을 말하는 바울의 표현이 통일된 휴거와 재림을 암시한다는 주장은 중요하지 않다. 예를 들어, 데살로니가전서 4:17에서 바울이 ἀπάντησις[apantēsis]('만남')라는 표현 사용은 자주 환란 후 휴거의 증거로 제시된다. 이 단어는 지역 관리가 도성으로 오는 고관을 만나려고 그 도성 밖으로 나감을 가리키는 유서 전문어라는 주장이다. 그는 도성 밖에서 강림(παρουσία[parousia])한 후 그를 데리고 도성으로 다시 들어온다.101 바울이 여기서 그 의미로

Metzger, *Textual Commentary*, 568은 그 반대를 말한다. 본문비평의 문제는 실질적으로 필자 논증에 영향을 미치지 않는다.

99 참고. Richard, *Thessalonians*, 262.

100 환란 후 견해 주장자도 바울이 주의 날과 강림을 사건들의 복합체로 가르쳤음에 동의해야 할 것이다. 그렇게 하지 않으면 데살로니가후서 2장 상황을 설명하기가 불가능하기 때문이다. 바울이 주의 날을 사건들의 복합체로 가르치지 않았다면, 어떻게 해서 데살로니가 사람들은 예수님께서 영광 가운데 나타나신 일이 없음에도 불구하고 주의 날이 이르렀다고 생각했으며(살후 2:2), 왜 바울은 예수님께서 다시 오지 않으셨다는 분명한 사실을 지적하는 대신, 주의 날을 앞서는 징조들을 주장했겠는가? 참고. Thomas, "2 Thessalonians," 318.

그 용어 사용을 인정하더라도(그것은 또한 단순히 모든 종류의 만남을 의미할 수 있다),102 이 은유는 만남과 그 후 일어나는 복귀의 기간에 관해서는 아무것도 말하지 않는다.103 따라서 휴거와 땅으로 귀환을 한 사건으로 간주하는 한 그 단어는 여전히 두 단계의 강림에 사용될 수 있었을 것이다. 그와 유사하게, 바울이 παρουσία[parousia]('도래' 또는 '임재'), ἐπιφάνεια[epiphaneia]('나타남' 또는 '현시'), ἀποκάλυψις[apokalypsis]('계시')라는 용어들을 휴거와 그리스도의 재림에 서로 바꿔서 사용하는 것은 신약성서 다른 저자들이 하듯이, 사건들의 복합체로서 재림에 반대하는 논증이 아니다.104 어느 경우든, 더 큰 또는 더 좁은 사건들을 염두에 둔 것이다. 무는 동일한 것을 인정하지만, 그 논지는 "그러한 구분에 대한 명확한 증거가 없는 한 받아들일 수 없다"라고 주장한다.105 그 증거는 계시록에서 확인할 수 있다.106

---

101 Bruce, *Thessalonians*, 102~3에서 그 증거를 보라.

102 BDAG, 97.

103 참고. Moo, "Posttribulation Rapture," 181.

104 이것은 또한 부활의 시기에 관한 건드리의 증거에 대해서도 사실이다 (Gundry, *Church and Tribulation*, 146~51).

105 Moo, "Posttribulation Rapture," 177.

106 이와 비슷한 경우가 문자적 천년왕국에 반대하는 무천년주의자들의 주장이다. 특정 신약 본문들은 그리스도의 재림 때에 부활과 마지막 심판이 일어난다고 단정하고 있는 것으로 가장 단순하게 이해된다. 따라서 천년왕국은 문자적이지 않음이 분명하다는 것이다. 하지만 전천년주의자들은 천년왕국이 문자적인 것임을 가정하면, 다른 곳에서 하나의 사건으로 보이는 것이 사건들의 복합체임이 분명하다고 대답한다. 혹은 또 한편, 유대인 신학자는 예수가 메시아일 수 없다고 주장한다. 특정 구약 구절들에서 그것에 관해 기록된 모든 메시아적 사건이 그의 삶 동안 일어나지 않았기 때문이라는 것이다. 그리스도인은 구약에서 한 사건으로 보이는 것이 신약에서 시간적으로 분리된 사건들의 복합체인 것으로 드러난다고 대답한다.

계시록은 휴거, 쏟아지는 진노, 그리스도의 땅으로 귀환을 포함하는 복잡한 강림을 보여준다

바울서신에서 거의 동시에 일어나는 것처럼 보일 수 있는 것이 계시록에서 확장된다. 앞에서 우리는 계시록 6~8장과 14~16장이 하나님의 진노가 쏟아지기 바로 전에 휴거를 말함을 살펴보았다. 따라서 하나님의 심판 때가 이르렀음이 선포된 후(14:7), 짐승을 경배하는 모든 자가 "하나님의 진노 포도주, 그 진노의 잔에 섞인 것이 없이 부은 포도주를 마시게" 되는(14:10, 18~20 NASB 번역) 포도의 수확(14:17~20) 이전에, 계시록 14:14~20에서 요한은 그리스도께서 강림하셔서 땅에서 추수하시는 것을 본다. 일단 승리한 교회가 하늘로 가면(15:2~4), 하나님의 진노로 가득한 일곱 대접(15:1, 7; 16:1)이 짐승의 왕국에 쏟아진다(16:1~21). 이 진노 기간의 끝에 예수님은 땅으로 돌아오셔서 자기 왕국을 세우신다(계 19:11~21; 참고. 16:13~18; 17:14). 이와 비슷하게, 계시록 6:17에서 여섯째 인을 떼실 때 하나님 진노의 큰 날이 이르렀음이 인식된다. 하지만 나팔 심판(8:1~11:19)에서 하나님의 진노가 부어지기 전에 그것으로부터 보호받으려고 144,000이 인침을 받으며(7:1~3; 참고. 9:4) 교회는 하늘로 휴거된다. 이 일이 있은 다음에야 나팔이 불리며, 마지막 나팔이 불리면 하나님의 왕국이 도래한다(11:15~18).

이 견해를 반대하는 몇 가지 사항을 말할 수 있다. 첫째, 144,000이 셀 수 없이 많은 무리와 같다는 생각과 관련하여, 7:9~17의 장면은 종말에 대한 예변법(실제보다 앞당겨 적기)이라고 주장한다. 요한은 7장 막간에서 두 관점으로 교회를 본다는 것이다. 다가오는 하나님의 진노로부터 보호받지만, 여전히 짐승의 손에 순교하는 위험에 노출되어있는, 땅에서 교전하는 교회와 성실함으로 환란 과정을 마친 하늘에 있는 승리한 교회다.107 하지만 한편으로, 이 해석은 계시록 14~16장의 평행구절과 충돌한다. 거기서는 강림의 추수가 진노의 추수를 앞선다. 이것을 부인하는 유일한 길은 흰 구름에 앉으신 인자 같은 이의 추수가 뒤따르는 포도의 추수와 동일함을 확증하는 것이다. 하지만 앞에서 필자가 주장했듯이, 그럴 가능성은 극히 낮다. 다른 한편으로, 요한의 의도 또한 144,000과 셀 수 없이 많은 무리가 동일함을 말하는 것이 아닌 것 같다. 그는 거의 의도적으로 반대되는 용어들로 그들을 묘사하기 때문이다.108 따라서 (1) 144,000은 명확하게 수를 말하지만, 많은 무리는 셀 수 없이 많다고 명확하게 말한다. (2) 144,000은 명확하게 이스라엘의 다양한 지파들로부터 온 자들로 열거되며, 셀 수 없이 많은 무리는 모든 나라, 민족, 백성, 방언으로부터 온다. (3) 144,000은 땅 위에서 나타나지만, 무리는 하늘에서 나타난다. (4) 144,000은 그들이 들어가려고 하는 위험한 때로부터 보호받으려 인침을 받지만(9:4), 셀 수 없이 많은 무리는 큰 환란으로부터 나온 자들이다. 이와 유사하게, 14장에서 144,000은 추수의 처음 열매(14:4)이지만, 하늘의 무리는 온전한 추수(14:14~16)이다. 적어도, 144,000이 교회의 구성원들을 대표하는 것으로 이해하면, 그들은 전체 교회보다 한 부분을 대표한다.

리처드 보컴은 두 집단 사이의 현저한 대조가 수사학적이며, 그들을 나란히 위치시킨 것이 유대인의 군사적 범주로부터 더 보편적이고 순교적 범주에게로 독자를 깜짝 놀라게 하는 역할을 한다고 주장한다.109 그리하여 셀 수 없이 많은 무리가 144,000과 동일하며 그것을

---

107 예를 들어, Beale, *Revelation*, 395~96, 405~6을 보라. 참고. Charles, *Revelation*, 1:195. 찰스는 7:9~17에서 "4장에서 7:4~8에 이르기까지 그토록 조심스럽게 지켜진 시간의 통일성에 한 번의 실제 중단이 있으며… 큰 환란의 종결을 기대한다."라고 설명한다.

108 Aune, *Revelation 6~16*, 440~47을 보라. 참고. A. Feuillet, "Les 144.000 Israélites Marqués d'un sceau," *Nov Test* 9 (1967): 191~224; Heinrich Kraft, *Die Offenbarung des Johannes*, HNT 16a (Tübingen: J. C. B. Mohr, 1974), 126. 이어지는 부분은 기본적으로 필자 쓴 "Messianic Exegesis"의 302쪽의 각주 109와 315쪽의 일부를 그대로 다시 쓴 것이다.

재해석하려고 사용된다는 것이다. 그는 자기 해석의 근거를 이와 유사하게 계시록 5:5~6에서 어린 양을 통해 사자를 재해석하는 것에서 찾는다. 거기서 요한은 유다 지파 사자의 승리를 듣지만, 죽임당한 것 같은 어린 양이 선 것을 본다. 여기서 요한은 인침을 받은 자의 수가 이스라엘의 각 열두 지파로부터 온 12,000명이라는 소리를 듣지만, 각 민족, 나라, 백성, 방언으로부터 온 셀 수 없이 많은 무리를 본다. 하지만 보컴의 입장은 두 가지 이유로 유지될 수 없다. 첫째, 계시록 5장에서 분명한 것은 사자가 어린 양이 실제로 나타나기 전에 언급된 단순한 명칭이기에 어린 양이 사자를 대표한다고 요한이 말한다는 것이다. 하지만 7장에서는 하나님의 종의 집단을 인치는 실제 사건(1~3절) 후에 인침 받은 자들(ἐσφραγισμένων[tōn esphragismenōn])에 대한 설명이 뒤따르도록 한 정교한 과정이 있으며, 여기서 사용된 현재완료분사는 인침이 있었음을 암시한다. 이 집단이 실제로 인침 받은 후에야 요한은 셀 수 없이 많은 무리를 본다. 둘째, 관련 언어는 5장에서보다 7장에서 상당히 다르다. 계시록 5:5에서 한 장로가 요한에게 사자가 이겼다고 말하며, 이어서 요한이 "그리고 나는… 어린 양을 보았다"(καὶ εἶδον... ἀρνίον[kai eidon… arnion])라고 말한다. 곧바로 두루마리를 열기에 합당한 분을 찾는 것과 관련하여 5:1에서 시작한 장면이 이어지진다. 하지만 7:9에서는 "이 일 후에 내가 보니"(ESV 번역; Μετὰ ταῦτα εἶδον, καὶ ἰδοὺ[meta tauta eidon, kai idou])라는 전환 진술이 있으며, 이것은 이야기 전개에서 새로운 무대를 가리킨다(참고. 4:1; 7:1; 15:5; 18:1; 19:1).

따라서 7:9~17에서 하늘에 셀 수 없는 무리가 나타나는 것이 종말에 관한 예변법(실제보다 앞당겨 쓰기)이라는 개념은 유지될 수 없다. 그것은 14장의 두 추수도, 144,000과 셀 수 없이 많은 무리의 구분도 설명하지도 않는다.

---

109 Bauckham, *Climax of Prophecy*, 215~29.

계시록 7:9~17이 교회의 휴거를 묘사한다는 해석에 대한 두 번째 반대는 처음 다섯 인에서 하나님의 진노가 이미 존재한다는 것이다. 이 개념을 지지하려고 어떤 사람은 어린 양이 인을 떼기에 인을 떼는 결과는 하나님의 진노로 여겨야 한다고 주장한다.110 하지만 하나님께서 인을 떼시는 것뿐 아니라 계시록의 모든 사건을 주관하심을 생각하면 일부러 여섯째 인에서 하나님의 진노가 이르렀음에 주목하는 요한의 의도는 분명히 여섯째 인과 일곱째 인의 결과를 처음 다섯 인과 구별하려 함이다. 요한이 의도하는 의미에서 하나님의 진노를 포함하는 것은 오직 후자다.111 이것은 또한 처음 다섯 인의 '일반적' 대이변(마 24:3~13에서 조짐이 없는 '진통의 시작'에 해당하는)과 나팔 재앙을 포함하는 마지막 두 인의 초자연적 대이변(마 24:29~31에서 강림에 해당하는)의 질적 차이에서 명백하다. 나아가, 이사야 2:12~22; 13:6~16; 34:1~15; 요엘 2:1~11, 30~32; 3:9~17; 스바냐 1:14~18; 말라기 3:2의 암시가 분명히 보여주듯이 여섯째 인의 우주적 혼란은 하나님께서 당신 대적들을 심판하시려고 오시는 큰 날인 주의 날의 징조다. 따라서 내러티브에서 다음 사건들은 특별히 하나님의 진노로부터 144,000을 보호하시려고 그들을 인치는

---

110 예를 들어, Showers, *Pre-wrath Rapture View*, 52~58을 보라.

111 따라서 필자는 Showers, *Pre-wrath Rapture View*, 68~72에서 계시록 6:7~8이 아마도 에스겔 5:17; 14:21을 암시할 것이며, 에스겔에서 이것들은 하나님의 심판을 나타낸다는 것에 동의하지만, 앞에서 진술한 이유로 이것이 6:17에서 언급된 하나님의 진노가 넷째 인에서 시작을 보여준다는 것에 동의하지 않는다. 이것들은 여전히 처음 다섯 인에서 나타난 '일반적' 재해 일부이며 여섯째 인과 일곱째 인이 보여주는 명백히 다른 재해들이 아니다. 네 번째 인의 현상이 '주의 날 진노'를 나타냄을 보여주려는 쇼우어즈의 시도는 실패로 끝난다. 그 현상들이 종말론적인 주의 날에만 있을 일이며, 히브리 단어 אַף['ap]('분노')와 חֵמָה[hēmâ]('격노')의 사용 또한 특별하게 종말적 주의 날과 연관된다는 가정에 의존하기 때문이다. 그 현상들이 유대 묵시 전통에서 중요한 것이었다는 증거를 제외하더라도, 그의 가정은 사실이 아니다.

것(7:1~3; 참고. 9:4), 교회의 휴거, 일곱 번째 인을 떼는 것 등이다.112 이 인을 떼는 것은 네 가지 결과를 낳는다. 스가랴 2:13과 스바냐 1:7에서 심판 가운데 오시는 하나님을 수반하는 것으로 언급되는 반 시간 동안 하늘의 고요함,113 일곱 천사에게 전달되는 일곱 나팔, 땅에 던져지는 불(성도의 기도와 섞인 불로서 명백히 원수 갚음을 위한; 계 6:9~11),114 그리고 현현을 가리키는 현상들(계 8:1~5)이다.115 다른 말로 하면, 일곱째 인을 뗌으로 주의 날 진노가 시작하며 그것이 하나님께서 땅으로 오셔서 당신 백성의 원수를 갚아주시는 종말로 우리를 이끈다. 이어서 일곱 나팔은 일곱 인의 요점을 반복하며, 주의 날에 동반하는 확장된 심판에 초점을 맞추지만 일곱 번째 인과 같이 동일한 현현의 현상으로 끝나며(계 11:19), 하나님의 왕국 도래를 가리킨다. 따라서 요한이 생각하는 하나님의 진노는 분명히 일곱 나팔에서 드러나는 주의 날의 진노다("주의 진노가 내려," 11:18). 그리고 여섯째 인에서 경건하지 않은 자들은 우주적 혼란을 그것이 존재한 것과 달리 진노의 날이 이르렀음을 알리는 징조로 대한다.

토마스는 여섯째 인의 우주적 혼란을 본 경건치 않은 자들의 외침("진노의 큰 날이 이르렀으니," 계 6:17)에 사용된 부정과거 동사 "이르다"(ἦλθεν[elthen])를 처음 여섯 인의 현상들을 종합하는 단순 부정과거 용법으로 이해해야 한다고 주장한다.116 하지만 이것은 분명히 사실이 아니다. 첫째, 부정과거가 주의 날의 도래를 가리킨다는 것은

---

112 이 문단에서 이어지는 부분은 필자의 "Messianic Exegesis," 299~300에서 거의 그대로 가져왔다.

113 참고. 스바냐 1:7; 스가랴 2:13. 첫째 구절은 그들 가운데 배교하는 자들을 심판하시려고 오시는 하나님을 말하면, 둘째 구절은 자기 백성을 신원하시려고 오시는 하나님을 다룬다.

114 아마도 에스겔 10:2을 암시한다.

115 특별히 출애굽기 19:16~20을 보라. 참고. Beale, *Revelation*, 458~59.

116 Thomas, *Revelation 1~7*, 458, 460.

바로 앞에서 말한 것에서 명백하다. 하지만 둘째, 요한은 같은 구조를, 한 천사가 두 추수에 앞서 하나님의 진노 때가 "이르렀다"(ἦλθεν[ēlthen])라고 선포하는 계시록 14:7에서 사용한다. 여기서 ἦλθεν[ēlthen]은 단지 '이르렀다'를 의미할 수 있다. 계시록 6:12~11:18과 14:1~16:21의 평행을 생각하면, 그 동사는 6:17에서와 같은 의미로 해석되어야 한다.117

셀 수 없이 많은 무리가 나오는 환란이 진노의 날과 동일하다는 주장을 지지하면서 환란 전 주장자는 미래 이스라엘의 고난 시기를 다루며 주의 날과 관련이 있는 일부 구약 구절이 '환란'으로 번역될 수 있는 히브리 단어들을 사용하는 것에 주목한다(예를 들어, 신 4:30; 습 1:14~15).118 이 견해에 맞서 우리는 먼저 구약에서 이스라엘의 고난 시기와 관련하여 다른 어떤 것이 언급될 수 있을지라도 요한은 구체적으로 다니엘의 환란을 말한다는 사실에 주목한다. 그것은 적그리스도가 '성도와 싸우는' 마지막 삼 년 반의 시기다(단 7:21, 25; 12:1, 7; 계 13:7).119 이것은 계시록이 가진 일반적인 다니엘의 배경과 계시록 13장에서 환란 모티프 사용에서 분명하다. 다신 한번, 다니엘과 요한 둘 다(참으로, 본질상 모든 유대 묵시 문학의 관점이 그렇듯이) 하나님께서 궁극적으로 역사와 그 결과를 주관하신다는 관점을 가진 것이 사실이지만, 다니엘과 요한 누구도 적그리스도가 성도를 박해하는 것이 하나님 진노의 표현이라고 하지 않는다.120 둘째, 유

---

117 계시록 14:15; 19:7도 보라.

118 예를 들어, Walvoord, *Rapture Question*, 42~44; Showers, *Pre-wrath Rapture View*, 33을 보라.

119 참고. Moo, "Posttribulation Rapture," 172~73.

120 Moo, "Posttribulation Rapture," 173~74는 다니엘 11:36에서 זַעַם[za'am]('진노' '재해') 사용이 환란에서 하나님의 진노를 증명한다고 주장한다(참고. 8:19). 하지만 זַעַם[za'am]이 구약에서 항상 하나님의 진노를 가리키는 것은 아니며(Bertil Wiklander, "Māoîz," TDOT, 4:106~8), 다니엘

대인이 적어도 환란 시기의 일부 동안 하나님의 진노를 경험할 것을 보여줄 수 있더라도, 요한은 유대인이 아닌 교회가 하나님의 진노를 피하는 것을 말한다. 실제로 그것이 7장에서 144,000이 인침 받는 것의 요점으로 보인다. 셀 수 없이 많은 무리가 하나님의 진노로부터 보호받으려고 하늘로 휴거되지만, 이 집단은 아마도 땅에서 진노의 날을 통과하도록 인침 받는 이스라엘의 남은 자를 대표할 것이다(계 9:4).121 144,000은 휴거와 동시에 그리스도를 따르는 자들이 되거나 휴거 전에 그리스도를 따르는 자들이 되도록 표시를 받고 그 후로 그런 자들이 된다고 생각된다.122 그리하여 그들은 진노의 시기

11:36에서 그것은 분명히 적그리스도가 언약에 분노하는 것을 가리킨다(참고. 11:30). 참고. John J. Collins, *A Commentary on the Book of Daniel*, Hermeneia (Minneapolis: Fortress, 1993), 338~39.

121 참고. Kraft, *Offenbarung*, 126; J. A. Draper, "The Heavenly Feast of Tabernacles: Rev. 7:1~17," *JSNT* 19 (1983): 136; Feuillet, "Les 144.000," 221. 요한은 자주 교회를 이스라엘과 관련짓는 방식으로 말할 수 있지만(예를 들어, 제사장의 나라로서, 계 1:6; 5:10), 또한 이스라엘과 교회를 다소 구별되게 유지하는 것으로 보인다(예를 들어, 새 예루살렘이 둘 다의 요소들을 통합하는 것으로 묘사하는 것, 계 21:12~17; 참고. 4:4). 144,000이 이스라엘의 남은 자라는 지적은 에스겔 9:4에서 남은 자들을 인치는 것과 그들이 "이스라엘 자손의 각 지파로부터" 택한 자들이라는 사실(계 7:4 ESV 번역)에 대한 암시를 포함한다. 그들은 나라 전체의 일부다. 계시록 14:1~5에서 144,000의 "입에 거짓말이 없다"(5절)라는 구체적 표현은 나라들을 심판하시고 이스라엘을 회복하시려고 하나님께서 진노로 오실 것을 예언하는 스바냐 3장의 예언을 암시한다(습 3:8; 참고. 시 2:12). 하나님의 심판 결과는 나라들을 "나의 거룩한 산"으로 모으는 것이다(3:11 ESV 번역). 하지만 그동안 하나님께서는 나라들 가운데 "여호와의 이름을 의탁하여 보호를 받을" 겸손한 사람들을 남겨두실 것을 약속하신다(습 3:12; 참고. 계 14:1, 여기서 144,000의 이마에 있는 보호를 위한 인은 하나님의 이름이다). 곧 "이스라엘의 남은 자, 악을 행하지 아니하며, 거짓을 말하지 아니하며, 입에 거짓된 혀가 없는 자들"이다(습 3:13).

122 계시록 11:13에서 두 증인이 '휴거될' 때에 큰 지진이 성 십분의 일을 파괴하고, 칠천 명을 죽이며, 남은 자들을 회심으로 이끈다. 여기서 칠천이라는 숫자는 열왕기상 19:18에서 남은 자들의 수와 대조되게 풍자적으로

동안 주된 증인들로서 그리스도와 함께 선다.123

　이것이 사실이면, 그것은 예수님께서 마태복음 24:22(막 13:20)에서 택하신 자들을 위해 환란의 날들을 "감하셨다"(ἐκολόβωσεν[ekolobōsen])라고 하신 것과 24:29(막 13:24)에서 환란 후 즉시 강림이 있을 것이라고 하심에 관한 설명일 수 있다.124 로젠탈의 주장처럼 예수님께서 원래의 삼 년 반의 환란이 더 짧은 기간으로 단축될 것임을 의미하신다고 보기 어렵다.125 오히려 예수님은 교회와 관련하여 말씀하고 계신다. 다니엘이 예견한 것처럼 이스라엘은 온전히 삼 년 반(그리고 부분적으로 중복되는 주의 날) 동안 환란을 경험하겠지만, 교회는 오직 환란의 첫 부분만을 경험한다(그리고 주의 날은 경험하지 않을 것이다). 교회는 환란을 겪은 후 '휴거될' 것이다.

　이 이해도 계시록 3:10에 관한 논쟁을 미결의 문제로 만든다. 계시록 3:10에서 빌라델비아교회는 "네가 나의 인내의 말씀을 지켰은 즉, 내가 또한 너를 장차 온 세상에 임하여 땅에 거하는 자들을 시험할 시험의 때로부터 지킬 것이다"라는 약속을 받는다. 우리가 시험

사용되었을 수 있다. 구약에서 칠천 명은 신실한 자이었지만, 여기서는 칠천 명을 제외한 모두가 하나님께로 돌아온다. 계시록 11장은 특별히 묘사되는 사건들의 시기와 관련하여 해석이 어렵기로 유명하다. 요엘 2~3장과 스바냐 1장이 주의 날을 이스라엘을 위한 심판과 구원의 때로 묘사하는 것에 주목하라.

　123 따라서 그들도 종말적 메시아 군대임을 암시하는 방식으로 묘사된다. Bauckham, *Climax of Prophecy*, 217~23을 보라.

　124 이것들은 누구라도 다루기 힘든 구절들이다. 예수님은 다니엘에게 전달된 대로, 환란이 삼 년 반일 것이라는 하나님의 원래 결정이 수정될 것임을 의미하시거나, 하나님께서 영원 전에 먼저 환란을 삼 년 반보다 더 길게 만들 것을 생각하셨으나 최종적으로 그것을 정확하게 그 길이로 만들 것을 결정하셨음을 의미하시기 때문이다. 계시록에서 삼 년 반이 강조되기 때문이기도 하지만(11:2, 3; 12:6, 14; 13:5) 표면적으로도 전자는 가능성이 적어 보인다. 후자는 '단축되다'라는 단어를 거의 무의미하게 한다.

　125 Rosenthal, *Pre-wrath Rapture*, 108~13.

의 때를 환란으로 이해하면, 환란 후 견해 지지자의 주장처럼 "~로부터 지키다"(τηρήω ἐκ[tēreō ek])는 '~가운데 너를 지켜 너를 그것에서부터 안전하게 나오게 한다'를 의미할 것이다(참고. 계 7:14).[126] 다른 한편으로, 시험의 때가 특별한 하나님의 진노 시기라면 τηρήω ἐκ[tēreō ek]는 환란 전 견해 주장처럼 '[너를] ~로부터 [전적으로] 벗어나게 한다'를 의미할 것이다. 그 표현은 두 의미가 모두 가능하다.[127] 계시록이 심판과 상급의 근거로서 짐승에 맞서는 것과 그를 경배할 것인지, 어린 양을 경배할 것인지 결정하는 것을 강조하기에 (계 12:9; 13:3, 8, 12, 14; 14:9~10; 15:2; 20:4), "땅에 사는 자들을 시험하려고 장차 온 세상에 임하는 시험의 때"가 하나님의 진노보다 그 특정 문제에 초점을 둔다고 이해하는 것이 최선으로 보인다. 하나님의 진노는 시험보다 심판(또는 아마도 땅 위의 사람들의 바른 결정을 위한 자극)을 위한 것이다.[128] 보호 성격은 아마도 육체적이기보다 영적이다. 계시록에서 짐승에 승리는 순교를 피하는 것에 있지 않고 죽음에 이르기까지 예수님께 충성을 유지하는 것에 있기 때문이다

---

[126] Gundry, *Church and Tribulation*, 57~58. 전치사 ἐκ[ek]("~로부터")는 '안에서 밖으로'를 의미할 필요는 없다. 그것은 단순히 내가 당신을 밖으로 데려 나올 때까지 그 안에서 당신을 보존하는 것을 의미할 수 있다. 전자를 받아들인다면, 요한은 마태복음 24:22의 '교회의' 환란만을 염두에 두고 있을 수 있다. 하지만 계시록에서는 어느 것도 이것을 가리키지 않을 것이다. 오히려, 요한은 환란 전체를 생각하며 교회가 환란 가운데로부터 데려감을 받아 보호되는 것을 생각하는 것으로 보인다.

[127] 신약에서 τηρήω ἐκ[tēreō ek]가 사용되는 유일한 다른 곳인 요한복음 17:15는 사실을 결정하는 데 도움이 되지 않아 보인다. 거기서 예수님께서 사탄으로부터 보호를 세상 밖으로 데려감을 받는 것과 단순히 비교하시는 것이 τηρήω ἐκ[tēreō ek]라는 표현이, 세상은 고사하고, 어떤 것이 영향을 미치는 영역 안에 남아있는 동안 그것으로부터 보호받는 것을 항상 의미하지 않기 때문이다. 그 표현은 단순히 '~으로부터의 보호'를 의미한다. 참고. Feinberg, "Case for the Pretribulational Rapture," 63~72.

[128] Smalley, *Revelation*, 92를 보라. 어쨌든 시험의 때가 진노의 시기라는 것은 불가능하지 않다. 예를 들어, Osborne, *Revelation*, 193을 보라.

(12:11). 하지만 7:14가 암시하듯이 휴거를 염두에 두고 있다면 육체적 보호 또한 포함할 것이다. 어쨌든 계시록에서 실제적 환상의 증거는 분명하다. 교회는 적그리스도에 의해 박해받고, 그리스도께서 땅으로 되돌아오심으로 끝나는 연장된, 하나님의 진노 시기 전에 휴거될 것이다.

몇 가지 반대들

계시록 20장

무는 첫째 부활이 계시록 20:4에서 일어나기에 부활과 같은 때에 일어나는 사건인 휴거 또한 그때 일어나야 한다고 주장한다.[129] 그의 요점은 타당하지만, 환란 후 휴거와도 반대된다. 계시록 20:4는 휴거가 환란 후 휴거뿐 아니라 강림 후 휴거가 되게 하기 때문이다. 이것은 휴거가 없는 것과 같다. 바울에 따르면, 휴거는 살아서 남은 그리스도인과 죽은 그리스도인 모두 공중에서 오시는 주님을 만나는 것이다. 환란 후 견해 지지자는 이것이 예수님께서 재림 때에 땅으로 내려오실 때 그리스도 안에서 죽은 사람이 부활하여 살아있는 사람과 함께 들려 예수님을 만난 후 곧바로 그분과 함께 땅으로 오는 것을 의미한다고 이해한다. 하지만 이것은 명백히 계시록 20:4에 없는 내용이다. 계시록 20:4가 휴거를 포함한다면, 요한은 예수님께서 땅으로 내려오셔서 짐승을 물리치시고 사탄을 결박하신 후 성도를 휴거하게 하는 것으로 묘사했을 것이다. 어떤 종류의 휴거가 그런 휴거일 수 있는가? 아니면 19:21과 20:4 사이에 예수님은 하늘로 돌아가셔서 두 번째로 오시는가? 분명 그렇지 않다. 이 경우 요한은 휴거의 교리가 없거나 20:4의 부활은 교회의 부활이 아니며, 그것이 아니면, 20:4의 부활은 주제와 관련된 이유로 '잘못 자리 잡고' 있다. 신학적 이유와 석의적 이유로 둘째와 셋째 선택이 명백하게 첫째 것보다 낫다. 신학적

---

[129] "Posttribulation Rapture," 200~01.

으로 그들은 바울과 요한 사이의 모순을 피한다. 석의적으로 그들은 휴거가 하나님의 진노가 쏟아지기 전에 일어나며 강림이 사건들의 복합체라는 계시록의 다른 증거에 따른다. 따라서 계시록 19:11~21에서 휴거 같은 사건이 없이 그리스도께서 땅으로 되돌아오시는 것은 계시록 14:14~16에서 처음 추수와 함께 휴거가 이미 일어났다는 사실 때문이다. 강림은 그리스도께서 두 번째 추수인 심판 추수의 끝에 되돌아오시기까지 끝나지 않는다. 이 심판의 추수는 계시록 14:19~20; 19:15에서 이사야 63:3과 요엘 3:13을 암시하는 것으로 분명해진다.

예수님께서 내려오실 때 하늘의 군대가 함께한다는 사실은 이 해석에 신뢰성을 더한다.[130] 계시록 17:14에서 만주의 주시며 만왕의 왕이신 어린 양이 짐승과 땅의 왕들을 물리치실 때 그와 함께하는 사람은 '부르심을 받고 택하심을 받은 진실한 사람'이다. 인간 신자가 거의 분명하다. 계시록 19:14에서 땅으로 오시는 만왕의 왕이요 만주의 주이신 그리스도와 함께하는 하늘의 군대는 "희고 깨끗한 세마포 옷을 입었다." 이 표현은 바로 여섯 구절 앞에서 어린 양의 신부의 옷을 가리키는 데 사용되었으며 "성도의 옳은 행실"로 해석되었다. 하늘의 군대가 교회이거나 교회를 포함한다는 것에 의심의 여지가 있을 수 없으며, 이것은 7:9~17과 14:14~16에 따라 이전에 교회가 휴거되었음을 암시한다. 계시록 7:9~17이나 14:14~16과 15:2~4에서 부활에 관한 언급이 없음이 인정되고 있다. 하지만 부활이 20:4에서 보고되어도 앞의 내용을 생각하면 그것이 이 시점에서 보고되는 것은 그리스도의 통치와의 관련성 때문이거나(곧, 요한은 부활이 그리스도께 주된 의미가 될 때까지 그것을 언급하는 것을 보류한다), 이것이 환란의 성도의 부활이기 때문일(단 12:1) 가능성이 더 크다. 144,000이 환란의 마지막 시기 동안 이스라엘의 남은 자라고 가정하면 후자일 가능성이 크다.

---

130 예를 들어, Mounce, *Revelation*, 354~55; Beale, *Revelation*, 960을 보라. 참고. Hultberg, "Messianic Exegesis," 341~44.

고린도전서 15:52

마지막으로, 어떤 사람은 고린도전서 15:52에 비추어 계시록 11:15~19의 일곱째 나팔을 해석함으로, 진노 전 휴거 견해를 반대한다. 바울이 '마지막' 나팔에 휴거가 일어난다고 말하며, 계시록에서 마지막 나팔이 하나님의 진노 끝에 일어난다고 한다면, 휴거는 진노 전 휴거가 아니다.131 하지만 대부분 학자는 계시록에서 개요를 보여 주는 나팔 시리즈와 바울이 언급한 마지막 나팔이 아무 관련이 없다고 본다. 특히 모든 증거는 계시록이 바울이 죽은 후 기록되었음을 가리키기 때문이다. 바울은 아마도 주의 날과 이스라엘의 모임을 알리는 나팔 소리에 관한 구약의 잦은 언급을 가리킬 것이다(사 27:13; 욜 2:1; 습 1:16; 슥 9:14; 참고. ApocAb 31:1~2; Pss. Sol. 11:1~3; 마 24:31; 살전 4:16).132 그것이 '마지막' 나팔인 것은 바울이 일련의 나팔을 생각하고 있기 때문이 아니라, 마지막 날을 가리키기 때문이다. 이것에 대응하는 계시록에서 이미지는 계시록 11:15~19의 일곱째 나팔이 아니라, 여섯째 인의 우주적 혼란과 그 후의 진노 이전까지의 막간이다(계 6:12~7:17). 그리하여 다시 한번, 요한은 주의 날의 도래와 관련하여 바울처럼 하늘에서 일어나는 교회의 휴거와 구약처럼 주의 이스라엘이 다시 모이는 것을 기대하는 가운데 땅에서 일어나는 이스라엘의 남은 자의 인침을 모두 묘사한다.133

---

131 예를 들어, Gundry, *Church and Tribulation*, 148~51을 보라.

132 대부분 주석가가 그렇게 말한다. 예를 들어, C. K. Barrett, *A Commentary on the First Epistle to the Corinthians*, HNTC (Peabody, Mass.: Hendrickson, 1987), 381; Gordon D. Fee, *The First Epistle to the Corinthians*, NICNT (Grand Rapids: Eerdmans, 1987), 801~02를 보라. 참고. Moo, "Posttribulation Rapture," 179.

133 이것은 또한 유한한 몸을 가진 사람이 천년왕국에 들어감을 허락하며, 따라서 이사야 65:17~25와 같은 구절들을 성취한다. 나는 환란 후 견해가 유한한 몸을 가진 사람이 천년왕국에 들어감을 허용하지 않는 것을 근거로 그것에 반대하는 논증을 펼치지 않았다. 나는 불신자가 천년왕국에

결론

앞에서 필자는 다음 내용을 보여주려고 했다.

1. 적어도 마태복음의 감람산 강화에서 말하는 대로, 다니엘이 말한 황폐하게 하는 가증한 것과 그 뒤에 일어나는 환란에 대한 경고가 교회를 대표하는 자들인 예수님의 제자들에게 주어졌으며, 이는 그것이 마태가 일반적으로 제자들을 보는 방식이며, 그가 그의 복음서에서 가르치는 자료를 통해 목표로 삼는 방식이기 때문이다.

2. 바울은 휴거를, 그가 주의 날이라 일컫는 사건들의 복합체인 강림에서 그리스도께서 나라들에 진노를 쏟으시는 것과 연결하며, 그 사건들에 앞서 다니엘이 말한 황폐하게 하는 가증한 것이 먼저 일어난다고 말하는데, 이것을 위해 바울은 감람산 강화 이면의 전통에 의존한다. 바울이 명확하게 말하지는 않아도, 휴거를 강림 때 교회가 진노를 경험하지 않고 피하게 하는 방편으로 단정하고 있음이 최선의 해석이다.

3. 계시록에서 요한도 교회가 다니엘의 환란을 경험한다고 기대하며, 바울이 암시하는 것을 분명히 표현한다. 곧, 교회가 환란 시기가 끝나기 전 어느 때에, 주의 날에 하나님의 진노가 쏟아지기 바로 전에 휴거되었다가, 연장된 진노 시기 끝에 그리스

존재할 수 없음을 확신하지 않기 때문이다. 계시록 19:21은 반드시 그것을 허용하지 않을 필요가 없지만, 양과 염소의 비유(마 25:31~46)와 스가랴 14:16~19 둘 다 그것을 허용할 수 있다(참고. 예를 들어, Gundry, *Church and Tribulation*, 166~67). 유한한 몸을 가진 성도가 천년왕국에 존재하는 것이 분명하다면, 그것은 환란 후 견해 지지자에게 실제적 문제가 된다. 천년왕국이 이스라엘에게 주어진 왕국의 약속들을 성취한다는 것은 실제로 일부 제한된 몸을 가진 이스라엘 사람들이 천년왕국에 존재하는 것이 분명함을 주장하는 것으로 보일 수 있다. 이사야 65장 및 유대 왕국 관련 다른 약속들은 이것을 당연하게 여긴다.

도와 함께 땅으로 돌아온다는 것이다. 따라서 강림은 다니엘의 칠십 번째 '주'의 중간시기 이후에 휴거와 함께 시작하고, 나라들에 있을 진노 시기를 걸쳐 진행하며, 그리스도께서 자기 나라를 세우시려고 다시 오시는 것과 함께 끝나는 사건들의 복합체다. 환란 전 견해와 환란 후 견해 모두 이 사건들의 복합체와 그 시기를 설명할 수 없다. 그렇게 할 수 있는 유일한 입장은 진노 전 휴거 견해이다.

필자는 위 세 진술이 단연코 이 논문에서 말한 증거를 해석하는 최선의 방식을 대표한다고 믿지만, 또한 그 증거는 최종적으로 결정적이지 않음도 인정한다. 필자가 이 책에서 의견을 나누는 동료들, 곧 예리한 해석자이며 인정받는 학자인 그들도 나와 의견이 다르지 않을 것이다. 어쨌든, 필자는 무 박사가 교회가 환란에 들어간다는 필자의 증거가 설득력이 있음을 발견하길, 그리고 블레이징 박사가 교회가 그리스도께서 땅으로 돌아오시기 전에 휴거된다는 필자의 증거가 설득력이 있음을 발견하길 상당히 확신하며, 그것을 통해 아마도 진노 전 휴거 견해가 그 증거를 가장 잘 통합한다는 어느 정도의 확증을 발견한다.

A Pretribulation Response
환란 전 견해로 논평

크레이그 블레이징
Craig Blaising

앨런 헐트버그가 이 책에서 이중 임무를 수행하는 것에 감사하다는 말로 시작한다. 그는 진노 전 휴거 견해의 논증을 주장하며, 또한 편집인으로도 섬긴다. 그는 두 임무 모두 공정하고 은혜롭게 수행했으며, 이 작업에서 그와 함께 의견을 나눌 수 있어 즐겁다.

헐트버그가 진노 전 휴거를 주장하며 제시하는 논증은 분명하게 진술되며, 그가 말하는 대로 "두 주요 논지"에 근거하는데, 그는 이 논지들이 환란 전 견해와 환란 후 견해 모두 불가능하게 한다고 주장한다. 그의 논문은 두 논지를 설명한 다음에 결론을 내리는 구성이다. 논평자는 그의 진술 순서에 따라 논평하겠다.

헐트버그는 자기 논문 대부분을 교회가 환란의 후반부에 들어갈 것을 단정하는 첫째 논지를 펼치는 데 사용한다. 여기서 그의 주장은 무엇보다 환란 전 견해 반박을 목표로 삼는다. 요점은, 교회가 환란 **안에 존재한다**고 성경이 묘사한다면 교회가 환란 **전에** 휴거되었을 수 없다는 것이다. 이것을 근거로 그의 이어지는 논증은 휴거의 시점을 제안한다. 교회가 환란의 후반부에 들어가기에 휴거는 아마도 환란 시기의 중간 시점 이후 어느 때에 일어나야 할 것이다.

하지만 교회가 환란 가운데 존재한다는 것은 논리적으로 환란 전 휴거를 배제하지 않는다. 환란 전 견해 주장자는 환란에 대한 성경의 묘사가 환란 중에 믿는 유대인과 이방인이 존재함을 보여줌을 항상 인정했다. 이것은 주의 날 구절에서 진노와 심판의 중심 주제와 나란히 발견되는 회개와 은혜라는 대조적 주제와 일치한다. 고전적 세대주의자든, 수정적 세대주의자든, 환란 전 견해 지지자 대부분이 환란 때 유대인 신자와 이방인 신자가 교회에 속하지 않는다고 주장했던 것은 분명 사실이다. 하지만 점진적 세대주의자는 이 주장을 고집하지 않으며, 논평자가 제시한 환란 전 휴거 논증은 그것에 의존하지 않는다. 환란 전 휴거는 다니엘의 종말의 때와 관련하여 종합적으로 이해되는 휴거와 주의 날 시작 사이의 논리적 관계에 기초한다. 결과적으로, 나는 환란 때의 신자가 교회적으로 어떤 지위를 가지는지는 휴거의 시기와 무관하다고 생각한다.

헐트버그가 그것을 관련성이 있는 요소—믿는 무리의 존재 이전의 휴거를 배제하는—로 생각한다는 것 자체가 자기 견해에 문제가 된다. 그 자신이 계시록 7장과 14장의 144,000을 그가 가정하는 진노 전 휴거와 환란의 끝 사이에 땅에 존재할 한 유대인 신자 무리로 보기 때문이다. 그가 진정으로 자기주장처럼 점진적 세대주의자라면 이 신자들 또한 그리스도의 몸인 교회 일부임을 인정할 것이다. 하지만 교회가 환란 끝 바로 전에 땅에 존재한다면 이것 이전에 어떻게 진노 전 휴거가 있을 수 있는가? 하지만 환란 끝에서 교회의 존재가 진노 전 휴거의 가능성을 배제하지 않는다면, 환란의 전반부에서 교회의 존재 또한 환란 전 휴거의 가능성을 배제하지 않는다. 휴거의 시기는 다른 근거로 결정해야 한다.

헐트버그가 자기 첫째 논지를 펼치는 과정에서 말하는 몇 가지 요점을 심도 있게 짚어야 한다. 가능한 한 그것들이 진술되는 순서를 따르려고 한다.

마태복음 24장

　논평자는 감람산 강화에서 개략적으로 말하는 사건들의 패턴이 인자의 오심을 제외하고 주후 1세기에 예기적으로 성취되었다는 헐트버그의 말이 옳다고 생각한다. 하지만 이것이 사실이라면, 황폐하게 하는 가증한 것은 그 자체로 '종말의 주된 징조'일 수 없다. 그것이 예기적인 성취일 수 있다는 사실은, 분명히 그것이 그리스도의 강림의 '주된' 신호가 될 수 없게 한다. 감람산 강화에서 "주의 임하심과 세상 끝을 가리키는 징조는 무엇입니까?"라는 제자들의 질문(마 24:3)에 대답하실 때 인자가 하늘에 나타나시는 것만이 '징조'라는 용어로 명시된다.

　논평자는 "마태에게 교회는 어떤 의미에서 유대 왕국의 상속자로 간주된다"라고 한 헐트버그의 주장이 다소 놀랍다. 다시 한번 이것은 헐트버그가 자신을 '점진적 세대주의자'라고 밝히는 것과 모순된다. 점진적 세대주의자는 전형적으로 교회를 왕국 성취의 한 국면—왕국의 중간의 국면—으로 보지만, 그것을 이스라엘의 성취 또는 대체로 보지 않는다. 헐트버그는 마태복음에 대한 자신의 대체신학적 해석에 세 가지 노선의 증거를 제시한다. 첫째는 마태가 예수님을 이스라엘의 모형과 패턴으로 묘사한다는 것이다. 이스라엘을 대체함을 가리키기보다, 그 묘사가 자기 메시아 직분(이스라엘의 메시아로서)과 이스라엘이 소망하는 바의 확실성을 강조하는 역할을 한다고 주장하기 원한다. 헐트버그는 마태복음에서 예수님이 하나님의 종으로 제시되는 것에 주목한다. 하지만 그 종은 구원을 이방인에게로 확장하실 뿐 아니라 이스라엘을 하나님께로 되돌릴 것으로 예상했다. 이것은 구약이 종말적 왕국을 이스라엘과 이방 나라들을 모두 포함하는 것으로 이해한 것과 일치한다.

둘째, 힐트버그는 예수님께서 에클레시아(ἐκκησία[ekklēsia])라는 단어를 미래 메시아 공동체에 사용하신 것이 예수님께서 "'참' 혹은 '새' 이스라엘"을 세우심을 가리킨다고 주장한다. 하지만 마태복음 16장과 18장에서 이스라엘 나라가 다른 존재에 의해 대체됨을 가리키는 것은 아무것도 없다. 다시 한번, 예수님의 가르침 주제는 하나님의 왕국임을 기억할 필요가 있다. 이스라엘은 그 왕국의 중심이지만, 그 왕국은 그 통치를 이방 나라에도 확장한다. 이것은 이방인이 이스라엘이 되거나 이스라엘이 사라짐을 의미하지 않는다. 왕국은 종속되는 나라가 있는 다민족의 제국이며, 이스라엘은 주된 위치에 있다. 예수님의 승천과 강림 사이 중간시기에 세워질 왕국의 회중은 분명히 유대인과 이방인을 모두 포함할 것이다. 이방인이 성령 안에서 동등한 참여로 포함될 것임이 드러날 때 이것은 예언된 다민족 제국의 패턴과 일치하지 않는다고 생각되지 않는다. 여기서는 단순히 이스라엘이 아닌 것에 의해 이스라엘이 대체되는 것에 관한 어떤 것도 없다.

셋째이자 마지막으로, 힐트버그는 자기 주된 증거를 대체신학자의 고전인 두 본문에서 가져온다. 마태복음 27:25("그 피를 우리와 우리 자손에게 돌릴지어다!")와 마태복음 21:43("하나님의 나라를 너희는 빼앗기고 그 나라의 열매 맺는 백성이 받으리라")이다. 이 본문에 관한 터너의 최근의 해설은 도움이 된다. 분명히 21:43의 '너희'는 이스라엘 자체보다 종교 지도자를 가리키며, 여기서 '나라'라는 단어의 사용은 이스라엘을 위한 미래의 의라는 예언적인 기대와 일치한다.134 마태복음 27:25를 '온 나라가 연루된 것'으로 보고 그것이 '이스라엘 전체에 대한 거절'의 근거를 형성한다고 생각하기보다, 우리는 이 문맥에서 '모든 백성'이 '무리'로 대체되며(27:15, 20), 이 무리는 '대제사장과 장로들'에 의해 선동된 군중임을 주목할 필요가 있다(27:20).135

---

134 David L. Turner, *Matthew*, BECNT (Grand Rapids: Baker, 2008), 517~19.

135 Turner, *Matthew*, 655~56.

전에 이스라엘 역사에서 일어났던 것과 같이 반역하는 지도자에 의해 잘못 인도된 나라에 심판이 임하지만, 이전 이스라엘 역사에서 또한 일어났던 것과 같이 민족적 축복의 약속은 남아있으며 회복의 소망이 초점이다. 헐트버그와 일반 대체신학자와 대조적으로, 마태는 선동된 군중의 외침이 있기 바로 며칠 전 소작인 농부들의 비유에서, 그리고 또한 감람산 강화에서 예수님께서 가르치신 다시 모일 것을 약속(마 24:31)에서 실제로 미래 회복의 소망을 강조한다.

데살로니가후서 2장

헐트버그는 데살로니가후서 2장으로부터 자기 논증을 공식화하려고, 그 본문을 데살로니가전서 4~5장과 감람산 강화, 주로 마태복음 24~25장과 연결해야 한다. 논평자 판단에, 이 본문들을 서로 연결하는 기본 주제는 주의 날이다. 이 주제는 그 자체가 다니엘의 종말의 때와 결합하기 때문이다. 시기 문제에서 핵심은 바울이 데살로니가전서 5장에서 한 가지 전통을 되풀이한다는 점이다. 그것은 마태복음 24:36~44에 나타나는 대로 감람산 강화까지 거슬러 올라가는 것으로, 주의 날이 **기대치 않게** 이르리라는 것이다. 하지만 헐트버그는 자기 강해를 이 요점에 집중하지 않는다. 그보다 이 주의 날 시작의 돌발적 특성이 예언된 사건들의 **예기된** 순서에서 '[그] 시기의 불확실성'과 관련이 있다고 가정한다. 이것은 물론 그가 자기 논문에서 제시하는 견해에 소용되지만, 이러한 본문들의 복합체에서는 수많은 석의 문제를 일으킨다.

마태복음 24:31에서 휴거?

무처럼 헐트버그는 휴거가 감람산 강화의 내러티브 구조의 끝에 위치하는 것이 분명하다고 주장한다. 그가 제시하는 근거는 데살로니가전서 4장에서 휴거를 위한 강림 묘사와 마태복음 24장에서 인자의 나타나심 묘사가 비슷함이다. 그 묘사들이 비슷함은 이의가 없다. 두 본문 모두 현현을 말한다. 따라서 둘 다 성경의 다른 곳에서 현현을 묘사하는 특징들—함께 하는 천사들, 구름, 영광, 하나님의 나팔—을 공유한다. 하지만 이것을 근거로 두 본문이 환란의 연표에서 같은 시기의 사건을 가리킨다고 단정은 문제가 있다. 다른 환란 사건들과 관련된 배치는 다른 요소들에 달렸다. 휴거에 관한 명백한 언급 같은 것이다. 실제로, 힐트버그는 휴거와 마지막 강림이 동시적이라고 믿지 않는다. 오히려 그는 마태복음 24:30~31의 나타남이 연장된 강림이며 휴거는 마지막 강림으로부터 얼마간 시간 간격을 두고 분리된 시작 시점의 하위사건으로 본다. 사실은, 나와 힐트버그 모두 이 본문에서 강림이 연장된 사건이며, 따라서 휴거와 마지막 강림이 동시적이 아니라 시간 간격에 의해 분리된 강림의 하위사건들이라는 점에 동의한다. 우리 사이의 차이는 힐트버그가 마태복음 24:30~31만을 이러한 연장된 강림으로 해석하려 함이다. 하지만 논평자는 감람산 강화에서 강림이 진통의 시작부터 인자의 나타나심까지 연장된다고 생각한다.136 논평자의 논문, 특별히 감람산 강화의 후반부(24:36~25:46)가 **강림**이라는 용어를 전반부와 관련짓는 방식을 토대로 주장했듯이, 이 전체 '출산 과정'이 그분 오심이다. 내가 주장한 것과 같이 전체 감람산 강화의 '진통 내러티브'가 강림이라면, 휴거의 위치를 결정할 때에 우리는 단지 24:30~31만 아니라 전체 내러티브를 고려해야 한다.

힐트버그는 마태복음 24:30~31이 휴거를 언급하지 않음을 인정한다. 진통 내러티브의 시작인 24:4~5에서도 휴거는 언급되지 않는다. 휴거를 감람산 강화와 연결하려면, 힐트버그가 하는 것처럼 데살로니가 편지와 감람산 강화 사이의 간본문적 연결을 살펴야 한다. 하지만 힐트버그의 접근은 그의 방식처럼 나타남 묘사에만 의존하기에

---

136 논평자가 주장했듯이, 이것은 후에 실제로 나타날 모습을 미리 나타내는 모형으로써, 이전에 일어나는 것으로부터 패턴을 제외하지 않는다.

너무 제한적이며 결정적이지 않다. 논평자의 주장대로, 데살로니가전서 4장의 휴거와 데살로니가전서 5장의 주의 날 사이의 시간적 관계, 그리고 데살로니가전서 5장의 주의 날을 감람산 강화의 후반부에서 전체적으로 다루는 강림과 연결하는 간본문적 묘사를 살펴야 한다. 하지만 헐트버그는 데살로니가전서 5장과 감람산 강화 사이의 간본문적 연결을 전적으로 무시한다.

헐트버그의 데살로니가후서 2장으로부터 논증으로 넘어가기에 앞서, 논평자는 단지 마태복음 24:31에서 말하는 모임이 휴거라는 그의 주장에서 그가 또한 일반적 환란 후 견해의 논증을 반복함에 주목한다. 분명히 데살로니가전서 4:16~17의 휴거는 어떤 종류의 '모임'이며, 필자가 주장한 대로, 바울이 데살로니가후서 2:1에서 '우리가 그 앞에 모임'을 말할 때 휴거를 생각하고 있을 가능성이 크다. 하지만 마태복음 24:31에서 말하는 '모임'은 예언서 전체에서 반복되며 여기서는 스가랴 2:10[칠십인 역]과 신명기 30장의 언어로 표현되는 종말적 이스라엘 모임이다. 그 모임은 예언에서 결코 휴거(부활한 사람과 살아남은 사람이 공중에서 주를 만나려고 끌려 올려지는 것)로 언급되지 않는다. 또한, 그것은 데살로니가전서 4장의 휴거와 달리 이방인 신자를 포함하지 않는다. 그것은 구체적으로 이스라엘에게 주어진 약속의 성취에 관한 것이며, 주님께서 예루살렘에 관한 강화에서 그것을 언급하심은 적절하다. 70 이레가 그 도성과 그 백성과 연관이 있다는 것 또한 다니엘의 예언과 일치한다(단 9:24). 헐트버그 자신은 계시록 해석에서 믿는 이스라엘의 모임을 교회의 휴거와 구분한다. 그 구분은 데살로니가후서 2:1과 조화에 집중하기보다 마태복음 24장의 언어와 문맥적 관심에서 살펴야 한다.

휴거에 앞서 황폐하게 하는 가증한 것이 드러나는가?

헐트버그는 데살로니가후서 2장에 관한 그의 주된 관심에 집중해

가면서 전적으로 반대할만하지 않은 얼마간의 것들을 연결한다. 휴거는 데살로니가전서 4~5장과 데살로니가후서 2장의 주의 날의 주제와 관련이 있다. 논평자는 데살로니가전서 5장에서 바울이 휴거를 주의 날 시작에 둔다고 주장했다. 힐트버그의 주장처럼, 바울은 "주의 날이 신자를 갑자기 덮칠 것이다"라고 말하지 않고, 그것이 "도적처럼" 그들을 "덮치지 않을 것"이라고 말한다. 하지만 이 요점을 길게 논할 필요는 없다. 나는 단순히 힐트버그가 휴거를 주의 날 시작과 어우러지게 하는 데 주목한다.

데살로니가후서 2장

힐트버그는 휴거(살전 4장)를 주의 날 시작(살전 5장)과 연결하고서, 데살로니가후서 2장으로 돌아가서 주의 날이, 그리고 연합에 의해 그것과 함께 휴거가 다니엘의 칠십 번째 주의 중간지점 후, 곧 황폐하게 하는 가증한 것 후에 일어난다고 주장한다. 여기서 그의 논증 약점은 데살로니가후서 2:3 이하에서 보이지 않는 조건절에 관한 가설이다. 각주 27에서 그는 "표현되지 않은 데살로니가후서 2:3의 조건절이… '주의 날이 이르지 않을 것'이라는 데 모든 진영이 동의한다."라고 주장한다. 이것은 논리적으로 주의 날이 적어도 데살로니가후서 2:3에서 되풀이되는 두 종말적 사건인 배교와 불법의 사람 출현 후에 일어나는 것으로 배치한다. 이어서 힐트버그는 불법의 사람 **출현**을 그의 **활동 기간**과 같게 함으로써 주의 날과 휴거를 다니엘의 칠십 번째 주 안으로 더 멀리 밀어 넣는다. 불법의 사람 활동 기간이 황폐하게 하는 가증한 것이므로 그는 휴거를 중간지점 후에 자리하게 한다. 하지만 논평자의 논문 그리고 힐트버그의 로버트 토마스 인용에서 볼 수 있듯이, 모든 진영이 자기 해석에 동의한다는 말은 사실이 아니다.[137] 힐트버그는 토마스가 마태복음 12:29와 마가복음

---

[137] Robert L. Thomas, "2 Thessalonians," in *EBC*, ed. Frank E.

3:27에 근거한 논증을 너무도 빨리 무시한다. 두 본문은 귀결절과 조건절 모두가 말하는 것과 문법적 평행을 제공한다. "사람이 먼저 강한 자를 결박하지 않으면 그 강한 자의 집에 들어가 그 세간을 강탈하지 못한다." 토마스는 이 두 구절에서 ἐὰν μὴ πρῶτον[ean mē prōton]의 구조가 귀결절을 나타낸다고 주장한다. 논리적으로 귀결절이 조건절을 전적으로 앞서기보다 그 조건절에 포함된 귀결절이라는 주장이다. 헐트버그가 이 주장을 기각하려면 강한 자를 결박하는 일이 전적으로 집에 들어가는 일을 앞선다고 가정해야 할 것이다. ἐὰν μὴ πρῶτον[ean mē prōton]의 문법은 강한 자가 묶일 때 그가 그의 집 밖에 있어야 함을 요구하지 않는다. 그 강한 자가 집 안에 있고 결박이 침입의 첫 번째 행위로 일어난다고 전적으로 생각할 수 있다. 이 경우 ἐὰν μὴ πρῶτον[ean mē prōton]절은 성공적 행위의 완성을 위해 그것이 필요한 그 순간에 그 행위와 동등한 한 요소를 되풀이한다. 그것을 데살로니가후서 2:3에 적용하는 것은 적어도 바울이 주의 날에 앞서는 요소들보다 그것에 속하는 요소들을 되풀이하고 있을 가능성을 가리킨다. 그리고 우리가 (1) 감람산 강화에서 주의 날 패턴과 다니엘의 종말 때의 결합과 (2) 데살로니가전서 5장에서의 징조 없이 시작되는 주의 날을 생각할 때 이것이 더 개연성 있는 해석이다. 다니엘 9:27은 칠십 번째 주가 적그리스도의 존재와 그의 언약 체결로 시작함을 가리킨다. 감람산 강화에서 예수님은 환란 패턴을 '진통' 시작의 핵심 특징인 거짓 그리스도들의 출현으로 시작하셨다(마 24:4~5). 바울은 불법의 사람 출현을 언급할 때 종말의 때와 주의 날 패턴의 이러한 초기 요소를 밝히고 있을 가능성이 매우 크다. 그리고 아마도 환란 시기의 시작에 '많은 사람'이 적그리스도와 맺는 언약을 가리키는 배교가 그것과 분명히 연결된다.

Gaebelein, 12 vols. (Grand Rapids: Zondervan, 1978), 11:323.

하지만 힐트버그는 불법의 사람 출현과 배교가 황폐하게 하는 가증한 것—성전에서 불법의 사람이 자기를 신으로 높이는 것—이라고 말하려 한다. 또는 그가 말하는 것처럼 불법의 사람 출현이 그의 활동 기간이다. 첫째, 힐트버그가 불법의 사람의 활동 기간(살후 2:4)이 황폐하게 하는 가증한 것(마 24:15)이라고 함은 옳다. 그가 2:3의 계시를 2:9에서 묘사된 거짓 표적과 함께 나타나는 불법의 사람과 연결하는 것도 옳다. 하지만 이것을 감람산 강화와 연결하면서 그는 순서의 시작에서 거짓 그리스도들이 기만적 표적들과 함께 나타난다는 사실을 빠뜨린다(마 24:4~5). 순서의 중간에 황폐하게 하는 가증한 것과 관련해 기만적 거짓 그리스도들 언급은 이 통합적 패턴의 일관된 특징이다. 따라서 바울의 묘사 언어가 예수님이 묘사하시는 환란의 중간 또는 후반부와만 관련 있다고 볼 수 없다.

힐트버그는 데살로니가후서 2:3~12의 문법에서 드러남과 활동 기간이 같다고 무리하게 주장한다. 그는 활동 기간에 관한 바울의 묘사가 2:3~4에서 드러남을 언급한 것을 뒤따르기에 그것들을 동일한 것으로 추정해야 한다고 주장한다. 하지만 이것을 2:8과 비교해 보라. 거기서 바울은 적그리스도의 출현을 언급하고, 이어서 그것에 덧붙여 환란의 끝에 주께서 그를 망하게 하시는 사건을 말한다. 그렇다면 우리는 불법의 사람 출현이 단지 주님의 강림 때에 일어난다고 추정해야 하는가? 힐트버그는 또한 2:4에서 ὥστε[hōste]가 가진 논리적 효과를 간과한다. 그것은 이 구절의 전반부에서 나타나는 불법의 사람 특성과 행동 패턴을 후반부에서 말하는 성전에서 활동 기간과 연결한다. 논리적으로 전자는 후자로 이어지고 그것을 설명하며 그것을 낳는다. 이것은 논리적 순서인 것만큼 확실히 시간적 순서이며, 성전에서 활동 기간으로 이어지는, 특성을 드러내는 행위의 시기를 가리킨다. 바울이 드러남을 더 자세하게 설명하지 않기에, 그것은 활동 기간과 동일한 것으로 추정해야 한다는 힐트버그의 주장은 정말이지 받아들일 수 없다. 분명히 바울이 이 환란 순서의 모든 세부사항을 설명하려 하지 않음은 독자에게 자기가 말로 한 가르침을 기억할 것이라고 말하기 때문이다(2:5~6). 실제로 환란 사건들에 관한 바울의 간략한 개관은 우리가 다니엘로부터 얻을 수 있으며 감람산 강화에서 주께서 되풀이하시는, 세 부분으로 된 기본 개요, 곧 환란 패턴의 시작에서 불법의 사람 출현, 중간지점에서 시작하는 성전에서 그의 활동 기간이 빚는 가증함, 환란의 끝에 주께서 나타나실 때 그가 주님께 받을 멸망 등과 아주 잘 맞는다. 바울이 오직 칠십 번째 주의 후반부의 '징조들'만을 말한다는 주장은 사실이 아니다.

데살로니가후서 2장에 관한 헐트버그의 논의 결론은 이 본문에 대한 자기 해석—주의 날이 황폐하게 하는 가증한 것에 앞섬—이 데살로니가전서 5장에서 바울이 주님께서 징조 없이 오신다는 것과 대립하지 않는다고 주장한다. 그가 그렇게 가정하는 근거는 환란의 후반부가 단축되며(그의 해석에 따르면) 그 시기 동안 휴거가 정확하게 언제 일어나는지는 알 수 없어서 데살로니가전서 5장에서 임박함을 나타내는 표현이 설명된다는 것이다. 하지만 바울이 데살로니가전서 5장에서 주의 날을 앞서는 상황들을 묘사하는 것은 어떤가? 바울은 주의 날 이전의 날 또는 휴거 전 시기를 '평안과 안전'의 날로 묘사한다. 환란의 후반부에 관하여 우리가 아는 모든 것에 따르면, 그것은 분명히 '평안과 안전'의 날이 아니다. 헐트버그는 마태복음 24:32~35에서 말하는 것과 같은 가까움의 조건을 마태복음 24:36 이후의 구절들이 말하는 임박함의 조건과 혼동한다. 논평자가 보여주려고 노력했듯이, 감람산 강화의 구조를 자세히 살펴보면 이 혼동을 피할 수 있다. 그리고 그것은 바울이 데살로니가전서 5장에서 주의 날 시작을 예수님께서 말씀하신 환란의 전체 패턴의 시작으로 언급함을 명확히 한다. 주의 날이 언제 시작하는지 아무도 모른다. 그 시작은 진정으로 임박했다. 그것이 시작하면 주의 나타나심이 가까움을 가리키는 패턴이 전개된다. 이러한 의미에서 임박함과 가까움은 같지 않다.

계시록

헐트버그는 자기 첫째 주요 논지에 대한 결론적 지지에서 교회가 환란에 참여한다는 증거를 계시록에서 찾는다. 실제로 그는 그것보다 더 많은 것을 시도하는데, 계시록이 교회가 환란 기간에 하나님의 진노 시기 시작점까지 존재함을 보여준다고 주장하기 때문이다. 하나님의 진노 시기는 그가 주의 날로 이해하는 시점으로서 계시록의 심판 순서에서 여섯째 인의 시점에 위치한다. 따라서 그는 휴거가 여섯째 인과 일곱째 인 사이에 일어나며, 이는 계시록 7장에서 하늘의 셀 수 없이 많은 무리에 관한 환상과 계시록 14장에서의 인자의 추수로 증명된다고 주장한다.

헐트버그에게 주된 어려움은 계시록 7장과 14장에 휴거를 가리키는 독특한 특징이 없다는 것이다. 부활 언급도, 살아있는 신자가 죽을 몸에서 죽지 않을 몸으로 변환 언급도, 부활하고 변화된 성도들이 공중에서 주를 만나기 위해 '끌려 올려지는 것' 언급도 없다. 이스라엘로부터 144,000이 인침을 받는 것을 그린 후 계시록 7:9~17은 모든 나라로부터 구원받은 수많은 무리를 묘사한다. 그들은 큰 환란으로부터 나와서 보좌 앞에 있다. 하지만 그것은 하늘의 장면이 확실한가? 계시록 5장과 6장에서 보좌의 위치를 근거로 그렇게 생각할 수 있다. 하지만 계시록 7:15~17은 21:1 이후에서 보좌가 새로운 땅에 있는 때에 발견되는 상황과 매우 유사해 보이는 묘사를 제공한다. 계시록 7:9~17은 새로운 땅의 상황을 예기적으로 표현할 가능성은 없는가? 계시록 전체에서 환란의 고통과 천년왕국이나 새로운 땅의 복이 비교된다. 요한이 여기서 그렇게 하고 있을 가능성이 상당히 크다. 또한, 계시록 14:1~5에서 144,000에 관한 유사한 묘사가 주어짐에 주목하라. 그 구절에서 그들은 보좌 앞에 있다고 그려진다(14:3). 하지만 헐트버그는 그 구절에서 그들이 하늘이나 새로운 땅에 있지 않다고 생각한다. 그들이 보좌 앞에 있는데도, 그는 그들이 옛 땅에서 환란 가운데 주의 날에 들어가려고 한다고 생각한다. 그렇다면 어떻게 해서 헐트버그는 계시록 7장에서 셀 수 없이 많은 무리가 하늘에 있으며, 그것이 휴거의 결과라고 생각하는가? 아마도 그것은 계시록 14장에서, 144,000에 대한 언급 후, '인자 같은 분'에 의한 추수가 있기 때문일 것이다. 하지만 그 구절에서는 그 추수가 무엇이며, 그것으로 무엇을 하는지, 아무것도 말하지 않으며, 그것은 분명히 많은 해석자가 그것을 계시록 14:17~20의 더 구체적인 포도 추수―심판 장면―와 융합하기를 선호하는 이유다. 그 사건을 계시록 7:9~17과 연결해야 하듯이, 그 추수가 셀 수 없이 많은 구원받은 무리라고 말하는 것은 전혀 없으며, 그러한 집단이 부활이나 변화로 하늘로 옮겨진다고 말하는 것도 전혀 없다. 나아가, 헐트버그가 일반적으로 그리스도를 가리키는 인자 이미지를 유지하는 것은 일리가 있지만, 계시록 14장에서 이 특별한 '인자 같은 분'은 '또 다른 천사'에게 지시를 받는다. 그리스도는 천사에게 지시를 받지 않으신다. 그는 그들에게서 경배를 받으신다.

더 많은 것을 말할 수 있지만, 요점은 "계시록 6~8장과 14~16장이 휴거를 말한다"라는 헐트버그의 주장은 단순히 '가능성의 석의(possibility exegesis)'라 불릴 수 있는 문제일 뿐이다. 그것이 본문의 개연성 있는 해석으로 확립되었다고 말할 수 없다.

이제 헐트버그의 둘째 논지를 더 간략하게 논평하겠다. 그것이 그의 논문에서 적은 분량을 차지하기 때문이다. 여기서 그의 논지는 "시대의 끝에 교회가 하나님의 진노를 피하는 방식은 휴거이다"라는 것이다. 그는 먼저 바울서신을 통해, 이어서 계시록으로부터 이 주장을 변호한다.

바울서신

헐트버그는 자기 논문 이 부분에 데살로니가 편지들에 근거해 두 문단의 논증을 제시하는데, 독자는 논평자가 그가 말하는 거의 모든 것에 동의하는 데 놀라서는 안 된다. 우리 사이의 중요한 차이는 교회가 어떤 진노로부터 구원받으며 그 진노의 범위는 무엇인가에 있다. 하지만 이 두 문단의 요약에서 그는 시작 시점에서 휴거를 포함하며 심판을 절정에 이르게 하는 강림으로 끝나는 주의 날과 같은 시간에 걸치는 복잡한 강림을 잘 진술하며 주장한다. 그는 주의 날을 앞서는, 강림을 앞서는 휴거를 지지하는 데살로니가전서 1:10의 중요성을 잘 설명하며 (휴거의) '모임'이 전형적 환란 후 견해와 대조적으로 충분히 연장될 수 있음을 바르게 설명한다. 그는 신자가 경험하는 구원을 휴거와 연결함으로써 강림과 주의 날이 신자와 불신자에게 다르게 이른다고 바르게 설명한다. 필자 생각에, 이것은 휴거와 신약의 종말론에서 그 위치를 이해하는 데 반드시 알아야 할, 바울의 중심 가르침이다.

논평자 판단에, 헐트버그의 약점은 데살로니가전서에서 더 넓은 성경 문맥으로 움직일 때 발생한다. 첫째, 그의 견해가 가진 중요성과 데살로니가 편지에서 그 탁월함에도 성경신학적 주제로서 주의 날이 가진 문학적 풍성함과 복잡함의 특성을 조사하지 못한다. 그는 하나님의 진노가 드러나는 것을 상당히 간략하게 그것을 종합하는 방식으로 다루며, 성경신학에서 그것의 확장된 특성을 빠뜨리고 있다. 둘째, 논평자가 이미 지적한 대로, 그는 감람산 강화와 데살로니가전서 4~5장의 문학적 연결을 인정하면서도, 주로 데살로니가전서 4:16~17과 마태복음 24:30에서 나타남을 묘사하는 것들을 비교하는 데 집중한다(그리고 논평자 판단에, 이들 묘사에 차이점을 충분히 말하지 않는다). 그는 데살로니가전서 5:1~5와 마태복음 24:36에서 시작하는 감람산 강화 후반부의 더 중요한 연결을 설명하지 않는다. 이것은 휴거의 시기를 결정하는 데 가장 중요한 연결이다. 두 본문 모두에서 시기가 정확하게 문제이기 때문이다. 감람산 강화 후반부와 문학적 연결은 휴거가 마태복음 24:4~35(그리고 평행구절들)에서 예수님께서 간략하게 말씀하시는 환란의 순서와 연결하는 방식에 반드시 영향을 끼친다. 감람산 강화 후반부가 주의 날 도래를 가리키는 전반부 순서 전체를 말한다면, 당연히 휴거는 그 순서를 앞선다. 전반부 순서 전체가 주의 날을 형성한다는 후속적 확증은 주의 날 특성에 관한 문학적인 연구로 이루어진다. 논평자가 주장하는 것은 예수님께서 말씀하시는 환란의 순서가 다니엘의 종말 때와 함께 주의 날을 가리키는 예표론과 통합한다는 것이다. 결국, 이것은 데살로니가후서 2장과 계시록을 포함하여 예수님 이후의 사도들의 전통에 영향을 끼친다.

다시 계시록으로

나는 힐트버그가 계시록 7장과 14장에서 휴거의 존재를 확증하지 못한다고 이미 주장했다. 그가 주의 날과 그것과 함께 하나님의 진노가 드러나는 것을 요한이 그리는 환란의 한 시기로 제한하는 것은 어떤가? 힐트버그는 진노의 날이 여섯째 인의 심판 이전이 아니라 그것과 함께 이르는 것으로 나타나는 계시록 6:17에 대한 해석에 크게 의존한다. 그는 6:17의 ἦλθεν[ēlthen]이 '이르렀다'만을 의미할 수 있다고 주장한다. 6:12~17에서 여섯째 인에 관한 전체 묘사에서 주의 날 이미지를 인용하고 있으며, 14:7에서 ἦλθεν[ēlthen]의 평행 용법이 있기 때문이다. 하지만 그는 11:18에서 ἦλθεν[ēlthen]이 하나님의 진노를 진술함을 놓치고 있다. 거기서 그것은 하나님의 진노가 오직 방금 이르렀음을 의미할 수 없다. 계시록 11:15~18은 일곱째 나팔을 말하는데, 힐트버그는 그것이 하나님께서 쏟으시는 일련의 진노의 끝임을 인정한다. 여기서 그 동사는 서술적 부정과거로 해석되어야 한다. '[막] 이르렀다(has [just] arrived)'가 아니라 단순히 '이르렀다(arrived)'가 맞다. 비교를 통해 그것은 6:17에서 그 동사가 그와 비슷하게 이해해야 할 할 가능성을 말한다. 두 경우 모두 요한은 일련의 하나님 진노 전체를 종합해서 평가한다. 이전의 인 심판들이 주의 날에 속하는 현상임을 생각하면, 그것이 더 개연성 있는 해석이다. 덧붙여, 일련의 심판 전체에서 ἔρχομαι[erchomai]가 사용되는 것은 전형적 주의 날의 문학적 유형이며, 자연적으로 6:17의 ἦλθεν[ēlthen]과 관련이 있고, 후자가 이 문장 구조의 끝에서 종합하는 효과를 가리킨다. 두 요점 모두 논평자의 논문에서 더 자세히 설명한다.

 논평자 판단에, 진노 전 휴거 견해의 가장 큰 문제는 주의 날을 환원주의(reductionist view, 복잡하고 추상적인 사상이나 개념을 단일 레벨의 더 기본적인 요소로부터 설명하려는 입장, 역자 주)의 시각으로 본다는 것이다. 그리고 하나님의 진노에 관한 상대적으로 단순한 견해가 이것과 관련 있다. 필자는 두 문제 모두 필자 논문과 무의 견해를 논평하는 데서 다루었다. 논평할 지면이 제한돼 있기에, 독자는 필자 논문과 논평을 참고하기 바란다. 요약의 형태로, 헐트버그가 놓치고 있는 것—무가 놓치고 있는 것이기도 한—이 구약신학에서 주의 날 주제가 다니엘이 말하는 종말의 때 패턴—우리가 환란이라고 부르는 패턴—의 구조와 유사한 이중적 복잡한 사건으로 발전한다는 사실만 말할 수 있다. 하지만 예수님과 바울과 요한의 가르침에서 주의 날 주제는 다니엘의 환란 패턴 전체와 통합한다. 따라서 환란 패턴의 한 부분을 주의 날로 분리하려는 것은 잘못이다. 미래의 환란 전체가 주의 날이다. 덧붙여, 다니엘이 말하는 환란 전체가 진노의 때다. '진노'라는 용어는 주의 날, 곧 환란의 복합체, 또한 그 복합체 안의 개별적 심판들을 가리키려고 사용된다. 그 전체와 관련하여, 그것은 진노가 현재 하나님께서 사람들을 그들 마음의 정욕대로 더러움에 내버려 두시는 것에서 나타나는 것과 같다(롬 1:18~32). 이 '내버려두심'은 성도에게 고난의 환경을 만든다. 그것은 성도가 경험하는 고난과 박해가 그들에 대한 하나님의 진노임을 의미하지 않지만, 어쨌든 고난과 박해는 진노의 때에 진노의 환경 아래 일어난다. 다가올 진노에서는 그리스도께로 돌아서는 사람에게 수많은 일반적이며 구체적인 진노의 표현과 함께 박해와 고난이 있을 것이다. 이 주의 날과 환란 시대의 국면에서 교회에 주어진 약속은 그것이 구원되리라는 것이다. 그리고 그러한 구원은 그날이 많이 진행된 어떤 지점이 아닌 그것의 바로 시작에 일어난다.

A Posttribulation Response
환란 후 견해로 논평

더글라스 무
Douglas Moo

이 책의 초판과 재판 사이에 휴거와 마지막 환란의 관계를 다루는 주제와 관련하여 새로운 견해, 곧 '진노 전 휴거'가 나타났다. 이 견해는 어느 정도 유명한 책들에서 주장되었으며, 지금은 아마도 전통적인 '환란 중 휴거' 견해보다 더 널리 알려진 견해이다. 그리하여 이 견해가 이 책에 포함되었다. 앨런 헐트버의 '진노 전' 견해 변호는 면밀한 석의 작업과 광범위한 문헌의 상호 작용을 바탕으로 하며, 그래서 이 견해의 발전에 크게 이바지하고 있다. 참으로, 논평자는 그의 진술에 맞서 설득력 있게 주장하려고 애를 먹고 있다. 특별히 그는 자기 논증의 많은 부분을 계시록을 근거로 하며, 그 책을 나보다 더 많이 알고 있는 듯하다. 어쨌든(독자는 모두 이 반대를 가리키는 말이 나타날 것을 알고 있다) 논평자는 그의 해석에서 몇 가지 문제를 제안하고 최종적으로 여전히 전통적 '환란 후' 견해가 더 좋은 견해로 여기는 이유를 최선을 다해 설명하겠다.

헐트버그는 두 가지 요점을 주장함으로써 자기 견해를 변호한다. 교회가 다니엘의 칠십 번째 주에 들어간다는 것과 교회가 다니엘의 칠십 번째 주 끝에 있을, 다가오는 하나님의 진노 전에 휴거한다는 것이다. 첫째 주장은 환란 전 견해를 반대하며, 둘째 주장은 환란 후 견해를 반대한다. 추측하듯이, 논평자는 헐트버그가 그의 논문 첫째 부분에서 말하는 요점들에 기본적으로 동의한다. 참으로 논평자는 많은 같은 것을 말한다. 헐트버그의 이 논증 과정에는 필자가 동의하지 않는 여러 요점이 있다. 하지만 그것들은 그의 둘째 주요 논증에 대한 필자 대답의 문맥에서 다루는 게 더 편리할 것이다. 하지만 그의 논증에 대한 논평으로 나아가기 전에, 이 문제들에 대한 헐트버그의 일반적 접근에 관한 예비적 논점을 말하겠다.

여기서 논평자는 다시 한번(블레이징의 논문을 논평할 때처럼) 다니엘의 칠십 번째 주가 역사의 끝에 있을 7년 기간을 가리킨다는 가정에 이의를 제기한다. 이 견해는 북아메리카 복음주의자 가운데 널리 퍼져있으며, 복음주의 전통의 특정 형태들에서 이루어지는 종말론 해석에서 기본이 되는 생각이다. 따라서 논평자는 왜 블레이징과 헐트버그 모두 그들 논문에서 이 해석을 기본적으로 가정하는지 이해할 수 있다. 하지만 다니엘의 본문이 매우 어렵다는 것과 많은 훌륭한 해석자(물론 복음주의 해석자를 포함하여)가 이 '역사의 종말' 해석에 이의를 제기함을 다시 한번 기억해야 한다. 논평자의 논문이 주장하듯이, 다니엘의 칠십 번째 주가 역사의 끝만을 가리키지 않는다고 생각한다. 여기서 두 가지 이유로 이 문제를 제기한다.

첫째, 다니엘의 칠십 번째 주가 역사의 끝만을 가리킨다는 가정은 그 예언이나 관련된 다니엘의 예언들을 암시하는 신약의 모든 표현이 역사의 끝을 가리키는 것이 분명하다는 가정으로 이어질 수 있기 때문이다. 그리하여 특정 신약 본문에 대한 우리 해석은 매우 불분명한 구절의 의미에 대한 가정에 의해 너무도 강하게 영향을 받을 가능성이 있다. 둘째, 이 첫째 요점과 밀접하게 관련된 '관점의' 문제를 제기한다. 논평자가 보기에, 다니엘의 칠십 번째 주가 역사의 끝만을 가리킨다는 해석은 구약에서 '종말적' 예언들과 신약에서 '종말적' 표현을 미래로 제한하는 경향이 있는 더 넓은 시각의 한 부분이다. 논평자의 논문이 주장하듯이, 이 경향은 그리스도의 초림과 재림 사이의 전체 기간을 묘사하는 신약의 종말론의 범위를 부적절하게 제한한다. 때때로 헐트버그는 계시록에서 '역사적인' 것과 '종말론적인' 것을 대조함으로 전형적인 '좁은' 종말론 견해의 희생물이 되는 것처럼 보인다. 실제로 논평자는 '역사적' 사건들(곧, 요한 시대의 사건들)이 또한 '종말적인' 것일 수 있다고 주장하고 싶다. 헐트버그가 계시록이 가까운 역사와 먼 역사를 우리가 쉽게 풀 수 없는 방식으로 혼합한다는 주장은 옳다. 논평자의 논문이 주장했듯이, 요한이 그가 예견하는 사건들의 시기를 알 수 없다는 사실은 필연적으로 그의 관점이 '역사적'이면서도 **동시에** '종말적'임을 의미한다. 그것은 그가 한 특정 환상의 사건들이 '먼 미래'에 성취한다고 생각했지만, 다른 환상에서 묘사되는 사건들이 그가 살아있는 동안 성취된다고 생각했다는 것과 다르다. 이 종류의 구분을 위해 요한은 예수님이 왕국의 마지막 형태를 시작하시려고 영광스럽게 다시 오시는 때와 관련하여 예수님이 아시는 것보다 더 많이 알아야 했을 것이다. 이 관점이 우리가 논하는 문제와 가진 관련성은 요한이 계시록 전체에 걸쳐 언급하는 '환란' 또는 고난의 때가 요한 당시 그리스도인이 겪고 있었던 환란과 별개의, '미래' 고난의 시기로 밝혀질 수 없다는 것이다.

사건들의 복합체로서 강림

헐트버그가 주장한 진노 전 휴거 견해는 그의 설명과 같이 특별히 한 가지 핵심 요점에서 환란 후 휴거와 다르다. 논평자가 변호하는 환란 후 휴거 견해가 신자가 마지막 환란의 끝에 하나님의 진노가 부어지는 동안 땅에 있을 것이라고 믿지만, 진노 전 휴거 견해는 신자가 그 진노가 부어지기 전에 휴거된다고 믿는다. 이것은 강림이 단계적으로 일어남을 의미한다. 먼저 휴거가 있고, 이어서 진노의 시기, 그리고 그리스도께서 강림하셔서 대적들을 심판하시는 것이 이어진다는 것이다. 헐트버그의 설명처럼, 논평자도 강림이 사건들의 복합체라고 생각한다. 우리를 나누는 문제는 강림의 사건들이 얼마 동안의 시기에 걸쳐 일어날 것인지(헐트버그의 견해) 아니면 거의 같은 때에 일어날 것인지(나의 견해) 생각할 이유를 신약이 우리에게 말하는지이다. 헐트버그는 휴거가 시간에 걸쳐 연장된다고 보는 기본 근거를 계시록에서 찾는다. 하지만 계시록으로 가기에 앞서 데살로니가전서가 묘사하는 진노로부터 구원이 의미하는 것을 간략하게 다루겠다.

헐트버그는 신약이 그리스도께서 다시 오실 때에 드러나는 하나님의 진노와 마지막 환난의 마지막 단계에서 일어나는 하나님의 진노를 구분한다고 주장한다. 이 기본 구분을 생각할 수 있는 것은 분명히 신약이 둘을 언급하는 것으로 보이기 때문이다. 하지만 헐트버그는 그의 견해에서 가장 중요한 한 걸음을 더 내디딘다. 휴거가 신자를 마지막 환난의 진노로부터 구원하는 수단이라고 신약이 가르친다는 주장이다. 그는 휴거에 관한 이 견해를 위해 특별히 데살로니가전서 4~5장에 호소한다. 블레이징은 진노와 주의 날 시작을 더 이르게 보지만, 같은 의견이다. 참으로 바울은 데살로니가 편지에서 결코 하나님의 진노를 주의 날과 명확하게 관련시키지 않는다. 하지만 주의 날이 불신자에게 '멸망'을 가져온다는 언급(살전 5:3)은 그 생각을 암시할 수 있다. 어쨌든 바울이 이 문맥에서 휴거를 이 진노를 피하는 수단으로 말한다고 생각하지 않는다. 바울은 데살로니가전서 5:9에서 진노를 피하는 것을 구체적으로 말한다. "하나님이 우리를 세우심은 노하심에 이르게 하심이 아니요, 오직 우리 주 예수 그리스도로 말미암아 구원을 받게 하심이라." 헐트버그와 블레이징 모두 이 본문이 데살로니가전서 1:10에서 말하는 '장래 노하심'으로부터 구원과 함께 하나님께서 휴거를 통해 자기 백성을 주의 날 진노로부터 구원하심을 가리킨다고 생각한다. 둘 다 4:13~17과 5:1~10의 평행을 언급한다. 두 구절 모두에서 신자가 '주와 함께' 있다는 궁극적 요점을 말한다는 것이다(4:17b; 5:10b; 하지만 블레이징의 주장처럼 반드시 "하늘에서"일 필요는 없다). 따라서 신자가 휴거를 통해 '구원을 얻을' 가능성이 있다(4:17). 하지만 이 해석은 구원과 진노 모두를 말하는 문맥과 잘 맞지 않는 방식으로 제한한다. 9절을 시작하는 접속사 '왜냐하면(for)'이 가리키듯이 이 구절은 바울이 앞 절에서 말한 근거를 말한다. 주의 날이 '밤의 도적' 같이 신자를 '놀라게' 하지 않는 이유는 신자들이 이미 '낮'에 속하기 때문이다. 곧, 거듭남을 통해 그들은 이미 하나님의 종말론적인 '낮'으로 들어갔다는 것이다. 그리하여 신자는 주의 낮에 구원받을 것이라는 굳건한 소망이 있다(5:8b). 주목할 중요한 요점은 여기서 '신자'가 단지 그리스도의 재림 때에 살아있는 신자만을 가리키지 않는다는 점이다. 모든 신자가 포함되는 것이 분명하다. 이 문맥 전체에서 바울은 살아있는 신자뿐 아니라 죽은 신자도 생각하기 때문이다. 이 전체 논의를 일으키는 것은 이미 죽은 신자의 운명이다(4:13). 따라서 바울이 이 문단을 "우리가 항상 주와 함께 있으리라"라는 확신으로 끝맺을 때 '우리'는 구체적으로 살아있는 신자와 죽은 신자를 포함한다(4:17b). 이와 유사하게 데살로니가전서 5:10에서 '그와 함께 살게 되는' '우리'는 모든 신자—"깨어 있든지 자든지"—를 포함한다. 9절과 10절의 밀접한 관계는 9절의 '우리'가 10절—모든 신자—보다 좁은 의미의 '우리'—살아있는 신자—가 아닐 가능성을 가리킨다. 하지만 이것은 9절에서 휴거가 구원의 수단이 될 수 없음을 의미한다. 당연히 죽은 신자는 휴거되지 않기 때문이다. 실제로 데살로니가전서 1:10과 5:9는 하나님의 진노로부터의 '구원'에 관한 신약의 다소 일반 가르침을 요약하는 것일 수 있다. 그리스도의 죽음이 구원의 수단인 것은 그것이 하나님의 진노를 만족시키기 때문이며, 그것이 '한 번에 모두를 위한' 수단인 것은 그것으로 그리스도께 속한 사람이 하나님의 진노로부터 영원히 구원받기 때문이라는 것이다. 바울이 우리가 "그를 통해 하나님의 진노로부터 구원"받을 것이라고 말할 때(롬 5:9) "그를 통해"는 그리스도의 속죄 죽음을 가리킨다(9a절과 6~8절). 따라서 이 구절들에서 초점은 '역사적인', 특별한 하나님 진노의 표출(마지막 환란 동안의)에 있지 않고 일반적으로 생각되는 하나님의 진노에 있다. 다시 말하지만, 데살로니가전서에서 이것이 사실인 것은 바울이 살아있거나 죽은 모든 신자에게 장래에 영향을 미칠 가능성이 있는 진노, 곧 마지막 심판의 진노를 언급하기 때문이다.

계시록에서 휴거

휴거의 시기에 관한 어떤 견해를 가지고 있든지, 대부분 해석자는 계시록이 결코 휴거를 **명확하게** 묘사하지 않는다는 점에 동의한다.138 동시에, 많은 학자는 숨겨진 암시적 표현에서 직접, 또는 그리스도인이 자신들 휴거의 열매를 즐거워하는 모습을 보여주는 환상에서 간접적으로, 계시록에서 휴거의 암시를 발견한다. 힐트버그는 각 경우에 대해 계시록에서 한 구절씩을 찾아, 계시록에서 그것들 배치가 마지막 환란의 진노를 앞서는 휴거를 가르친다고 주장한다.

첫째 구절은 7:9~17에서 '큰 무리' 환상이다. 이 환상에서 "각 나라와 족속과 백성과 방언에서" 온 백성은 하나님의 보좌 주위에서 경배하고 있다. 그들은 흰옷을 입고 있는데(9, 13, 14절) 이는 그들의 궁극적 구원을 상징한다(3:4, 5, 18; 6:11; 아마도 또한 4:4; 19:14). 우리 목적상 가장 중요한 것은 그들이 "큰 환란에서 나왔다"라는 것이다(7:14). 힐트버그는 때때로 이 구절이 휴거임을 제안하지만, 논평자 생각에 그가 실제로 의미하는 것은 이 구절이 휴거된 백성의 무리를 묘사한다는 것이다. 논평자는 이 해석에서 아마도 그가 옳을 것이라고 생각한다. 하지만 '큰 환란'이 마지막 환란으로 제한되어야 하는지 확신이 없다. 필자 논문에서 말했듯이, 신약은 일관되게 기독교 역사의 시기 전체에 걸쳐 하나님의 백성이 당하는 고난에 환란 언어

---

138 블레이징은 계시록에서 휴거를 언급하는 것이 단순히 요한의 목적 일부가 아니었다고 주장하면서 이것이 사실임을 인정한다. 하지만 이 인정은 데살로니가전서 5장에서 휴거가 임박한 진노로부터 구원의 수단이라는 그의 주장과 어긋난다. 소아시아 지역의 고난 받는 그리스도인에게, 하나님께서 휴거의 수단에 의해 다가오는 진노로부터 그들을 구원하신다고 확신은 분명히 매우 중요했을 것이다.

를 사용한다. 신약에 따르면 이 시기는 다니엘이 예견한 '종말의 때'이며, 따라서 또한 '환란의 때'다. "나라들의 시작 이래로 그때까지 없던" 환난이다(단 12:1). 필자는 마태복음 24:21의 '큰 환란'이 같은 의미라고 주장했다.

논평자도 이 구절에 대한 힐트버그의 해석의 또 다른 부분에 대해 확신이 없다. 그는 '큰 무리'가 7:1~8에서 하나님께서 '인치신' 144,000명의 사람과 다른 무리라고 주장한다. 주석가마다 이 점에 상당히 다르게 이해하지만, 7장의 두 무리 모두 일반 교회를 묘사할 가능성이 조금 더 크다고 생각한다.139 계시록과 신약 전체에 걸친 일반적 이미지를 따를 때 전자의 환상은 '새 이스라엘'로서 교회를 묘사한다. '인침'을 말하는 표현은 이 땅의 삶에서 시험과 고난 동안 하나님께서 당신 백성을 섭리로 보호하심을 나타낸다. 그것은 하나님께서 "너를 지켜 장차 온 세상에 임하여 땅에 거하는 자들을 시험할 시험의 때를 면하게 하시는" 자신의 약속을 수행하시는 수단이다(3:10).140 둘째 환상은 인침의 **결과**에 집중한다. 하나님께서 보호하셨으며 스스로 시험 아래에서 신실함과 용기를 보여주는 사람이 끝에 가서 옳음이 입증된다. 대조적으로, 힐트버그는 144,000이 '이스라엘의 남은 자'를 묘사한다고 생각한다. 땅에 남아 마지막 환란의 진노를 통과하는 자이다. 이 문제에 있어서 그의 견해가 의미하는 것 한 가지를 주목하자. 분명히 '이스라엘의 남은 자'는 교회에게 약속된, 하나님의 진노로부터 보호가 주어지지 않는다. 이것은 이 유대인 신자가 교회 일부가 아님을 의미한다(힐트버그는 그들을 '그리스도를 따르는 사람'이라 부름으로써 이 사실을 암시하는 것은 아닌가?). 더 진지하게, 힐트

---

139 Grant R. Osborne, *Revelation*, BECNT (Grand Rapids: Baker, 2002), 303; G. K. Beale, *Revelation: A Commentary on the Greek Text*, NIGTC (Grand Rapids: Eerdmans, 1999), 424~25에서 이 생각을 선호한다.

140 Osborne, *Revelation*, 301.

버그의 해석은 마지막 환란 동안의 그리스도 안의 유대인 신자에게 하나님의 진노에서 면제가 주어지지 않음을 가정한다(신약의 다른 곳에서는 그 면제가 그리스도의 속죄 죽음에 필수라고 제안하는 것처럼 보인다). 하지만 이것이 신학적으로 가능한지 의심스럽다.

헐트버그는 계시록 7:9~17이 휴거에 관한 '간접적' 언급이라고 생각하는데, 그것이 휴거의 직접적 결과를 묘사한다는 점에서다. 하지만 계시록 14:14~16에서 그는 우리가 휴거에 대한 직접적 언급을 찾을 수 있다고 생각한다. 이 본문은 땅에 낫을 휘두르시며, 그리하여 그곳에서 추수하시는 인자의 환상을 담고 있다. 논평자의 논문에서 지적하듯이, 해석자들은 이 환상의 의미를 두고 근본적으로 의견이 다르다. 어떤 이들은 헐트버그와 같이 그것이 성도의 구속을 묘사한다고 생각하며, 다른 이들은 그것이 심판을 묘사한다고 생각한다. 또 다른 이들은 그것이 이 생각들을 결합한다고 생각한다. 이곳에서 구속 언급이 분명히 가능한 해석이지만, 이 해석이 분명한 것과 거리가 멀다는 것에 주목이 중요하다.[141] 이렇게 휴거의 확인이 매우 불확실한 본문에 매우 많은 것을 쌓아 올리는 일은 지혜롭지 않다. 하지만 이것은 우리가 앞으로 볼 것과 같이, 계시록에서(그리고 일반적으로 신약에서) 헐트버그의 진노 전 휴거 논증에서 매우 중요한 단계다.

이 일반 요점을 마치기에 앞서, 논평자는 휴거를 묘사할 수 있다고 생각하지만, 헐트버그는 그렇게 생각하지 않는 두 구절을 살피겠다. 필자 논문에서는 계시록 11:11~12가 휴거를 묘사할 수 있다고 제안하도록 이끈 논증을 반복하지 않겠다. 그것이 옳다면 환란 후 휴거일 것이다. 계시록 20:4에서 우리가 휴거 암시를 발견할 수 있는 것도 같은 내용이다. 이 본문은 그리스도께서 영광스럽게 다시 오실 때에 사람이 '살아나는 것'을 묘사한다. 논평자는 논문에서 휴거가 항상 시간과 개념에서 부활과 연결되기에 휴거가 또한 여기 위

---

[141] 논평자는 논문에서 14:14~16에서 휴거를 말할 '개연성'이 있다고 주장한다. 더 많이 연구하니, 가능성이라는 단어가 더 낫다는 생각이 든다.

치할 가능성이 있다고 주장한다. 그러나 헐트버그는 동의하지 않는다. 그의 주된 요점은 연대기적이다. 휴거가 20:4에서 일어난다면 그것은 그리스도의 재림과 짐승의 멸망(19:11~21)과 사탄의 결박(20:1~3)을 **뒤따른다**고 주장한다. '휴거가 없는 것(nonrapture)'이라는 제안이다. 하지만 본문에서 무엇이 이들 사건을 연대기적 순서로 일어나야 한다고 생각하게 만드는가? 본문은 그것을 주장하지 않는다. 논평자는 요한이 실제로 이 문맥에서 19장에 이르러 그리스도의 재림의 다양한 요소를 말하고 있을 가능성이 훨씬 크다고 생각한다. 그것은 짐승과 사탄의 멸망과 성도의 옳음의 입증을 포함한다. 한 가지 가능한 해석으로서 헐트버그 자신은 20:4에서 부활 언급이 연대기적으로 잘못 위치된 것이라고 제안한다. 참으로 그렇다. 그것이 바로 요점이다. 대안의 견해(더 나은 것으로 보이는)로서 본문이 환란의 성도의 부활을 가리킨다고 제안한다. 그리고 당연히 이 구절에서 부활의 대상('그들')은 "예수를 증언함과 하나님의 말씀 때문에 목 베임을 당한 자들"과 밀접한 연관이 있는 것으로 보인다. 심지어 같은 시간에 일어나는 것일 수 있다. 하지만 이 구절에서 부활의 주체를 구속받은 전체 무리보다 더 작은 어떤 것으로 제한하는 것은 두 가지 매우 어려운 문맥적 어려움에 직면한다. 첫째, '살아나는' 사람은 '천 년 동안 그리스도와 함께 다스리는' 사람과 동일하다. 여기서 부활하는 사람을 환란의 순교자로 제한은 천 년 동안 다스리는 성도가 또한 순교자로 제한을 요구하는 것으로 보인다.[142] 둘째, 4절에서 요한은 '살아나는 것'을 '첫째 부활'로 언급하며, 그것을 '나머지 죽은 사람'이 살아나는 때의 둘째 부활과 대조한다(5절). 이 표현은 첫째 부활이 모든 의로운 자를 포함함을 암시한다. 참으로 이것이 일반 부활이며 휴거가 같은 시간에 일어난다면, 휴거는 환란 후 휴거로 보인다. 이 결론을 피하려는 그의 시도는 설득력이 부족한 것 같다.

---

142 물론 일부 해석자는 이것이 참으로 사실이라고 주장한다.

계시록에서 휴거와 하나님의 진노

논평자는 앞에서 14:14~16이 휴거를 가리킨다고 보는 헐트버그의 해석이 그의 논증의 핵심임을 주목했다. 이것이 그러한 이유는 그가 계시록 14~16장에서 휴거가 마지막 환란 끝에서 진노가 쏟아지는 것과 연대기적으로 어떤 관계인지를 보여주는 증거를 찾기 때문이다. 그는 계시록 14:14~16이 15:2~4에서 하늘에서 기뻐하는 것으로 묘사되는 무리의 휴거를 말한다고 주장한다. 오직 이 일 후에 요한은 "땅 위에 하나님의 진노의 일곱 대접"이 쏟아지는 것을 묘사한다(16:1). 따라서 헐트버그는 여기서 휴거와 마지막 환란 진노의 순서를 발견한다고 주장한다. 그는 여기서 발견한 순서를 사용하여 계시록 6~8장에서 비슷한 순서를 주장한다. 계시록 6:12~17의 여섯째 인은 우리를 주의 날의 직전까지 데려간다. 이어서 요한은 환란의 진노 동안 하나님의 보호 아래 인침을 받는 '이스라엘의 남은 자' 환상(7:1~8)과 큰 환란으로부터 휴거되는 교회에 관한 둘째 환상을 본다(7:9~17). 그리고 우리는 일곱째 인의 '하늘에서 침묵'을 만난다(8:1~2). 스바냐 1:7과 스가랴 2:13에서와같이 하나님의 진노가 쏟아지는 것에 우리를 준비시키는 침묵이다. 이어서 8:6~9:21과 11:15~19의 일곱 나팔 심판은 이 진노를 묘사한다. 그리고 다시 한 번 우리에게 휴거(7장)와 환란의 진노(8~11장) 순서를 제시한다.

논평자는 이 논증에 단순한 한 가지를 문제 삼는다. 곧, 계시록의 이 부분 어느 자료 하나도 연대기적 진행을 묘사한다는 확신이 들지 않는다. 논평자의 논문이 설명하듯이, 계시록에서 환상의 순서와 역사 사건들의 연대기 관계는 상당한 논의를 해야 하는 주제다. 하지만 계시록 주석가 다수가 요한이 자료를 배열하면서 똑바른 일직선의 연대기 개요를 따른다고 생각하지 않는 것이 사실이라고 생각한다. 대부분 학자는 요한의 '내러티브' 환상들이 같은 사건들을 두 번 이상 묘사하는 가운데 어느 정도의 반복을 포함한다고 생각한다. 그리고 그들은 또한 그가 자신의 '내러티브' 이야기에서 우리를 '장면들 뒤로' 데려가며, 어떤 종류의 연대기 개요에도 분명히 꼭 들어맞을 수 없는 환상들을 여기저기에 배열한다고 생각한다. 헐트버그의 해석에서 결정적 환상들(7:9~17과 14:14~16) 둘 다 후자의 범주에 속한다. 물론 이 일반 관찰들은 이 환상들이 그들 문맥에 연대기적 관계가 없음을 의미하지 않는다. 하지만 그 연대기적 관계는 가정되기보다 입증해야 한다. 휴거의 환상(14:14~16)이나 휴거된 성도의 환상(7:9~17)이 연대기적으로 환란의 진노를 앞선다는 증거는 무엇인가?

논평자는 14장으로 시작한다. 헐트버그가 이것이 자기 견해에서 결정적 본문이라고 인정하기 때문이다. 우리가 보았듯이, 그는 15:2~4의 승리한 성도가 14:14~16에서 휴거된 무리를 가리킨다고 생각한다. 그리고 이 환상은 진노의 대접이 준비되고 쏟아지는 것(15:5~16:21) 이전에 있다. 하지만 요한은 진노의 대접이 쏟아지기 전에 이 무리가 하늘에 있음을 가리키지 않는다. 그는 단지 승리한 성도의 환상을 본 후에(15:5) 진노에 관한 환상을 "보았다"라고 주장한다. 하지만 요한이 환상을 받는 순서는 그 환상들의 내용이 땅에서 일어나는 순서와 같지 않다. 이것은 우리의 문맥에서 14:17~20의 환상이 단순하게 진노의 대접이 쏟아진 후 일어나는 마지막 심판을 묘사한다는 사실에서 아주 분명하다. 게다가, 요한은 이 승리한 무리가 실제로 마지막 환란 동안 땅에 있었음을 암시한다. 그들은 "짐승과 그의 우상과 그의 이름의 수를 이기고 벗어난" 사람들로 묘사된다(15:2). 하지만 짐승의 활동은 분명히 마지막 환란의 후반부에 걸쳐 일어나며, 그의 패배는 오직 그리스도를 통한 하나님의 최종적인 승리와 함께 온다(19:19~20을 보라). 따라서 두 가지 근거로 14장에서 헐트버그가 진노 전 휴거를 주장하는 것은 의심스럽다. 14:14~16이 휴거를 묘사하는지 분명하지 않으며, 그렇다 하더라도 마지막 환란의 진노에 대해 그것이 가지는 연대기적 관계는 분명하지 않다.

6~8장의 상황은 거의 같다. 참으로 헐트버그는 14~16장의 순서를 이 장들 안으로도 가져와야 한다고 주장함으로써 이 장들에서 순서가 분명하지 않음을 인정한다. 이 두 부분에서 일련의 환상이 개략적으로 평행을 이룬다는 그의 주장은 다소 유익한 점이 있다. 7:1~8에서 144,000의 인침 받은 사람 환상은 분명히 같은 144,000으로 보이는 무리에 관한 14:1~5의 환상과 평행을 이룬다. 7:9~17에서 하나님을 예배하는 보좌 주위의 '큰 무리' 환상은 15:2~5에서 하나님을 찬양하는 승리한 성도와 개략적으로 평행을 이룬다. 그리고 이 두 본문 모두 일련의 심판이 그들 뒤를 따른다(8~9장에서의 나팔들과 16장에서의 대접들). 하지만 헐트버그는 논평자의 판단에 그렇게 분명하지 않은 또 다른 평행을 주장한다. 16장의 대접 심판들은 명확하게 하나님의 진노 표현으로 언급된다. 하지만 헐트버그의 반복된 주장과는 대조적으로, 나팔 심판들은 결코 그렇다고 묘사되지 않는다. 분명히 나팔 심판의 일부는 하나님에 의해 직접 시작되며(9:13~16을 보라), 하나님의 진노 표현일 것이다. 게다가, 여섯째 인을 떼는 것은 "그들의 진노[곧, 그들에게 임하는 하나님의 진노]의 큰 날이 이르렀다"라는 선포와 함께 절정에 이른다(6:17). 그리고 헐트버그는 나팔 심판들을 일곱째 인에 관한 상세한 설명으로 본다. 따라서 나팔 심판들이 여섯째 인에 의해 예기된 진노를 수행하는 것이 분명히 가능하다. 어쨌든 이것은 확실하지 않다. 적어도 요한이 이 문맥에서 명확하게 휴거와 진노의 순서에 관심을 끌지 않음을 말할 필요가 있다. 하지만 더 중요한 요점은 요한이 큰 환란으로부터 휴거된 큰 무리를 말하는 7장과 나팔 심판들을 말하는 8~9장 사이에 어떤 종류든 가능한 연대기적 순서를 암시하고 있음을 주장할 이유가 없어 보인다는 것이다. 7장은 인의 심판들의 순서를 깨뜨림으로써 분명히 일종의 '삽입어구(interpolation)'이다. 이 장이 독자에게 이들 인과 나팔의 사건들에 관한 더 넓은 신학적인 시각을 제공한다고 보는 것에 관해 말할 것이 많다. 하나님께서는 이들 위기 동안 당신 백성을 보호하

시려고 섭리로 행하시며(7:1~8), 그 위기들에서 승리한 사람으로 나오게 하실 것이다(7:9~17). 참으로 7:9~17의 환상이 하나님 백성의 궁극적 승리에 관한 예기적 보기라는 것은 그들이 '큰 환란에서 나왔다'라는 사실로 암시된다. '큰 환란'이 가장 자연스럽게 계시록 6~16장에서 묘사되는 심판과 재앙 전체를 포함하기 때문이다.

A Rejoinder
논평에 응답

앨런 헐트버그
Alan Hultberg

　필자의 진노 전 휴거 논증에 사려 깊게 의견을 나눠준 블레이징 박사와 무 박사에게 감사드린다. 그들이 주목한 대로, 필자는 두 가지 주요 논지를 변호하려고 했다. 교회가 다니엘의 칠십 번째 주의 후반부 어느 시점에 휴거될 것, 그리고 휴거와 그리스도께서 땅으로 돌아오심 사이에 하나님의 엄청난 진노가 쏟아지는 연장된 시기가 있다는 것이다. 둘째 논지의 당연한 결과는 강림이 휴거, 진노, 그리고 재림으로 구성된 상당 기간의 복합적 사건이라는 사상이다. 필자 논증은 특별히 예수님(마태복음)과 바울과 요한 모두 교회가 황폐하게 하는 가증한 것 그리고 그 뒤를 따르는 환란을 경험할 것을 기대했다는 것, 그리고 요한이 계시록에서 바울이 암시하는 바를 분명히 하는 것, 곧 교회가 휴거로 강림의 진노를 면한다는 것을 입증한다. 블레이징은 특별히 필자의 첫째 논지의 증거에 이의를 제기하고, 무는 둘째 논지의 증거에 그렇게 한다. 둘 다 필자의 계시록 해석이 부족하다고 지적한다. 필자는 그들 비평의 대부분이 실제적이라고 생각하지 않으며, 그들 반론의 많은 것을 필자 논문 그리고 그들 논문 논평에서 다루었다. 어쨌든, 조금은 대답해야겠다. 따라서 이어지는 부분에서 간결하게 필자 논증을 다시 진술하고, 이어서 블레이징과 무의 여러 비판이 정당한지 살펴보겠다.

필자는 교회가 황폐하게 하는 가증한 것과 그것을 뒤따르는 환란을 경험한다고 말하는 세 가지 주된 논증을 제시한다. 첫째, 감람산 강화의 구조와 마태복음의 교회론은 궁극적으로, 예수님의 말씀을 들은 제자들이 전체 교회—로마가 예루살렘을 함락하는 사건에서 종말적 사건들의 예기적 성취를 볼 1세기 교회 세대뿐 아니라 특별히 황폐하게 하는 가증한 것과 환란을 포함하는 궁극적 성취를 경험할 마지막 교회 세대를 포함하는—를 대표하는 자들이라는 결론에 이른다고 필자는 주장한다.

블레이징은 세 가지로 이러한 논증을 문제 삼는다. 첫째, 그는 그것이 교회가 다니엘의 칠십 번째 '주'의 후반부 사건들을 경험하는 것과 무관하다고 생각한다. 점진적 세대주의에 따르면, 교회가 휴거 후 땅에서 계속될 것이기 때문이라는 것이다. 그렇다면 필자는 그가 필자의 기본 요점이 입증되었음을 인정하는 것으로 추정한다. 하지만 그것은 흥미로운 인증으로 보인다. 블레이징 자신은 휴거 이전의 교회와 휴거 이후의 교회를 구분하려 하기 때문이다. 휴거 이전의 교회에게만 강림 때에 있을 진노로부터 구원이 약속되며, 휴거 이전의 교회만이 황폐하게 하는 가증한 것을 보지 않을 것이다. 그렇지 않으면, 블레이징 자신이 주장하는 환란 전 견해는 아무 의미가 없다. 하지만 어떻게 해서 휴거 이전의 교회에게만 그 약속이 주어지는가? 이 경우 환란 후 견해가 훨씬 더 설득력이 있다. 여기서 상세한 것을 말하는 대신, 필자는 오직 휴거 전 교회와 휴거 후 '교회' 사이에 절대적 교회론적 연속성이 유지되어서는 안 된다고 제안한다. 둘째, 그리고 역으로, 블레이징은 마태가 대체주의자(교회가 이스라엘을 영원히 대체한다고 가르치는)라고 필자가 주장한다고 공언한다. 대체주의는 그가 잘못된 것이라고 주장하는 관점이다. 하지만 필자는 그런 주장을 하지 않는다. 필자는 단지 마태가 교회를 '어떤 의미에서' 메시아 왕국의 계승자로 생각하고 있음을 보여줄 뿐이다. 교회는 예수님께서 세우신 메시아 공동체, 그의 왕국의 현재 국면이다. 이 사실에 동의하지 않을 마태 신학자를 찾는 데 애를 먹을 것이다. 데이비드 터너

(David Turner)가 그 한 명인데, 블레이징은 그를 인용하여 필자 견해를 반박한다. 필자의 단 하나 요점은 마태복음 24장에서 예수님께서 교회가 아닌 이스라엘을 대표하는 자들로서 그의 제자들에게 말씀하신다고 주장할 수 없다는 점이다. 셋째, 블레이징은 1세기에 황폐하게 하는 가증한 것이 예기적으로 성취되었다면 그것은 결정적인 종말론적인 징조의 기능을 할 수 없다고 제안한다. 하지만 필자는 적어도 예수님과 바울(그리고 명백히 요한)에 의해 기대되었던 중요한 의미에서 1세기에 황폐하게 하는 가증한 것이 일어났다고 주장하지 않는다. 로마가 성전을 파괴한 것은 일종의 황폐하게 하는 가증한 것이었을 수 있지만, 그것은 제국의 인물이 성전에 앉아 자신을 하나님으로 선포하는 것과 거리가 멀었다. 그것은 특별한 사건일 것이다.

무는 필자가 '역사적' 성취와 '종말적' 성취를 구별하는 것이 오해하기 쉬우며 성경적이지 않다고 주장한다. 신약이 다니엘의 칠십 번째 '주'를 포함하여 '말세'가 그리스도의 초림과 함께 시작했다고 말하기 때문이라는 것이다. 첫째, 필자는 '말세'가 1세기에 시작했으며, 따라서 지금의 때를 '종말적'이라고 말할 수 있음에 동의한다. 하지만 필자는 또한 이전 역사에서 마지막 때에 있을 일들을 가리키는 예표가 되는 사건들이 있을 수 있지만, 시대의 끝에 궁극적으로 적그리스도와 황폐하게 하는 가증한 것 등이 있을 것을 믿는다. 이것들을 구분하려고 '역사적'과 '종말적'이라는 표현을 사용했다. 하지만, 둘째, 궁극적인 적그리스도와 환란이 있을 것인가라는 질문에, 오직 필자는 바울이 데살로니가후서에서(단 11장을 따라) 예견했던 불법의 사람—주님의 재림 때에 멸망하는—과 마태복음 24장에서(단 12장을 따라) 예수님께서 예견하신 비교할 수 없는 환란—황폐하게 하는 가증한 것을 뒤따르며 강림에 '바로' 앞서 일어나는—이 분명히 미래의 일이라고 제안한다.

필자의 둘째 논증은 데살로니가 편지의 종말론이 적어도 부분적으로 마태복음의 감람산 강화 이면의 주의 전통에 근거하기에 특별히 데살로니가전서 4:5~16과 마태복음 24:30~31 사이의 대응은 바울이 마태복음 24:30~31에서 휴거가 일어나는 것으로 이해했음을 의미한다는 것이다. 이어서 이것은 바울이 교회가 황폐하게 하는 가증한 것을 경험할 것을 기대했음을 암시한다. 데살로니가후서 2:1~15에서 확증되는 암시다. 블레이징은 세 가지 논점에서 동의하지 않는다. 첫째, 그는 마태복음 24:30~31과 데살로니가전서 4:15~17 사이의 대응이 그 구절들이 같은 사건을 논한다고 생각하기에 부족하다고 생각한다. 특별히 마태복음이 휴거를 언급하지 않기 때문이라는 것이다. 하지만 필자는 두 본문 사이의 대응이 충분하다고 보는 대다수 편에 서 있으며, 필자 논문에서 주장했듯이, 바울은 휴거에 관한 자기 가르침을 감람산 강화 전통에 대한 추가사항으로 생각하고 있다. 휴거를 마태복음 24:4 앞에 두려는 블레이징의 대안은 그의 논문을 논평하는 데서 자세히 다룬다.

'평안과 안전'(살전 5:3)으로 묘사되는 주의 날 상황이 필자의 견해를 인정하지 않는다는 블레이징의 둘째 비평은 앞엣것과 비슷하게 그의 논문을 논평하는 데서 다룬다. 마지막으로, 블레이징은 바울이 휴거를 주의 날 시작과 연결하는 데 동의하지만, 데살로니가후서 2:1~4가 주의 날이 황폐하게 하는 가증한 것 후에 시작을 가리킨다는 것에 동의하지 않는다. 이것은 (1) 토마스가 ἐὰν μη… πρῶτον[ean mē… prōton]('먼저… 하지 않으면')절이 배교와 불법의 사람 출현이 주의 날을 앞설 것을 요구하지 않으며, 그보다 전자가 후자를 시작하는 것일 수 있음을 보여주기 때문이며, 토마스의 해석이 나온 것은 (2) 불법의 사람 드러남이 성전에서 그의 활동 기간(황폐하게 하는 가증한 것)보다 적그리스도와 이스라엘에 조약을 체결하는 것일 가능성이 더 크기 때문이다. 하지만 필자 논문은 데살로니가후서 2:3의 문법이 배교와 활동 기간이 주의 날을 앞설 것을 **요구한다**고 주장하지 않는다. 단지 토마스의 증거가 자신의(그리고 블레이징의) 목적을 달성하지 못하며, 앞섬의 개념이 더 자연스럽고 문맥과 일치한다고 주장할 뿐이다. 따라서 블레이징이 보기에, 바울이 그의 독자에게 주의 날을 시작하는 휴거가 아직 일어나지 않았음을 말하려는 의도라면, 왜 그가 그들에게 휴거 **후에** 일어나는 사건들을 말하는지, 또는 왜 그가 그들에게 주의 날을 구성하는 순서에서 다른 사건들이 먼저 일어난다고 말하는지 전혀 분명하지 않다. 불법의 사람 출현이 그의 활동 기간이 아니라 조약 체결이라고 주장함으로써 자기 해석을 강화하려는 블레이징의 시도는 실패한다. 그것이 감람산 강화와 다니엘의 '마지막 때'에 대한 의심스러운 석의에 의존하기 때문이다. 이것은 그의 논문을 논평하는 데서 다루고 있다. 이와 비슷하게, 필자가 그 활동 기간을 나타남과 동일시하는 것을 약하게 하려는 그의 시도는 약하다. 그는 데살로니가후서 2:3~4의 문법은 드러남을 활동 기간과 동일시하지 않으며, 오히려 평행이 되는 데살로니가후서 2:8의 문법은 드러남을 불법의 사람 멸망과 동일시한다고 주장한다. 더욱이, 그는 4절의 ὥστε[hōste]('따라서')가 활동 기간을 드러남의 불경스러운 선언과 동일한 것이 되게 하지 않고, 그것의 결과가 되게 한다고 주장한다. 하지만 8절의 문법이 3절과 4절의 문법과 유사하더라도, 논리는 10절에서부터 그 결론까지 그 문장을 계속해서 따라가는 것과 더 평행을 이룬다. 불법의 사람 드러남은 그가 마귀적 속임으로 '오는 것'과 관련 있다. 그리고 그것이 4절의 ὥστε[hōste]의 요점이다. 불법의 사람이 적그리스도임이 드러나는 것은 그의 불경스러운 계획이 성전에서 그의 활동 기간에서 절정에 이르는 때다. 따라서 바울은 그때 그가 자신을 하나님으로 "내세운다"라고 말한다.

교회가 황폐하게 하는 가증한 것과 환란을 경험할 것이라는 필자의 셋째 논증은 계시록 7:9~17과 13:1~18 모두 교회를 환란 가운데 둔다는 점이다. 계속해서 필자는 부분적으로 계시록 6:12~8:5(11:19)와 14:1~16:21의 평행과 마태복음 24:4~31과 계시록 6:1~17의 평행을 근거로, 계시록 7:9~14와 14:14~16과 15:2~4가 휴거를 묘사한다고 주장한다. 이 논증은 또한 계시록이 휴거와 진노와 재림의 복잡한 강림을 말한다는 필자의 주장을 지지하는 데 쓰인다.

무는 계시록 7:9~14가 휴거를 묘사할 수 있다는 데 동의하지만, 그와 블레이징 모두 그 증거와 계시록 14:14~16; 15:2~4에 대한 필자의 증거가 불충분하다고 생각한다. 블레이징은 셀 수 없이 많은 무리가 하늘에 나타난다는 것과 구름 가운데 땅의 열매를 추수하는 인자 같은 분이 그리스도라는 것에 확신이 없다. 무는 계시록 7장에서의 환란에 관한 언급이 특별한 마지막 고난이 아닌 교회 시대 전체를 가리킨다고 생각한다. 둘 다 계시록 6:16~17과 11:18에 언급한 하나님의 진노가 나팔의 순서와 함께 시작하는 것과 계시록 7장이 연대기적으로 여섯째 인과 일곱째 인 사이에 위치함을 필자가 보여주지 않았다고 생각한다. 하지만 그들 누구도 필자 논문에서 내가 다루지 않은 이 후자의 주장에 관한 견고한 석의적 이유를 말하기는커녕 필자 증거를 약하게 하는 어떤 것도 제시하지 않는다. 따라서 대답으로서, 필자는 원래의 석의와 그들 논문에 관한 논평에 제시한 설명을 제시할 수 있다. 앞의 주장들과 관련하여 보좌 앞에 있는 것이 셀 수 없이 많은 무리가 하늘에 있음을 반드시 의미하지 않는다는 블레이징의 주장만 다소 설득력이 있다. 하지만 문제는 그가 제안하는 대로 보좌가 어디 있는가보다—4~14장 전체 내러티브가 보좌가 하늘에 있음을 분명히 하고 있다—계시록 14:1~5에서 144,000이 어디 있는가와 관련이 있다. 요한은 그들이 시온 산 위에 있으며 보좌 앞에서 노래한다고 말한다. 어떤 사람은 시온 산 자체가 하늘을 가리키는 은유라고 제안한다. 필자는 시온이 땅에 있다고 주장한다(실제 장소, 회복된 이스라엘, 혹은 그와 같은 것을 가리키는 상징). 계시록 7:3에서 144,000이 땅에서 하나님의 진노로부터 보호받으려고 인침을 받기 때문이다(참고. 계 9:4). 보좌로 올라가는 것은 그들 노래다.

마지막으로, 필자는 교회가 휴거됨으로써 하나님의 강림 진노를 피한다는 주장의 두 가지 주된 논증을 제시한다. 첫째, 데살로니가 편지의 문맥이 그 편지에 포함된 하나님의 진노로부터 해방이 마지막 심판이 아닌 강림 때 진노를 언급한다. 둘째, 앞에서 논의했듯이,

계시록이 휴거-진노-재림의 순서를 증언한다. 무는 첫 번째 논증에 동의하지 않는다. 데살로니가전서 5:9~10에서 진노로부터 구원받는 '우리'가 살아있는 신자뿐 아니라 죽은 신자를 가리키기 때문이라는 것이다. 그리스도의 구원이 없다면 전자만 강림의 진노를 경험하지만, 두 무리 모두 마지막 심판을 당할 수 있다는 설명이다. 나는 무의 일반적 요점을 인정하지만, 그가 좀 더 문맥에 민감한 대안을 빠뜨리고 있음을 덧붙인다. 바울이 구원에서 구체적으로 5:1~9에서 강림 때 진노로(5~9절의 '우리'는 살아있는 신자만을 가리킬 수 있다), 다시 10절에서 더 전체적 구원으로 나아간다는 것이다. 무는 특별히 계시록이 직선적으로 연대기적이지 않으며 내가 계시록 6~8장(또는 11장까지)과 14~16장의 환상의 순서에 관해 그것이 그러함을 보여주지 않았다는 것을 근거로, 필자의 둘째 논증에 동의하지 않는다. 하지만 필자는 계시록이 직선적으로 연대기적이라고 주장하지 않는다. 그것은 그렇지 않다. 환상들은 수많은 반복과 막간 등이 있다. 필자의 주장은 언급된 사건들의 순서를 결정하려는 데 문학적 세부사항들을 따라야 한다는 것이며, 필자는 계시록 6:12~8:5(또는 11:19까지)와 14:14~16:21에서 휴거 뒤에 진노가 이어지는 상당히 평행을 이루는 순서들이 있고, 그 후에 19:11~21에서 그리스도의 재림을 말하는 것에서 그 문학적 세부사항들을 따르고 있음을 보여주려고 노력했다. 세부사항들은 또한 계시록 20:4의 부활이 19:11~21의 그리스도의 강림과 동시에 일어나는 일이라고 보기 어렵게 한다. 무는 단순히 그것이 그렇다고 주장한다. 다시 한번 필자는 독자가 필자가 다른 논문을 논평하면서 제시한 원래의 강해와 설명을 읽고 필자가 바른 주장을 펼쳤는지 판단하기 바란다. 나는 무가 필자의 석의의 잘못을 입증하지 못했다고 생각한다.

다시 한번 필자는 블레이징과 무가 은혜롭고 면밀하게 필자 논증에 관해 의견을 나누어 준 것에 감사드린다. 그것은 궁극적으로 내가 올바른 길을 가고 있다는 확신을 강화하였지만, 필자 자신의 사고는 그들의 날카로운 관찰에 오직 혜택을 입을 수 있을 뿐이다. 하지만 그보다, 필자는 교회가 우리 논의를 통해 혜택을 얻길 기도한다. 예수님께서 다시 오신다! 우리는 모두 그 복된 날을 기대하며 준비하는 가운데, 지식을 가진 신실한 그분 제자가 되기를 바란다.

A Case for the Posttribulation Rapture

환란 후 휴거 견해

더글라스 무
Douglas Moo

3

도입: 우리 주위를 살피는 일

필자는 이 논문에서 하나님의 새 언약 백성인 교회가 마지막 환란 **후에** 그리스도께서 영광스럽게 오시는 때(강림)에 휴거된다는 견해를 지지하는 석의적이며 신학적인 논증을 제시한다. 필자는 강림과 마지막 환란과 그리스도께서 다시 오셔서 하나님의 백성에게 주실 상급을 말하는 신약 핵심 구절에 집중하겠다. 필자의 이 구절에 접근은 논증의 시작에서 검토할 중요한 특정 가정들과 일반 신학적 관점들에 의해 좌우될 것이다. 그리고 이것들 어떤 것도 두 핵심 용어, 곧 **휴거**와 **환란**에 관한 필자의 관점보다 더 중요하지 않다.

휴거(rapture)라는 용어는 신약에 쓰인 단어가 아니다. 영어 단어 Rapture는 라틴어 동사 라피오(*rapio*, '붙잡다' 또는 '데려가다')에서 유래한다. 이 단어는 불가타 성서에서 헬라어 단어 ἁρπαγησόμεθα [harpagēsometha]를 번역하는 데 사용되었다. "우리도 그들과 함께 구름 속으로 끌어올림 받을 것이다[공중에서 주를 영접하도록]"(살전 4:17). 대중적으로 휴거(그것의 동사적 의미에 따라)는 자주 물리적 이

동으로 생각된다. 신자가 주님에 의해 물리적으로 땅에서 하늘로 옮겨진다는 것이다. 게다가, 이 물리적 '데려감'은 또한 일반적으로 신자를 상해로부터 구출하는 데 필요하다고 생각된다. 하지만 이 생각 어느 것도 그 문제의 핵심에 이르지 않는다. 데살로니가전서 본문—그리고 아마도 다른 본문들—에서 물리적 이동이 상당히 분명하게 암시되는 것은 틀림없다. 하지만 신약에서 휴거의 더 중요한 측면은 몸의 변화다. 신학적으로 휴거는 부활과 평행을 이루는 것으로 가장 잘 이해된다. 주님께서 다시 오실 때 죽은 성도는 죽음에서 일어나며, 살아있는 성도는 휴거된다. 이 평행은 고린도전서 15:50~53에서 특별히 분명하다.

> 형제들아, 내가 이것을 말하노니 혈과 육은 하나님 나라를 이어받을 수 없고, 또한 썩는 것은 썩지 아니하는 것을 유업으로 받지 못하느니라. 보라, 내가 너희에게 비밀을 말하노니, 우리가 다 잠잘 것이 아니요, 마지막 나팔에 순식간에 홀연히 다 변화되리니, 나팔 소리가 나매, 죽은 자들이 썩지 아니할 것으로 다시 살아나고, 우리도 변화되리라. 이 썩을 것이 반드시 썩지 아니할 것을 입겠고, 이 죽을 것이 죽지 아니함을 입으리로다.

그리스도께서 다시 오실 때에 하나님께서 존재하게 하실 완성된 형태의 왕국은 일반적 '죽을' 몸을 가진 사람이 거주할 수 없다. 따라서 우리 모두 '변화'해야 한다. 이미 죽은 그리스도인은 "죽지 않을 몸으로 일으킴을 받을" 것이지만, 그리스도께서 다시 오실 때에 여전히 살아있을 우리 나머지 사람은 또한 '변화', 곧 '휴거' 되어야 한다. 둘째, 휴거에 포함된 물리적 이동은 어떤 것을 피하기 위한 움직임이 아니라 어떤 것과 함께 되기 위한 움직임이다. 이것은 필자가 전에 인용한 데살로니가전서 본문에서 분명하다. 신자는 '주를 만나려고' '끌어 올려진다.' 휴거는 우리가 땅의 어떤 것으로부터 데려감을 받는 수단이라기보다 우리가 그리스도 앞으로 데려감을 받는 수단이다. 실제로 신약에는 하나님께서 물리적으로 당신 백성을 마지막 환란—또는 모든 종류의 환란—으로부터 제거하실 것을 암시하는 오직 하나의 본문만 있다. 계시록 3:10인데, 나는 아래에서 이 본문조차 이것을 의미하지 않는다고 주장한다.

통속적 용법이 '휴거'의 신학적 개념을 성경적 관점으로부터 다소 옮겼다면, '환란'과 관련해서는 더욱 사실이다. 필자는 이 논문에서 성경이 재림 직전에 있을, 하나님의 백성을 위한 전례 없는 고난의 시기를 예견한다고 가정한다. 우리는 이 시기를 '마지막 환란'이라 부르겠다. 하지만 이 미래 고난의 시기와 관련하여 균형 잡힌 시각을 유지하는 일이 매우 중요하다. 많은 그리스도인은 '환란'을 이 미래 시기에 한정되는 어떤 것으로 생각한다. 하지만 신약에서 이 단어가 사용되는 경우를 전체적으로 보면 이 관점이 얼마나 잘못됐는지 알 수 있다. 환란이라는 단어(θλῖψις[thlipsis])는 신약에서 45번 쓰인다. 한 경우 그것은 하나님의 진노를 가리킨다(롬 2:5). 나머지 경우는 신자가 겪는 고난을 가리킨다. 하지만 서른일곱 경우가 분명히 이 시대에 걸쳐 신자가 경험하는 '환란'을 가리킴에 주목하라. 바울과 바나바는 남부 소아시아 새 신자에게 이렇게 경고했다. "우리가 하나님의 나라에 들어가려면 많은 환난을 겪어야(θλίψεων[thlipseōn]) 한다"(행 14:22). 예수님은 신약의 기본 관점을 적절하게 요약하신다. "세상에서는 너희가 환난(θλῖψιν[thlipsin])을 당하나, 담대하라! 내가 세상을 이기었노라"(요 16:33). **환란**이라는 단어는 많아야 일곱 본문에서 역사의 끝에서 강력한 고난의 시기를 가리킨다(마 24:9, 21, 29; 막 13:19, 24; 계 2:10; 7:14). 그리고 필자는 아래에서 이들 가운데 마지막 환란을 가리키는 본문은 **하나도 없을** 가능성이 상당히 크다고 주장한다.

'환란'에 관한 이 요점은 '종말론'에서 훨씬 더 넓고 매우 중요한, 신약의 관점의 한 국면이다. 우리는 이 시대의 절정 사건들에 집중하다 그것들을 이 시대 전체의 사건들과 따로 놓아둠으로써 관점을 잃어버리기 쉽다. 신약은 '종말' 예언들이 성취하기 시작했다고 선포한다. 그리스도의 죽음과 영광스러운 부활, 그리고 성령으로부터 '모든 육체'에게 부어주시는 것이 '종말'의 시작을 표시한다(예를 들어, 행 2:14~21; 고전 10:11; 히 1:1~2; 요일 2:18을 보라). 따라서 초림과 재림 사이의 시기가 "마지막의 것들"(ἔσχατα[eschata])에 속하기 때문에 그 전체시기가 '종말적'이다. 결정적이며 기초적 사건들이 일어났다. 하지만 예수님 당시의 많은 사람이 놀랄만하게도 악인에 대한 궁극적 심판과 의인에 대한 최종적 구원은 없었다. 예수님께서 가라지 비유에서 설명하려고 하셨던 것은 이 '놀라움'이다. 예수님은 왕국의 씨를 뿌리시며 새 시대의 자녀를 만드시지만, 궁극적 심판이 이르기까지 이 의로운 사람은 악인과 함께 살 것이다(마 13:24~43). '임박함'은 이 절정의 사건들이 "어느 때에도" 일어날 수 있다는 신약의 가르침을 가리킨다. 야고보는 독자에게 '주의 강림이 가까움'을 생각하게 함으로써 그들을 격려한다(5:8). 베드로는 "만물의 마지막이 가깝다"라고 공표한다(벧전 4:7). 신약 그리스도인은 종말의 사건들—예수님께서 영광스럽게 다시 오심, 성도의 최종적 구원, 악인에게 마지막 심판—이 언제라도 일어날 난다고 기대했다. 많은 신약 학자의 주장과 대조적으로, 필자는 그들이 예수님의 재림이 정해진 햇수 안에 일어날 것을 확신했다고 생각하지 않는다. 하지만 그들은 미래에 관한 여러 해석이 가능한 견해를 유지했으며, 마지막 사건들이 곧 일어날 것을 소망하면서도, 주님과 마찬가지로 그것들이 일어나는 때를 확실히 알 수 없었다(마 24:36을 보라).

따라서 우리 목적에 특별히 중요한 것은 신약 저자들이 자신들 역사와 경험이 근본적으로 시대 끝의 사건들과 분리된 것으로 보지 않았음을 깨닫는 일이다. 우리는 자주 '마지막 날들'이나 '종말의 때'를 여전히 미래 어떤 것으로 언급하며, '종말론'의 언어를 그 미래로 남겨둔다. 그 결과, 우리는 이 미래의 사건들을 우리 현재의 경험과 분리하는 경향이 있으며, 그것은 신약에서 낯선 방식이다. 우리가 살피는 주제에 관한 많은 논의가 정확하게 이 요점에서 근본적인 잘못을 저지른다. 어떤 구절이 '종말적 사건'이나 '말세'를 가리키면, 그것은 우리가 그것을 아는 대로 역사의 바로 끝을 분명히 말한다고 논증 없이 가정하는 것이다. 단순히 이것은 옳지 않다.

오해하지 말기 바란다. 필자는 시대의 끝이 정확하게 우리 현시대와 같다고 제안하지는 않는다. 신약은 분명하게 역사의 끝에 임할, 하나님의 백성들을 위한 특별히 맹렬하고도 세계적 고난의 때, 하나님께 도전하고 당신 백성을 박해할 절정의 악한 인물인 적그리스도, 그리고 하나님 진노의 절정 경험을 언급한다. 하지만 여기서 필자의 요점은 예수님과 신약 저자들이 이러한 사건들을 구속사에서 새 시대에 속한 것으로 보지 않고, 이미 시작한 시대의 절정으로 본다고 주장하는 것이다. 그리고 그들은 이러한 절정을 멀리 있는 어떤 일련의 사건이 아니라, 그들 상황에서 매우 신속하게 나타날 수 있는 어떤 것으로 예견한다.[1]

이 예비적인, 하지만 매우 중요한 요점들을 확증하고, 필자는 이제 필자의 기본 논증으로 나아갈 수 있다. 휴거가 신약에서만 분명하게 계시되기에 환란과 관련하여 그 시기를 알기 위한 결정적 증거 또한 신약으로부터 오는 것이 분명하다. 덧붙여, 이 문제를 가장 직접 말하는 본문을 근거로 교리를 확증하는 것은 건전한 해석학적 절차다. 따라서 이 보고서의 주된 부분은 이 본문들을 석의하는 데 집중한다. 하지만 이 중요한 임무를 시작하기에 앞서, 일부 기초 문제들을 다뤄야 한다.

---

[1] G. K. Beale, "The Eschatological Conception of New Testament Theology," in *The Reader Must Understand: Eschatology in Bible and Theology* (ed. K. E. Brower and M. W. Elliott; Leicester: Inter-Varsity, 1997), 11~52에서는 종말론을 이렇게 접근함을 잘 개관한다.

환란과 재림

환란의 특징

우리가 살폈듯이, '환란'이 이 시대에서 하나님 백성의 공통된 운명이지만, 구약과 신약 모두에서 특별히 강렬하고도 세계적인 환란의 때가 역사의 바로 끝을 예견한다. 이 부분에서 분석하려는 바는 이 '마지막 환란'의 특징이다. 대부분 학자는 마지막 환란이 점점 악해지는 세상에 하나님의 진노가 쏟아지는 것뿐 아니라 반기독교 세력이 하나님의 백성에게 행하는 전례 없는 세계적 박해를 모두 포함한다고 생각한다. 이 시기에서 하나님의 진노 위치를 분석하는 것은 특별히 중요하다. 구약을 보면 상황은 복잡하다. '환란'에 관한 특정 묘사가 포로 생활, 마지막 심판, 또는 마지막 환란 등과 연결되는지 분별하는 일이 종종 어렵기 때문이다. 마지막 둘을 구분하기는 항상 알아볼 수 있는 것은 아니지만, 구약 본문 논의에서 그것은 매우 중요한 구분이다. 어떤 종말론적 시나리오에서도 마지막 환란을 뒤따르는 종말 자체의 공포를 묘사하는 구절들은 종말을 앞서는 마지막 환란의 특징을 위한 증거로 사용될 수 없다. 관련된 예언 본문의 많은 것이 '주의 날'에 관한 묘사를 포함하며 마지막 환란이 예견되는지 종말 자체가 예견되는지 분명히 가리키지 않기에 그 문제는 실제적이다. 따라서 이 묘사를 마지막 환란에 적용하는 데 주의해야 한다.[2]

이 구분을 명심할 때, 필자는 어느 정도 마지막 환란을 묘사할 개연성을 가진 구약 본문이 다니엘 7~12장으로 한정된다고 결론 내린다(7:7~8, 23~25; 8:9~12, 23~25; 9:26~27; 11:36~12:1). 분명 구약

---

[2] 예를 들어, J. Dwight Pentecost, *Things to Come: A Study in Biblical Eschatology* (Grand Rapids: Zondervan, 1964), 233~35에서 명확하게 말하는 마지막 환란의 교리는 주의 날과 관련된 본문들에 크게 의존한다. 마지막 환란이 그날 일부일지라도 그날과 관련된 이미지를 마지막 환란에 적용하는 것은 불합리하다.

의 다른 구절들이 마지막 환란을 묘사할 수 있다. 몇 가지만 예를 들면, 신명기 4:29~30; 이사야 26:20~21; 예레미야 30:4~9; 요엘 2:30~31; 스바냐 1~2장이다. 하지만 이 구절들에서 묘사하는 고난 가운데 하나님께서 환란 **후에** 심판의 진노를 최종적으로 쏟으시는 것과 분명하게 구분되는 것은 하나도 없다. 따라서 정확성을 위하여 구약의 환란 개념을 구성하는 일에 다니엘의 본문을 주로 사용하며 다른 본문들은 그것들이 다니엘의 그림을 확증할 때에만 사용이 중요하다. 다니엘의 이 장들은 분명히 구약 구절 가운데 신약 종말론과 가장 관련이 있다. 불행하게도 그것들은 해석이 매우 어려우며, 우리는 여기서 그것들이 제시하는 석의적이며 신학적인 어려움에 들어가는 일을 시작할 수도 없다. 그것들이 주전 6세기 다니엘의 예언들을 담고 있으며, 거기서는 구약의 전형적인 방식으로 마카베오 시대에 관한 예견들이 궁극적인 하나님 왕국 수립에 관한 예견들과 혼합되어 보인다고 말하는 것으로 충분하다. 예를 들어, 나는 다니엘 9:24~27의 칠십 '이레'가 이 왕국이 설립되는 과정을 묘사하며, 칠십 번째 '이레'는 그리스도의 초림으로부터 영광스러운 재림 때까지 시간에 걸쳐 일어나는 사건들의 전체 꾸러미를 가리킨다고 본다.[3]

---

[3] 다니엘 9:25~27은 구약 전체에서 가장 어려운 구절의 하나다. '칠십 이레' 또는 '주'와 그것들을 일곱과 예순둘과 하나로 나누는 것은 수많은 양립하지 않은 연대기적 개요를 만들었다. 27절의 대명사들의 선행사인 '기름부음 받은 자'의 정체는 매우 불분명하다. 필자가 제안하는 것과 유사한 것으로서, 그 구절에 대한 논의는, 예를 들어, Thomas Edward McComiskey, "Seventy 'Weeks' of Daniel against the Background of Ancient Near Eastern Literature," *WTJ* 47 (1985): 18~45; Joyce G. Baldwin, *Daniel: An Introduction and Commentary*, TOTC (Downers Grove, Ill.: InterVarsity, 1978), 168~78을 보라. 반 캄펜이 제시하는 '진노 전 휴거' 견해가 가진 기본적인 문제 한 가지는 다니엘의 칠십 번째 주가 역사의 종말만을 가리킨다는 가정이다(Robert van Kampen, *The Sign*, exp. ed. [Wheaton: Crossway, 1993], 참고. 87~95).

다니엘의 본문에서, 우리 주제와 관련된 두 가지 요점이 드러난다. 첫째, 이 시대에 성도의 고난은 한결같이 궁극적으로 하나님을 침해하는 자들에게서 일어난다(7:7~8, 20~25; 11:35~48). "성도들과 더불어 싸워 그들을 이겼던"이는 "작은 뿔"이다(7:21; 참고. 8:25). 이 구절들은 무엇보다도 주전 2세기에 이스라엘의 이교도 적인 안티오쿠스 에피파네스를 가리킬 것이다. 하지만 그들은 궁극적으로 종말의 적그리스도를 가리킨다. 둘째, 다니엘 11:36과 (아마도) 8:19는 이 맹렬한 박해의 시기에 하나님의 진노(זעם[zaʻam])가 존재함을 증언한다. 하지만 이 진노의 범위와 기간에 관해서는 아무런 언급이 없으며, 진노가 '성도' 또는 거룩한 백성에게 내린다는 말도 없다. 하지만 다니엘이 이 환란의 진노 범위와 대상에 관해 침묵하는 동안, 관련 본문인 이사야 26:20~21이 구체적으로 하나님 진노의 선택적 특성을 묘사하는 것은 의미가 있다. "내 백성아 갈지어다. 네 밀실에 들어가서 네 문을 닫고, 분노(זעם[zaʻam])가 지나기까지 잠깐 숨을지어다. 보라 여호와께서 그의 처소에서 나오셔서 땅의 거민의 죄악을 벌하실 것이라." 이 구절이 마지막 환란을 가리킨다면, 그것은 우리에게 하나님의 백성이 땅에서 하나님의 진노로부터 보호받는다는 분명한 증거이다. 이사야 25장의 진노가 이스라엘에게만 영향을 끼친다 해도 하나님의 백성이 땅에 머물면서도 진노를 피할 수 있음을 깨닫는 것은 여전히 중요하다. 다른 한편으로, 이 본문은 마지막 환란과 전혀 관련되지 않을 수 있다. 이 경우 하나님께서 선택적으로 진노를 행사하신다는 원리는 남아있다. 따라서 적어도, 이사야 26:20~21은 하나님의 백성이 하나님의 진노가 쏟아지는 동안 남아있어도 그것을 피할 수 있을 가능성을 확증한다.

우리는 구약에서 마지막 환란에 관한 묘사가 범위와 대상이 정해지지 않은, 하나님의 진노에 대한 계시와 함께 강력한 지도자의 선동으로 성도가 겪는 가혹한 박해를 포함한다고 결론 내린다.

우리가 본 대로, '환란'과 같은 단어는 신약에서 기껏해야 일곱 번 우리가 마지막 환란으로 부르는 것을 가리킨다(마 24:9, 21, 29; 막 13:19, 24; 계 2:10; 7:14; 물론 마지막 환란은 다른 표현으로도 언급된다). 일곱 모두 감람산 강화라 불리는 것과 계시록에서 온 것이다. 그리고 마지막 환란에 관한 가장 광범위한 신약 자료를 위해 데살로니가후서 2:3~8과 함께 이 두 본문을 살피는 것이 전통적인 일이 되었다. 마가복음 13:14~23과 계시록 6~16장이 마지막 환란 자체를 묘사한다는 것이 의심스럽지만, 필자는 분명히 두 본문 모두 교회 시대에 걸쳐 일어나는 하나님 백성의 고난을 묘사하는 가운데 마지막 환란에 관한 언급을 포함한다고 생각한다. 이 본문들이 마지막 환란의 특징에 관해 무엇을 말하는지 조사하는 가운데 두 가지 질문이 특별히 중요하다.

첫째, 이 본문들 또는 그것들과 유사한 다른 것들은 마지막 환란의 재난이 역사에 걸쳐 하나님의 백성이 경험하는 환란과 질적으로 다름을 암시하는가? 이 질문에 대답이 긍정이기만 하면, 신자의 마지막 세대가 환란에서 면제된다는 생각은 분명 타당하다. 필자가 주목했듯이, 신약은 신자가 환란을 당한다고 계속 예견하기 때문이다. 이 본문들에서 마지막 환란의 고난이 정도 면에서 시대에 걸쳐 많은 신자가 겪어야 했던 것보다 더 큰 것일 것이라는 제안은 아무것도 없다. 마지막 시대의 극한의 고난들이 범위 면에서 더 큰 것일 수 있으며, 지금보다 더 많은 그리스도인을 괴롭히는 것은 사실이지만, 이것은 그리스도인이 그것을 면하게 하는 이유가 되지 못한다. 덧붙여, 역사는 신자가 그리스도에 대한 굳건한 헌신으로 무서운 고난을 겪은 많은 예를 제공한다. 참으로, 어떤 신자는 이미 겪었으며 다른 신자는 계속해서 경험하는 것보다 더 극심할 수 있는 고난을 상상하기 힘들다. 왜 그리스도인의 미래 세대는 그리스도인이 이미 경험하는 것에서 면제되어야 하는가? 마지막 환란에서 고난의 정도는 환란 전 휴거에 대한 근거를 제공하지 않는다.

이 본문들을 두고 하는 둘째 질문은 그것들이 하나님의 진노를 언급하는 것이 신자들이 육신적으로 마지막 환란 동안 떠나있을 것을 요구하는지 이다. 신약은 분명히 신자가 영원히 하나님의 진노를 면한다고 가르친다(롬 5:9; 살전 1:10; 5:9). 그렇다면, 마지막 환란이 하나님 진노의 고난을 포함한다면 신자는 그동안 떠나있어야 하지 않는가? 오직 계시록에서만 마지막 환란과 관련될 수 있는 하나님 진노에 관한 언급이 있다(6:16, 17; 11:18; 14:10, 19; 15:1, 7; 16:1, 19; 19:15). 계시록의 진술에서 두 가지 측면이 관심을 끈다.

첫째, 계시록에서 하나님의 진노에 관한 언급은, 전적으로 그렇지는 않더라도 주로 역사의 종말을 가리키며 마지막 환란 자체를 가리키지 않는다. 이것은 여러 언급에서 상당히 분명하다(14:10, 19; 16:19; 19:15). 계시록의 구조 이해를 근거로 필자는 여러 다른 언급 또한 절정의 심판 장면을 가리킨다고 생각한다. 아래에서 논하겠지만, 계시록 6~16장은 '반복' 구조를 따른다. 요한은 강림으로 이어지는 사건들을 여러 번 묘사하며, 그 결과 이 계시록의 장들은 종말 자체를 여러 번 언급한다. 따라서 계시록 6:16~17에서는 강림과 그와 연관된, 죄인들에 대한 마지막 심판을 마음에 두고 있는 것으로 보이는데, 이 구절이 묘사하는 우주적 재앙들은 다른 곳에서 강림과 연관된다(막 13:24). 그리고 11:18도 마찬가지다. 이것은 오직 15:1, 7과 16:1에서 '대접' 심판에 관한 언급만 남겨놓는다. 의미심장하게, 요한은 "하나님의 진노가 이것으로 완성된다"(ἐτελέσθη[etelesthē]; 15:1)라는 선언으로 대접 심판들을 소개한다. 이 표현은 대접 심판들이 단순히 마지막 환란에 속한 하나의 에피소드나 일련의 사건이 아니라, 그것들이 어느 정도 역사에서 하나님의 심판 절정을 묘사함을 강하게 암시한다.

우리가 주목해야 하는, 계시록에서 하나님 진노의 둘째 측면은 하나님의 심판과 진노가 가진 선택의 특성이다. 다섯째 나팔에서 마귀적인 황충에게 "오직 이마에 하나님의 인침을 받지 아니한 사람들만" 해하라는 명령이 주어진다(9:4). 첫째 대접은 '땅'에 쏟아지지만 어쨌든 '짐승의 표를 받은 사람들과 그 우상에게 경배하는 자들'에게만 '악하고 독한 종기'가 나게 했다(16:2). 그리고 다수의 재앙을 입은 자들은 회개하기를 거부했다고 말하는데(9:20~21; 16:9, 11), 이는 오직 불신자만 그것들의 영향을 받음을 가리킨다. 다른 말로 하면, 심판과 하나님의 진노가 성도를 괴롭힌다고 말하는 곳은 없으며, 대조적으로 하나님께서 의도적으로 성도가 재앙의 영향을 받지 않게 하신다는 암시들이 있다.

따라서 신약은 구약의 그림과 비슷한 그림을 그린다. 마지막 환란은 그때 땅에 있는 성도에게 가혹한 박해의 시기로 묘사된다. 하지만 (1) 마지막 환란 자체가 어느 범위까지(그런 것이 있다면) 하나님의 진노 형벌을 포함하는지 분명하지 않으며, (2) 하나님께서 당신 백성을 진노로부터 보호하신다는 암시가 있다. 틀림없이, 어떻게 하나님께서 자기 진노와 관련하여 자기 백성을 우주적 심판―예를 들어, 모든 바다 생물의 죽음(16:3)―으로부터 보호하실 수 있는지 질문할 수 있다. 두 가지 요점으로 대답할 수 있다. 첫째, 이것은 모든 해석자에게 문제가 된다. 모두가 어떤 종류의 성도가, 그들이 교회 일부든지 마지막 환란 동안 구원받는 유대인의 남은 자이든지, 강림 때까지 살아있도록 하나님에 의해 보호되고 보존되리라는 것에 동의한다. 둘째, 구약 이스라엘 역사는 하나님의 심판이 결코 진정으로 그에게 속하는 자들을 향하지 않더라도 그 심판이 간접적으로 그들에게 영향을 미칠 수 있음을 암시한다. 따라서 조금의 과장도 없이, 노아와 그의 가족은 홍수로 애로를 겪었다. 그리고 예레미야와 하나님의 다른 진정한 종들은 바벨론을 통한 유다에 대한 하나님의 진노 심판의 결과로 고난, 심지어 죽음을 경험하지 않았는가? 로마서 1:18은 "하나님의 진노가 불의로 진리를 막는 사람들의 모든 경건하지 않음과 불의에 대하여 하늘로부터 나타난다"라고 확증한다. 하지만 현재 하나님의 진노 형벌은 분명히 하나님께서 지금 같은 시간에 그의 진노로부터 신자를 보호하시는 것과 모순되지 않다.

마지막 환란의 특징에 관한 이 논의로부터 중요한 결론이 분명해진다. 마지막 환란에는 본질적으로, 그 기간에 교회가 존재함을 불가능하게 하는 게 아무것도 없다는 것이다. 모두가 진정한 신자는 누구도 하나님의 심판을 경험하지 않음에 동의하지만, 환란에 관한 어떤 묘사도 그것을 하나님의 백성에 대한 진노의 때로 소개하지 않는다. 모두가 교회가 그것이 존재하는 동안 환란—때때로 격심한 환란—을 경험한다는 것에 동의한다. 하지만 환란에 대한 어떤 묘사도 그것이 많은 신자가 이미 경험했던 것보다 더 큰 고난을 포함할 것임을 가리키지 않는다.

재림을 가리키는 어휘

신약에서 그리스도의 재림을 묘사하는데 세 단어가 자주 쓰인다. 그것들은 ἀποκάλυψις[apokalypsis]('계시'), ἐπιφάνεια[epiphaneia]('나타남'), παρουσία[parousia]('임함' 또는 '임재') 등이다. 가장 자주 사용되는 단어 παρουσία[parousia](15번)는 아마도 '임함'으로 번역해야 하지만, 그것이 가진 '임재'의 개념과 연관성은 무시될 수 없다. 그것이 주의 재림의 성격을 나타내기에 적합함은 이 단어가 파피루스 사본에서 왕의 특별한 방문을 가리키려고 쓰인다는 사실에서 명백하다. ἐπιφάνεια[epiphaneia]라는 단어(다섯 번 재림을 가리키는 데 쓰임)는 하나님 백성의 유익을 위한 하나님의 결정적인 나타나심을 뜻하며, 하나님 목적의 완성에 대한 암시는 ἀποκάλυψις[apokalypsis]라는 용어에 의해 암시된다(다섯 번).4

이 용어들에 주목해야 할 중요한 것은 첫째로 각 용어가 분명하게 그리스도의 환란 후 재림을 묘사하려고 사용된다는 것, 둘째로 세

---

4 이 용어들의 배경과 의미는 예를 들어, B. Rigaux, *Saint Paul: Les Epitres aux Thessaloniciens, Etudes Bibliques* (Paris: Gabalda, 1956), 196~206; George Milligan, *St. Paul's Epistles to the Thessalonians* (Old Tappan, N.J.: Revell, n.d.), 145~51을 보라.

용어 모두 신자의 소망과 기대를 나타낸다는 것이다. 마태복음 24:3, 27, 37, 39와 데살로니가후서 2:8에서 강림은 분명히 환란 후 강림이다. 데살로니가후서 1:7에서 ἀποκάλυψις[apokalypsis]는 동일한 시간이며, 데살로니가후서 2:8에서 ἐπιφάνεια[epiphaneia]도 마찬가지다. 반면에, 데살로니가전서 2:19; 3:13; 야고보서 5:7~8; 요한일서 2:28에서 그리스도의 강림은 분명히 신자가 기대하는 것으로 언급된다. ἀποκάλυψις[apokalypsis]라는 단어는 고린도전서 1:7; 베드로전서 1:7, 13; 4:13에서 신자의 소망을 묘사하는 데 사용되며, 목회서신에서 ἐπιφάνεια[epiphaneia]를 네 차례 언급 모두 이 의미이다(딤전 6:14; 딤후 4:1, 8; 딛 2:13). 따라서 신자에게 그리스도의 오심을 기대하라는 권면이 주어지며, 이러한 오심이 환란 후 강림으로 묘사된다면, 신자가 환란 동안 존재한다고 자연스럽게 결론 내릴 수 있다.5

하지만 이것은 너무 빠른 진행일 것이다. 재림은 아마도 두 단계로 나뉠 것이다. 환란 전 또는 환란 중 어느 때에 그리스도께서 자기 교회를 **위해** '오심'과 환란 후에 자기 교회와 **함께** '오심'이다. 두 단계의 강림은 이유를 따지기 전에 제외할 수 없다. 다른 한편으로, 그 구분에 대한 분명한 증거가 없다면 그것은 받아들일 수 없다. 우리는 재림을 묘사하는 데 사용된 용어들에서 그 증거를 얻을 수 없음을 보았다. 그들 각각은 휴거와 환란 후의 하늘로부터 그리스도의 강림을 모두 포함한다. 종종 이 시점에서 우리는 성취에 비추어 두 단계를 가진 것으로 볼 수 있는 메시아의 오심에 대한 구약의 소망 유비를 논쟁에

---

5 이 요점에 관해서는 Alexander Reese, *The Approaching Advent of Christ: An Examination of the Teaching of J. N. Darby and His Followers* (London and Edinburgh: Marshall, Morgan and Scott, 1937), 125~38; Henry W. Frost, *Matthew Twenty-four and the Revelation* (New York: Oxford University Press, 1924), 146~47; J. Barton Payne, *The Imminent Appearing of Christ* (Grand Rapids: Eerdmans, 1962), 47~48; George Eldon Ladd, *The Blessed Hope* (Grand Rapids: Eerdmans, 1956), 63~68을 보라.

끌어들인다. 물론 두 단계로서 왕국의 설립 특성은 그 자체로 두 단계의 강림을 주장하는 데 사용될 수 없다. 하지만 유비로서도 그것은 한정된 가치가 있을 뿐이다. 우리는 오직 뒤돌아봄으로써 하나님의 왕국이 두 단계에 걸쳐 세워짐을 깨닫기 때문이다. 어떤 사람은 신약이 그리스도께서 자기 성도들을 '위해' 오심(마지막 강림 이전의)과 그의 성도와 '함께' 오심(마지막 강림 때에; 살전 3:13; 4:14; 계 17:14; 19:14)을 말함으로써, 이 두 단계를 암시한다고 주장한다. 이 본문은 모두 분명히 관련되지 않는다. 어떤 것은 신자보다 천사를 가리키기 때문이다. 스가랴 14:5는 "나의 하나님 여호와께서 임하실 것이요, 모든 거룩한 자들이 주와 함께 하리라"라고 예견하며, 이 본문은 그리스도의 재림에 대한 신약의 진술에 영향을 끼쳤다(마 13:41; 16:27; 25:31; 살후 1:7; 유 14). 이것이 사실이면, 데살로니가전서 3:13은 아마도 그리스도와 함께 오는 천사를 가리킬 것이며, 계시록 19:14도 그럴 수 있다.6 하지만 더 중요한 것은 데살로니가전서 4:14가 **휴거** 장면에서 신자들과 주님을 묘사하려고 '함께'라는 표현을 사용함이다.

---

6 대부분 데살로니가전서 주석가는 천사를 가리킨다는 견해를 선호한다(예를 들어, Ernest Best, *The First and Second Epistles to the Thessalonians*, HNTC [New York: Harper and Row, 1972], 152~53; Charles A. Wanamaker, *The Epistles to the Thessalonians*, NIGTC [Grand Rapids: Eerdmans, 1990], 145; Gene L. Green, *The Letters to the Thessalonians*, PNTC [Grand Rapids: Eerdmans, 2002], 181; 또한 Geerhardus Vos, *The Pauline Eschatology* [Grand Rapids: Eerdmans, 1953], 137; Payne, Imminent Appearing, 75~76을 보라). 반대 견해는 Milligan, *Thessalonians*, 45; Leon Morris, *The First and Second Epistles to the Thessalonians*, NICNT [Grand Rapids: Eerdmans, 1959], 114~15)를 보라. 계시록 주석가들은 19:14에 관해서는 더 균등하게 나뉜다(천사 언급으로 보는 견해는 George Eldon Ladd, *A Commentary on the Revelation of St. John* [Grand Rapids: Eerdmans, 1972], 255; 신자로 보는 견해는 G. K. Beale, *The Book of Revelation: A Commentary on the Greek Text*, NIGTC [Grand Rapids: Eerdmans, 1999], 960; 둘 다로 보는 견해는 Grant R. Osborne, *Revelation*, BECNT [Grand Rapids: Baker, 2002], 684).

따라서 그리스도의 재림을 묘사하는 데 사용된 어휘 연구는 한결 같은 그림을 그린다. 신자가 이 영광스러운 사건에 비추어 기대하며 살도록 권면 받는다는 것이다. 그리고 어떤 본문은 분명히 이 오심을 마지막 환란 **후에** 위치시키지만, 동일하게 분명하게 그것을 마지막 환란 전에 위치시키는 것은 **아무것도** 없다. 하지만 이들 용어가 사용된 문맥을 자세히 살펴봄으로써 실제로 재림에 환란 전 휴거의 요소가 있음을 발견할 수도 있을지도 모른다. 이제 이들 본문을 살펴보려 한다.

휴거―세 개의 기본 구절

이제 "휴거를 드러내는 중요한 세 개의 성경 구절―요한복음 14:3; 고린도전서 15:51, 52; 데살로니가전서 4:13~18"로 공언되는 본문을 살펴보겠다.7 마지막 환란의 특성에 관한 우리 연구는 그 시기 동안 교회가 떠나있음을 요구하는 어떤 것도 드러내지 않았으며, 재림을 묘사하는 데 사용된 중요한 용어들이 환란 후 사건 외에 다른 어느 것이 예견된다는 표시를 제공하지 않기에, 강림이 가진 환란 전 견해의 요소가 존재한다면 우리는 이들 본문에서 그러한 요소에 대한 분명한 표시를 발견하기를 기대한다.

요한복음의 고별 강화(14~17장)에서 예수님은 자신이 그들을 떠나 있을 때를 위해 자기 제자들을 준비시키려 하신다. 14:1~4에서 예수님은 자신이 아버지께로 '가는 것'이 아버지의 '집'에서 그들을 위한 '장소'를 준비하려 함이며(2절), 그가 다시 오실 때에 그들을 자기에게로 영접해 "나 있는 곳에 너희도 있게" 하신다고(3절) 하시며, 그들을 격려하신다. 어떤 사람은 요한복음 14:2~3이 예수님께서 아버지와 함께하는 영적 '쉼터'를 제공하심을 가리킨다고 생각하지만, 이

---

7 John F. Walvoord, *The Blessed Hope and the Tribulation: Study of Posttribulationism* (Grand Rapids: Zondervan, 1976), 50.

구절은 재림과 휴거를 가리킬 가능성이 있다.8 하지만 이 본문에서 신약의 다른 곳에서 묘사되는 환란 후 오심 이외의 어떤 '오심'을 예수님께서 생각하신다는 표시는 없다. 환란 후 휴거에서 신자가 공중에서 주님을 만나려고 올라가는 것이 단지 즉시 땅으로 돌아오기 위함이라는 사실은 아무런 문제를 일으키지 않는다. 본문은 신자가 곧바로 하늘로 갈 것이라고 말하지 않고,9 단지 그들이 항상 주님과 함께 있을 것이라고 말하기 때문이다. 이것이 본문이 말하는 것이라고 주장한다면, 어떻게 다른 어떤 견해가 더 타당한 시나리오를 제공할 수 있는지 보기 어렵기 때문이다. 로버트 건드리의 말처럼 "환란 전 휴거 해석은 교회가 하늘의 맨션에 7년의 짧은 시기 동안 거주하는 것이 단지 천 년간 그것을 비워두기 위함임을 우리가 믿도록 요구할 것이다."10 오직 마지막 환란의 극심한 고난 후에 주어지는 구원이 제자들에게 '위안'이 될 수 없다는 것 또한 사실이 아니다. 신자가 이전에 어떤 일을 당하더라도 부활하신 주님과 다시 연합된다는 '복된 소망'은 분명히 위안이다. 따라서 요한복음 14:1~4는 휴거의 시기에 대한 어떤 표시도 제공하지 않는다.

---

8 예를 들어, D. A. Carson, *The Gospel according to John*, PNTC (Grand Rapids: Eerdmans, 1991), 488~90을 보라. 대조적인 견해로, 예를 들어, Craig S. Keener, *The Gospel of John: A Commentary* (Peabody, Mass.: Hendrickson, 2003), 937~38을 보라.

9 건드리는 μοναί[monai]('거할 곳')가 "[예수님] 자신 안에서 영적 거처"로 간주해야 한다고 주장했지만(Robert H. Gundry, *The Church and the Tribulation: A Biblical Examination of Posttribulationism* [Grand Rapids: Zondervan, 1973], 154~55; 그리고 "'In My Father's House Are Many Monai' (John 14:2)" [*ZAW* 58 [1967]: 68~72에서 좀 더 자세하게), 천국을 나타내는 것이 거의 분명한 '내 아버지의 집'과 밀접한 연결은 전통적 해석을 선호한다.

10 Gundry, *Church and Tribulation*, 153. 환란 전 견해의 해석으로 Walvoord, *The Return of the Lord* (Grand Rapids: Dunham, 1955), 55를 보라.

고린도전서 15:51~52에서 바울의 목적은 "혈과 육은 하나님 나라를 이어받을 수 없음"에도 불구하고(50절) 어떻게 살아있는 신자들이 마지막 날에 왕국에 들어갈 수 있는지 가리키는 것이다. 그것을 위해 그는 '우리'(일반적으로 신자) 모두가 죽지는 않겠지만, 살았든지 죽었든지 모두 '변화'된다고 단언한다. 바울이 이러한 변화를 '비밀'로 부르는 것은 **누가** 그것에 참여할 것인지에 아무것도 암시하지 않으며, 단지 그것이 이전에 분명히 드러나지 않았음을 가리킨다.[11] 그리고 이 문맥(54~55절)에서 **교회** 성도의 부활과 관련하여서 구약의 한 구절(사 25:8)을 인용하며 바울은 구약 성도가 이 '변화'에 참여한다는 자기 믿음을 가리킬 수 있다.[12] 이 변화가 구약 성도를 포함한다는(그리하여 교회 성도를 위한 별개의 사건에 제한될 수 없다는) 더 많은 암시는 '마지막 나팔' 언급에서 발견된다. 주석가들이 설명하듯이, 이것은 일련의 나팔들 가운데 마지막의 것보다, '마지막 날'이 시작하게 하는 나팔을 가리킨다.[13] 그리고 이 나팔은 이스라엘 나라가 마지막 구원과 심판을 경험하는, 구약의 주의 날 특징이다(참고. 사 27:13; 욜 2:1; 습 1:16; 슥 9:14). 이사야의 언급이 특별히 암시적인 것은 '큰 나팔'이 울리는 것이 이스라엘 자손을 '하나하나' 모으시는 것과 연관되기 때문이다(사 27:12). 이것은 아마도 천년왕국으로 입성을 준비하며 이스라엘을 모으는 것을 묘사할 것이다. 이것은 항상 환란 후 휴거를 가리키는 사건이다. 덧붙여, 고린도전서 15:52에서 나팔은 마태복음 24:31에서 언급되는 것과 같은 것일 가능성이 있

---

11 John F. Walvoord, *The Rapture Question*, rev. ed. (Grand Rapids: Zondervan, 1979), 34~35와 대조적으로.

12 Reese, *Approaching Advent*, 63.

13 G. Kittel and G. Friedrich, eds., *Theological Dictionary of the New Testament*, 10 vols. (Grand Rapids: Eerdmans, 1964~76), 7:87, s.v. "σάλπιγξ"; Anthony C. Thiselton, *The First Epistle to the Corinthians*, NIGTC (Grand Rapids: Eerdmans, 2000), 1296; David E. Garland, *1 Corinthians*, BECNT (Grand Rapids: Baker, 2003), 744.

다. 예수님의 가르침에서 나팔 언급이 단 한 번이며, 그것이 택하신 사람을 왕국으로 모으는 것과 연관될 때에, 나아가 바울이 나팔을 언급하면서 왕국을 위한 준비에서 성도의 변화를 언급하는 것을 발견할 때에 그러한 평행은 무시될 수 없기 때문이다. 하지만 마태복음 24:31에서 나팔 소리는 명백히 환란 후 휴거를 가리킨다. 따라서 독단주의는 부당하지만, 고린도전서 15:52에서 '마지막 나팔' 언급은 바울이 묘사하는 '변화'가 마지막 환란 후에(마 24:31) 이스라엘 나라가 종말적 구원을 경험할 때에(사 27:12~13) 일어남을 암시한다.

휴거와 관련한 셋째 중요한 본문은 데살로니가전서 4:13~18이다. 분명히 바울은 여기서 신자의 죽음과 관련하여 데살로니가 신자를 위로하려 한다. 왜 그들은 염려하고 있는가? 바울은 억지로 갑자기 데살로니가를 떠나게 되어 그곳의 그리스도인에게 죽은 신자의 미래 부활을 가르치지 못했을 가능성이 있다.14 하지만 아마도 데살로니가 사람이 그들 죽은 형제자매가 주님께서 오실 때에 그분과 함께하기 위해 '들림' 받는 혜택을 놓칠까 봐 염려했을 가능성이 더 크다.15 바울이 제공하는 위로가 기본적으로 살아있는 신자의 위치와 관련이 없으며, 마지막 환란에서 면제되는 것이 이 위로를 가져온다고 그가

---

14 예를 들어, Colin R. Nicholl, *From Hope to Despair in Thessalonica: Situating 1 and 2 Thessalonians*, SNTSMS 126 (Cambridge: Cambridge University Press, 2004), 35~38; Vos, Pauline Eschatology, 247~51을 보라.

15 James Everett Frame, *A Critical and Exegetical Commentary on the Epistle of St. Paul to the Thessalonians*, ICC (Edinburgh: T & T Clark, 1912), 164; A. L. Moore, *1 and 2 Thessalonians*, NCB (London: Nelson, 1969), 108~09; Wanamaker, *Epistles to the Thessalonians*, 166; Abraham J. Malherbe, *The Letters to the Thessalonians: A New Translation with Introduction and Commentary*, AB 32B (New York: Doubleday, 2000), 283~84. 데살로니가 사람은 죽은 사람이 부활하기 위해 천년왕국이 끝날 때까지 기다려야 한다고 생각했다는 건드리의 제안 (Gundry, *Church and Tribulation*, 101)은 같은 방향으로 움직이지만, 정당화되지 않는 것으로 보이는 특이성이 있다.

암시하지도 않음을 주목함이 중요하다.16 그의 위로는 전적으로, 살아있든지 죽었든지 모든 신자가 강림이라는 영광스러운 사건들에 참여하며 그 결과 그들이 '항상 주와 함께' 있을 것이라는 사실에 있다.17 그 소망이 그것에 앞서 그들이 마지막 환란에서 고난을 겪는 것을 포함한다면, 그것이 신자에게 위로가 되지 않았다고 하는 것은 명백히 사실이 아니다. 실제로 데살로니가 사람은 이미 매우 어려울 때를 경험했기 때문이다. 그들은 '많은 환란 가운데서' 회심했으며(살전 1:6) 여전히 그런 환란을 견디고 있었다(3:3, 7). 어느 곳에서도 바울은 그리스도인에게 환란으로부터 면제를 약속함으로써 그들을 위로하려고 하지 않는다.

휴거와 그에 동반되는 부활에 관한 이 묘사에서, 마지막 환란과 관련하여 언제 그것이 일어나는지에 관한 암시가 있는가? 바울이 예비적 징조들을 언급하지 못했다고 하는 것은 타당하지 않다. 그가 여기서 그것들을 포함할 이유가 없기 때문이다. 데살로니가 사람이 이미 경험하고 있는 극도의 고난에 비추어 그는 그들에게 그것을 경고할 필요가 없었다. 그는 전적으로 땅 위의 모든 고난의 끝에 놓여 있는 큰 소망에 집중한다. 다른 한편으로, 환란 후 휴거의 배경을 지지하는 네 가지 표시가 있다. 첫째, 데살로니가전서 4:15에서 바울이 '주의 말씀'을 언급하는 것으로부터 명확히 결론 내릴 수 있는 것이 아무것도 없지만,18 데살로니가전서 4장의 강림과 감람산 강화에서

---

16 Walvoord, *Blessed Hope*, 96에서 이것을 가정하는 것으로 보인다. 데살로니가 사람은 그들의 사랑하는 사람이 죽음을 통해 마지막 환란을 벗어남을 알았다면 그들 죽음을 기뻐했을 것이라고 하는 생각(D. Edmond Hiebert, *The Thessalonian Epistles: A Call to Readiness* [Chicago: Moody, 1971], 205)은 스스로를 논박한다. 오늘날 환란 후 휴거 견해를 가진 모든 사람은 사랑하는 자이 죽을 때에 기뻐하는가?

17 Reese, *Approaching Advent*, 142.

18 이것은 바울이 복음서에서 발견되는 구체적인 그리스도의 말씀(마 24:31이나 요 11:25~26과 같은 것[후자에 대해서는 Gundry, *Church and*

예수님께서 묘사하시는 강림 사이에 암시적 평행들이 있다. 둘 다 천사들(살전 4장의 천사장), 구름, 나팔, 신자들의 모임과 함께 하늘의 사건을 언급한다.19 그리고 이들 각각 서로 다른 본문에서 발견되지 않는 세부적인 것들을 언급하지만, 그 세부적인 것들은 어느 것도 모순되지 않는다. 하지만 감람산 강화의 강림은 환란 후 견해이다.

데살로니가전서 4장의 휴거가 환란 후일 것이라는 둘째 표시는 나팔 언급에서 발견된다. 그것은 고린도전서 15장을 논하면서 우리가 보았듯이, 이스라엘의 구원과 심판의 때를 알리는 것을 가리키는 이미 확립된 상징이다(그리고 바울이 하나님의 나팔을 암시하는 것과 일치하여 스가랴 9:14가 구체적으로 주께서 나팔을 울리신다고 말하는 것에 주목해야 한다).

셋째, 데살로니가전서 4:13~16은 다니엘 12:1~2와 밀접하게 평행을 이루는 몇 가지 요소의 특색을 묘사한다. 죽은 사람을 '자는 사람'으로 묘사, 천사장 미가엘의 존재(참고. 유 9), 그리고 물론 하나님 백성의 부활과 구원이다.20 하지만 다니엘 구절은 명백히 부활을 마지막 환란 **후**에 둔다.

Tribulation, 102~03을 보라]), 강림에 관한 예수님의 가르침의 전통(David Wenham, "Paul and the Synoptic Apocalypse"[1980년 7월에 케임브리지에서 열린 Tyndale House Gospels Research Project에서 발표된 소논문], 6쪽의 각주 1; Wanamaker, *Epistles to the Thessalonians*, 170~71), 예수님의 알려지지 않은 말씀(Morris, *Thessalonians*, 141; Nicholl, *From Hope to Despair*, 38~41), 또는 바울에 의해 받은 계시(Malherbe, *Letters to the Thessalonians*, 267~68; Milligan, *Thessalonians*, 58; Hiebert, *Thessalonian Epistles*, 195)를 생각하고 있음을 가리킬 가능성이 있다.

19 이러한 평행들에 대해 특별히 J. B. Orchard, "Thessalonians and the Synoptic Gospels," *Biblica* 19 (1938): 19~42; Lars Hartman, *Prophecy Interpreted: The Formation of Some Jewish Apocalyptic Texts and of the Eschatological Discourse Mark 13 Par.*, ConBNT 1 (Lund: Gleerup, 1966), 188~89; Wenham, "Synoptic Apocalypse," 4~5; 동일 저자, *Paul: Follower of Jesus or Founder of Christianity?* (Grand Rapids: Eerdmans, 1995), 305~16을 보라.

20 Hartman, *Prophecy Interpreted*, 188~89.

넷째, 바울이 살아있는 성도가 그들 주님을 공중에서(ἀπάντησις [apantēsis]) '만남'을 묘사하려고 사용하는 단어는 고관의 방문에 관한 언급에서 나타나며, 일반적으로 '대표단'이 그 고관을 동반하여 대표단이 출발했던 곳으로 **돌아오는** 것을 암시한다.21 이 용어가 신약에서 사용되는 다른 두 곳은 이 의미가 있어 보인다(마 25:6; 행 28:15). 이것은 성도가 공중에서 주님을 만난 후 그와 함께 하늘로 가는 대신 그를 동반하여 땅으로 돌아옴을 암시한다. 분명히 그 단어는 이 전문적인 의미를 지녀야 하는 것은 아니며, 원래의 곳으로 돌아오는 것이 즉각적이어야 한다는 것이 분명하지도 않다.22 하지만 그 요점은 여전히 암시된다.

데살로니가전서 4:13~18에서 강림과 휴거에 관한 묘사의 세부사항들이 마지막 환란과 관련하여 이런 일들이 언제 일어나는지에 분명한 결론을 허용하지 않는다고 결론 내릴 수 있다. 하지만 그러한 표시들은 거기 있는 대로 환란 후 배경을 지지한다. 고린도전서 15:51~52에서 우리는 이것이 또한 사실임을 발견하였다. 하지만 요한복음 14:1~4는 이 문제에 어느 쪽이든 빛을 비추지 않는다. 이것이 암시하는 것을 간과해서는 안 된다. 우리는 재림을 묘사하는 데 사용된 용어들이 모두 환란 후 휴거의 오심에 적용되며, 신자가 그 오심을 기대하도록 권면을 받음을 발견했다. 이 오심이 두 단계의 사건이어야 하며, 그 사건에서 휴거는 마지막 현현과 별개라는 모든 암시는 그러한 사건을 묘사하는 구절에서 와야 할 것이다. **이제 우리는 휴거에 관한 중요한 세 본문 어느 것에서도 그 구분의 증거가 발**

---

21 특별히 Green, *Letters to the Thessalonians*, 226~28; N. T. Wright, *The Resurrection of the Son of God*, Christian Origins and the Question of God 3 (Minneapolis: Fortress, 2003), 217~18; Nicholl, *From Hope to Despair*, 43~45를 보라.

22 Henry C. Thiessen, *Will the Church Pass through the Tribulation?*, 2nd ed. (New York: Loizeaux Brothers, 1941), 42; Hiebert, *Thessalonian Epistles*, 202.

견되지 않는다고 결론 내릴 수 있다. 대조적으로, 그 증거는 그것이 존재하는 대로 휴거를 마지막 환란 후에, 마지막 강림과 같은 때에 위치시키는 것을 지지한다. 하지만 마지막 결론을 내리기 전에 강림과 관련하여 조사해야 할 다른 중요한 구절들이 아직 남아있다.

데살로니가전서 5:1~11

데살로니가전서 4장에서 휴거와 강림을 묘사한 후, 5장에서 바울은 '주의 날'이라는 주제로 나아간다. 그는 "그런데(δέ[de]), 형제자매들아, 때와 시기에 관하여는 우리가 너희에게 쓸 필요가 없다"라는 표현으로 이 주제를 소개한다(1절 TNIV 번역). 이 '날'은 불신자의 멸망을 포함하기에(3절) 환란 후 휴거 사건 묘사가 분명하다. 따라서 물어야 할 질문은 이것이다. 바울은 그의 편지를 읽는 데살로니가 성도가 그날이 이를 때에 여전히 땅에 있을 수 있음을 암시하는가? 세 가지 고찰이 적절하다. 4장과 5장 사이의 관계, '주의 날'의 의미, 5:1~11에서 바울이 하는 권고의 특성과 근거다.

5장을 이끄는 δέ[de]가 전혀 새로운 주제로 전환을 나타내며, 따라서 5:1~11에서 '날'의 부분으로서 휴거(4:13~18)를 포함하는 것이 적절하지 않다는 주장이 있다. 세 가지 고찰이 이 주장을 의심스럽게 한다. 첫째, δέ[de]는 일반적으로 약한 대조를 의미하지만, 또한 자주 '다른 아닌 전환의 불변화사로서 어떤 대조의 의도 없이' 사용된다(앞에서 인용된 TNIV 번역에 주목하라).23 둘째, 바울이 대조를 의도하더라도 우리는 그 대조의 **특성**을 결정해야 한다. 바울은 두 별개의 사건을 구별하기보다, 같은 사건이 두 다른 무리, 곧 신자와 불신자에 미치는 결과를 대조하고 있을 수 있다. 셋째, 어떻게 바울이 1

---

23 BDAG; 참고. Margaret E. Thrall, *Greek Particles in the New Testament: Linguistic and Exegetical Studies*, NTTS 3 (Grand Rapids: Eerdmans, 1962), 51~52.

절에서 **무엇**의 때와 시기를 말하는지 구체적으로 밝히지 않고서 '때와 시기'를 언급하는지 살펴보라. 여기서 구체적인 사건을 빠뜨리는 것은 이전의 주제를 생각하고 있음을 가리킬 수 있다.

따라서 다음으로 우리는 바울이 '주의 날'에 포함할 것을 결정하려 해야 한다. 휴거는 그날 일부가 될 수 있는가? 구약에서 주의 날(또한 '그날' 등)은 심판과 구원을 위한 하나님의 결정적 개입을 뜻한다.24 그것은 상대적으로 **가까운** 사건과 **마지막** 절정의 사건을 가리킬 수 있다. 예언자들이 그 둘을 구분하는지는 항상 분명하지는 않다. 그날이 자주 심판의 하나로 묘사되지만, 하나님의 백성을 위한 구원 또한 자주 포함한다(참고. 사 27장; 렘 30:8~9; 욜 2:32; 3:18; 옵 15~17장 등). 신약에서 이 용어는 거의 보편적으로 종말과 관련된다. 신약에서 사용하는 다양한 표현으로부터 고정된 어휘가 없으며,25 그것에 근거한 구분을 끌어낼 수 없음이 분명하다.26

---

24 참고. H. H. Rowley, *The Faith of Israel: Aspects of Old Testament Thought* (London: SCM, 1956), 178~200.

25 적어도 18가지 다른 표현이 이 개념을 가리킬 가능성이 있다. (1) '낮': 롬 13:12, 13(?); 히 10:25; '이 날': 살전 5:4; (2) '큰 날': 유 6; (3) '그날': 마 7:22; 24:36; 25:13; 눅 17:31; 21:34; 살후 1:10; 딤후 1:12, 18; 4:8; (4) '마지막 날': 요 6:39, 40, 44, 54; 11:24; 12:48; (5) '심판 날': 마 10:15; 11:22, 24; 12:36; 벧후 2:9; 3:7; 요일 4:17; (6) '오시는 날': 벧전 2:12(?); (7) '진노의 날': 롬 2:5; (8) '하나님이 심판하시는 그날': 롬 2:16; (9) '악한 날': 엡 6:13; (10) '구원의 날': 엡 4:30; (11) '하나님의 날': 벧후 3:12; (12) '전능하신 분의 큰 날': 계 16:14; (13) '주의 날': 행 2:20; 고전 5:5; 살전 5:2; 살후 2:2; 벧후 3:10; (14) '그리스도의 날': 빌 1:10; 2:16; (15) '우리 주 예수의 날': 고후 1:14; (16) '그리스도 예수의 날': 빌 1:6; (17) '우리 주 예수 그리스도의 날': 고전 1:8; (18) '인자가 나타나는 날': 눅 17:30.

26 특별히 바울이 그날을 가리킬 때 한 표현에서 '주'를 '그리스도'와 결합하며(고전 1:8), 이와 유사하게 '주'를 '예수'와 결합하는(고후 1:14) 방식에 주목하라. 분명히 이것은, 바울에게 예수 그리스도는 주님이시므로, 그가 '주의 날'과 '그리스도의 날'과 같은 용어를 교대로 사용함을 암시한다. 흥미

마지막 심판이 포함된다는 것에 모두가 동의하지만, 마지막 환란 또한 주의 날 일부인가? 여러 요소가 그것이 사실이 아님을 제안한다. 첫째, 신약에서 종말적 '날'에 관한 어떤 언급도 마지막 환란에 관한 묘사를 포함하지 않는다. 실제로 계시록에서 단지 두 경우(6:17; 16:14)가 강림이 가져오는 마지막 심판을 언급한다는 것은 흥미롭다. 둘째, 말라기 4:5(엘리야가 다시 오는 것)와 요엘 2:3(우주적 징조)은 일반적으로 환란 사건들로 동의하는 것을 그날 **이전에** 위치시킨다(참고. 행 2:20). 셋째, 바울은 데살로니가후서 2장에서 분명히 환란을 가리키는 특정 사건들이 끝나기 전에는 그날이 이를 수 없음을 암시하는 것으로 보인다. 따라서 바울이 '(주의) 날' 언어를 일반적으로 강림과 교환할 수 있는 것으로 사용하고 있다고 생각할 훌륭한 근거가 있다.27

이것이 사실이면 신약이 성도의 마지막 부활을 주의 날과 관련지음을 발견하는 것은 놀라운 일이 아니다. 요한복음에서는 다섯 번에 걸쳐 예수님께서 그를 믿는 자들을 '마지막 날'에 일으키신다고 말한다(6:39, 40, 44, 54; 11:24). 그리고 휴거가 신자의 부활과 같은 시간에 일어나므로, 휴거 또한 그날 일부임이 분명하다. 이것이 사실인 것은 바울이 자주 그날을 신자가 이 땅의 삶에서 기대하는 사건으로 묘사한다는 사실에 의해 확증된다(고전 1:8; 빌 1:6, 10; 2:16; 딤후 4:8; 참고. 히 10:25). 그것은 '구속의 날'이다(엡 4:30).

롭게도, 월부드는 '그리스도의 날'을 '주의 날'과 구분하는 자기 논증에서 한 가지 흥미로운 사실을 인정한다. "환란 후 휴거가 다른 근거들에 의해 확정되면, 이들 언급은 구체적으로 세상에 대한 심판의 때보다 휴거를 가리키는 것으로 보인다"(Walvoord, *Blessed Hope*, 119). 다른 말로 하면, 용어 자체는 그 구분의 근거가 되지 못한다는 것이다.

27 신자가 '흠이 없길' 구하는 기도에서(고전 1:8; 빌 1:10; 살전 3:13; 5:23), 교회 자랑에서(빌 2:16; 살전 2:19), 구원을 소망에서(고전 5:5; 15:23) 어떻게 바울이 '낮'의 언어를 강림과 견주는지 주목하라. 이 요점은 Nicholl, *From Hope to Despair*, 51; J. L. Kreitzer, *Jesus and God in Paul's Eschatology*, JSNTSS (Sheffield: JSOT, 1987), 112~29를 보라.

따라서 신약에서 그날은 그리스도의 강림 때에 있을 휴거와 죽은 의인의 부활과 함께 경건치 않은 자의 멸망을 포함한다. 곧, 신약의 다른 저자들과 마찬가지로 바울에게 그 '날'은 "그리스도의 오심과 함께 시작하는 위대한 미래를 일반적으로 가리키는 말이다."28 마지막 환란이 그날 일부가 아닌 것처럼 보인다는 사실은, 그것이 이 모든 사건을 앞선다는 것을 암시하지만, 이것은 분명하지 않다. 분명한 것은 신자가 데살로니가전서 5장의 사건들에 참여하는 것에서 제외될 수 없다는 것이다. 단순히 주의 날이 그 주제이기 때문이다.

데살로니가전서 5장에서 바울이 강조하는 것은 분명히 심판이다. 기대하지 않은 자들에게 갑자기 확실히 이르는 심판이다(3절). 사람들이 "평안하다, 안전하다"라고 외치는 바로 그때 심판이 그들에게 이른다. 여기서 바울은 아마도 예레미야 6:14와 같은 구절에 의존하고 있다. 예레미야는 주께서 평안이 없다고 선포하시는 때에 "평안하다, 평안하다"라고 계속해서 말하는 이스라엘 사람을 묘사한다. 예레미야 때처럼 사람들은 임박한 심판에 직면하여 거짓 안전을 찾고 있다.29 바울은 데살로니가 신자가 이 심판과 관련이 있을 수 있음을 암시하는가? 그렇다면 이것은 환란 후 휴거 견해의 강력한 지지가 된다. (1) 신자들이 마지막 환란 동안 살아있거나(이것이 바울이 생각하는 심판이라면), (2) 환란 후 휴거가 일어날 때 신자가 땅 위에 있을 것이기 때문이다(그때 심판이 일어난다면).

---

28 Herman Ridderbos, *Paul: An Outline of His Theology* (Grand Rapids: Eerdmans, 1975), 530~31. 참고. 또한 George Eldon Ladd, *A Theology of the New Testament* (Grand Rapids: Eerdmans, 1974), 555.

29 특별히 Nicholl, *From Hope to Despair*, 54를 보라. 예레미야의 평행 구절도 사람들이 마지막 환란 가운데서 그 평안과 안전을 외칠 가능성이 있음을 분명히 한다. E. Michael Rusten, "A Critical Evaluation of Dispensational Interpretation of the Book of Revelation" (PhD diss., New York University, 1977), 488~89; Norman F. Douty, *Has Christ's Return Two Stages?* (New York: Pageant, 1956), 76~77을 보라.

그리스도인들이 그날과 관련이 있음은 데살로니가전서 5:4의 분명한 추론이다. 여기서 바울은 데살로니가 신자에게 말한다. "형제자매들아, 너희는 어둠에 있지 않기 때문에 이날이 도둑같이 너희를 놀라게 하지 않을 것이다"(TNIV 번역). 신자가 마지막 환란 전에 휴거된다면, 어떻게 해서 바울은 "도둑같이"와 같은 표현으로 자기 단언을 수식했을까? "그날이 너희에게 갑자기 덮쳐오지 않는다"라는 단순한 진술이 훨씬 더 적절했을 것이다. 다른 나라에서 여러분을 방문한 친구가 있는데, 그가 곧 일어날 것으로 알고 있는 전쟁에 말려드는 것을 걱정하고 있으며, 여러분은 그가 실제로 그것이 시작되기 전에 이 나라를 안전하게 벗어날 것을 알고 있다면, 여러분은 이렇게 말함으로써 그를 안심하게 할 것이다. "걱정하지 마, 이 전쟁은 너에게 영향을 끼치지 않을 거야." 그가 그 전쟁 동안 이곳에 있을 것을 알고 있는 때에만 여러분은 이렇게 말할 것이다. "걱정하지 마. 이 전쟁은 이 나라 국민이 겪는 것과 같은 재앙을 네가 겪게 하지 않을 거야." 다른 말로 하면, 바울이 분명히 암시하는 것은 그날이 신자와 불신자 모두에게 갑자기 덮쳐오지만, 오직 불신자에게 그것은 '도둑처럼'(기대치 않게, 해가 되게) 이른다는 것이다.[30]

신자가 (마지막 환란 후에) 주의 날에 참여한다고 생각하는 둘째 이유는 이 본문과 **환란 후** 강림을 고려하여 깨어 있으라고 권면하는 복음서 두 구절—마태복음 24:42~44와 누가복음 21:34~36—의 밀접한 관계다. 후자 본문과 데살로니가전서 5:2~6의 평행은 특별히 강력하다. 둘 다 그날이 주어지며, 그날이 준비되지 않은 자에게 갑자기 기대치 않게 닥친다고 경고한다('덫처럼', 눅 21:34). 둘 다 피할 수 없음을 강조하며(참고. 눅 21:35), 둘 다 그 다가오는 '날'에 비추어 깨어 있도록

---

30 Nicholl, *From Hope to Despair*, 52~53; W. J. Grier, *The Momentous Event: A Discussion of Scripture Teaching on the Second Advent* (London: Banner of Truth Trust, 1941), 71; Payne, *Imminent Appearing*, 68~69.

신자를 격려하고, 둘 다 그날에 같은 동사(ἐφίστημι[epistēmi], '~에게 임하다')와 같은 형용사(αἰφνίδιος[aiphnidios], '갑자기')를 사용한다(후자 단어는 헬라어 성경에서 이 두 구절에만 쓰인다).31 두 구절에서 같은 사건을 묘사한다고 생각할 충분한 이유가 있으며, 실제로 두 구절이 서로를 의지하고 있다는 강한 암시가 있다. 하지만 누가복음 21:34~36이 환란 후 오심에 비추어 깨어 있으라고 격려한다면(예를 들어, 펜테코스트[J. Dwight Pentecost]와 월부드[John Walvoord] 모두 주장하듯이),32 데살로니가전서 5:2~6에도 그렇다고 생각할 충분한 이유가 있다.

마지막으로, 데살로니가 사람이 그날을 경험할 것이라면, 데살로니가전서 5:4~5에서 바울의 단언과 그것을 뒤따르는 권면들의 논리적 연결도 더 잘 설명된다. 그날에 '주의'하여 그들이 그것을 피하도록 신자를 격려하는 것은 바울의 요점이 아니다. 바울이 자신의 명령(6, 8절)에서 사용하는 동사들은 어떤 것을 주의하는 것보다, '빛'과 낮에 속하는 자들에게 부과한 의무로써 그리스도께 충성을 뜻한다.33 또한, 데살로니가전서 5:9는 바울이 신자에게 그 피신을 약속한다고 주장하는 데 사용될 수 없다. 바울은 기간을 나타내려고 수식어 없이 '진노'를 사용하지 않으며, 그것이 '구원'과 대조되는 것을 고려하여 그

---

31 이러한 평행들에 대해 특별히 Wenham, "Synoptic Apocalypse," 10; Wenham, *Paul*, 307~11; Hartman, *Prophecy Interpreted*, 192를 보라.

32 *Things to Come*, 161~62; *Rapture Question*, 111~13.

33 γρηγορέω[grēgoreō]('주의하다')와 νήφω[nēphō]('정신을 차리다')의 이 의미는 특별히 Evald Lövestam, *Spiritual Wakefulness in the New Testament* (Lunds Universitets Asskrift, n.s., 55; Lund: Gleerup, 1963)을 보라. '빛의 자녀'(5절)라는 표현 또한 신자를 '주의 날'과 관련지을 가능성이 있다. 이곳에 그 단어의 종말적 차원이 포함되어 있기 때문이다 (Lövestam, *Spiritual Wakefulness*, 49~51; Best, *Thessalonians*, 210; Morris, *Thessalonians*, 156). 하지만 D. E. H. Whiteley, *Thessalonians in the Revised Standard Version*, New Clarendon Bible (Oxford: Oxford University Press, 1979), 78에서는 그 단어에 종말적 함의가 나타나지 않는다고 말한다.

것은 그날 자체보다 그날과 관련된, 하나님의 징벌 심판을 가리킴이 분명하다.34

바울의 주장을 요약하면, 하나님께서 데살로니가 사람에게 정하셨으며(5:9), 그들이 이미 경험하는(5:5) 구원은 거룩한 삶—그들이 그날이 가진 기대치 않은 파괴적 특성에 의해 그날을 경험하지 않게 만드는 거룩한 삶—의 동기로 작용해야 한다는 것이다. 다른 말로 하면, 바울은 데살로니가 사람이 (그날 자체를 피하기보다) 그날이 가진 심판의 요소를 피하려고 경건한 삶을 살라고 권면한다. 이날이 마지막 환란을 포함하든, 아니면 (좀 더 개연성이 높은 것으로서) 마지막 환란의 끝에서 그리스도께서 다시 오시는 절정의 사건을 포함하든, 땅의 신자는 분명히 그것에 참여한다. 그리고 환란 후 휴거만이 이것을 허락한다. 마지막으로, 이러한 해석은 4장에서 5장으로 전환에 관한 일관성 있는 설명을 제공한다. 4장에서 바울은 강림에서 죽은 사람의 상태를 두고 신자를 격려하지만, 5장에서는 그 강림에 비추어 그들에게 주어진 의무를 실천하는 삶을 살도록 격려하는 것으로 나아간다.

데살로니가후서 1~2장

데살로니가후서는 바울이 데살로니가전서에 이어 곧바로 쓴 편지다. 종말론에 관한 몇 가지 오해, 특별히 종말이 거의 즉시 일어나야 한다는 잘못된 생각과 관련된 오해를 바로잡으려고 썼다.35 따라서 바울은 1장에서 데살로니가 사람에게 종말의 확실성을 확신하게 하고, 그것이 지금 그들을 '괴롭히는' 자들에게 가져올 심판에 관해 말한다. 이어서 그는 2장에서 종말이 가까움에 흥분한 그들을 진정하게 한다.36

---

34 참고. 예를 들어, Frame, *Thessalonians*, 188; Best, *Thessalonians*, 216.

35 필자는 데살로니가전서가 데살로니가후서보다 먼저 쓰였다는 다수 견해가 당연하다고 생각한다. 예를 들어, F. F. Bruce, *1 and 2 Thessalonians*, WBC 45 [Waco, Tex.: Word, 1982], xli~xliv를 보라. 반대 견해는, 예를 들어, Wanamaker, *Epistles to the Thessalonians*, 37~44를 보라.

데살로니가후서 1:5~7에서 바울은 환란의 끝에 그리스도께서 강림하실 때까지 신자들이 휴거되지 않다는 견해의 강력한 근거를 제공하는 것으로 보인다. 7~8절에서 바울이 그리스도께서 영광 가운데 오시는 것, 곧 "주 예수께서 자기의 능력의 천사들과 함께 하늘로부터 불꽃 가운데에 나타나실 때"를 묘사함을 의심할 수 없기 때문이다. 하지만 환란을 겪는 신자가 '쉼'을 얻는 것은 이때다. 다른 말로 하면, 신자는 오직 환란 후의 강림 때에 이 시대의 고난으로부터 구원을 경험한다. 이 결론을 피하려는 시도는 두 가지 형태를 보인다.

첫째, 데살로니가 사람이 실제로 그리스도의 재림 때에 구원을 받지 않았으며(그들은 재림이 있기 오래전에 죽었다), 그들을 박해하던 자들도 마찬가지로 재림 때에 멸망하지 않을 것이기에(죽었기 때문에 그들은 천년왕국이 끝날 때까지 심판을 경험하지 않을 것이다), 바울은 "하나님께서 당신 때에 그들을 박해하는 자들을 멸망하게 하신다"라고 말하는 것이 틀림없다고 주장한다.37 하지만 이 해석은 바울이 분명히 '쉼'과 멸망을 모두 '주 예수의 나타나심'과 연결한다는 사실을 설명하지 못할 뿐 아니라(어떻게 이것이 '하나님 당신 때에'를 의미할 수 있는가?), 그것은 바울이 일관적으로 마치 자신이 사는 세대가 마지막인 것처럼 쓴다는 사실을 간과한다. 고린도전서 15:51과 데살로니가전서 4:15 모두에서 그는 휴거에 참여하는 자들이 "**우리** 깨어 있는 사람들, 곧 살아있는 사람들"이라고 말한다. 이것은 바울이 이 본문들에서 휴거를 묘사할 가능성이 없음을 의미하는가? 덧붙여, 바울이 여기서 묘사하는 종말적 '쉼'은 그리스도께서 나타나실 때 모든 신자에게 확실히 주어진다. 이 일은 죽은 성도(데살로니가 사람을 포함하여)에게는 부활을 통하여, 살아있는 성도는 휴거를 통하여 이루어

---

36 Johannes Munck, "I Thess. I. 9~10 and the Missionary Preaching of Paul: Textual Exegesis and Hermeneutical Reflexions," *NTS* 9 (1962~63): 100.

37 Walvoord, *Blessed Hope*, 123~24.

진다. 그리고 바울이 불신자의 멸망을 그리스도의 '나타나심'과 연결하는 것도 마찬가지로 어려운 일이 아니다. 성경은 자주 실제로 천년이나 떨어져 있을 사건들을 연관을 짓는다(요 5:29를 보라).

이 구절들을 환란 후 견해로 해석하기를 피하는 둘째 방식은 데살로니가 사람에게 약속된 '쉼'이 휴거 때에 일어날 필요가 없다는 주장이다.38 이 요점이 인정될 필요가 있지만(주님의 재림 이전에 죽는 신자는 분명히 휴거 전에 땅의 고난으로부터 해방된다), 쉼과 그리스도의 '나타나심' 사이의 분명한 시간적 연결은 끊을 수 없다. 이 본문을 설명하는 만족스러운 길은 오직 바울이 데살로니가 사람에게 마치 그들이 강림 때에 살아있을 것처럼 말하며, 그는 그들이 오직 환란 후 그리스도의 나타나심에서 '쉼'을 경험한다고 말한다고 가정하는 것이다.

데살로니가후서 2:1~12는 석의적 어려움으로 가득한 지뢰밭이다. 필자는 여기서 그것들 모두를 설명할 지면이 부족하며, 그 많은 어려움을 '해결'하기는 훨씬 더 힘들다. 이 문제에도 불구하고 본문과 관련된 충분한 것이 환란 후 휴거 견해의 강력한 증거를 제공할 만큼 충분히 분명하다.

이 부분에서 바울의 종말 가르침은 데살로니가 사람이 '흔들리고 두려워' 하도록 이끈 일종의 거짓 가르침을 향한다(2절). 이 단어들이 흥분된, 동요하는 상태를 의미하는지 놀람과 두려움의 상태를 의미하는지 분명하지 않다.39 하지만 후자의 단어(θρέομαι[threomai])는 신약

---

38 Allen Beechick, *The Pre-Tribulation Rapture* (Denver: Accent, 1980), 122.

39 '흔들리다'로 번역하는 동사는 σαλεύω[saleuō]에서 왔으며, '흔들다'를 의미한다. 그것은 일반적으로 신약에서 물리적 현상에 적용되지만, 사도행전 17:13은 주목해야 한다. 거기서 누가는 데살로니가 유대인이 바울에게 맞서서 군중을 '선동하고' 있다고 말한다. 둘째 동사 '두려워하다'는 θρέομαι[threomai]의 한 형태를 번역한 것으로서 '자극을 받다'나 '두려워하게 되다'를 뜻한다(BDAG). 많은 해석자는 이 동사들이 함께 '지속하는 불안한 흥분과 염려의 상태'를 내포한다고 생각하며(Best, *Thessalonians*, 275), 다

의 다른 곳에서는 감람산 강화에서만 사용되는데, 거기서 예수님은 제자들에게 '전쟁과 전쟁의 소문'에 '놀라지' 말라고 명하신다. "이런 일이 있어야 하지만 아직 끝은 오지 않았기" 때문이다(마 24:6; 막 13:7). 데살로니가후서 2장에서 바울의 요점은 거의 유사하다. 그는 데살로니가 사람에게 "우리 주 예수 그리스도의 강림하심과 우리가 그 앞에 모임"에 놀라지 말라고 명한다(1절). 종말이 오기 전에 특정 사건들이 일어나야 하기 때문이라는 것이 그의 주장이다. 바울은 "주의 날이 이미 이르렀다"라는 거짓 가르침이 있다고 말한다(2절). 앞에서 필자는 바울에게서 '주의 날'이 본질적으로 강림과 동일하다고 주장했다(1절을 보라). 하지만 어떻게 해서 데살로니가 사람이 강림이 이미 일어났다는 생각에 사로잡히는 일이 가능했는가? 한 가지 선택은 여기서 동사를 "곧 이르려 한다"로 번역하는 것이다(KJV를 보라). 하지만 이것은 이 형태의 이 동사에 대한 전례 없는 번역일 것이다.40 그렇다면 아마도 마지막 환란은 그날에 포함되는 것이 분명하며, 데살로니가 사람들은 자신들 극도의 고난을 그들이 그것 안에 있다는 증거로 간주했을 것이다. 따라서 그들의 '놀람'은 그들이 환란 전에 일어난다고 알고 있었던 휴거를 놓쳤다는 생각에서 비롯했을 것이다.41 하지만 마지막 환란은 그 '날'의 일부가 될 수 없다. 바울이 계속해서 그 '날'이 일반적으로 환란과 연관되는 사건들이 일어나기까지 이를 수 없다고 주장하기 때문이다. 또 다른 선택은 거짓 선생들이 종말적 사건들에 대한 '영적' 견해를 채택했다고 생각하는

른 이들은 그것들이 두려움을 암시한다고 생각한다(Nicholl, *From Hope to Despair*, 126~32).

40 이 책의 초판에서 필자가 채택한 견해와 대조적으로(그리고 또한 Morris, *Thessalonians*, 216~17을 보라), 바울이 여기서 사용하는 동사 ἐνίστημι[enistēmi]는 과거시제로 사용될 때에 항상 '이르렀다'를 의미하는 것으로 보인다(예를 들어, Wanamaker, *Epistles to the Thessalonians*, 240).

41 John F. Walvoord, *The Thessalonian Epistles* (Findlay, Ohio: Dunham, n.d.), 115; Hiebert, *Thessalonian Epistles*, 304.

것이다. 이 견해에 따르면 그리스도의 오심과 신자의 부활과 휴거 모두 이미 일어났다.42 하지만 아마도 그들이 거짓 가르침으로 그들 고난이 휴거에 포함된 사건들의 복합체가 이미 시작되었음을 의미한다고 생각하도록 격려되었을 가능성이 더 클 것으로 보인다(NLT의 "주의 날이 이미 시작되었다"를 보라). 우리가 이 진술을 어떻게 설명하든, 한 가지는 분명하다. 데살로니가 사람은 휴거를 경험하지 않았지만, 그들은 자신들이 그날에 있다고 생각함이다. 어떻게 바울은 그들에게 이 생각이 잘못임을 깨우치는가?

바울은 그날이 오기 전에 일어나야 할 사건들을 인용함으로써 그렇게 한다.43 사도에 따르면, 두 사건이 있는데 '배교'와 '불법의 사람, 곧 멸망하도록 정해진 사람'의 나타남이다(살후 2:3). 이 '배교'(ἀποστασία[hē apostasia])는 하나님에 대한 종교적 배반으로, 교회 자체 안에서 많은 사람이 믿음을 떠나는 것을 포함하는 것으로 이해해야 한다.44 '불법의 사람'은 아마도 종말적 적그리스도로 밝혀질 것

---

42 G. K. Beale, *1~2 Thessalonians*, IVPNTC (Downers Grove, Ill.: InterVarsity, 2003), 199~203.

43 3절에서 바울은 자신의 조건절('배교가 있지 않고 불법의 사람이 드러나지 않으면')을 완성하기 위한 귀결절('그렇다면'의 절)을 쓰지 않는다. 하지만 "그렇다면 그날은 아직 이르지 않았다"와 같은 어떤 것이 있어야 한다는 일반적 동의가 있다. 참고. TNIV; NASB; ESV; NLT; 그리고 특별히 베스트의 뛰어난 논의(Best, *Thessalonians*, 280~81). 베스트는 기블린이 제시한 기발한 이론에 대한 통찰력 있는 비평을 제공한다(Charles H. Giblin, *The Threat to Faith: An Exegetical and Theological Re~examination of 2 Thessalonians 2*, AnBib 31 [Rome: Pontifical Biblical Institute, 1967], 122~35).

44 ἀποστασία[hē apostasia]에 대한 이 해석은 성경 헬라어에서 이 용어의 사용(수 22:22; 대하 29:19; 렘 2:19; 행 21:21)과 종교적 반역이 자주 종말의 때와 연관된다는 관찰(마가복음 13:6 이하에서와같이)에 근거한다. 참고. 예를 들어, Gundry, *Church and Tribulation*, 115~16; Desmond Ford, *The Abomination of Desolation in Biblical Eschatology* (Washington, D.C.: University Press of America, 1979), 201~03; Beale, *1~2 Thessalonians*, 203. 몇몇 학자는 그 단어가 '떠남'으로 번역되어야 한다고 주장하며 그것이

이다. 계시록 13:1~8에서도 묘사되며, 다니엘에서 하나님의 것을 강탈하는 자로 묘사되는 것에 기초하는 인물이다(단 7:8, 20~25; 11:36~39).45 바울은 이 적그리스도가 "신이라고 불리는 모든 것과 숭배함을 받는 것에 대항하여 그 위에 자기를 높이고 하나님의 성전에 앉아 자기를 하나님이다"라고 내세운다고 주장한다. 이 표현은 다니엘이 "스스로 높여 모든 신보다 크다 하는" 하나님을 대적하는 왕을 예견한 것을 연상하게 한다(단 11:36). 다니엘은 또한 이 왕이 "언약을 배반하는 자를 아첨으로 타락시킬 것"이라고 말하며(11:32), 이것은 바울이 암시하는 '배교'와 매우 유사하게 들린다. 따라서 여기서 바울의 예견은 다니엘을 해석함을 반영하는 것으로 보인다. 다니엘의 표현이 부분적으로 종말에 나타날, 하나님을 대적하는 지도자를 가리킨다고 보는 해석이다. 이러한 마지막의 가장 큰 '적그리스도'가 성전에 앉는다는 바울의 주장은 적그리스도가 교회 내부로부터 영향을 미칠 것을 암시할 수 있다. 신약은 이전에 성전에서 발견되었던, 하나님의 임재가 이제 새 언약 공동체인 그리스도의 몸에서

휴거를 가리킨다고 보았다. 최근 저작으로 H. Wayne House, "Apostasia in 2 Thessalonians 2:3: Apostasy or Rapture?" in *When the Trumpet Sounds*, ed. Thomas Ice and Timothy Deny (Eugene, Ore.: Harvest House, 1995), 261~96을 보라. 또한, E. Schuyler English, *Re-thinking the Rapture* (Traveler's Rest, S.C.: Southern Bible Book House, 1954), 67~71; Kenneth S. Wuest, "The Rapture: Precisely When?" *BSac* 114 (1957): 64~66; Gordon Lewis, "Biblical Evidence for Pretribulationism," *BSac* 125 (1968): 217~18; L. J. Wood, *The Bible and Future Events* (Grand Rapids: Zondervan, 1973), 87~88; James Montgomery Boice, *The Last and Future World* (Grand Rapids: Zondervan, 1974), 42~43을 보라. 하지만 그 번역은 거의 불가능하다. Gundry, *Church and Tribulation*, 114~18에 있는 온전한 논의를 보라. 환란 전 견해를 옹호하는 히버트(Hiebert, *Thessalonian Epistles*, 305~06)와 월부드(Walvoord, *Blessed Hope*, 135)도 이 견해를 받아들이지 않음에 주목하라.

45 Ford, *Abomination*, 199~200, 207에서는 다니엘과 신약의 적그리스도 묘사의 평행에 관한 훌륭한 논의를 제공한다.

발견된다고 말하기 때문이다.46 하지만 바울이 적그리스도가 문자적인 예루살렘 성전에서 자신을 드러냄을 예견하는 것일 수도 있다.

바울이 데살로니가 사람의 불안에 대응하는 것에서 주목해야 할 중요한 사실은 그가 그날에 앞서 일어나야 하는 사건으로서 휴거에 관해 아무것도 말하지 않는다는 점이다. 데살로니가 사람이 그날에 앞서 휴거되어야 했다면, 바울이 "너희의 현재의 고난이 마지막 환란을 가리킬 수 없는 것은 그때 전에 너희가 하늘로 데려감을 받을 것이기 때문이다"와 같은 말을 했다고 기대할 것이다.47 앞에서 소개한 예화를 사용하면, 만일 여러분이 외국인 친구가 전쟁이 일어날 즈음에 안전하게 나라 밖으로 나갈 것을 알고 있으며, 만일 그가 큰 불안이 일어나기 시작하는 것을 보며 전쟁에 휘말릴 것으로 생각한다면, 여러분은 전쟁이 실제로 일어날 때면 그가 안전하게 나라 밖에 있을 것을 그에게 상기하게 하지 않고서 특정 사건들이 전쟁 전에 일어나야 한다고 그에게 말함으로써 그를 진정하게 할 것인가? 바울이 그날이 이르렀음을 가리키는 증거로서 명백한 환란의 사건인 적그리스도의 나타남이 존재하지 않음을 가리킨다는 사실은 분명히 그것이 실제로 일어날 때 신자들이 그것을 볼 것을 암시한다. 또한, 대답으로서 바울이 단순히 데살로니가 사람이 그날 전에 휴거가 일어날 것을 알고 있음을 가정한다고 주장할 수 없다. 데살로니가 사람들이 자신들이 그날 가운데 있다고 믿었다는 사실은 휴거가 그날을 앞선다는 것을 그들이 잊어버렸거나 그런 사실을 배운 적이 없음을 보여준다. 어느 경우든, 왜 바울이 그것을 언급하려고 하지 않았는지 이해하기 어렵다.

---

46 특별히 Beale, *1~2 Thessalonians*, 207~10; Beale, *The Temple and the Church's Mission: A Biblical Theology of the Dwelling Place of God*, NSBT 17 (Downers Grove, Ill.: InterVarsity, 2004), 269~92를 보라.

47 Walvoord, *Blessed Hope*, 118에서는 여기서 이것이 기본적으로 바울의 대답이라고 말하지만, 단순하게 본문에서 그것을 가리키는 증거는 없다.

이 본문을 떠나기에 앞서, 마지막으로 환란 후 견해 해석을 반대하려는 데 언급되는 한 가지 주장을 다뤄야겠다. 종종 사람들은 여기서 바울이 묘사하는 환란 사건들이 교회가 물리적으로 제거되기 전에 일어날 수 없는 것은 지금 교회를 통해 성령께서 적그리스도를 '막고' 있기 때문이라고 주장한다(살후 2:6~7). 이 주장과 관련하여 세 가지 요점을 제시해야 한다. 첫째, 이 구절에서 바울이 묘사하는 것은 성령일 가능성이 작다. 성령이 의도되었다면 그러한 신비한 표현을 사용할 이유가 없어 보이며, 바울이 성령이 "그 중에서 옮겨질" 것이라고 언급했을 가능성이 작다.48 이 해석을 지지하는 증거로 제시되는, 바울이 남성 분사 ὁ κατέχων('막는 자')와 중성 분사 τὸ κατέχον('막는 것')를 모두 사용한다는 사실도 그것을 지지하지 않는다. 필자는 바울의 글에서 πνεῦμα[pneuma]라는 용어('성령'; 이 헬라어 단어는 중성임)에 직접 예속된 단어가 사용된 경우를 제외하고, 그가 성령을 나타내려고 중성의 용어를 사용하는 곳을 찾을 수 없다. 둘째, 성령을 의도했다해도 이 구절에서 그의 억제하는 활동이 교회를 통해 수행되어야 함을 가리키는 것은 아무것도 없다.49 셋째, 그리고 가장 중요한 것으로, 그토록 모호하기로 유명한 본문 위에 너무 많이 쌓는 것은 적절하지 않다. 바울이 여기서 사용하는 동사 κατέχω[katechō]는 '억제하다', '꼭 붙잡다', '거주하다'로 번역할 수 있으며,50 다른 것들로는 로마/황제,51 국가 정부,52 하나님과 그의

---

48 Morris, *Thessalonians*, 228~29. 대부분 주석가와 같이 우리는 7절에서 ἕως[heōs] 절의 주어가 막는 자라고 생각한다. 일부 교부가 막는 자가 성령이라는 견해를 반박했음은 흥미롭다(Rigaux, *Thessaloniciens*, 261).

49 Gundry, *Church and Tribulation*, 125~26.

50 Frame, *Thessalonians*, 259~61; Best, *Thessalonians*, 301; D. W. B. Robinson, "II Thess. 2:6: 'That which restrains' or 'That which holds sway,'" *Studia Evangelica* 2, Texte und Untersuchungen 87 (Berlin: Akademie, 1964): 635~38.

51 Tertullian, *Apology* 32, 다른 많은 교부; Otto Betz, "Der Katechon,"

능력,53 천사장 미가엘,54 복음 전파/바울,55 마귀,56 일반적인 악의 세력,57 호의적인 세력들의 단체 행동,58 유대 정부와 야고보,59 특정 내용이 없는 신비한 상징을 뜻하는 것으로 이해되었다.

감람산 강화

많은 학자가 감람산 강화 해석이 복음서에서 가장 어려운 한 부분

NTS 9 (1962~63): 283~85; Bruce, *1 and 2 Thessalonians*, 171~72.

52 Milligan, *Thessalonians*, 101; William Hendriksen, *New Testament Commentary: Exposition of I and II Thessalonians* (Grand Rapids: Baker, 1955), 181~82.

53 Ladd, *Blessed Hope*, 95; Ridderbos, *Paul*, 524~25.

54 특별히 Nicholl, *From Hope to Despair*, 225~49를 보라. 그리고 또한 Beale, *1~2 Thessalonians*, 214~17; Orchard, "Thessalonians," 40~41; Rusten, "Revelation," 449~57; F. Prat, *The Theology of Saint Paul* (Westminster, Md.: Newman, 1952), 1:80~83을 보라.

55 테오도레투스(Theodoret)와 몹수에스티아의 테오도르(Theodore of Mopsuestia); Oscar Cullmann, *Christ and Time: The Primitive Christian Conception of Time and History* (Philadelphia: Westminster, 1950), 164~66; Johannes Munck, *Paul and the Salvation of Mankind* (Richmond, Va.: John Knox, 1959), 36~43; A. L. Moore, *The Parousia in the New Testament*, NovTSup 13 (Leiden: Brill, 1966), 112~13; J. Christian Beker, *Paul the Apostle: The Triumph of God in Life and Thought* (Philadelphia: Fortress, 1980), 161.

56 기블린(Giblin, *Threat to Faith*, 14)에 따르면 코펜스(J. Coppens)의 견해.

57 Wanamaker, *Epistles to the Thessalonians*, 252; Leas Sirard, "La Parousie de l'Antichrist, 2 Thess. 2, 3~9," in *Studiorum Paulinorum Congressus Internationalis Catholicus 1961*, AnBib 17~18 (Rome: Pontifical Biblical Institute, 1963), 2:94~99; Giblin, *Threat to Faith*, 164~246.

58 Ford, *Abomination*, 216~22.

59 B. B. Warfield, "The Prophecies of St. Paul," in *Biblical and Theological Studies* (Grand Rapids: Baker, 1968), 473~74.

이라고 주장했다. 이 강화를 조사할 때, 지금 우리 주제와 관련된 질문에 제한해야 한다. 그것은 다음과 같다. (1) 제자들이 질문한 것은 무엇인가? (2) 그것과 관련하여 언급된 '황폐하게 하는 가증한 것'과 환란은 종말의 사건들을 가리키는가? (3) 마태복음 24:29~31과 마가복음 13:24~27은 시대 끝의 예수님 강림을 묘사하는가? (4) 마태복음 24:31과 마가복음 13:27은 휴거를 가리키는가? (5) 강화는 누구에게 말하고 있는가?

방금 예수님은 제자들이 찬탄한 성전이 완전히 파괴될 것을 예견하심으로 제자들을 놀라게 하셨다(막 13:1~2). 이것에 대한 반응으로 제자들은 묻는다. "어느 때에 이런 일이 있겠으며, 이 모든 일이 이루어지려 할 때의 징조는 무엇입니까?" 마태복음에서 같은 질문은 제자들이 성전의 파괴를 '시대의 끝'의 사건들과 연결하고 있음을 보여 준다. "우리에게 이르소서. 어느 때에 이런 일[성전 파괴]이 있겠사오며, 또 주의 임하심과 세상 끝의 징조는 무엇입니까?"(마 24:3). 제자들은 유대인의 종말적 기대의 많은 부분과 일치하여 시대의 결말이 성전 파괴를 포함한다고 믿었을 가능성이 있다.60 예수님의 대답에서 이 두 사건의 관계는 강화에서 가장 큰 어려움의 하나다. 전통적으로 많은 복음주의자는 감람산 강화 전체를 역사의 바로 끝에서 시작할 사건들 예언으로 보았다. 예수님께서 특별히 적그리스도의 출현('황폐하게 하는 가증한 것')과 그리스도께서 역사의 끝에 영광 가운데 오시는 재림이라는 절정의 사건과 관련하여 마지막 환란을 묘사하신다는 것이다. 소수의 해석자는(그 수는 늘고 있다) 정반대의 접근을 한다. 그들은 강화 전체가 1세기에 일어났던 사건들과 관련이 있다고 생각한다. 하지만 대부분 학자는 모든 자료를 설명하려고 이 두 접근을 어

---

60 C. E. B. Cranfield, "St. Mark 13," *SJT* 6 and 7 (1953, 1954): 6, 195~96; Lloyd Gaston, *No Stone on Another: Studies in the Significance of the Fall of Jerusalem in the Synoptic Gospels*, NovTSup 23 (Leiden: Brill, 1970), 12.

느 정도 결합해야 한다고 생각한다. 필자는 계속해서 이 일반적 접근에 찬성하는 논증을 펼칠 것이며, 이어서 마지막 환란과 관련된 휴거의 시기 문제에 필자의 결론이 의미하는 바를 끌어낼 것이다.

마가복음 13:14와 마태복음 24:15에서 다니엘이 예견한 '황폐하게 하는 가증한 것'이 '거룩한 곳'(곧, 성전)에 설 것이라고 하신 예수님의 예견은 강화에서 예수님의 언급에 관한 논의로 들어가는 가장 좋은 지점이다.[61] 예수님은 예루살렘과 성전이 로마 군대에게 파괴되고 더럽힌 주후 70년의 사건을 예견하시는가? 아니면 종말의 적그리스도를 언급하시는가? 여러 표시가 후자의 해석을 가리킬 수 있다. 첫째, '황폐하게 하는 가증한 것'이라는 표현은 분명히 다니엘의 예언들을 암시한다. 앞에서 우리는 바울이 종말의 적그리스도를 묘사하려고 다니엘의 같은 예언들을 인용하는 것을 보았다(살후 2:3~4). 둘째, 마가(13:14)는 중성분사 '가증한 것' 뒤에 남성분사를 사용함으로써 그가 한 사람을 생각하고 있음을 암시한다. 그리고 다시 한번, 데살로니가후서 2장에서 묘사하는 적그리스도와 유사성이 분명해진다. 셋째, 이 '황폐함을 유발하는 가증한 것'이 "하나님께서 창조하신 시초부터 지금까지 없었고 후에도 없을 환난[혹은 고난]의 날"(막 13:19)의 배경에서 나타날 것이라는 예수님의 주장은 종말 사건을 가리킨다. 이러한 강한 표현은 오직 마지막 환란을 염두에 두고 있을 가능성을 암시한다.[62] 이것은 예수님께서 계속해서 이 환란이 강림 바로

---

[61] 이 표현은 다니엘 8:13; 9:27; 11:31; 12:11에서 비슷한 형태로 발견된다. 물론 예수님께서 그 용어를 사용하신 것은 9:27과 가장 가깝다(Beda Rigaux, "bdelugma tes eremoseos Mc. 13, 14; Matt. 24, 15," *Biblica* 40 [1959]: 678~79; Ford, *Abomination*, 153~54). 그 표현은 일반적으로 종교적인 신성모독을 일으키는 가증한 우상을 가리키는 데 사용되지만(Cranfield, "Mark 13," 298~99; G. R. Beasley-Murray, *A Commentary on Mark 13* [London: Macmillan, 1957], 55), 물리적 파괴의 내포된 의미를 제외해서는 안 된다(Rudolf Pesch, *Naherwartungen: Tradition und Redaktion in Mk 13*, KBANT [Düsseldorf: Patmos, 1968], 142; Ford, Abomination, 167~68).

[62] John F. Walvoord, "Christ's Olivet Discourse on the End of the

전에 일어난다고 주장하신다는 사실(마태복음에서)에 의해 확증되는 것으로 보인다.63

다른 한편으로, 여러 다른 요소가 예수님께서 '황폐하게 하는 가증한 것'을 주후 70년에 로마가 유대인의 반란을 진압하고 성전에 들어가서(그리하여 그것을 더럽히고) 그것의 많은 부분을 파괴한 사건들과 관련지음을 암시한다. 첫째, 그리고 가장 분명한 것으로, 예수님께서 제자들의 질문에 진실되게 대답하고 계신다면 이 사건을 언급해야 하실 것이다. 그들은 그들이 보고 있는 성전이 언제 파괴될 것인지 물었다. 그리고 그 성전은 주후 70년에 파괴되었다. 둘째, 누가복음의 감람산 강화는 주후 70년의 사건을 가리킨다는 강력한 증거를 제시하는 것으로 보인다. '황폐하게 하는 가증한 것' 대신 누가는 "예루살렘이 군대에 의해 포위당하는 것"을 언급한다(21:20). 분명히 이것은 주후 70년이나 시대의 끝을 가리킬 수 있다. 하지만 그는 계속해서 이 사건의 결과로서 유대인이 이방인 사이에 흩어짐을 기록한다(21:24). 그리고 이것은 그가 주후 70년을 가리킨다면 이해가 된다.64 셋째, 마가복음과 마태복음에서 '가증한 것'의 존재에 근거하여

Age," *BSac* 128 (1971): 208. 이 어법이 속담투이며 문자적 의미로 받아들일 필요가 없다는 주장이 때때로 있다(Beasley-Murray, *Commentary*, 78).

63 Alfred Plummer, *An Exegetical Commentary on the Gospel according to St. Matthew* (London: Robert Scott, 1915), 335와 대조적으로, 마태의 '즉시로'(εὐθέως[eutheōs], 24:29)는 마태복음의 용법에 비추어 그것이 가진 시작을 가리키는 효과를 무시해서는 안 된다. 또한, 마가복음 13:27의 '그때'는 종말적 시간을 가리키는 일반 표현으로 받아들일 수 없다(Henry Barclay Swete, *Commentary on Mark* [1913; repr., Grand Rapids: Kregel, 1997], 310~11; William Lane, *The Gospel according to Mark*, NICNT [Grand Rapids: Eerdmans, 1974], 474와 대조적으로).

64 누가복음은 주후 70년과 종말의 때를 조심스럽게 구분하는 것으로 보인다. 많은 사람이 8~24절을 주후 70년의 예루살렘 파괴로, 25절 이하를 종말로 추정한다(참고. M. J. Lagrange, *L'Evangile selon Saint Luc*, 6th ed. [Paris: Gabalda, 1941], 521; William Hendriksen, *New Testament Commentary: Exposition of the Gospel according to Luke* [Grand Rapids:

예수님께서 말씀하시는 경고는 지역적 상황을 예견하는 것으로 보인다. "그때에 유대에 있는 자들은 산으로 도망하라"(마 24:16; 막 13:14), "너희가 도망하는 일이 겨울에나 안식일에 되지 않도록 기도하라"(마 24:20). 그리고 이 상황에서 다른 경고들은 마지막 때에 나타날 심판의 규모에 어울리지 않는다. 왜 마지막 환란의 우주적 재앙에 직면한 사람이 그것들이 일어날 때 그들이 지붕 위에 있는지 밭에 있는지 염려해야 하는가(마 24:17~19; 막 13:15~18을 보라)? 마지막으로, 주후 70년에 대한 언급으로 보는 해석은 마태복음 24:34와 마가복음 13:30에서 "내가 진실로 너희에게 말하노니 이 세대가 지나가기 전에 이 일이 다 일어나리라"라고 하신 예수님의 주장을 설명하는 데 도움을 준다. 다른 해석에서 예수님의 이 주장은 수수께끼와 문제일 수밖에 없다. '이 세대'가 '지금 나와 함께 살아있는 자들' 이외의 다른 어떤 것을 의미하게 만들려는 시도는 설득력이 없으며, 따라서 예수님은 방금 묘사하신 사건들이 그가 말씀하신 때로부터 40여 년 안에 일어날 것이라고 주장하고 계신 것이 분명하다. 강화의 첫 번째 부분(막 13:5~23)이 주후 70년 전에 일어난 사건들을 묘사한다면 그의 주장은 상당히 이해하기 쉽다.

물론, 이 동일한 요점이 강화에서 예수님께서 말씀하시는 모든 사건—마태복음 24:30과 마가복음 13:26의 강림을 포함하여—이 주전 70년 이전에 일어난 것이 분명하다고 주장하는 데 사용된다. παρουσία [parousia]가 그리스도께서 영광 가운데 강림하시는 마지막 '오심'을 가리킬 필요가 없다는 주장이 있다. 그것은 예수님의 아무 '오심'이나 '나타나심'을 가리킬 수 있다. 그리고 신약에는 초대 그리스도인이 로마가 예루살렘을 파괴한 것을 그리스도께서 예루살렘과 이스라엘을 심판하기 위해 '오신 것'으로 보았다는 암시가 있다.[65] 하지만 이 견

Baker, 1978], 937).

65 특별히 N. T. Wright, *Jesus and the Victory of God*, Christian Origins and the Question of God 2 (Minneapolis: Fortress, 1996),

해—이른바 '과거주의' 견해—는 심각한 문제가 있다. 첫째, 예수님께서 구름 가운데 '오신다'라는 표현(단 7:13에 의한)은 아마도 항상 신약에서 강림과 관련이 있을 것이다.66 둘째, 계시록 저자는 마가복음 13:24~25의 우주적 징조를 미래적인 것으로 생각한다(6:14~17). 그리고 계시록은 아마도 주후 70년 이후에 기록되었을 것이다. 셋째, 그리고 아마도 가장 중요한 것으로, 마태와 마가가 자신들의 복음서를 썼을 당시 παρουσία[parousia]라는 단어는 거의 전문어로서 지위를 가졌다. 마태복음 24:27, 37, 39에서 사용된 이 단어는 '그리스도'에 의해 수식될 때에 항상 신약에서 역사의 끝에 영광 가운데 그리스도께서 오시는 절정의 사건을 가리킨다(고전 15:23; 살전 2:19; 3:13; 4:15; 5:23; 살후 2:1, 9; 약 5:7, 8; 벧후 1:16; 3:4, 12; 요일 2:28).67

339~66을 보라. 그리고 특별히 R. T. France, *The Gospel of Mark: A Commentary on the Greek Text*, NIGTC (Grand Rapids: Eerdmans, 2002), 497~503; R. T. France, *Jesus and the Old Testament* (London: Tyndale, 1971), 228~39; Marcellus J. Kik, *The Eschatology of Victory* (Nutley, N.J.: Reformed, 1971), 60~144; R. V. G. Tasker, *The Gospel according to St. Matthew*, TNTC (Grand Rapids: Eerdmans, 1961), 223~27; A. Feuillet, "Le discours de Jesus sur la ruine du temple d'après Marc XIII et Luc XXI:5~36," *Revue Biblique* 55 (1948): 481~502; 56 (1949): 61~92를 보라.

66 필자가 "아마도"라고 말함은 마가복음 14:62가 논란이 되기 때문이다. 많은 해석자는 그것이 아버지 앞에서 예수님이 정당함을 인정받으심을 가리킨다고 생각한다. 필자는 아마도 그것이 강림을 가리킨다고 생각한다.

67 Wright, *Jesus and the Victory of God*, 360~67는 마태복음 24장/마가복음 13장 전체가 가까운 역사적 외연(reference)을 가진다고 생각하지만, France, *Mark*, 541는 마가복음 13:5~31이 성전의 파괴에 관한 것이지만, 마가복음 13:32~37은 강림에 관한 것이라고 생각한다. 필자는 프란스의 생각에 동의하지만, 31절과 32절 사이에 이러한 종류의 주제 변화가 일어난다고 생각하기가 쉽지 않다. 그리고 마태복음에서 비교 가능한 자료인 '오심'(παρουσία[parousia])이 강화의 두 부분 모두에서 사용되는 것에 주목하라(24:27, 37, 39).

따라서 마태복음 24:29~31과 마가복음 13:24~27에서 종말의 강림이 참으로 묘사된다면, 마태복음 24:34와 마가복음 13:30에서 '이 모든 것'은 강화에서 그리스도께서 영광 가운데 다시 오시는 것을 앞서는 사건들을 가리킴이 분명하다. 그리고 실제로 이것은 문맥적으로 매우 타당하다. '이것들'과 '이 모든 것들'은 바로 앞의 구절(막 13:29; 마 24:33)에서 강림 전에 일어나는 사건들을 묘사하려고 사용되기 때문이다. '이 모든 것들'이 일어나는 것을 볼 때 우리는 "그것이[혹은 그가] 가까이 곧 문 앞에 이른 줄" 안다고 예수님은 말씀하신다. 다른 말로 하면, 예수님은 여기서 그가 '이 세대'에 일어날 일련의 사건을 묘사하셨음을 암시한다. 그 사건들이 일어나면 그리스도의 오심이 '가까움'을 알 수 있다.68

이어서 우리는 '황폐하게 하는 가증한 것'의 문제를 다룬다. 본문의 증거는 두 방향을 가리킨다. 종말 사건과 주후 70년이다. 한 가지 관심을 끄는 선택은 예수님께서 주후 70년과 시대의 끝을 "망원경처럼 접으신다"라고 생각하는 것이다. 종종 더 가까운 역사적 사건들을 통해 시대의 끝을 보았던 예언자를 연상하게 하는 방식이다.69 자연적으로 다른 이들은 이곳의 언급이 역사의 끝을 가리킨다고 주장한다.70 하지만 필자는 주후 70년을 가리키는 표시들(특히 누가복음의

---

68 예를 들어, C. E. B. Cranfield, *The Gospel according to St. Mark*, CGTC (Cambridge: Cambridge University Press, 1966), 407~08; Craig L. Blomberg, *Matthew*, NAC 22 (Nashville: Broadman, 1992), 363~64; Donald A. Hagner, *Matthew 14~28*, WBC 33B (Dallas: Word, 1995), 715를 보라.

69 예를 들어, Cranfield, Mark, 402; Ladd, Theology of the New Testament, 198~99; James R. Edwards, The Gospel according to Mark, PNTC (Grand Rapids: Eerdmans, 2002), 399~400; William Hendriksen, New Testament Commentary: Exposition of the Gospel according to Matthew (Grand Rapids: Baker, 1973), 846~47.

70 예를 들어, Edwards, *Mark*, 395~400; Craig A. Evans, *Mark 8:27~16:20*, WBC 34B (Nashville: Thomas Nelson, 2001), 316~20.

평행 때문에)이 강력하다고 생각한다. 따라서 필자는 마태복음 24:4~28과 마가복음 13:5~23이 큰 환란과 주후 70년에 로마가 예루살렘을 무너뜨리는 중요한 사건(곧, '황폐함을 가져오는 가증한 것')에 의해 표시될 교회 시대 전체를 묘사한다고 제안한다.71 예수님께서 암시하시는 것은 이것이 자기 강림 전에 일어나야 하며, 그것이 일어나면 그의 강림이 '가깝다'는 것이다. 예수님은 이 문맥(마 24:21; 막 13:19)에서 로마가 예루살렘을 파괴하는 것이 야기할 고난을 강조하는 과장의 방식으로서 역대의 가장 큰 고난을 가리킬 수 있다. 하지만 아마도 그는 '교회 시대' 전체에 걸친 하나님 백성의 고난을 가리킬 가능성이 더 크다. 그리스도께서 하나님의 왕국을 건설하시려고 나타나시는 것은 선과 악 사이의 오래된 싸움이 격렬해지는 결과를 가져온다. 그리스도의 제자들은 극심한 고난을 겪을 준비가 되어 있어야 한다. 세상과 세상의 지도자들에 의해 배척당하신 분에게 충성하게 하는 고난이다. 이 견해의 강점을 충분히 살펴 알기 위해 내가 앞에서 말한, 신약의 종말적 관점에 관한 중요한 요점을 기억해야 한다. 신약 저자들은 역사의 긴 시대나 통상의 '교회 시대' 후에 '종말'이 뒤따른다는 면에서 생각하지 않는다는 것이다. 신약의 저자들에게 길이가 분명하지 않은 교회 시대 전체가 '종말'이다. 이러한 관점에서 예수님께서 당신 제자들에게 당신 죽음과 부활로 시작하는 이 '마지막 날'에서 그들이 직면할 고난과 도전에 관해 경고하신다고

---

71 D. A. Carson, "Matthew," in *Matthew, Mark, Luke*, EBC, ed. Frank E. Gaebelein, 12 vols. (Grand Rapids: Zondervan, 1984), 8:491~95; David Wenham, *The Rediscovery of Jesus' Eschatological Discourse*, Gospel Perspectives 4 (Sheffield: JSOT, 1984); Blomberg, *Matthew*, 352~60; Hagner, *Matthew 14~28*, 684~85; G. R. Beasley-Murray, *Jesus and the Last Days: The Interpretation of the Olivet Discourse* (Peabody, Mass.: Hendrickson, 1993), 377~434. 해석들에 관한 유용한 개관은 David Turner, "The Structure and Sequence of Matthew 24:1~41: Interaction with Evangelical Treatments," *GTJ* 10 (1989): 3~27을 보라.

보는 것은 온전히 타당하다. 따라서 필자는 감람산 강화에 관한 이러한 '순차적' 해석 방식을 약간 선호한다. 하지만 우리의 목적상, 이러한 '순차적' 해석을 채택하거나 '망원경처럼 겹치는' 해석을 채택하는 것은 크게 중요하지 않다.

전형적인 신약 방식으로 예수님께서는 자기 제자들에게 자기의 강림에서 그들이 의롭다고 인정받을 것에 비추어 앞에 놓인 고난에 대비하라고 촉구하신다. 그 자신은 강림이 일어나는 날과 때를 알지 못하신다(마 24:36). 따라서 그는 자기 제자들에게 마치 그들 자신이 모든 절정의 종말적 사건에 존재하는 것처럼 말씀하신다. 물론 그들이 그런 것은 아니다. 많은 신약 학자와 대조적으로 이것은 예수님께서 잘못 말씀하셨음을 의미하지 않는다. 그는 그들이 종말적 절정에 존재할 것이라고 예견하신 것이 아니라, 단순히 그들이 그럴 수 있음을 제안하시는 것이다. 어느 세대에도 일어날 수 있는 사건으로 (앞에서 우리가 '임박함'이라 부른 것) 강림을 말하는 이러한 방식은 신약 전체에서 발견된다.

예수님께서 직접 말씀하시는 사람들—'열두 제자'—이 예수님께서 묘사하시는 모든 사건에 존재하지 않았다는 사실은, 그분 가르침이 타당성을 잃어버림을 뜻하지 않는다. 전형적인 복음의 방식에서 제자들은 자신들이 직접 말씀을 들을 뿐 아니라 그들 후에 오는 다른 이들을 대표하는 자들로서 말씀을 듣는다. 그리고 단지 이 요점에서 휴거의 시기 문제와 관련하여 우리가 감람산 강화를 논하는 것은 분명히 타당성이 있다. 복음서에서 '열두 제자'는 모든 제자의 대표로서 매우 일반적으로 예수님의 말씀을 듣는다. 따라서 감람산 강화에서 예수님께서 그들에게 말씀하실 때, 우리는 자연스럽게 그들이 모든 시대의 그리스도인을 대표한다고 생각한다. 하지만 이것이 그렇다면 강화가 의미하는 것은, 그리스도인이 마지막 환란에 참여한다는 것이다. 그리고 우리가 강화의 구조에 관해 어떤 견해를 채택하더라도 이것은 사실이다. 마가복음 13:14와 평행구절들에서 예수님께서 마지막 사건들을 언급하신다면 그는 제자들이 거기 있어서 적그리스도가 성전에서 자신을 드러냄을 볼 것을 의미하신다. 예수님은 "**너희가** '멸망의 가증한 것'이 서지 못할 곳에 선 것을 보거든…"이라고 말씀하신다(막 13:14, 필자 강조). 적그리스도의 나타남은 일반적으로 환란의 사건으로 이해된다. 그리고 제자들—'너희'—은 거기에 있어 그것을 볼 것이다. 다른 한편으로 만일 우리가 '순차적' 견해(필자가 선호하는)를 채택한다면, 예수님은 제자들이 '하나님께서 창조하신 시초부터 지금까지 없었던' 환란에 참여할 것임을 암시하신다(막 13:19). 필자는 이것이 하나님과 그의 백성에 대한 저항이 특별히 심한 '교회 시대' 전체를 가리키는 것으로 이해한다.72 하지만 요점은 마지막 환란이 분명히 이 시기에 포함되며, 다시 한번 제자들이 그 기간에 존재한다는 것이다.

이 결론을 피하는 한 가지 길은 감람산 강화에서 제자들이 교회의 대표자보다 이스라엘의 대표로서 예수님의 말씀을 듣는다고 주장하는 것이다. 그리고 이것이 정확하게 일부 환란 전 휴거 옹호자가 선호하는 주장이다.73 이 주장의 정당성을 입증하려면 참으로 매우 강력한 어떤 증거가 필요하다. 복음서에서 제자들이 일반적으로 모든 제자를 대표한다고 생각하는 것이 분명히 정당하기 때문이다. 그렇지 않으면 어떻게 해서 우리는 예수님의 가르침이 일반적으로 교회와 관련된 것으로 받아들이는가? 오직 문맥이 분명하게 어떤 제한을 요

---

72 브라이언 피트르는 황폐하게 하는 가증한 것이 예비적인 메시아의 환란으로부터 절정의 '큰 환란'으로 전환을 가리킨다고 주장한다(그의 주장에 따르면 유대 자료에서도 발견되는 구분이다). Brian Pitre, *Jesus, the Tribulation, and the End of the Exile: Restoration Eschatology and the Origin of the Atonement* [Grand Rapids: Baker, 2005], 252~53, 41~130(그리고 129쪽의 요약).

73 Walvoord, *Blessed Hope*, 86~87; Stanley D. Toussaint, "Are the Church and the Rapture in Matthew 24?" in *When the Trumpet Sounds, ed. Thomas Ice and Timothy Deny* (Eugene, Ore.: Harvest House, 1995), 242~43.

구한다면 청중 범위 좁히기를 제안함이 분명하다. 감람산 강화에서 예수님께서 당신 말이 교회를 포함한 모든 하나님의 백성에게 적용되기를 의도하지 않으셨다는 분명한 표시가 있는가?

예수님께서 민족적 관점으로, 유대인으로서 정체성 측면에서 제자들을 보셨다고 생각할 수 있는 가장 강력한 이유는, 마태복음 24:16, 20에서 경고들이 가진 지역적이며 유대 지향적인 특성 때문이다. '황폐함을 가져오는 가증한 것'이 나타나는 것에 대응하여 예수님은 '유대에 있는 사람들'은 산으로 도망하라고 말씀하시며, 제자들에게 그들이 도망하는 일이 겨울에나 안식일에 되지 않도록 기도하라고 촉구하신다(마가는 전자의 경고를 포함시키지만[13:14] 후자는 포함하지 않는다). 필자가 앞에서 제안했듯이, 이 언급은 참으로 지역 상황을 염두에 둔 것일 수 있으며, 그것이 유대인들(또는 초대 유대인 그리스도인들)에게 영향을 끼침을 암시한다. 환난 전 견해를 지지하는 사람은 아마도 예수님께서 마지막 환난 동안 회심하는 유대인을 가리키신다고 주장할 것이다. 그리고 어쩌면 이것은 마태복음 24:22에서 예수님께서 그들을 '택하신 자들'로 부르실 수 있는 이유를 설명할 것이다. 신약에서 '택한 자들'이라는 표현은 일관적으로 그리스도인들에게 적용되기 때문이다. 동시에, 앞에서 필자가 제안했듯이, 우주적 범위를 가진 마지막 환난의 사건들을 그러한 지역적인 것들에 의해 묘사하는 것은 이상해 보일 것이다. 또한, 어떻게든지 그것은 이 본문 전체에서 제자들이 일반 제자들로서보다 유대인으로서 예수님의 말씀을 듣고 있음을 요구하지 않는다. 필자가 보기에, 이 경고에서 예수님의 초점이 지역적이고 유대적인 것은 그가 지역에서 일어나는 난폭한 일—로마 이교도가 예루살렘 성전에 들어가는 것—을 예견하며, 그 위치 때문에 그것이 유대인 그리스도인에게 영향을 끼칠 것이기 때문이다. 이 점에서, 결코 결정적이지 않지만, 기독교 역사가 유세비우스(Eusebius)가 로마가 예루살렘으로 가까이 왔을 때 유대 지역의 유대인 신자가 실제로 산으로 피했다고 기록함은 흥미롭다.[74]

예를 들어, 월부드 또한 마태복음 24장에서 질문이 교회에 관한 언급을 배제하는 것은 제자들이 천년왕국의 도래에 관해 질문하고 있기 때문이라고 주장한다. 하지만 이 주장은 몇 가지 실제적 어려움이 있다. 첫째, 그것은 분명히 예수님께서 마가복음과 누가복음에서 그가 마태복음에서 대답하셨던 것과 다른 질문에 대답하셨음을 요구한다. 하지만 본문에서 그러한 차이를 나타내는 것은 어디 있는가? 성전과 관련된 질문은 문자적으로 마태복음과 마가복음과 누가복음에서 동일하다. 둘째, 이 견해는 거의 동일한 강화들에서 예수님께서 성전의 파괴에 관한 질문과 왕국에 관한 질문에 대답하셨음을 가정한다. 이 닮음의 정도는 월부드가 제안하는 방식으로 그것들을 구분하는 것이 적절하지 않음을 가리키지 않는가? 셋째, 월부드는 제자들이 천년왕국의 도래에 관해 질문했으며, 그것은 교회와 관련이 없다고 주장한다. 제자들의 질문과 예수님의 대답에서 천년왕국이 주제라는 표시가 없을 뿐 아니라 마태복음 28:20에서 예수님은 제자들에게 그가 '세상 끝날까지' 그들과 함께하실 것을 약속하신다. 그리고 이것은 마태복음 24:3에서 제자들의 질문에 사용된 표현과 동일하다. 왜 그리스도의 강림과 시대의 종말이 교회와 상관이 없는지 이해하기 힘들다.

다른 한편으로, 함께 할 때 예수님께서 **모든** 신자(우리는 이스라엘을 제외하길 바라지 않고, 오히려 교회를 포함하길 바란다)를 대표하는 자들로서 제자들에게 말씀하셨음을 분명히 하는 여러 표시가 있다. 첫째, 마태복음 24~25장에서의 마지막 때의 사건들에 대한 묘사는 교회를 대상으로 하는 바울의 편지에서 발견되는 강림에 대한 묘사와 분명히 평행을 이룬다. 이들의 일부는 이미 언급되었지만, 그것들을 평행으로 배열은 도움이 될 것이다.

---

74 Eusebius, *Ecclesiastical History* 3.5.3.

감람산 강화		
(마태복음)	사건	바울
24:5	기만에 관한 경고	살후 2:2
24:5, 11, 24	불법, 택함 받지 못한 자들의 미혹, 표적과 기사	살후 2:6~11
24:12	배교	살후 2:3
24:15	성전에서 침해	살후 2:4
24:21~22	종말에 앞서는 환란	살후 1:6~10
24:30~31	나팔이 울릴 때 그리스도께서 천사들과 함께 구름 가운데 강림하심	살전 4:14~16
24:30~31	그리스도께서 능력으로 임하심	살후 2:8
24:31	신자를 모으심	살전 4:16; 살후 2:1
24:36, 42, 44, 50	예기치 않으며 불분명한	살전 5:1~4
25:4	경계할 것을 권면	살전 5:6~8

감람산 강화가 데살로니가전서 4:13~18(강림과 휴거)과 데살로니가후서 2:1~12(강림과 악에 대한 심판)와 분명한 평행을 이루는 것에 특별히 주의할 필요가 있다. 실제로 데살로니가후서 2장보다 데살로니가전서 4장에 대해 더 밀접한 평행이 이루어지고 있다. 바울은 이 두 구절에서 예수님께서 한 사건으로 묘사하시는 것을 분명히 묘사하고 있다.[75] 이것은 데살로니가전서 4장의 강림과 데살로니가후서 2장의 강림을 분리하는 것이 부적절함을 보여주며, 예수님께

---

[75] 비칙은 바울서신과 이 평행이 미치는 효과를 인식하며 예수님이 감람산 강화에서 환란 전 강림과 환란 후 강림을 모두 묘사하신다고 제안한다 (Beechick, *Rapture*, 233~63). 하지만 이 설명은 강화에서 시간을 나타내는 분명한 지표들을 제대로 다루지 않는다. 강림은 환란 후에 일어난다.

서 감람산 강화에서 교회에게 말씀하신다는 것이 매우 개연성 있는 주장이 되게 한다. 분명히 바울이 데살로니가 편지에서 교회에게 말하고 있다면, 거의 같은 것을 말씀하시는 예수님 또한 교회에게 말씀하시는 것이 분명하기 때문이다.

제자들로 대표되는 무리에서 교회가 제외될 수 없다고 생각할 또 다른 이유는, 강화 끝에서 제자들에게 주어지는 권고의 특성과 관련이 있다. 마태복음 24장은 바로 앞에서 묘사된 인자의 강림(분명히 환란 후의 강림)과 동일한 때에 존재할 상황을 묘사한다. 하지만 동일한 권면들이 제자들이 교회를 대표하는 자들이 분명해 보이는 복음서의 다른 문맥에서 나타난다(참고. 눅 12:39~46; 19:11~27). 또한, 마태복음 24~25장에서 제자들에게 주어진 동일한 명령인 "깨어 있으라!"(γρηγορέω[grēgoreō])는 신약의 다른 곳에서 그리스도인들에게 주어진다.

감람산 강화에서 휴거에 관한 언급이 발견된다면, 감람산 강화에 묘사된 종말 사건들에 교회가 참여한다는 것이 결정적으로 입증될 것이다. 그러한 언급이 두 곳에서 발견된다는 여러 이유가 있다. 강림 때에 일어날 사건으로서 예수님은 택하신 자들을 "하늘 이 끝에서 저 끝까지 사방에서" 모으실 것을 묘사하신다(마 24:31; 참고. 막 13:27). 이 '모음'은 '큰 나팔'이 울릴 때 일어난다. 이것은 바울이 휴거를 말하는 두 곳 모두에서 언급하는 특징이다(고전 15:51~55; 살전 4:16~17). 둘째, 여기서 사용되는 '모으다'라는 동사(ἐπισυνάγω [episynagō])는 데살로니가후서 2:1에서 휴거를 묘사하려고 명사 형태로 사용된다. 동사와 명사가 **다 함께** 신약에서 단지 아홉 번 사용되며, 데살로니가후서 2장과 감람산 강화 사이에 많은 다른 평행이 있기에, 이러한 언어적 연결에 의미를 두어야 할 충분한 이유가 있다. 하지만 그 '모음'은 휴거보다 많은 것을 포함할 가능성이 있다. 그 묘사가 하나님의 **모든** 성도가 함께 모이는 것을 예견하는 것처럼 보이는 점을 고려하면, 의인의 부활도 포함할 가능성이 있다. 따라서 예수님은 죽은 사람은 부활을 통해, 산 사람은 휴거를 통해 참여하는 모든 성도의 위대한 마지막 모임을 묘사하고 있을 수 있다.[76] 신약의 전형적 방식으로 예수님께서는 환란 후 이스라엘이 다시 모이는 것에 대한 예언적 묘사(참고. 신 30:4; 사 27:12~13; 43:5~7; 슥 2:6~13)를 써서 그것을 하나님의 모든 백성에게 적용하신다.[77]

휴거를 가리키는 것으로 보이는 둘째 본문은 마태복음 24:40~41(참고. 누가복음 17:34~35의 평행 본문)에서 발견되는 한 사람을 '버려두는 것'과 대조적으로 다른 한 사람을 '데려가는 것'에 관한 언급이다. '데려감을 받는' 사람은 심판으로 데려감을 받고, 남는 사람은 왕국으로 들어가도록 허용되는 것일 수 있다.[78] 하지만 '데려가다'라는 동사는 요한복음 14:3에서 휴거에 사용되며(하지만 분명히 그것은 또한 다른 방식으로도 사용된다), 마태복음 24:39에서 심판으로 '데려가는' 것을 가리키는 동사는 40~41에서 사용되는 것과 다르다는 것은 중요하다. 그리고 홍수에 대한 유비는 노아가 심판의 장면으로부터 데려감을 받음으로써 구원받았던 것과 같이 강림에서 신자가 휴거를 통해 심판의 장면으로부터 데려감을 받음을 암시할 것이다.[79]

따라서 필자는 감람산 강화에서 예수님께서 모든 신자를 대표하는 자들로서 당신 제자들에게 말씀하신다고 결론 내린다. 이것은 필연적

---

[76] Beasley-Murray, *Commentary*, 93. 이 본문이 사람을 천년왕국으로 모아들이는 것을 가리킨다는 월부드의 견해(Walvoord, "Olivet Discourse," 326)는 어느 정도는 적절하지만, 바울의 휴거 묘사와 평행을 설명하지 못한다. 블롬버그는 휴거를 언급하는지 의심한다(Blomberg, *Matthew*, 363).

[77] Feuillet, "Le discours de Jésus," 75~78; Hartman, *Prophecy Interpreted*, 158; Lane, *Mark*, 416~71.

[78] Walvoord, *Blessed Hope*, 89~90.

[79] Hagner, *Matthew 14~28*, 720; I. Howard Marshall, *The Gospel of Luke*, NIGTC (Grand Rapids: Eerdmans, 1978), 668; Alan Hugh McNeile, *The Gospel according to St. Matthew* (London: Macmillan, 1928), 357; Gundry, *Church and Tribulation*, 137~38.

으로 휴거가 환란 후에 위치하는 것으로 이어진다. 강화에서 예수님의 말씀을 듣는 자들이 그들이 분명히 환란 후의 강림 때까지 땅에 있을 것이라는 말을 듣기 때문이다.

계시록

계시록에서 발견되는 마지막 사건들에 집중할 때 여기서(어딘가 가능한 곳이 있다면) 우리는 마지막 환란이 휴거와 어떤 관계인지를 밝히는 분명한 증거를 발견할 수 있다고 기대할 수 있을 것이다. 불행하게도, 이것은 사실이 아니다. 실제로 많은 사람이 계시록에서 휴거가 언급되지도 않는다고 주장할 것이며, 모두가 그것이 시간적 측면에서 환란과 직접 관련하여 묘사되지 않는다는 것에 동의할 것이다. 따라서 우리가 다루는 주제에 대한 증거는 세 가지 근원에서 얻을 수 있다. 일곱 교회에 주어진 약속과 경고, 휴거를 가리킬 가능성이 있는 구체적인 본문, 마지막 환란을 경험하는 성도들에 관한 묘사다.

하지만 이 구체적 문제와 씨름하기 전에 계시록의 초점에 관한 일반 방향이 필요하다. 해석자는 전체로서 계시록 해석에서 일반적으로 네 가지 일반적 방향을 이야기한다. (1) 6장 이후의 모든 것이 역사의 끝을 가리키는 것으로 보는 경향이 있는 '미래주의(futurist)', (2) 전체로서 계시록의 자료가 요한의 독자가 처한 1세기 상황에 관한 것이라고 보는 '과거주의(preterist)', (3) 요한의 때부터 강림까지 일종의 연대순 역사적인 요약을 가정하는 '역사주의(historicist)', (4) 요한의 환상에 나타나는 상징에 구체적 의미를 부여하지 않는 '이상주의(idealist)' 등이다. 현대 계시록 해석자 대부분은 이 관점들의 둘 이상을 결합하며, 필자는 그것에 동의하는 편이다(계시록 전문가는 아니지만). 이상주의 접근은 이 책의 권고의 목적을 바르게 강조하는데, 이 요점은 환상의 세부사항들을 논의하다 보면 너무도 쉽게 잊힌다. 요한은 그들에게 하나님의 섭리를 기억하게 하고 환상을 통해 그들에게 어떻게 하나님께서 분명히 역사의 사건들을 통해 그 섭리를 드러내실 것인지를 보여주는 매우 상세한 그림을 제시함으로써, 1세기 박해받는 신자들을 격려하고 강화하려고 한다. 하지만 우리의 목적을 위해 특별히 중요한 것은 '과거주의' 모델과 '미래주의' 모델의 논쟁이다. 필자는 조심스럽게 이 논쟁이 어느 정도 오도되었으며 아마도 필요하지 않다고 제안한다. 필자는 이 논문 시작에서 말한 신약 종말론에 관한 근본 요점으로 되돌아간다. 신약 저자들은 그들이 이미 '종말'에 살고 있으며, 강림 그리고 그것과 관련 사건들이 어느 때에도 일어날 수 있다고 확신했다. 이 관점에서, 적어도 한 가지 중요한 의미에서 '과거주의' 접근과 '미래주의' 접근의 차이는 다소 의미가 없다. 요한의 환상들은 1세기 현실들과 시대의 끝 모두와 관련이 있다. 예수님과 같이 요한에게 그 둘을 분명히 구분하는 것은 불가능하다. 따라서 계시록에서 구체적인 본문과 문제를 살피면서 우리는 '어느 한쪽/또는'의 관점보다 이러한 '둘 다/그리고'의 관점에서 살피겠다.

3:10에서 그리스도께서 빌라델비아교회에게 주신 약속에 관심이 종종 전적으로 주어지지만, 실제로 계시록 2~3장에는 관련된 약속과 경고가 주어지는 다른 세 개 본문이 있다. 서머나교회로 보내는 편지에서 그리스도께서는 신자들에게 그들이 열흘 동안 환란(θλῖψις[thlipsis])을 기대할 수 있음을 경고하신다(2:10). 이것이 마지막 환란을 가리키지 않을 것 같지만, 신자에게 박해와 죽음의 가능성이 약속되는 것에 주목해야 한다. 비슷한 구절로 2:22가 있다. 단지 이 경우 이세벨의 죄에 관여하는 자들에게 '큰 환란'(θλῖψιν μεγάλην[thlipsin megalēn]; 저자 번역)이 약속된다. 이 표현에서 관사의 부재는 일반 의미에서 심한 고난을 가리킴을 암시한다. TNIV에서 "큰 고난을 당할 것이다"라고 번역한 것을 보라. 셋째, 그리스도께서는 사데교회에게 회개할 것을 권고하시며 경고하신다. "만일 일깨지 아니하면 내가 도둑같이 이르리니 어느 때에 네게 이를는지 네가 알지 못하리라"(3:3). 이 표현과 데살로니가전서 5장, 그리고 마

태복음 24:42~44에서 예수님께서 환란 후 그가 오실 것이라고 하신 경고 사이의 유사성—세 구절 모두 '도둑', '깨어있음(γρηγορέω [gregoreō])', 불확실성의 표시가 있음—은 서머나교회가 예수님의 비유와 바울의 편지에서 말하는 것과 정확하게 같아야 함을 암시한다. 그리스도께서 영광 가운데 오시는 것이 그들을 놀라게 하지 않도록 깨어 있어야 한다는 것이다.[80] 하지만 이것은 물론 그들이 이전에 휴거되지 않을 것을 전제로 한다.

마지막으로, 우리는 많은 논란이 있는 계시록 3:10에서 예수님의 약속을 검토해야 한다. "네가 나의 인내의 말씀을 지켰은즉 내가 또한 너를 지켜 시험의 때를 면하게 하리니 이는 장차 온 세상에 임하여 땅에 거하는 자들을 시험할 때라." 이것은 마지막 환란을 언급하는 것으로 보이며,[81] 빌라델비아교회가 그것으로부터 보호될 것을 약속받음에 모두 동의한다. 문제는 그것이 이루어지는 방식이다. 환란 전 휴거 또는 환란 중 휴거를 통한 물리적인 제거인가, 아니면 고난의 시기에 하나님의 보호인가? 결정적인 것은 "~로부터 지키다"(τηρήσω ἐκ[tēreso ek])라는 표현이다. 이 표현과 가장 가까운 평행—그리고 헬라어 성경에서 τηρέω[tēreō]와 ἐκ[ek]가 함께 사용되는 유일한 곳—은 요한복음 17:15다. "내가 기도하는 것은 그들을 세상에서 데려가시는 것이 아니라, 악한 자로부터 보호하시는(τηρήσῃς αὐτοὺς ἐκ[tērēsēs autous ek]) 것입니다." 여기서 예수님은 제자들이 '세상',

---

[80] 참고. Rusten, "Revelation," 204~05. 월부드는 이 표현이 여기서 강림에 적용되어서는 안 된다는 자기 단언의 이유를 말하지 않는다(John Walvoord, *The Revelation of Jesus Christ* [Chicago: Moody, 1966], 81). 또한, 그 경고를 불신자에게만 한정하는 것은 적합하지 않다(Beechick, *Rapture*, 172~73과 대조적으로).

[81] Osborne, *Revelation*, 192~93; Beale, *Revelation*, 289~90. 하지만 David Aune, *Revelation 1~5*, WBC 52 [Dallas: Word, 1997], 240)는 그 약속이 빌라델비아교회만을 위한 것이라고 주장하며, Rusten, "Revelation," 216~19은 강림을 뒤따르는 시기를, Payne, *Imminent Appearing*, 78~79는 역사적 고난의 시기를 생각한다.

곧 사탄의 활동 영역에 남아있더라도 그들이 사탄의 세력으로부터 보호되기를 기도하는 것이 분명하다(참고. 요일 5:19).82 또한 신약에서 단지 다른 세 구절에서 τηρέω[tēreō]('지키다')가 하나님이나 예수님을 주어로, 그리고 신자를 그 목적어로 취한다는 것에 주목은 도움이 된다. 요한복음 17:11, 12, 15가 그것이다. 각 경우 영적인 보호가 분명히 의도되고 있다. 이러한 평행을 생각할 때 계시록 3:10에서 그리스도께서 빌라델비아교회가 '시험의 때'로부터 영적으로 보호받을 것을 약속하신다고 생각하는 것이 최선으로 보인다.83 이 해석에서 ἐκ[ek]('~로부터')는 요한복음 17:15에서 그렇게 보이는 것과 같이 분리를 뜻할 수 있다. 이러한 영적 보호가 물리적 제거를 통해 성취된다는 표시는 없으며, 요한이 물리적 제거를 의도했다면 그렇게 말하는 다른 방식들이 있었으며, 그것들이 그것을 좀 더 분명하게 만들었을 것이다.84 요한복음 17:15에서와같이 아마도 신자들이 물리적으로 보호되는 영역에 있을 가능성이 더 크다.85 하지만 어느 견해도, 또는

---

82 같은 구절에서 제자들이 세상에 남을 것이라고 예수님께서 명백하게 말씀하신 것에 비추어, 왜 요한복음 17:15가 '악한 자'와 접촉이 없음을 가리킬 수 있는지 이해하기 어렵다(Jeffrey L. Townsend, "The Rapture in Revelation 3:10," *BSac* 137 (1980): 258~59와 대조적으로).

83 마지막 환란 동안 하나님의 백성이 고난을 받아 죽기까지 한다는 것이 이 '보호'의 약속과 조화되기 어렵다는 취지의, 이 일반적 해석에 반대를 쉽게 만난다(예를 들어, Jeffrey L. Townsend, "The Rapture in Revelation 3:10," in *When the Trumpet Sounds*, ed. Thomas Ice and Timothy Deny [Eugene, Ore.: Harvest House, 1995], 368~69). 그 약속은 육체적 보존이 아닌 영적인 보존이다. 그렇지 않으면, 하나님께서는 역사에 걸쳐 그의 성도에게 제공하지 않으셨던 육체적 해로부터 보호를 역사의 바로 끝에서 성도에게 제공하신다고 생각해야 하는가?

84 예를 들어, 요한복음 17:15에서 사용된 αἴρω ἐκ[airō ek]의 조합은 단순하게 '~으로부터 취하다'를 가리켰을 것이다.

85 τηρέω[tēreō]('지키다')와 ἐκ[ek]의 조합은 상당히 드물지만, 칠십인역과 고전 헬라어에서 비슷한 표현은 이 해석을 확증하는 경향이 있다. 예들 들어, 잠언 7:5, "이것이 너를 음녀로부터 지킬 것이다(τηρήσῃ ἀπὸ[tērēsē

제안된 다른 어떤 것도 결정적으로 확증될 수 없다고 말해야 할 것이다. 우리는 계시록 3:10이 환란 후 휴거를 찬성하는 뚜렷한 증거도, 반대하는 뚜렷한 증거도 제시하지 않는다고 결론 내려야 한다.

이제 휴거 시기를 가리킬 가능성이 있는 본문으로 나아가면서 우리는 다소 신속하게 4:1을 처리할 수 있다. "이리로(하늘로) 올라오라"라고 요한에게 명령한 것은 분명히 요한이 육신적으로 여전히 밧모 섬에 있는 동안 체험한 환상의 경험을 가리키도록 의도된다. 월부드가 바르게 말하듯이, "휴거를 이 표현과 연결한 근거가 없다."[86]

더 중요한 것은 11장에서 사건들 묘사다. 이 장에서 많은 세부사항이 모호하지만, 11:11~12가 두 증인의 부활을 묘사함은 상당히 분명하다. 이 부활은 휴거와 어떤 관련이 있는가? 두 증인이 '구름 가운데' 올라간다고 말한다는 사실은 이것을 암시할 수 있다. 휴거에 관한 묘사에서 구름이 계속 언급되기 때문이다(참고. 마 24:30; 행 1:9; 살전 4:17; 계 14:14). 그리고 다른 곳에서 휴거가 언급될 때와 같이 이 본문에서 나팔이 발견된다(11:15). 하지만 이 표시들은 결정적이지 않으며, 이 사건과 휴거와 신자의 마지막 부활의 연결은 여전히 명확하지 않다.[87] 따라서 우리가 할 수 있는 최선은 휴거 시기와 관련하여 이

---

apo])." LSJ는 다소 재미있는 가능한 평행을 지적한다. τηρήσῃ ἀπὸ τοῦ πυρός[tērēsē apo tou pyros], '그들을 불로부터 지킨다, 곧 그들을 천천히 요리한다(*Biblical Opsart*, 10).' 요한은 마지막 환란 동안 신자가 '천천히 요리된다'라고 말하는가? 계시록 3:10의 이 일반적인 해석은, 예를 들어, Aune, *Revelation 1~5*, 240; Beale, *Revelation*, 290~92; Ben Witherington III, *Revelation*, NCBC (Cambridge: Cambridge University Press, 2003), 106~7; G. R. Beasley-Murray, *The Book of Revelation*, NCB (London: Marshall, Morgan and Scott, 1974), 101; Robert H. Mounce, *The Book of Revelation*, NICNT (Grand Rapids: Eerdmans, 1977), 119; Schuyler Brown, " 'The Hour of Trial' (Rev. 3:10)," *JBL* 85 (1966): 310을 보라.

86 Walvoord, *Revelation*, 103.

87 Norman B. Harrison, *The End: Re-thinking the Revelation*

사건이 가지는 가능한 의미에 주목하는 것이다. 이것과 관련하여 11:11~19에서 마지막 환란의 바로 끝에 이르렀음을 강력하게 암시하는 많은 표시가 있다. 증인들의 부활 후에 일어나는 것으로 언급되는 '큰 지진'(11:13)이 계시록에서 오직 다른 두 구절에서 언급되는데(6:12; 16:18), 둘 다 종말을 묘사한다. 누구도 16:18이 환란 후의 배경에서 일어남을 의심하지 않지만, 6:12~17(여섯째 인) 또한 거의 분명히 종말을 묘사함을 주목해야 한다. 여기서 요한은 '큰 지진', '검은 털로 짠 상복같이' 검게 변하는 해, '피같이' 변하는 달, 땅에 떨어지며 별들, '두루마리가 말리는 것같이' 떠나가는 하늘, '제 자리에서 옮겨지는 각 산과 섬'을 언급한다. 이 표현은 물론 구약 묵시의 일반 이미지이며, 문자적 우주적 재앙들을 가리킬 필요는 없다. 하지만 이 이미지를 구약에서 '주의 날' 사건들과 신약에서 예수님의 강림(예를 들어, 마 24:29~30)에 적용하는 것은 유효하다. 비슬리 머리의 말처럼 "이 표현은 한 가지 해석만을 허용한다. 마지막 날이 이르렀다는 것이다."[88]

"큰 지진"에 더하여 다른 두 요소도 마지막 환란의 때를 가리킨다. 두 증인은 42개월 동안 예언하며(11:2), 이어서 '삼 일 반' 동안 죽어서 누워있다(11:9). 전자가 마지막 환란의 전반부를 가리킨다면 후자는 후반부를 가리킬 수 있다. 하지만 확실한 것이 아님을 인정해야 한다. 일곱째 나팔을 불 때 종말이 이르렀음을 의심할 수 없다. 세상 왕국은 그리스도의 왕국이 되며(11:15), 주님께서 통치하기 시작하신다(11:17). 그분 진노와 심판과 상급을 위한 때가 이르렀으며(11:18), 하늘의 성전이 열린다. 일곱째 나팔이 연대기적으로 증인들의 부활과 관련된다면, 부활이 환란 후의 사건임이 분명하다.

(Minneapolis: The Harrison Services, 1941), 116~21은 여기서 교회의 휴거를 가리키고 있으며, 시기는 다니엘의 칠십 번째 주의 중간지점이라고 주장한다. 교회 휴거나 의인의 최종 부활에 관한 언급임을 의심하는 예는 Osborne, *Revelation*, 432; Beale, *Revelation*, 597을 보라.

[88] Beasley-Murray, *Revelation*, 30~31.

따라서 두 증인의 부활이 환란 후 사건인 것으로 보이지만, 그 증인들이 교회를 대표한다는 것을 보여줄 수 있어야만 이것은 휴거의 때에 관한 문제에서 결정적 영향을 끼칠 수 있다. 하지만 이것은 분명하지 않으며, 최대한 말할 수 있는 것은 다른 유사한 표시들이 발견되면 이 구절이 그것을 암시할 수 있다는 것이다.

나팔과 대접에 관한 묘사 사이에 일어나는 일련의 환상의 하나에서 요한은 '인자 같은 분'이 하늘 구름에 앉으신 것을 본다. 그는 '땅을 추수'하려고 내려오신다(14:14~16). '인자'와 '구름' 언급에 비추어, 여기서 강림이 묘사되는 것으로 보인다.[89] 하지만 15~16절에서의 땅의 추수는 휴거를 포함하는가? 이것은 사실일 수 있다. 예수님은 하나님의 백성을 왕국으로 모으는 것을 묘사하시려고 추수의 이미지를 사용하신다(마 13:30). 그렇다면 17~20절은 불신자를 대상으로 한 하나님 심판을 묘사하는 것일 수 있다. 하지만 추수의 이미지가 정확하게 무엇을 가리키는지는 분명하지 않다. 학자들은 첫째 추수가 전적으로 의인을 위한 것인지,[90] 전적으로 악인을 위한 것인지,[91] 둘 다 포함하는지[92] 논쟁을 벌인다. 하지만 이 첫째 추수에서 성도를 제외하기 힘들어 보인다. 첫째 추수는 둘째 것과 달리 하나

---

[89] G. B. Caird, *A Commentary on the Revelation of St. John the Divine*, HNTC (New York: Harper and Row, 1966), 190; Beasley-Murray, *Revelation*, 228; Gundry, *Church and Tribulation*, 83~84.

[90] Osborne, *Revelation*, 552; Henry Barclay Swete, *Commentary on Revelation* (1911; repr., Grand Rapids: Kregel, 1977), 189~90; Gundry, *Church and Tribulation*, 83~88; Rusten, "Revelation," 516~21.

[91] Beale, *Revelation*, 770~72; David Aune, *Revelation 6~16*, WBC 52B (Nashville: Nelson, 1998), 801~3; Witherington, *Revelation*, 196; Walvoord, *Revelation*, 221~22.

[92] Beasley-Murray, *Revelation*, 228; Mounce, *Revelation*, 279~80; Isbon T. Beckwith, *The Apocalypse of John* (1919; repr., Grand Rapids: Baker, 1967), 662.

님의 진노를 언급하지 않는다. 따라서 이 계시록의 장들이 교회에게 말한다고 믿는다면 휴거는 거의 분명히 마지막에서 이렇게 성도를 모으는 큰 사건의 한 요소로서 포함될 것이다.

휴거 시기를 가리킬 수 있는 마지막 본문은 요한이 '첫째 부활'을 묘사하는 계시록 20:4다. 이 부활에 참여하는 사람은 구체적으로 언급되지 않는다. 3인칭 복수 동사 ἔζησαν[ezēsan]("그들은 살아났다")의 주어는 표시되지 않는다. 어떤 이들은 이 부활에 참여하는 자들을 4절에서 구체적으로 언급되는 순교자들로 한정하려 하지만,93 이 부활에 순교자들보다 더 많은 사람을 포함할 수 있는 타당한 이유가 있다.94 첫째, 순교자들에 더하여 4절은 또한 보좌에 앉아 있어 심판하는 권세를 받은 이들을 묘사한다. 문법은 분명히 이들이 순교자들과 다른 무리임을 분명히 암시한다.95 둘째, 살아나는 사람들은 "하나님과 그리스도의 제사장이며 그와 함께 다스릴 것이다"(6절). 그리고 계시록 5:9~10은 이 무리가 "각 족속과 방언과 백성과 나라 가운데서" 온 사람들을 포함할 것이라는 사실을 강조한다. 분명한 것이지만 5:9~10의 무리가 교회를 포함한다면, 20:4에서 교회를 제외하는 것은 정당하지 않다. 셋째, 요한은 계시록에서 오직 두 종류의 부활을 묘사한다. 4절에서 '첫째' 부활을 말하고, '둘째' 부활에서는 악한 자들이 참여한다. 4절에서 첫째 부활은 시간적 효과를 가진 것이 분명하다. 그것이 '둘째'와 함께 사용되기 때문이며,96 요한의 표현이 이

---

93 Walvoord, *Revelation*, 296~97; Mounce, *Revelation*, 355~56.

94 Beale, *Revelation*, 999~1000. 오스본은 여기서 구체적으로 순교자들을 가리키지만, 제유법(synecdoche)으로써 모든 성도가 포함된다고 생각한다(Osborne, *Revelation*, 704~05).

95 τὰς ψυχὰς[tas psychas]('영혼들')는 대격이기 때문에 동사 εἶδον[eidon]의 둘째 목적어로 가장 잘 이해된다(Swete, *Revelation*, 262).

96 Roy L. Aldrich, "Divisions of the First Resurrection," *BSac* 128 (1971): 117~19와 대조적으로.

것을 앞서는 어떤 부활을 허용한다고 생각하기 쉽지 않다. 또한, 첫째 부활에 참여하지 않는 자들이 '나머지 죽은 자'로 불리는 것에 주목하라. 요한이 자신의 두 종류의 부활에 모든 죽은 자들을 포함한다는 표시다. 마지막으로, 요한이 교회들에게 편지를 쓰면서(1:4; 22:16) 종말을 묘사하는 자신의 웅대한 그림에서 그 시기의 가장 복되고 기대되는 요소의 하나인 신자의 부활을 빠뜨린다는 것은 본질적으로 불가능하다.

이 여러 이유로, 계시록 20:4는 교회 성도를 포함하여 모든 죽은 의로운 사람의 부활을 묘사하는 것 같다. 휴거는 이 부활과 동시에 일어나며, 첫째 부활은 분명히 환란 후 사건이므로 휴거 또한 환란 후가 분명하다.

계시록에서 수행해야 할 조사의 셋째 주된 노선은, 6~16장에서 묘사하는 고난들을 겪는 것으로 요한이 보는 성도들 정체와 관련 있다. 필자가 이들 고난이 오직 마지막 환란을 가리킨다고 생각하지 않는 이유는, 앞에서 내가 지적했던 대로 요한이 자기 때를 시작으로 강림에 이르기까지 교회 시대 전체 사건들을 묘사하는 가능성이 있기 때문이다. 하지만 우리 목적을 위하여, 요점은 마지막 환란이 분명히 이러한 고난들에 포함된다는 것이다. 따라서 우리 질문은 이것이다. 이 세대의 신자들인 교회 성도는 이 무리에 포함되는가? 이 질문에 부정적 대답이 종종 주어지는 것은 ἐκκησία[ekklsēia]('교회') 라는 단어가 계시록 4~19장에서 나타나지 않기 때문이다. 하지만 이것이 결정적일 수 없다. 요한은 단순히 이들 장에서 세계적인 성도들의 단체를 생각하고 있으며, ἐκκησία[ekklsēia]는 신약에서 오직 드물게 그러한 보편적인 무리를 가리키는 데 사용된다. 요한 자신은 ἐκκησία[ekklsēia]를 지역의 신자 무리를 가리키는 것 외에 다른 것에 절대 사용하지 않는다.97 또한, 요한이 4~19장에서 하늘에 있는

---

97 이것은 아마도 계시록 13:9에서 요한이 친숙한 후렴인 "누구든지 귀

어떤 무리도 교회로 부르지 않는다는 것을 주목하는 것은 중요하다.98 따라서 보통 말하는 그런 ἐκκησία[ekklsēia]에 관한 언급의 결여는 이 문제를 결정하는 요소가 될 수 없다.

계시록 구조도 이 문제를 해명할 수 없다. 관습적으로 계시록 1:19가 계시록이 세 기본 부분으로 구성됨을 암시한다고 생각되었다. '네가 본 것'(1장)과 '지금 있는 일'(2~3장)과 '이 일 후에 앞으로 될 일'(4~22장; 저자 번역)이다.99 이것이 이 구절의 의도인지 상당히 의심스럽다.100 하지만 우리는 여전히 요한이 6~22장의 환상에서 보는 대부분 사건이 (불확실한) 미래에 놓여있다고 가정한다. 하지만 이 사건들이 '교회 시대' 이후의 사건이어야 한다는 제안은 조심스럽게 말해 과장이다.

따라서 우리가 이 사건들 동안 교회의 위치를 결정할 수 있도록 계시록 4~19장에서 어떤 **특별한** 무리를 교회로 볼 수 있는지 물어야 한다. 4장에서는 하늘 보좌가 있는 방의 장면에서 24명의 '장로들'의 무리가 묘사된다. 그들은 하나님의 보좌를 둘러싸고 있으며 흰 옷을 입고 금관을 쓰고 있다(4절). 대부분 주석가는 여기서 뛰어난 천사 계급이 묘사되는 것으로 생각하지만,101 '장로들'이 영화롭게 된 인간이나 적어도 사람을 대표하는 어떤 종류의 하늘의 인물이라고

가 있거든 들을지어다…"에서 '교회들에게'를 생략하는 이유일 것이다 (Walvoord, *Revelation*, 103과 Beechick, *Rapture*, 179에 대한 대답으로서).

98 Gundry, *Church and Tribulation*, 78.

99 예를 들어, Swete, *Revelation*, 21; Ladd, *Commentary on the Revelation of John*, 34.

100 특히 Beale, *Revelation*, 152~70을 보라. Osborne, *Revelation*, 97도 보라.

101 Osborne, *Revelation*, 228~30; Beale, *Revelation*, 322; Caird, *Revelation*, 63; Leon Morris, *The Revelation of St. John*, TNTC (Grand Rapids: Eerdmans, 1969), 88; Ladd, *Commentary on the Revelation of John*, 75; Beasley-Murray, *Revelation*, 114; Mounce, *Revelation*, 135.

생각할 몇 가지 이유가 있다.102 하지만 그 무리를 교회 성도들만으로 제한하는 것을 거절할 확고한 이유가 있다. 계시록 5:10에서 이 '장로들'은 교회를 포함하는 한 무리를 3인칭 '그들'이라고 부른다. 금관을 쓰는 것은 분명히 교회에 제한되지 않는다. 계시록 9:7에서 마귀적인 황충들은 '금관 같은 것'을 쓰고 있다. 흰옷은 필연적으로 휴거된 교회를 암시하지도 않는다. 라오디게아 사람이 땅에서 그것을 입는다고 말한다(3:18). 요한 자신의 상징을 따른다면, '이십사' 언급은 가장 자연스럽게 하나님의 백성 전체, 곧 이스라엘과 교회를 암시하는 것으로 보인다. 따라서 계시록 21:12~24에서 새 예루살렘은 이스라엘 열두 지파의 이름을 가진 열두 문과 '어린 양의 열두 사도'의 이름을 가진 열두 기초가 있는 것으로 묘사된다. 하지만 다니엘 12장은 분명히 이스라엘이 환란이 끝나기까지는 정당함을 입증받지 못함을 보여주기에, 계시록 4장에서 하늘에 있는 '장로들' 존재는 환란 후 휴거를 반박하는 데 사용될 수 없다. 이 점에 있어서 '이십사 장로'가 항상 어떤 땅 위의 사건과도 분명한 시간적 관계를 가지지 않는 하늘의 환상들에서 묘사된다는 사실은 중요하다. 어떤 의미에서는 언제 이 장면들이 일어나는지를 물음은 잘못된 질문이다.

필자는 계시록 7:2~8의 144,000이 교회일 가능성이 크다고 생각하지만,103 그것이 충분히 분명하지 않기에 여기서 그것을 명확하게 입증하지는 않겠다. 이와 유사하게 계시록 19:7~9의 결혼 잔치에서 '신부'는 교회를 포함해야 할 것 같다. 하지만 이것은 휴거가

---

102 참고. 특별히, André Feuillet, "The Twenty-four Elders of the Apocalypse," in *Johannine Studies* (Staten Island, N.Y.: Alba House, 1965), 185~94; J. Massyngberde Ford, *Revelation*, AB (Garden City, N.Y.: Doubleday, 1975), 72; Larry Hurtado, "Revelation 4~5 in the Light of Jewish Apocalyptic Analogies," *JSNT* 25 (1985): 105~24; Witherington, *Revelation*, 117.

103 예를 들어, Beale, *Revelation*, 416~23; Osborne, *Revelation*, 310~13을 보라.

19:11~22의 강림에 앞서 일어나야 했음을 가리키지 않는다. 17:1~19:10의 환상들은 강림의 결과에 관한 예기적 서술로 보이기 때문이다. 너무 많은 해석자가 계시록에서 사건들을 연대순의 관점으로 보지만, 그것은 단순히 요한의 의도가 아니다.

마지막으로, 몇몇 일반 표시가 있는데, 함께 고려하면 계시록에서 묘사되는 환란 동안 교회가 땅에서 그려지는 성도들의 무리로부터 제외될 수 없다고 생각할 타당한 이유를 제공하는 것들이다. 계시록 2~3장에서 교회 성도들에게 주어지는 약속과 경고는 4~22장에서 계속해서 반복되며, 이는 전체에 걸쳐 같은 무리를 염두에 두고 있음을 암시한다. 따라서 예를 들어, 서머나교회는 신자들이 '이긴다면' '둘째 사망'을 면한다는 약속을 받는다. 하지만 그것은 계시록 20:4~6의 첫째 부활이 제공하는 '둘째 사망'으로부터 구원이다(참고. 6절). 교회들에게 보내는 편지에서 계속되는 주제는 '승리'의 필요성이다(일곱 번 나타남). 계시록 15:2는 '짐승과 그의 이미지를 이긴 자들'을 묘사한다. 이 편지들에서 네 번에 걸쳐 '인내'의 필요성이 강조된다. 같은 특성이 환란 성도들에게 요구된다(13:10; 14:12). 다른 평행들을 언급할 수 있다.[104] 그것들은 결정적인 증거로 생각될 수 없지만(다른 두 무리가 같은 특성들을 가질 수 있으므로), 암시적으로 보이는 것은 분명하다.

1:7에서 강림 언급도 암시적이다. 교회가 계시록 4~19장의 사건들에 참여하지 않는다면, 교회들에게 말하는 가운데(참고. 1:4) 요한이 이 장들의 위대한 절정인 이 강림을 강조한다는 것은 앞뒤가 맞지 않다. 22:16에서 예수님은 "교회들을 위하여 이것들을 너희에게[단수가 아닌 복수임!] 증언하게" 하시려고 당신 천사를 보내셨다고 말씀하신다. 그들이 고난에 포함되지 않는다면, 어떻게 해서 고난에 관한 장들이 '교회들을 위한 증언'이 될 수 있는지 이해하기 어렵다.[105] 마지막으로

---

[104] Rusten, "Revelation," 231~53을 보라.

[105] Rusten, "Revelation," 133~34.

계시록에서 가장 길게 묘사되는 사건(6~16장에서 의인들 고난)이 이 책의 독자와 직접 관련이 없다는 것은 단순히 불가능해 보인다.

필자는 어떻게 계시록에서 특별한 사건들에 관한 필자 이해가 이 책의 전체 구조와 조화되는지 살피려고 노력함으로써 계시록 논의를 마무리한다. 일련의 인과 나팔과 대접에서 일곱째 것들은 우리를 강림의 때로 데려가는 것이 분명하다. 이들 시리즈 가운데 환란의 고난에서 명시되는 하늘 전쟁의 환상들(12장), 그때 사탄의 세력에 관한 환상들(13장), 하나님의 백성 보호와 궁극적 옳음의 입증에 관한 환상들(7, 14장)이 여기저기 있다. 강림 바로 전에 하늘의 개입이 가져오는 심판과 구원에 관한 예견적 환상이 주어진다(17:1~19:10). 강림에 이어 그것에서 기인하는 사건들이 묘사된다. 다른 말로 하면, 계시록 6~20장의 초점은 그리스도의 강림이며, 다른 모든 사건은 그것으로 이어지거나 그것에서부터 나오고, 주기적 환상들은 이 사건들의 다른 측면들을 드러낸다는 것이다. 계시록 전문가들은 이 책의 모든 환상과 사건을 구성하는 방식에서 의견을 아주 근본적으로 달리한다. 하지만 앞에서 주장했던 것과 같이 필자는 6~16장에서 묘사되는 사건들이 연대기적 순서로 되지 않음이 상당히 분명하다고 생각한다.106 환상이 전개되면서 단순히 너무 많은 것이 반복되며, 너무 많은 곳의 표현이 강림 사건들을 묘사하는 것이 분명해 보이기에, 그 진행이 연대기적이라고 할 수 없다. 따라서 요한은 교회의 환란의 때에 일어나는 사건들 순서의 발달단계를 반복하고 있다. 그리고 우리의 목적을 위해 중요한 지점은 요한이 강림과 그와 관련된 사건들을 묘사하는 것으로 보이는 여러 장소로서, 특별히 6:12~17; 7:9~17; 11:11~19; 14:1~5, 14~20; 17:1~19:10; 19:11~20:6이다. 이 구절은 그리스도의 강림에

---

106 예를 들어, John McLean, "Chronology and Sequential Structure of John's Revelation," in *When the Trumpet Sounds*, 313~51과 대조적으로. 계시록이 기본적으로 연대기적이라고 하는 반 캄펜의 가정은 이의 없이 그의 종말적 시나리오의 또 다른 주요 결점이다(Van Kampen, *The Sign*).

서 일어나는 여러 다른 사건을 묘사한다. 성도들의 구원(7:9~17), 신실한 증인들의 부활(11:11~12), 하나님의 심판 날과 그분의 영원한 왕국 시작(11:15~19), 144,000의 구원(14:1~5), 마지막으로 신자들을 모으는 것과 심판(14:14~20), 악한 세상 체계 심판(17~18장), 하나님과 그의 성도들의 연합(19:8~9), 사탄의 결박(20:1~3), 첫째 부활(20:4~6)이 그것이다. 이 모든 사건은 요한이 그토록 자세히 묘사하는 일련의 환란들(마지막 환란에 한정되지 않지만, 그것을 포함하는) 후에 일어난다. 따라서 환란 후 휴거가 분명하다.

결론

핵심 본문들을 연구한 결과, 필자는 그리스도의 강림이 모든 세대의 살아있는 성도와 죽은 성도가 주님께로 가서 그와 함께하고 하나님의 진노가 불신자들에게 임하는, 기본적으로 하나인 사건이라고 결론 내린다. 이러한 가설에 근거한 종말 사건의 재구성은 우리가 신약의 종말에 관한 모든 중요한 묘사를 조사할 때에 상당한 정도의 일관성을 보여준다. 필자는 이 장의 끝에서 이 사건들을 도표 형식으로 제시한다. 물론 모든 본문에 모든 사건이 포함되는 것은 아니다. 다른 저자는 자신들의 특정 주장에 적합한 사건들만을 언급하도록 선택하기 때문이다.[107] 환란 후 휴거에 기초한 이 재구성이 모든 구절과 그렇게 자연스럽게 조화된다는 사실은 이러한 입장을 지지하는 유력한 논거다.

이스라엘과 교회

환란 전 휴거를 지지하는 사람이 이 입장을 선호함은, 그들이 성경에 깊이 뿌리내리고 있다고 생각하는 신학적 관심, 곧 이스라엘과

---

[107] 환란 전 휴거와 환란 후 오심의 구분을 요구하는 것으로 언급되는 대부분 차이는, 그 구분이 인식되면 쉽게 설명된다. 분명한 모순이 포함된 경우에만 그러한 차이들에 근거해 시간적으로 강림 사건들을 분리해야 한다.

교회의 엄격한 구분에 종종 영향을 받았기 때문이다. '점진적' 세대주의는 이 관심을 다소 약하게 했으나, 그것은 여전히 중요한 문제다. 이스라엘과 교회의 분리를 가정하면, 환란 후 휴거 견해에 대항하는 특정 추정이 존재하기 때문이다. 구약에 따르면, 이스라엘과 관련이 있는 어떤 시기에 교회의 포함은 모순일 것이다. 하지만 시작 시점에서, 이스라엘과 교회를 분리하는 견해가 환란 후 휴거를 필연적으로 배제하지 않는다는 사실에 주목은 중요하다. 따라서 성경이 이스라엘과 교회 둘 다 마지막 환란을 경험할 것임을 가리킨다면, 각각은 그 기간에 땅에서 분리된 통일체로 남을 수 있을 것이다. 마지막 환란이 이스라엘만을 위한 것이라고 결론 내려지더라도, 교회가 그 시기에 이 절정의 재해를 경험하지 않고서 땅에 남는다고 생각하는 것은 선천적으로 불가능하지 않다.108 다른 말로 하면, 이스라엘과 교회를 전적으로 일관적으로 분리하는 것은 필연적으로 휴거의 시기에 관한 어떤 구체적인 견해도 일으키지 않는다는 것이다. 이것이 사실이므로, 교회와 이스라엘의 분리를 지속해 주장하는 신학적 접근도 필연적으로 휴거 시기에 관한 문제의 해결이 아니다.

하지만 이 문제 연구에서, 우리는 구약에서 이스라엘과 관련된 표현과 예언들이 교회에 적용되는 여러 본문을 만났다(예를 들어, 종말적 나팔, 적그리스도, 그리고 가장 분명한 것으로서 환란 자체). 그리고 이것은 신약 저자들이 구약에 접근하는 전형적 방식과 일치한다고 필자는 주장하고 싶다. 계속해서 원래 이스라엘에게 적용되었던 표현과 구체적 예언들이 일반적인 새 언약 신자들에게 적용된다. 분명히 이것은 우리가 단순히 전적으로 이스라엘을 교회로 합병할 수 있음을 반드시 의미하지 않는다. 예를 들어, 필자는 로마서 11장이 이스라엘 나라가 여전히 구원의 역사의 사건들에서 맡은 역할이 있음을 가르친다고 해석한다.109 중요한 것은 우리가 조심스럽게 **국가로서** 이스

---

108 참고. Gundry, *Church and Tribulation*, 25~28.

109 Douglas Moo, *The Epistle to the Romans*, NICNT (Grand

라엘을 위한 예언(이스라엘 나라가 성취함)과 **하나님의 백성으로서** 이스라엘을 위한 예언(하나님의 백성—교회를 포함하는 백성—이 성취함)을 구분함이라고 제안하고 싶다. 그러한 접근은 풍유적이지도 비문자적이지도 않음을 주목해야 한다. 오직, 그것은 해석자가 특정 구체적인 예언의 의도된 영역을 인식하도록 촉구한다. 따라서 예를 들어, 다니엘에 의해 이스라엘을 위해 예견된 마지막 환란이 하나님의 백성으로서 이스라엘을 위한 것이라고 주장한다. 따라서 그것은 이스라엘뿐 아니라 교회를 포함하는 하나님의 백성에 의해 성취될 수 있다.

긴급성

마지막으로, 필자 논문에서 여러 번 표면에 떠오른 한 문제를 다시 다루겠다. 곧 '긴급성(imminency)'이다. 환란 후 휴거 견해는 특정 사건들이 강림 이전에 일어날 것을 요구하기에, 환란 후 휴거 견해가 필연적으로 긴급성을 반드시 부정한다는 주장이 종종 있다.110 이 결론을 피하려고 페인은 대부분의 예견된 사건이 마지막 환란 동안, 지금도 그것들이 존재할(혹은 지난 일일) 수 있는 것과 같은 방식으로 일어난다고 설명한다.111 하지만 이 시도는 성공적이지 않다고 여겨야 한다. 이 사건의 일부가 가진 특성—성경은 그것들이 일어날 때 성도가 그것들을 알아볼 수 있다고 단언한다(참고. 예를 들어, 데살로니가후서 2장)—은 그것들이 '잠재적으로 존재할' 가능성을 제외한다.112 다른 한편으로, 로버트 건드리는 환란 후 휴거 견해를 확신하며, 긴급성을 전부 없애려 한다.113

Rapids: Eerdmans, 1996), 710~32를 보라.

110 Pentecost, *Things to Come*, 168; Walvoord, *Rapture Question*, 82.

111 Payne, *Imminent Appearing*.

112 Gundry, *Church and Tribulation*, 193~200의 뛰어난 논박을 보라.

113 Gundry, *Church and Tribulation*, 29~43.

하지만 한 가지 매우 중요한 사실을 인식해야 한다. 건드리와 페인 모두 긴급성이 '어느 때도 일어날 수 있음'을 의미해야 한다고 가정하는 것처럼 보인다는 점이다. 이것은 단순히 옳지 않다. 옥스퍼드 영어사전은 **긴급함**을 "위협적으로 임박한, 머리 위에 매달린; 사람에게 닥치거나 갑자기 덮쳐올 준비가 되어 있는, 발생 면에서 근접한; 머지않아 임하는"이라고 정의한다. 분명히 이 의미는 긴급하다고 말하는 어떤 것이 일어나기 전에 중간에 끼어드는 사건들이 없음을 요구하지 않는다. 예를 들어, 의회의 휴회가 있기 전에 일부 사건(들)(중요한 호명 투표 같은 것)의 경과가 필요해도, 그것이 '임박하다'라고 말하는 것은 매우 적절하다. 이런 의미에서 그 용어는, 가까우며 이 시점에서 정확하게 날짜를 추정할 수 없지만 어떤 필요한 예비적인 사건들이 일어나기 전에 일어나지 않을 사건에 적용될 수 있다. 이런 식으로 정의될 때, 우리 주님의 재림이 가진 '긴박성'은 버려서는 안 되는 교리다. 그것은 그리스도의 영광스러운 재림이 어떤 제한된 시기에 일어날 수도 있다는 최고로 중요한 확신을 나타낸다. 앞으로 몇 년이 하나님께서 세상을 다루시는 일의 이러한 위대한 절정을 직접 보는 때일 수 있다. 긴박성이 이런 식으로 정의될 수 있다면, 실제로 이것이 신약에서 그리스도의 재림에 관한 소망을 보는 방식이 아닐까?

첫째 입증할 것은 강림의 가까움, 또는 그것에 대한 신자의 기대를 묘사하는 데 사용되는 많은 단어의 어느 것도 '어느 순간에도 가능하다는' 긴박성의 의미를 요구하지 않는다는 것이다. '기다리다'라는 단어($προσδέχομαι$[prosdechomai], 누가복음 12:36; 디도서 2:13; 유다서 21[?]에서 강림에 적용)는 바울이 의인과 악인의 부활을 기대하는 데 쓰이는데(행 24:15), 악인의 부활은 천년왕국이 끝날 때까지 일어나지 않는다. '간절히 기다리다'는 표현($ἀπεκδέχομαι$ [apekdechomai], 고린도전서 1:7에서 강림에 사용)은 피조물이 해방을 고대하는 것을 가리킬 수 있지만(롬 8:19), 이 해방은 마지막 환란 후에야 일어난다.

'기대하다'라는 동사 ἐκδέχομαι[ekdechomai]는 야고보서 5:7에서 강림에 적용되지만, 문맥에서 그것은 곡식을 기다리는 농부에 대한 유비이며, 분명히 '어느 때에도 가능한' 의미가 아니다. '바라보다'(προσδοκάω[prosdokaō], 참고. 재림과 관련된 마태복음 24:50; 누가복음 12:46)는 베드로가 신자들에게 새 하늘과 새 땅을 '바라볼' 것을 권고하는 데 사용한 단어다(벧후 3:12~14). 많은 본문에서 강림에 적용되는 '가깝다'(ἐγγίζω[engizō])와 그것의 형용사 형태인 '가까운'(ἐγγύς[engys])은 유대 축제와 절기에 사용되며(예, 요 2:13; 마 21:34), 이것들은 분명히 '언제라도 가능한' 사건이 아니다. 여러 다른 용어(γρηγορέω[grēgoreō], '경계하다'; ἀγρυπνέω[agrypneō], '깨어 있다'; νήφω[nēphō], '정신을 차리다'; βλέφω[blepō], '보다')가 재림에 비추어 영적으로 경계하는 태도와 도덕적인 올바름을 신자에게 권고하는 데 사용되지만, 시간과 관련하여 아무것도 암시하지 않는다.114

따라서 이 용어들 그 자체로는 그것들이 가리키는 기대가 '어느 때에도' 일어날 수 있음을 요구하지 않는다. 그것들이 사용되는 문맥이 중요하다. 이들 문맥에서 가장 중요한 것은 이미 검토했으며, 여기서 그것이 환란 후 휴거를 지속해서 가리킴을 믿도록 이끄는 증거를 반복할 필요는 없을 것이다. 하지만 아마도 감람산 강화와 관련하여 일부 소견은 추가해야 할 것이다.

종말적 환란과 강림을 묘사하신 후 이어지는 권고의 부분에서 예수님은 세 가지 중요한 요점을 분명히 하신다. (1) 제자들은 주님이 언제 오실지 모르며(마 24:42, 44; 25:13), (2) 따라서 그들은 경계하고 준비되어 있어야 하고(마 24:42, 44; 25:13), (3) 환란 사건들을 볼 때 그들은 그리스도께서 가까우심을 알 수 있다(마 24:32~33)는 것이다. 주목해야 할 특별히 중요한 사실은 세 진술 모두 같은 사건, 곧 그리스도의 환란 후 재림과 관련하여 언급된다는 점이다. 마태복음

---

114 특별히 이 단어들 연구는 Gundry, *Church and Tribulation*, 30~32를 보라.

24:32~35(또는 24:32~36)에서 강림의 환란 후 측면으로부터 24:36~25:46에서 강림의 환란 전 측면으로 전환한다는 근거는 없다. 따라서 모든 해석은, 강화가 교회에 주어진 것이라고 믿든지 이스라엘에게 주어진 것이라고 믿든지, 어떻게 해서 특정 징조들에 의해 예고되는 사건이 여전히 "그날과 그때는 누구도 알 수 없다"라고 언급되는 것의 하나가 될 수 있는지 설명해야 하는 어려움에 직면한다. 한 가지 해결은 그날을 알 수 없다고 하신 예수님의 말이 마지막 세대를 제외한 모든 세대에 적용되는 것으로 이해하는 것이다. 마지막 세대는 '이런 일들이 일어나는 것을 볼' 때에 그리스도가 문 앞에 서 계심을 안다(마 24:33~34). 또는, 정확한 때는 알 수 없더라도 환란이 시작한 다음에 강림의 일반적인 때는 알 수 있다는 것일 수 있다.[115] 그리고 이것과 관련하여 환란의 날들이 "단축되었다"라고 말하는 진술(마 24:22)을 주목해야 해야 한다. 적그리스도가 드러난 후에도 강림의 때를 예측하는 것은 불가능할 수 있다.

신약 저자들이 강림을 '어느 때든지' 일어날 수 있는 사건으로 묘사하려고 의도하지 않았을 수 있다는 표시들도 있다. 예수님은 자주 당신 재림이 지체할 것을 암시하신다(마 24:45~51; 25:5, 19; 눅 19:11~27). 둘째, 그리고 가장 중요하게, 그리스도께서 하늘로 가신 후에 즉시 다시 오셨다면 성취될 수 없었을 구체적인 예견들이 있다. 필자가 보기에 가장 현저한 것은 예루살렘 성전의 황폐다(마 24:15; 막 13:14). 하지만 다른 것들이 있다. 예수님은 제자들에게 그들이 "예루살렘과 온 유대와 사마리아와 땅끝까지" 그의 증인이 될 것이라고 약속하신다(행 1:8). 끝이 오기 전에 복음이 모든 나라에 전파되어야 한다(마 24:14). 베드로는 나이 들어서 순교자의 죽음을 맞는다(요 21:18~19). 바울은 로마에서 복음을 전파한다(행 23:11; 27:24). 이 모든 것이 1세기에 성취될 수 있었으며, 따라서 지금은

---

[115] 참고. Frost, *Matthew Twenty-four*, 34~36; Gundry, *Church and Tribulation*, 42~43.

'어느 때라도' 일어날 수 있는 휴거에 장벽을 나타내지 않는다고 말하는 것은 충분하지 않다.116 요점은, 강림이 가까움을 말하는 진술들이 그것을 처음 들었던 사람에게 무엇을 의미했는지 결정하는 것이기 때문이다. 특정한 진술이 '어느 때든지' 일어날 수 있다고 보는 해석을 요구하는 것으로 원래 말했던 사람이 의도하지 않았으며 원래 들었던 사람이 이해하지 못했다면, 그 진술은 지금 그 의미일 수 없다.117 따라서 그리스도 재림의 긴급성은 어느 때든지 일어날 수 있다는 의미로 이해될 수 있는 것으로 보이지 않는다. (교부들 또한 환란 후 휴거를 믿었으며, 자신들이 환란 사건들에 참여할 것을 기대했다.)118 긴급성이 예수님께서 어느 때라도 자기 백성을 위해 오실 수 있음을 의미하며, 여기서 '때'는 짧은 기간을 가리키는 것으로 폭넓게 이해하는 것이 더 낫다. 교회는 그러한 '어느 때라도' 가능한 재림에 비추어 그것의 소명을 실천하도록 부름을 받는다. 하지만 그리스도께서 자기 교회를 위해 어느 때라도 오실 수 있음을 부정하는 것은 바른 삶에 대한 권고 효과를 앗아간다는 반대에 부딪힌다. 재림의 부정적 적용에서(사람들에게 그리스도께서 그들을 '놀라게' 하시지 않도록 조심할 것을 경고할 때와 같이) 어느 때든지 일어날 수 있는 휴거는 관련된 권고에 아무것도 더하지 않는다. 놀랄 자들은 경고에 정확하게 주의하지 않는 자들이기 때문이다(참고. 눅 21:34; 살전 5:2~4). 그리고 때를 알 수 없기에 "주의하라"라는 권고는 단지 경고의 효과가 유지되도록 정확한 순간이 알려지지 않아야 함을 요구한

---

116 Payne, *Imminent Appearing*, 89~91; Walvoord, *Rapture Question*, 150~51과 대조적으로.

117 Millard J. Erickson, *Contemporary Options in Eschatology: A Study of the Millennium* (Grand Rapids: Baker, 1977), 142; Gundry, *Church and Tribulation*, 37.

118 예를 들어, *Epistle of Barnabas* 4; Justin, *Dialogue with Trypho* 1:4, 1~3을 보라. 필자는 Payne, *Imminent Appearing*, 12~14이 교부들의 글 가운데 어느 때라도 임할 수 있는 강림을 발견하지 못했다고 생각한다.

다. 하지만 신약에서 그리스도의 재림 기대가 제공하는 거룩한 삶에 대한 자극은 기본적으로 긍정적 적용이다. 신자가 영적으로 방심하지 않고 도덕적으로 진실하게 남아 있어야 하는 것은 자신들이 구속자 앞에서 서서 자신들 행위에 대답해야 함을 알기 때문이다. 그리고 이 호소가 가진 효과는 분명히 그 만남이 어느 때에도 가능하다는 것에 달려 있지 않다.

우리 주 예수 그리스도의 임박한 재림은 중요하고도 없어서는 안 될, 성경 진리의 한 요소다. 필자는(이 문제에 결코 독단적이지 않지만) 이 재림이 천년왕국 전에 일어난다고 생각한다(계 20:1~6). 필자도 성경이 마지막 때에 하나님의 백성을 위한 전례 없는 환란의 때를 예견한다고 믿는다. 하지만 필자는 이 환란이 신자가 초림과 재림의 중간시기, 곧 '종말'에 걸쳐 경험하는 환란과 분리되지 않는다고 주장한다. 성경도 신자가 그리스도께서 오실 때에 그분과 연합을 기대할 수 있다고 분명히 가르친다. 죽은 사람은 부활을 통하여, 살이 있는 사람은 휴거를 통해 가능하다. 하지만 마지막 환란과 관련하여 휴거의 때는 어디에도 명백하게 언급하지 않는다. 구약과 신약 저자 누구도 그 문제를 직접 말하지 않으며, 교리의 요점으로서 그 관계의 특성을 진술하지 않는다. 필자는 성경이 이 문제에 제안한다고 생각하는 바를 진술했다. 하지만 이 확신은 논리, 추론, 정당하게 논의되는 석의 요점들에 기초하기에, 필자는 이 확신이 이 요점에 관해 다른 확신을 가진 다른 사람과 온전한 관계에 어떤 종류의 장벽도 되어서는 안 된다고 생각하며, 참으로 그래서는 안 된다. 이 요점에 관한 우리 논의가 '복스러운 소망, 곧 우리의 크신 하나님 구주 예수 그리스도의 영광스러운 나타나심'에 관한 우리 공통된 기대를 손상하기보다 향상하기를 바란다(딛 2:13).

주요 종말 사건들의 재구성

사건	마 24~25장	요 14장	고전 15장	살전 4~5장
전쟁	24:6~7a			
기근	24:7b			
배교	24:12			
복음 전파	24:14			
적그리스도 (성전에서)	(24:15)			
환란	24:16~25			
거짓 징조	24:24			
우주적 징조	24:29			
강림	24:30			4:16
나팔	24:31		15:52	4:16
천사들	24:31			4:16
첫째 부활	24:31		15:51	
휴거	24:31(?), 40~41(?)		15:51	4:17
심판	25:31~46			
"주와 함께"		14:3		4:17
"깨어 있으라"	24:36~25:13			

더글라스 무 ‖ 환란 후 휴거 견해

살후 2장	계시록				
	인	나팔	12~14장	대접	17~20장
	6:3~4				
	6:5~6				
2:3			13:3~4(?)		
			14:6~7(?)		
2:3~7			13:1~8		
	6:9~11(?)	8:6~9:21		16:1~21	
2:9			13:13~14(?)		
	6:12~17				
2:8					19:11~21
		11:15			
		11:15	14:15		
		11:11~12			20:4~6
			14:14~16		
2:8		11:18	14:17~20		17:11~19:3
	7:9~17	11:18	14:1~5		19:4~9
			계시록 전체		

A Pretribulation Response
환란 전 견해로 논평

크레이그 블레이징
Craig Blaising

논평을 시작하면서, 우선 더글라스 무 박사가 이 책의 발간에 참여해 주심에 감사드린다. 그는 전에 카운터포인트 시리즈로 발행한 초판에 환란 후 견해의 논증을 제시했으며, 이 논문은 이전의 것을 약간 개정한 것이다. 다시 한번 우리는 그가 상세한 부분에 주의를 기울이고 있으며, 이 주제와 관련된 많은 본문을 다루고 있음을 깨닫는다. 논평 지면 제한으로 다음 내용은 우리가 일치하지 않는 부분에 초점을 맞추겠다. 하지만 독자는 필자가 복음주의적인 성경적 학문에 대한 무 교수의 막대한 공헌을 존중함을 알아야 한다.

이 논평은 일반적으로 무 교수의 논문 순서를 따른다. 하지만 여기 할당된 지면에서 그의 길고도 자세한 논문의 모든 요점을 다루기는 불가능하다. 게다가 그의 많은 해석에 영향을 미치는 몇 가지 핵심 쟁점이 있다. 필자는 이 쟁점들에 초점을 맞추고 지면이 허락하는 대로 그의 해석학적 논증에 관련된 문제들을 지적하겠다. 전체적으로, 무의 논조는 따뜻하게 느껴지며 이 문제에 관해 그와 함께 일하는 것은 즐거운 일이다.

시작에서, 무는 '두 핵심 용어인 **휴거**와 **환란**에 대한 관점'을 제시한다. 이 용어들에 관한 의미 있는 대화를 나누려면 정의를 분명하게 해 둠이 옳다. 하지만 바로 이 시작점에서 우리는 문제에 봉착한다. 첫째, 우리는 "물론 **휴거**라는 단어는 신약 단어가 아니다"라는 말을 듣는다. 명사로는 없는 게 사실이지만, 동사는 신약에 사용되며, 우리는 그 동사가 묘사하는 사건을 가리키려고 그 명사를 쓴다.

둘째, 무는 **휴거**라는 단어에서 물리적 이동 개념을 경시하며, 고린도전서 15:50~51을 언급하면서 "신약에서 휴거가 가진 더 중요한 요소는 육체적 변화"라고 말한다. 분명히 육체적 변화는 휴거의 더 풍성한 신약 교리의 핵심 요소이지만, 그것은 '끌어올려지다' 또는 '낚아채지다'로 바르게 번역되는 그 단어의 의미와는 아무 관련이 없다. 데살로니가전서 4:17에서 문맥적 용법은 정확하게 땅에서 하늘로 물리적 이동을 가리킨다.

셋째, 무는 몸의 변화로 정의되는 '휴거'가 살아있는 성도에게 일어나는 일이며, 부활은 죽은 성도에게 일어난다고 말한다. 하지만 데살로니가전서 4:17은 살아있는 사람이 "그들[부활한 성도들]과 함께 휴거될"(ἅμα σὺν αὐτοῖς ἁρπαγησόμεθα[hama syn autois harpagēsometha]) 것이라고 말한다. 부활은 휴거 전에 일어난다(4:16). 그리고 이어서 휴거에서 새롭게 부활한 성도와 그때까지 살아남은 성도가 모두 '함께'(ἅμα[hama]) 하늘로 끌어 올려진다.

넷째, 무는 이 휴거가 "어떤 것을 피하려는 이동이 아니"라고 말한다. 하지만 데살로니가전서에서 휴거 사건은 정확하게 신자의 '다가오는 진노'로부터(1:10) 탈출, 해방, 또는 구원으로서(5:9) 결코 '피하지 못할' 다른 이들이 경험하는 일과 대조되는 것으로 언급된다(5:3).

무는 환란을 "재림 직전에 있을, 하나님의 백성을 위한 전례 없는 고난의 시기"로 정의한다. 논평자는 이 정의를 어느 정도 수정하고 싶다. 환란이 그것에 참여하는 신자가 겪는 고난을 포함하는 것은 맞지만, 그 대상은 '하나님의 백성'이 아니다. 그것이 세상에 이른다고 말하는 편이 낫겠다. 또한, 환란 전체가 독특한 어려움의 때이지만, 그것은 균일하게 그렇지 않다. 오히려 그것은 후반부에 '전례 없는 고난'의 수준에 이르기까지 그 강도가 증가한다. 하지만 무의 논문에서 그가 칠 년의 환란을 유지하는지 분명하지 않다. 그는 다니엘 9:24~27에서의 칠십 번째 '이레'를 "그리스도의 초림에서부터 그가 영광 가운데 재림하시는 때까지 시간에 걸쳐 일어나는 사건들의 전체 꾸러미를 가리키는 것"으로 이해하기 때문이다. 그가 이 용어를 사용하는 것이 미래주의자가 일반적으로 견지하는 7년의 환란을 가리키지 않는다면, 우리는 분명히 그 기간뿐 아니라 그 사건 자체의 특성에 관해서도 의견이 다를 것이다.119

환란의 특성

무는 환란을 한편으로 박해와 고난이, 다른 한편으로 하나님의 진노 현시가 특징인 시기로 묘사한다. 하지만 그는 고난과 진노를 집합체, 곧 정체와 특성 면에서 분리된 요소들의 혼합으로 간주한다.

이 묘사 관점에서, 그는 환란의 본질과 특성에서 교회의 존재를 제외할 어떤 것도 발견할 수 없다고 주장한다. 그는 그때 신자들이 경험하는 고난이 역사에 걸쳐 교회가 경험하는 고난과 질적으로 다르지 않으며, 하나님의 진노 현시가 땅에 존재하는 신자가 그것으로부터 분리되거나 보호되는 방식으로 일어난다고 단언한다. 핵심 요점은 신자 고난과 하나님 진노의 객관적 구별이다.

여기서 논평자는 환란 전 견해자가 하나님께서 교회를 고난에서 보호하시거나 제외하시려고 완전한 자유(carte blanche)를 약속하셨다고 주장하지 않음을 분명히 말한다. 주님은 우리를 구원하시려고 오

---

119 월부드는 환란 후 견해의 다른 형태들에 관한 유용한 분류 도표를 제공한다. '미래주의' 환란 후 견해는 래드(George Eldon Ladd)가 대표자이며, 환란을 미래 역사에서 7년의 시기로 보는 견해다. 미래주의 환란 후 견해는 이 점에서 환란 전 견해와 유사하다. F. Walvoord, *The Blessed Hope and the Tribulation: A Historical and Biblical Study of Posttribulationism* (Grand Rapids: Zondervan, 1976), 40~59를 보라.

실 때까지 교회가 어려움과 고난을 경험한다고 이르셨다(요 16:33). 신약 전체에 걸쳐 그 가르침이 있다. 바울은 사도행전 14:22에서 교회들에게 이것을 기억하라고 한다. 베드로전서의 전체 메시지가 이 요점을 중심으로 전개된다. 휴거에 관한 바울의 가르침을 들은 데살로니가 사람도 그들의 날 동안 고난을 경험하고 있었다(살전 2:14~16; 살후 1:5). 교회 역사, 특별히 순교자들의 역사가 고난의 실재를 확증한다.

하지만 환란 전 견해자는 교회에게는 유일무이한 미래 환란의 때로부터 면제되는 약속이 있다고 믿는다. 이 환란은 통일된 전체로 여길 수 수 있는 유일무이한, 통합된, 복잡한, 체계화된 사건이다(그것이 가진 복잡성에도 불구하고). 교회에게 주어진 구원은 이 특별한 복잡한 사건 전체로부터 구원이다. 이 제외를 결정하는 문제는 역사적 고난의 경험과 환란의 고난과 순교에서 어떤 차이가 아니다. 문제는 하나님께서 실제로 신자에게 환란이 이르기 전에 그들이 그러한 구체적인 복잡한 사건 전체로부터 제외될 것을 약속하셨는지 이다. 계시록 3:10에서 빌라델비아교회에게, 그리고 그들을 통하여 모든 교회에게(13절) 주어진 약속은 "장차 온 세상에 임하여 땅에 거하는 자들을 시험할 때"로부터 그들을 지키신다는 것이었다. 당시 고난에도 불구하고 그들과 그 후의 모든 교회 세대는 다가오는 환란으로부터 보호되었다. 그리고 그 전무후무한 환란 사건이 이를 때 그때의 교회 또한 휴거의 비밀에 의해 제외된다.

환란의 특징은 그 전체가 성경에서 진노의 때로 언급되지만, 동시에 그 사건 복합체 안의 일부 심판들이 개별적으로 그 진노의 분출로 불리는 그러한 것이다. 마찬가지로 그 사건 복합체 안에 신자들이 여러 종류의 고난을 경험하면서 존재하는 것으로 보일 수 있지만, 교회 전체는 환란에서 제외된다. 이것을 이해하는 것은 무가 제공하는 것보다 더 광범위한, 환란의 교리에 대한 본문의 근거를 요구한다.

무는 분명히 감람산 강화, 계시록, 데살로니가후서 2장과 함께 다니엘 7~12장을 환란의 교리를 위한 핵심 자료로 명시한다. 물론 다니엘 7~12장은 다른 본문들을 이해하기 위한 토대이지만, 무는 자신의 집합체로서 환란 모델에 대한 증거로서 박해와 진노에 대한 언급을 설명하는 일에 주로 관심을 기울이면서, 다니엘 7~12장은 단지 간략하게 다룬다. 그는 다니엘 본문에서 반복되고 미묘한 차이가 덧붙여지는 패턴에 대한 자세한 강해를 제공하지 않는다. 그는 진노가 개별적인 사건들뿐 아니라 그것들의 전체 패턴에 관한 서술자(descriptor)로 사용된다는 사실을 이해하지 못한다. 적대적 왕과 군대는 성도가 박해를 당하는 환경을 만드는 가운데 하나님의 진노를 수행한다.120 그 패턴의 끝에서 결국 하나님의 진노는 박해자들에게 쏟아진다(단 7:11, 26; 8:25; 9:27; 11:36, 45에 주목하라). 하지만 진노는 이전에 박해자들이 나타났으며 활동한 상황들에 관한 서술이다.121 (1) 하나님께서 예루살렘과 성전을 심판하시고 (2) 박해자들을 심판하심

---

120 다니엘의 이 부분에서 패턴에 관한 모델은 다니엘의 기도가 가리키는 대로, 바벨론에 의한 예루살렘의 파괴다. 이방 군대가 오는 것, 그 군대에 의해 도성이 파괴되는 것, 이어지는 예루살렘의 황폐는 다니엘에 의해 하나님의 진노로 인지된다(단 9:16).

121 그와 같이 그것은 다니엘에 의해 진노의 때로 불린다. 참고. 다니엘 8:19; 11:36. "'진노'[다니엘 8:19에서]는 단지 심판의 한 날이 아니라 역사의 한 시기다. 가장 가까운 평행은 쿰란에서의 '진노의 시대', qēārôn에 의해 제공된다. 이것은 haqqēha'ārôn 혹은 '마지막 시대'에 대한 동음이의를 포함한다"라는 콜린스의 설명은 기본적으로 옳다(John J. Collins, *A Commentary on the Book of Daniel*, Hermeneia [Minneapolis: Fortress, 1993], 338). 그는 339쪽에서 다시 한번 말한다. "8:19에서 말하는 '진노'는 이방인 통치의 시기이며, 그것은 이제 마지막 단계에 있다… '진노'는 그 왕국들에 의해 야기되는 환란, 특별히 그 후기 단계를 가리키는 유사 전문어가 되었다." 물론 논평자는 다니엘의 역사에 관한 콜린스의 비평적 재구성과 그가 진노 시간에 관한 언급을 주전 2세기의 사건들로 제한하는 것에 동의하지 않는다. 그것을 아직 미래인 먼 성취에 관한 하나의 모형을 투사하는 가까운 성취로 이해한다.

으로 자기 백성을 구원하시는 이 패턴을 자세히 살필 때, 우리는 또한 주의 날에 관한 더 큰 정경의 주제를 통해 계시되는 패턴을 본다.

무가 환란의 교리를 발전시키려고 사용하는 본문에 의한 근거의 가장 큰 결손은 이 주요 성경적 주제인 주의 날에 관한 불충분한 참조와 얕은 강해이다. 그것을 언급할 때마다 그것이 환란의 끝에 일어나는 우주적 현상의 상대적으로 짧은 사건이라고 가정한다. 이 가정은 이 주제를 자료로 사용하는 신약 구절인 감람산 강화와 데살로니가 편지와 계시록의 해석에 근본적으로 영향을 끼친다.122

몇 가지 간략한 참조 외에 무는 기본적으로 주의 날에 관한 성경적 증거를 무시한다. 어디에서도 그는 신약에서 이 주제 사용의 배경이 되는 구약 자료를 밝히지 않는다. 하지만 구약을 조사할 때 우리가 보는 것은 계시의 발전을 통해 복잡하게 발전되는 사건 패턴이다. 그것은 단순하지 않은 광범위한 사건이다.123 많은 구절에서 그

---

122 무는 신약 전체에 나타나는 주의 날에 관한 수많은 간략한 언급을 열거한다. 그는 그 간결성을 환란 전체보다 종말(환란의 끝 또는 환란 후에 마지막 심판)이 언급된다는 증거로 채택하는 것으로 보인다.

123 Meir Weiss, "The Origin of the 'Day of the Lord'—Reconsidered," *HUCA* 37 [1966]: 44는 이렇게 말한다. "우리는 성경 연구에서 상당히 자주 지적된 것, 곧 주의 날이 특정 구체적인 날로 생각되었다기보다 그것이 다양한 해석과 적용이 가능한 융통성 있는 성질의 불명확한 개념이었다는 것을 승인할 수 있을 뿐이다." 그는 덧붙인다. "히브리인의 '시간' 개념은 그 내용의 개념과 밀접하게 일치한다. 시간은 일어남의 개념이다. 그것은 사건들의 연속이다… 따라서 주의 날의 개념은 시간보다 일어남을 가리킨다. 그것은 '중립적' 개념, 그것에 내포된 각각의 주의 날의 성질에 스스로를 맞추는, 변화하는 내용의 공식적인 개념이다"(46~47). 그래서, 주의 날은 어떤 범위든 한 사건에 적용될 수 있다. 중요한 요점은 사건의 상호연결성과 통일성이다. 호프만은 몇몇 주의 날 본문에서 '년'과 '날'의 평행에 주목하는 가운데, "םוי[yom]이라는 단어의 의미론적인 발전"을 말하며, "그 단어[날]가 한 날이 아니라 더 긴 시간의 기간을 가리킨다"라고 설명한다. Yair Hoffmann, "The Day of the Lord as a Concept and a Term in the Prophetic Literature," *ZAW* (1981): 48. (밝힘. 히브리어 단어 추가해 편집함.)

것은 침략과 전투의 광범위한 사건, 또는 도성의 포위와 파괴로 이어지는 침략이다. 이것에 하나님의 현현과 관련된 특징들이 더해진다. 일부 주의 날 구절은 이방 나라들에 대한 심판과 관련된다. 어떤 것들은 이스라엘 심판을 말한다. 가장 흥미로운 것은 주의 날이 이스라엘 심판으로 다가오고, 이어서 이방인 심판과 함께 이스라엘의 구원으로 전환되는 요엘과 스가랴 14장의 예언들이다. 요엘에서 '주의 날'이라는 표현은 따로따로 이 복잡한 사건의 두 측면 모두에 사용되며 그 둘을 연결하는 것은 이스라엘의 회개다. 이것이 요엘 2:30~31에서 "여호와의 크고 두려운 날이 이르기 **전에**"(논평자 강조) 주의 날 특징들이 나타나는 이유다. 그것은 마치 두 개의 주의 날이 하나의 연장된 사건 복합체에서 연결된 것과 같다.124 스가랴 14:1에서 이 이중적 복합체 사건은 일괄적으로 "주를 위해 이르는… 한 날"(ESV 번역)이라는 명칭이 붙는다. 두 측면 모두 나타난다. 포위 공격과 파괴로 예루살렘에 임하는 심판과 이어서 이방인 압제자 심판을 통한 하나님 백성의 구원이다. 첫째 심판이 인간을 도구로 삼는다면, 둘째 심판은 하나님의 직접 행위로 묘사된다. 둘 다가 '그날에'라는 표현으로 함께 묶이는 하나의 복합체 사건의 측면들이다. 우리는 쉽사리 이 이중적 복합체 사건이 다니엘에서 패턴과 기본적으로 동일한 구조 있음을 볼 수 있다.125 이 동일한 기본 패턴을 감람

---

124 James D. Nogalski, "The Day(s) of YHWH in the Book of the Twelve," in *Thematic Threads in the Book of the Twelve*, ed. Paul L. Redditt and Aaron Schart (Berlin: de Gruyter, 2003), 200~203을 보라. 또한 Susan F. Mathews, "The Power to Endure and Be Transformed: Sun and Moon Imagery in Joel and Revelation 6," in *Imagery and Imagination in Biblical Literature: Essays in Honor of Aloysius Fitzgerald*, F.S.C., ed. Lawrence Boadt and Mark S. Smith, CBQMS 32 (Washington, D.C.: Catholic Biblical Association of America, 2001), 39~40, 42, 47의 각주 25.

125 Antti Laato, "The Seventy Yearweeks in the Book of Daniel," *ZAW* 102 (1990): 222~23의 설명을 보라.

산 강화, 데살로니가 편지, 계시록에서 볼 수 있다. 주의 날을 단순히 어떤 다른 환란 패턴에 관한 하나의 종말 사건으로 간단히 처리는 잘못이다. 그것은 환란 자체다.

이것과 관련하여 주의 날이 '진노의 날'로 명시된다는 사실은, 진노가 일반적으로 이 확대된 사건 전체를 묘사함을 가리킨다. 인간의 진노와 하나님의 진노를 구분은 인간의 행위가 하나님의 진노가 성취되는 하나의 수단이 되는 주제 형태에서 희미해진다. 또한, 주의 날에 포함된 회개라는 주제는 신자가 진노의 때에 존재하며, 이어서 그 진노의 특정 발현으로부터 보호되는 자신을 발견하는 한 가지 방식을 설명한다. 그들은 진노의 때에 회개를 통해 신자가 되는 것이다. 진노는 불신자인 그들에게 임하며, 일반적으로 말해 피할 길이 없다고 말하지만(그것이 그들에게 이르면 그날의 존재로부터 피할 길이 없음), 어쨌든 회개하고 그 진노의 결말을 실제로 피하며, 진노가 절정에 이를 때에 하나님의 구원 대상이 되는 자들이 있다. 구약에서의 이 회개의 주제가 계시록에서 다시 강조된다. 환란 때에 신자가 존재한다는 것은 성경이 말하는 주의 날의 패턴과 다니엘의 종말에 속한다. 환란 전 휴거의 문제는 환란 동안의 신자들이 존재하는 것이나 그들이 그 기간에 특정 진노의 발현으로부터 보호되는 것으로 결정되지 않는다. 그 문제는 환란이 시작할 때에 살아있는 모든 신자가 그것—광범위한 복합체 사건 전체—으로부터 구원받는다는, 계시의 과정에서 주어지는 명시적 약속—그들이 기대하는 진노로부터 구원을 이 광범위한 진노 사건 전체로부터 구원과 서로 관련시키는—에 의해 결정된다.

마지막으로, 논평자는 환란의 특징에 관해 논평자의 논문에서 어떻게 예수님의 가르침에서 주의 날 주제가 다니엘이 말하는 종말의 때 내용과 구조와 통합되는지 설명했다. 이 두 주제 통합은 환란에 관한 신약의 가르침이며, 대부분 '주의 날'이라는 표현의 몇몇 변형 형태로 언급된다. 우리는 신약이 우리에게 '다니엘에 의해 고양된' 주의 날을 제시하며, 이어서 이것은 환란에 관한 신약 교리가 된다고 말할 수 있다. 하지만 이것은 무의 전체 논증에 중요한 문제를 만든다. 그것은 정의 수준에서 도전을 일으키기 때문이다.

재림의 어휘

무의 논문 이 부분에 관해 두 가지 사항이 간략하게 설명될 수 있다. 첫째, 강림은 주의 날의 주제와 연결된다. 그것은 주께서 오시는 날이기 때문이다. 주의 날이 광범위한 사건(환란 전체)이듯이 강림도 적어도 일부 그 용법에 광범위한 의미가 있다. 논평자는 데살로니가전서 5:1~4에서 바울이 '강림'을 '주의 날'로 대체하며 예수님의 가르침을 참조하는 방식으로부터 이것을 나타낸다. 따라서 무처럼 "강림은 명백히 후환란적이다"라고 말하는 것은 잘못이다. 간단히 그렇게 말하자면, 오히려 그것은 명백히 **환란적**이다(환란은 그의 오심이므로). 분명히 그는 환란의 끝에 **나타나신다**. 그것이 오심의 목적이다. 진통의 은유가 적절한 이미지인 목적이다. 논평자는 바울이 "그의 오심의 나타남"(τῇ ἐπιφανείᾳ τῆς παρουσίας αὐτοῦ[tē epiphaneia tēs parousias autou]; 살후 2:8)이라는 표현으로 더 정확하게 환란 후 오심의 나타남을 구체화한다고 생각한다. 하지만 주님께서 교회를 구원하시고 그 절정에 그들이 그와 함께 나타나도록 그들을 준비하시려고 그날의 시작에 강림하신다면, 그것은 이 목적 또는 오심의 광범위한 특성과 모순되지 않는다. 이것 때문에, 휴거를 환란 후 강림과 구분하기는 하지만, 하나의 미래 오심을 말하기를 선호한다. 그 오심은 전체로 보거나 그 시작이나 그 절정의 관점에서 볼 수 있다.

둘째, 도래에 사용한 용어들에서 '두 단계 오심'을 발견할 수 없다는 무의 말은 그 자체로서는 반박할 수 없다. 환란 전 견해 논증은 이들 용어 자체에 대한 분석보다 이들 용어에 관한 신약의 가르침—특별히 데살로니가전서 4~5장에서 바울이 가르치는, 광범위한 오심과 주의 날에 관한 휴거 사건의 관계—에 기초한다.

휴거—세 개의 기본 구절

　이것을 정확하게 말하지 않지만, 무의 이 부분 논증은 다음으요 요약할 수 있다. (1) 전통적 휴거 구절들 밖의 모든 곳에서 신약은 환란 후 강림으로서 그리스도의 미래 오심을 말하며, (2) 이 휴거 구절은 그리스도의 미래 오심을 말하고, (3) 내부적으로 이것과 일치하지 않는 본문의 단서가 없다면, 우리는 그것들이 환란 후 강림을 가리킨다고 해석해야 하며, (4) 이것과 일치하지 않는 내부적인 본문의 단서가 없으며, (5) 따라서 이들 구절은 환란 후 강림을 말한다.

　물론 논평자는 데살로니가전서 4:13~5:9가 그리스도의 환란 전 강림을 말하며, 그것이 그렇다면 그 사실 홀로 무의 논증을 반박하며 우리를 다음 내용으로 이끈다고 주장한다. (1) 그리스도의 미래 오심을 말하는 구절의 하나가 환란 전 강림을 말하며, (2) 이것은 그리스도의 오심을 말하는 다른 구절들도 마찬가지로 환란 전 강림을 말할 가능성을 일으키며, (3) 따라서 우리는 그리스도의 미래 오심을 말하는 다른 구절에서 이러한 환란 전 강림의 단서들을 찾아야 할 것이다. 무의 논문 이 부분에 관한 논평자의 논평은 실제로 이 전통적인 휴거 구절들이 적어도 동일한 환란 전 사건의 가능성을 가리키는 단서들을 포함한다는 것이다.

　요한복음 14:1~3을 검토할 때, 무가 "이 본문에서 신약의 다른 곳에서 묘사되는 환란 후 오심 이외의 어떤 '오심'을 예수님께서 생각하고 계신다는 표시는 없다"라고 한 주장과 대조적으로, 논평자는 이 본문에서 환란 전 오심을 가리키는 것 외에 다른 표시가 없다고 주장한다. 더 넓은 문맥이 예수님의 오심 이전의 세상에서 어려움과 고난을 말하는 것은 맞지만(요 16:33), 무 자신이 인식하듯이 이것은 미래의 환란이 아니다. 환란 전 견해자는 휴거 이전의 일반적인 어려움과 고난의 환경들을 기대한다. 예수님께서 다시 오셔서 "너희를 데려가 **나와 함께** 있게 하리라"(저자 강조)라고 하신 단순한 약속은 데살로니가전서 4:17에서 계시된 환란 전 사건과 잘 조화된다. 주께서 강림하시며 신자들은 **그와 함께** 있으려고 위해 끌어 올려진다. "나 있는 곳에 너희도 있게 하리라"라는 요한복음 14:3의 표현은 "그리하여 우리가 항상 주와 함께 있으리라"라는 데살로니가전서 4:17의 마지막 표현과 적절한 평행을 형성한다.

무는 고린도전서 15:51~52의 나팔이 주의 어느 날 예언의 한 특성임을 잘 설명한다. 많은 사람이 지적했듯이 이것은 나팔이 하나님의 현현에 관한 성경의 묘사에서 한 특징적 이미지이며, 하나님의 현현은 주의 날의 특징의 하나이기 때문이다. 그것이 '마지막'(ἐσχάτη[eschatē]) 나팔로 불린다는 사실은 그 연관성을 더욱 정당화한다. 주의 날은 **종말적** 날이며, 그것과 관련된 모든 특성은 하나님 현현의 모든 특성을 포함하여 당연히 '종말적'이다. 휴거 강림과 최종 왕적 강림 모두 이날과 관련되며, 둘 다 '마지막' 나팔이 그 특징일 수 있다. 환란의 끝에서 그리스도의 나타나심(마 24:31)과 휴거에서 강림(살전 4:16) 모두 나팔이 그것들을 알리는 신호다. 하지만 데살로니가전서 4:16만이 진정으로 고린도전서 15:52~53과 평행을 이룬다. 이 두 본문만이 살아있는 신자들과 관련하여 죽은 자들의 부활을 말하기 때문이다. 따라서 고린도전서 15:51~52의 사건 시기는 데살로니가전서 4:16~17의 문맥의 단서들로 가장 잘 결정된다.

무는 마태복음 24:30~31의 강림 이미지와 다니엘 12:1~2의 부활 사건에서 발견되는 몇몇 비슷한 묘사를 근거로, 데살로니가전서 4:16~17을 환란 후 사건으로 제시하려고 한다. 하지만 두 강림 묘사가 나팔을 두두러지게 한다는 사실, 그리고 죽은 사람을 '자는' 것으로 묘사하는 것과 함께 다니엘 12장에서 천사장이 나타난다는 사실 그 자체로는 그 사건의 위치를 결정하기에는 충분하지 않다. 이러한 특징들은 단순히 (1) 죽은 사람을 묘사하는 일반 방식이며, (2) 모든 신적 강림의 특징이 될 수 있는 하나님 현현의 특징들이다. 실제로 휴거 강림의 종말적 위치를 결정하는 것은 그것이 데살로니가 전서 5장에서 말하는 주의 날의 시작과 가지는 관계와 그것이 1:10 과 5:9에서 말하는 진노로부터의 구원에 대한 약속과 가지는 관계다. 여기서 문제는 무가 데살로니가전서 1장에서 휴거 '본문'을 너무 좁게 잡은 것이다. 여기서 해석해야 하는 '본문'은 편지의 더 넓은 부분에 걸쳐 있다.

데살로니가전서 5:1~11

논평자는 무가 이 구절 관련해 말한 다음 요점에 동의한다. (1) 이 본문 부분은 4장과 연결된다. (2) 여기서 바울은 동일한 사건이 두 다른 무리에 끼치는 결과를 대조한다. (3) 이 기대에서 주의 날은 강림과 서로 교환할 수 있다. (4) 휴거는 주의 날과 연관된다. (5) 데살로니가전서 5:3에서 강조하는 것은 심판의 급작스러움이다.

하지만 무와 대조적으로, 논평자는 다음 내용을 말한다. (1) 주의 날은 광범위한 환란 사건이지, 간단한, 환란 후 사건이 아니다.126 (2) 불신자 멸망 언급은 이것을 환란 후 사건보다 환란 전 사건으로 만든다. 주의 날 전체가 파괴적이다. 그것은 많은 파괴로 구성되며 마지막 파괴에서 절정에 이른다. (3) 그날은 신자들에게 '갑자기 덮쳐오지' 않는다. 바울의 표현으로 그날은 "그들[불신자들]에게 임한다." 하지만 신자는 그날이 시작할 때에 구원받는다(5:3~4에서 대조; 참조. 1:10; 5:9). (4) 무는 "바울은 기간을 나타내려고 수식어 없이 '진노'를 사용하지 않으며"라고 말할 때, 데살로니가전서 5:9의 논점을 피하고 있다. 논평자는 여기서 **진노**가 사용된 것은 1:10의 '다가올 진노'와 관련하여 해석해야 한다고 말한다. 5:9에서 진노는 필연

---

126 무가 인용하는 예레미야 6:14는 실제로 이 요점에 관한 유용한 유비다. 여기서 언급한 '평안'은 바벨론이 도성을 침략하고, 공격하며, 포위하고, 파괴하는, 환란 자체와 비교되는 연장된 사건 이전의 상황을 묘사한다. 이전의 평화 상황은 환란 전 상황과 비교될 수 있다.

적으로 시간을 필요로 하는 진노 사건이다. 이 두 본문(1:10; 5:9)의 관계는 다니엘 8:19와 11:36의 관계와 유사하다. 다니엘 11:36에서 '진노'를 가리키는 한 단어는 8:19에서 진노의 마지막 시기로 묘사된 동일한 진노 사건을 가리킨다. (5) 바울은 신자들에게 주의 날의 심판을 피하는 것과 같은 방식으로 살 것을 권고하지 않는다. 본문에서는 구별이 선포된다. 그들은 해방될 것이며, 그러한 구별에 비추어 삶을 살라고 권고받는다.

데살로니가후서 1~2장

무는 데살로니가후서 1:7~10에서 바울이 장래에 그리스도께서 심판하시려고 나타나심을 묘사하는 것에 우리 관심을 쏟게 한다. 그는 바울이 이 사건을 '환난을 받는 너희에게' '안식'을 주는 것으로 말한다고 설명한다(1:7 ESV 번역). 이어서 그는 신자가 이 환란 후 사건까지 해방되지 않을 것이기에, 이것은 그들이 결과적으로 그때까지도 휴거될 수 없음을 암시한다고 주장한다. 그는 그 약속이 가설임을 제안하고, 사람이 환란을 통과하여 그것의 끝까지 살아있으면 그 순간까지 해방이 오지 않을 것이라고 가정함으로, '안식'이 죽는 사람에게 더 일찍 온다는 분명한 반대를 피하려고 한다. 더 나은 설명은, 바울이 이 안식을 그 근거―주님께서 오실 때에 박해자를 최종적으로 심판하시는 것―와 관련하여 말한다는 것이다. 신자가 환란이 있기 이천 년 전에 죽든, 환란의 시작 때에 휴거되든, 환란 동안에 있을 회개하는 자들에 포함되든, 그들 고난으로부터 '안식'은 궁극적으로 주님께서 박해자들을 마지막 심판으로 데려가실 때 박해를 최종적이며 궁극적으로 그치게 하실 것이라는 사실에 기초한다.

논평자의 논문에서, 데살로니가후서 2장에 관해 말한 소견이 그 장에 관한 무의 환란 후 해석을 보충해서 논평한다고 생각한다. 환란 후 견해는 이 본문과 데살로니가전서 5장 사이에 중대한 모순을 일으킨다는 것만 추가하고 싶다. 데살로니가전서 5장에서 바울은 주의 날이 경고 없이(징조 없이) 상대적으로 평안한 때 이른다고 말하지만, 무는 데살로니가후서 2장이 주의 날이 오직 그 사건을 다니엘과 예수님이 극도의 고난으로 묘사하시는 환란 가운데 한 시점에 위치시키는 특정 징조들 후에 이른다고 말하는 것으로 해석한다. 또한, 당혹스러운 것은 만일 (1) 바울이 교회에게 환란 후 견해를 가르쳤으며, (2) 그들이 그리스도께서 오실 때에 받을 해방을 기대하고 있으며, (3) 그들이 진정으로 그리스도께서 그들이 살아있을 동안 오실 수 있음을 믿었다면, (4) 어떻게 해서 그들은 그리스도 오심의 필요한 전조가 발생했다는 소식에 '흔들리고 두려워'하는지 이다. 무에 따르면, 그들은 그것이 실제로 일어날 때 보호받을 것이며, 따라서 그들은 그것에 두려워할 것이 없다. 오히려 그들은 기뻐하고 기대하며 위를 보아야 한다. 그들의 구원이 가깝기 때문이다! 하지만 만일 그들이 그 시작 혹은 그 이전에(살전 5:1~9) 그리스도께서 강림하셔서 그들을 데려가실 것(살전 4:16~17)을, 그리하여 그들을 다가오는 진노로부터 구원하실 것(살전 1:10)을 기대하고 있었다면, 그들은 주의 날이 이르렀다는 소식에 충격에 빠지고 두려워했을 것이다.

감람산 강화

무는 감람산 강화가 강림으로 종결되는 교회의 긴 역사를 말한다고 생각한다. 감람산 강화를 다루는 나의 소론은 이러한 견해를 비평한다. 하지만 무의 강해가 이상한 것은, 앞에서 그가 감람산 강화를 '마지막 환란' 자료로 확증하고서도 이 부분에서는 '마지막 환란'이 없으며, 단지 파국적이지만 상대적으로 짧은, 그리스도의 강림으로 절정에 이르는 교회 역사의 환란만을 이야기하기 때문이다. 무는 또한 다니엘 7~12장을 '마지막 환란'을 위한 자료로 열거했다. 하지만 감람산 강화에서 예수님께서 다니엘을 인용하시는 곳에서 무는 그 문제를 '지역적' 의미만을 가진 사건으로 분류한다. 무는 구약 종말론의 핵심 특징이며 예수님의 제자들이 강림과 관련지은 예루살렘과 성전의 파괴가 보편적 의미를 지녔다고 생각하지 않으며, 그것이 실제 종말론의 사건들과 관련이 있다고 생각하지 않는 것으로 보인다. 하지만 주의 날 예언들에서 예루살렘은 나라들을 상대로 한 하나님 심판의 초점이다. 무는 다니엘이 말하는 종말의 때와 예수님의 설명을 구성하는 주의 날이 가진 패턴과 그 패턴이 성경에서 역사적으로, 예표론적으로 작용한 방식을 놓치고 있다.

무가 감람산 강화에 관해 주장하려는 주된 요점은 신자가 마지막 강림의 시점까지 그 안에 존재한다는 것이다. 하지만 실제로 교회 역사를 생각한다면 신자가 환란 가운데 있는 것에 주장할 것은 없다. 그분 오심을 주의하라는 주님의 권고에 관해 말하면, 논평자가 주장한 대로, 그 권고는 오심을 광범위한 사건으로서 고찰하는 감람산 강화의 후반부에 나타나며, 광범위한 주의 날을 그의 오심의 날로 보는 견해와 일치한다. 그 권고는 그 오심의 시작에 초점을 맞추며, 이는 데살로니가전서 5장이 주의 날의 시작에 초점을 맞추는 것과 같다. 그리고 이것은 환란 전 견해와 일치하는 초점이다.

하지만 논평자는 실제로 감람산 강화가 미래 환란의 패턴을 제시한다고 본다(또한 주후 70년의 파괴 패턴을 제시하며, 주께서 구름 가운데 나타나심은 제외됨—이것은 그의 강림으로 연결되었을 것이다). 따라서 '환란의 패턴'에서 제자들에 관한 이 언급의 의미는 무엇인가? 환란 전 견해자는 '신자'가 환란 가운데 있다는 기대는 주의 날 동안에 일어날 회개와 회심 때문이다. 예수님은 그의 제자들을 통해 있을 '다른' 신자를 말씀하신다. 성경에는 예언적 '너희'로 부를 수 있는 많은 예가 있다. 예를 들어, 신명기 4장에서 모세는 이스라엘의 그 세대가 주를 잊어버리는 것을 경고한다. 그는 미래 포로 생활을 경고하지만, 그들이 주를 찾을 때 다시 돌아올 것을 약속한다. 그는 말한다. "끝 날에 너희가 환란에 있겠고, 이 모든 일이 너희에게 임할 때, 너희가 네 하나님 여호와께로 돌아와서 그의 말씀을 청종할 것이다"(신 4:30

ESV 번역). 여기서 '너희'는 그 세대를 말하지만, 그 성취는 그들이 아닌 훨씬 후세대에서 발견될 것이다. 같은 방식으로, 예수께서는 감람산 강화에서 제자들에게 말씀하시며 '너희'를 말씀하시지만, 궁극적인 성취는 후세대, 곧 환란 중에 주께로 돌아올 사람을 가리킨다.

하지만 주후 70년에 이 패턴의 가까운 성취는 어떤가? 이 가까운 성취는 주의 오심이 아니었으며, 따라서 휴거와 강림 어느 것도 그 특징이 되지 않았다. 그 상황에서 그 패턴의 시작 시점에 살아있는 신자는 그 패턴으로 살며, 예수님께서 말씀하신 신자가 된다. 그들은 제자들 자신일 수 있고, 당시 많은 제자가 이미 죽었다는 사실을 생각하면, 다음 세대 신자일 수 있다. 우리는 바울이 휴거가 비밀이라고 말하는 것에 주목해야 한다(고전 15:51). 이전에 드러나지 않았지만 후에 알려진 것을 가리킨다. 바울은 '주의 말씀'으로 이 비밀을 교회에게 선언한다(살전 4:15). 주님께서는 직접 빌라델비아교회에게 그들이 그때를 면한다고 약속하셨다(계 3:10). 따라서 계시 과정에서 주님은 전에 계시하지 않은 것을 알게 하셨다. 그의 오심, 주의 날, 환란이 도둑처럼 그들에게 이르지 않을 것 등이다. 주의 날의 시작에 신자는 다가오는 진노로부터 해방된다. 불신자는 피할 수 없다. 하지만 그의 자비와 은혜와 어울리게 그날이 옴을 경험한 사람 일부는 회개하고 구원받을 것이다. 그들은 그 마지막 날의 '너희'가 된다.

계시록

무는 계시록을 세 부분으로 나눠 논의한다. 그는 해석에서 여러 가능성을 논의하지만, 논평자는 우리 주제와 가장 관련성이 큰 것에 초점을 맞추겠다. 첫째, 일곱 교회로 보내는 편지 연구에서, 그는 계시록 3:10에 이르게 되며, 그 구절이 휴거 시기에 확정적이지 않다고 말한다. 여기서 논평자의 논평은 단지 그가 계시록 3:10에서 τηρήω ἐκ[tēreō ek]의 용법을 설명하려고 요한복음 17장에서 그 표현이 사용되는 것으로부터 그가 끌어내리는 관련성에 관한 것은 단 하나이다. 영적 보호 개념은 요한복음 17장에서 그 동사의 문맥적 적용으로부터 온다. 논평자 생각에, τηρήω[tēreō]가 계시록 3장에 사용되기에 따라서 그것을 **영적** 보호를 말한다고 결론 내리는 것은 적절하지 않다. 무가 말하듯이 τηρήω[tēreō]가 ἐκ[ek]와 함께 사용되는 것은 분리를 의미한다. 문맥적 적용은 분리와 같은 것을 가리키며, 계시록 3:10은 그것을 "장차 온 세상에 임하여 땅에 거하는 자들을 시험할 때"에 적용한다. 이것은 주의 날, 환란의 때를 가리킨다. 주어지는 약속은 그들이 그날로부터 분리된다는 것이다.

둘째, 무는 계시록 4~20장에서 휴거를 가리킬 수 있다고 그가 말하는 여러 본문을 검토한다. 그는 "요한의 표현이 이것을 앞서는 어떤 부활을 허용한다고 생각하기 쉽지" 않기 때문에, 휴거가 계시록 20:4에서 죽은 자의 부활과 관련이 분명하다고 판단한다. 하지만 요한은 실제로 예수님의 부활이 계시록 20:4의 부활을 앞섬을 인정한다(1:18; 2:8을 보라). 따라서 '첫째'는 절대적 연대순을 나타내는 표시가 아니라, 문맥에서 언급한 **둘째** 부활에 대한 상대적 의미를 가리킨다. 천 년 후에 일어나는 부활이라는 것이다. 그것들은 천년왕국과 관련하여 시간적으로 대조될 뿐 아니라 질적으로도 대조된다(히브리서 11:35에서 '더 나은 부활'과 유사함). 이것은 의도적으로 그리스도의 부활을 배제하지 않는 것만큼이나 환란 전 휴거를 배제하지 않는다. 하지만 계시록 20:4에서 휴거의 위치를 결정하는 일에 주된 문제는 이 본문이 죽을 몸을 가진 신자가 죽지 않는 몸으로 변화하는 것에 관해 아무것도 말하지 않으며, 그 사건은 살아남은 사람이 죽음에서 부활한 사람과 함께 공중에서 주를 만나려고 끌어 올려지는 것을 포함하지도 않는다는 것이다. 실제로 20:4의 부활은 요한의 순서에서 그리스도의 강림 이후에 일어난다. 오히려 계시록 20:4에서는 휴거를 생각하지 않음이 분명하다.

계시록에서 성도의 정체 문제가 일부 환란 후 견해자에게는 결정적 문제이지만, 그렇지 않을 수 있다. 무는 ἐκκλησία[ekklēsia]라는 단어가 계시록 4~19장에서 나타나지 않는다고 설명한다. 따라서 그가 말하는 것처럼, "요한은 4~19장에서 하늘에 있는 어떤 무리도 교회로 부르지 않는다"라고 말하는 것은 부적절하다. 그는 이 장들에서 어느 곳의 어느 무리도 교회라 부르지 않는다. 어쨌든, 환란 전 견해자는 환란 기간에 그리스도를 믿는 사람이 있다고 인정한다. 문제는 환란 전에 모든 신자가 휴거되는 일이 일어나는지 이다. 논평자 생각에 그 문제에 관한 무의 해석은 우리가 이미 알고 있는 바를 확증하는 것으로 보인다. 계시록은 4장에서 20장까지의 어떤 환상이나 환상의 순서에서 휴거를 가리키지 않는다는 것이다.

결론적으로, 무 교수가 휴거를 환란과 관련짓는 일에서 고려해야 할 많은 본문을 다루었지만, 환란 후 휴거의 위치는 여러 해석학적, 석의적 문제를 일으킨다. 덧붙여, 그 문제에 핵심이 되는 특정 성경 주제들—주의 날 그리고 다니엘의 마지막 때와 같은 주제들—에 관해 검토해야 하는데도 제대로 하지 않는다. 결과적으로, 무의 주장은 설득력이 없다. 그것은 신약 종말론이라는 복잡한 연구에서 환란 후 견해를 확고히 하는 데 실패한다.

A Prewrath Response
진노 전 견해로 논평

앨런 헐트버그
Alan Hultberg

무 박사는 환란 후 휴거의 정당함을 입증하려는 훌륭한 논증을 제시했다. 논평자는 감람산 강화, 데살로니가 편지, 계시록에 대한 그의 기본 석의—교회를 환란 가운데 위치시키며, 그리하여 휴거를 다니엘의 칠십 번째 주의 중간 이후의 어떤 때에 위치시키는 결과를 수반하는—에 대체로 동의한다. 환란에 교회의 존재를 제외하는 선천적 어떤 것이 존재하지 않는다는 것, 그리고 교회가 하나님의 진노를 당하게 하지 않으신다는 하나님의 약속이 휴거가 반드시 보호 수단이어야 함을 의미하지 않는다는 것에 동의한다. 하지만 무가 휴거와 진노와 그리스도의 영광스러운 나타나심을 동반하는 강림이 다니엘의 칠십 번째 주의 끝에 있을 단순한 사건이며, 따라서 휴거가 진노 전에 일어나는 사건이 아님을 증명하였다고 생각하지는 않는다.

무는 계속해서 개인적으로 관심을 기울이지 않지만, 이 후자의 요점을 위한 그의 논증은 다음 논제들에 기초한다(이것들의 어떤 것은 다른 것들보다 중요하게 다뤄진다). (1) 신약에서 재림 어휘는 '두 단계' 오심의 증거를 제공하지 않는다. (2) 이스라엘이 구원받으며 교회가 휴거되는 마지막 나팔은 분명히 마지막 사건이며 구약 성도의 부활과 연관된다. (3) 데살로니가후서 1:6~10과 2:1~12는 '한 단계'의 해석에서 가장 의미가 타당하다. (4) 계시록의 여러 구절은 그 책의 구조에 따라 읽을 때 환란의 끝에서 휴거를 입증한다. 이 마지막 요점을 반박하는 것으로 논평을 시작하겠다. 논평자 생각에, 계시록은 강림이 시간에 걸쳐 일어나는 휴거와 진노와 재림의 사건들의 복합체임을 가장 분명히 보여주기 때문이며, 계시록의 증거가 무의 다른 논제들 일부와 관계하기 때문이다. 계시록을 검토한 후 데살로니가후서 2장의 증거를 다루겠다.

계시록 11:11~12

계시록 11:11~12에 관한 결론들이 분명치 않음을 알지만, 무는 어쨌든 두 증인이 교회를 대표한다는 가정으로 계시록 11:11~12의 표현이 휴거를 암시한다고 제안한다. 이처럼 그는 휴거가 환란의 끝에 일어난다는 세 가지 문맥적 표시가 있다고 주장한다. 11:13의 큰 지진이 6:12와 16:18의 지진과 동일하며, 둘 다 환란 후라는 것, 그들의 시체가 거리에 누워있는 삼 일 반은 환란을 의미할 수 있으며, 따라서 그들의 부활은 환란 후라는 것, 그리고 분명히 마지막은 일곱째 나팔을 불 때 이르며, 따라서 증인들의 휴거는 그 사건과 같은 때에 일어난다는 것이다.

먼저 논평자는 결론이 분명하지는 않아도 계시록 11:11~12의 언어가 휴거를 암시한다는 무의 말에 동의한다. 또한, 이것이 교회의 휴거를 묘사하는지[127] 또는 다른 무리나 두 개인을 가리키는지 알기 어렵지만, 아마도 어떤 무리의 휴거도 교회의 휴거와 동시에 일어날 것이다. 하지만 논평자는 이것이 휴거의 장면일 경우, 무의 증거가 환란 후 휴거를 가리킨다는 것에 동의하지 않는다. 무의 논증은 계시록의 환상들에 상당한 반복이 있다는 옳은 관찰의 남용에 의존한

---

[127] 두 증인이 예루살렘에서 죽임을 당한다는 사실(계 11:8)은 그들이 세계 교회를 대표한다고 생각하기는 어렵게 한다. 두 증인은 1세기든(참고. 11:2; 눅 21:24), 마지막 때든, 예루살렘의 지역 교회를 대표할 가능성이 있다. 하지만 그 환상의 세부사항은 어떤 경우의 교회에도 적용이 어렵다.

다. 이것으로부터 계시록의 어떤 순서도 시간순이 아니라고 생각하는 것 같다. 따라서 예를 들어, 그의 생각에 두 증인의 휴거는 일곱째 나팔을 앞서지 않고 그와 동시에 일어나며, 여섯째 인과 일곱째 인 모두 환란의 끝을 상징한다. 하지만 그 가정은 너무 간편하다. 각 경우에서 특별한 증거를 생각해야 한다. 따라서 두 증인의 '휴거' 시기와 관련하여 한편으로 그 사건이 나팔 순서와 어떤 관계인지, 다른 한편으로 나팔 순서가 인과 대접과 어떤 관계인지 생각해야 한다.

대부분 계시록 주석가는 10장과 11장이 나팔 시리즈에서 막간을 형성하는 것으로 이해한다. 즉, 여섯째 나팔 후 10:1~11:2에서 행동이 멈추고 개봉된 두루마리의 내용을 밝히는 새로운 예언적 임무가 요한에게 주어진다. 11:3~10에서 증인들에 관한 묘사는 요한에게 성전을 측량하라고 명하는 자가 하는 말의 연속이다(요한의 설명과 함께). 이것은 분명히 요한이 예언할 두루마리의 내용을 이해하는 데 중요한 정보를 제공한다. 11절에서 변화가 일어나는 것으로 보이는데, 거기서 동사는 부정과거로 바뀌며, 요한은 이제 미래의 정해지지 않은 어떤 시점에 일어날 일들을 듣기보다 그 행위를 이야기하는 것처럼 보인다. 따라서 14절에서 두 번째 화(여섯째 나팔)의 끝이 선포된다는 사실은 중요하다. 11:3~10에서 두 증인과 그들의 사역에 관한 묘사는 여섯째 나팔과 일곱째 나팔 사이의 막간 일부이며, 나팔 순서와 관련하여 알려지지 않은 한도의 시간 동안 역사적으로 성취될 것이지만, 11~13절에서 그 묘사는 여섯째 나팔의 환상에 관한 보고 안으로 녹아든다. 나팔 시리즈는 연대기적 성취를 요구한다는 표시를 나타내지 않지만(곧, 각 나팔이 다음 나팔의 사건들 전에 일어나는 사건들에 영향을 미친다는 것), 처음 여섯 나팔 사건들은 분명히 일곱째 나팔의 사간을 앞선다. 그 나팔은 독자를 시대의 바로 끝으로 데려가기 때문이다. 따라서 증인들의 휴거가 마지막 바로 앞에 일어나야 할 필연적인 이유는 없다.

하지만 무는 어쨌든 이것이 사실이라는 일부 증거를 제시한다. 한편으로, 그는 두 증인의 사역이 1,260일 동안 지속함에 주목하면서 그것이 다니엘의 칠십 번째 주의 전반부에 일어난다고 제안하며, 그들의 시체가 삼 일 반 동안 묻히지 않고 남아 있다는 것으로부터 그들이 그 주의 후반부 동안, 곧 환란이 끝날 때까지 죽음에 머물러 있음을 제안한다. 따라서 그들의 부활과 휴거는 일곱째 나팔로 시작하는 강림과 같은 때에 이뤄진다. 그의 첫째 제안은 옳지만, 둘째 제안은 옳지 않다고 생각한다. 1,260일이 다니엘의 '주' 전반부를 가리키는 것으로 보이는 것은 맞다. 짐승이 '그들과 더불어 전쟁을 일으켜 그들을 이기고 그들을' 죽이는 것은 오직 '그들이 증언을 마친 때'이기 때문이다(계 11:7; 참고. 단 7:21; 12:1~8). 이 표현은 계시록 13:7에서 짐승이 성도를 박해하는 것을 표현하려고 다시 사용된다. 그것은 짐승이 다스리는 마흔두 달 동안 일어나며, 그 기간은 다니엘의 칠십 번째 주의 후반부와 동일하다. 따라서 두 증인은 마지막 삼 년 반 동안의 어느 때에 죽임을 당하기 이전에 처음 삼 년 반 동안 해를 입지 않은 채 증언하는 것으로 보인다. 놀라운 것은 그들의 시체가 단지 삼 '일' 반 동안 길거리에 놓여있다는 것이다. 이것은 상대적으로 증인들 죽음의 짧은 기간을 그들이 증언한 긴 기간과 대조시키려는 의도로 보인다.128 물론 그들이 환란 시기의 끝에 죽임을 당할 가능성이 있지만, 그들이 증언 기간 바로 후에 죽임을 당하고 얼마 있지 않아 환란 동안의 어느 때에 휴거되는 것도 동일하게 가능하다. 어쨌든 계시록 11:9에서 '삼 일 반'은 환란 후 휴거의 강력한 증거가 될 수 없다.

무가 두 증인의 휴거가 환란의 끝에 일어남을 입증하려고 제시하는 둘째 증거는 두 사건 모두 지진이 동반한다는 것이다(계 11:13, 19). 덧붙여, 휴거에 동반되는 지진은 '큰 지진'으로 불리며, 그것이

---

128 요한이 대조적으로 짧은 시간의 기간들을 사용하는 것에 관해서는 계시록 8:1; 9:5, 10; 17:12; 18:10, 17, 19를 보라. 참고. G. K. Beale, *The Book of Revelation*, NIGTC (Grand Rapids: Eerdmans, 1999), 595.

계시록 6:12(여섯째 인)와 16:18(일곱째 대접)의 지진과 동일한 것이 되게 한다고 추정할 수 있다. 무는 후자의 두 지진이 시대의 바로 끝에 일어난다고 주장한다. 하지만 후자의 증거는 실제로 무의 주장을 약하게 한다.

계시록 16:18에서 언급한 '큰 지진'이 종말, 곧 하나님의 왕국 도래를 알리는 신호인 것은 사실이다. 그것은 세 개 '심판' 시리즈 각각의 일곱째 요소에서 일어나는, 하나님의 현현 현상을 가리키는 목록 일부다(계 8:5; 11:19; 16:18). 계시록 11:15~19는 이들 현상이 하나님 왕국의 도래를 알리는 신호임을 분명하게 한다. 하지만 계시록 6:12의 '큰 지진'은 같은 종류인가? 구체적으로 인들 가운데 연대순의 관계가 없다는, 혹은 일반적으로 인들과 나팔들과 대접들 가운데 연대순의 관계가 없다는 가정을 맹목적으로 의존할 때에만 이 결론이 가능하다. 하지만 계시록 본문은 이 경우 그 가정을 허용하지 않는다. 여섯째 인에서 일곱째 인으로 내러티브 전개와 일곱째 인에서 일곱 나팔들로 내러티브 전개는 계시록 6:12의 지진이 일곱째 인과 나팔과 대접의 지진보다 앞섬을 가리킨다.

따라서 다섯째 인을 떼실 때 하나님의 진노를 구하는 기도가 있으나, 그것은 미리 방지된다(계 6:10). 여섯째 인을 떼실 때 우주적 소동이 하나님의 진노 도래의 전조가 되지만(6:17), 진노는 144,000이 인침 받고, 논평자의 논문에서 주장하듯이, 셀 수 없이 많은 무리가 휴거될 때까지 명시적으로 보류된다(7:1~3). 이 사건들이 완료된 후에야 일곱째 인이 열리고 하나님의 진노가 실행된다. 그것은 처음에는 하나님의 제단으로부터 가져온 불이 성도들의 기도(6:10)와 혼합되어 땅에 던져지면서 예기적으로 일어나며, 이어서 일곱째 인이 열릴 때 분배되는 일곱 나팔이 울릴 때 명시적으로 일어난다. 일곱째 나팔이 울릴 때 하나님의 진노가 완성되었다는 언급은 이것을 분명히 한다(11:18). 따라서 일곱 나팔의 진노는 여섯째 인이 열릴 때 임박한 것으로 선고되는 그 진노임이 분명하다. 따라서 분명히 하나님의 진노 도래를 알리는 여섯째 인의 '큰 지진'도 하나님의 진노 완성을 알리는 일곱째 인과 일곱째 나팔의 지진일 수 없다. 따라서 여섯째 나팔에서 두 증인의 '휴거'에 동반하는 '큰 지진'은 반드시 일곱째 나팔에서 하나님의 왕국 도래에 동반하는 지진이 아니다. 그것은 여섯째 인의 '큰 지진'일 수 있으며, 아마도 그럴 것이다.

무와 나는 여섯째 인(계 6:12~17)이 주의 날과 강림의 시작이라는 것에 동의한다. 따라서 우리 둘은 환상 이야기의 이 시점에서 휴거를 기대한다. 하지만 환란 후 지지자 기대와 상반되게 이 강림 장면에서 휴거를 말하지 않는다고 인정하거나 여섯째 인에서 일곱째 인으로 분명한 순서를 무시하며, 따라서 시기 면에서 다양한 분리를 가정하도록 강요당하지만, 진노 전 휴거 해석은 간단하며 본문에서 시간적 신호에 관심을 기울인다. 7장에서는 휴거가 일어나지만, 하나님의 진노는 임박하며, 어린 양에 의해 구속된 셀 수 없이 많은 무리는 하늘에서 나타난다. 그 뒤를 따르는 것은 일곱째 인과 일곱 나팔을 통해 하나님께서 진노를 쏟으시는 것과 그리스도께서 이 땅에 오셔서 왕국을 세우시는 일이다. 이러한 동일한 순서가 적어도 두 증인의 사건에 암시된다. 두 증인은 일곱째 나팔에서 하나님의 현현과 그 지진 전에 '큰 지진'이 예루살렘 주민의 십 분의 일을 죽이는 때에 '휴거된다.' 일곱째 나팔이 일곱 진노 대접에서 확장된다는 것은 그러한 가능성을 더한다. 따라서 증인들의 승천이 실제로 휴거 장면임을 가정할 때, 두 증인의 휴거가 환란의 바로 끝에 일어난다고 이해할 타당한 이유가 없으며, 오히려 그것이 종말 이전에 일어나는 것으로 볼 확고한 이유가 있다.

계시록 14:14~16

무가 환란 후 휴거를 묘사한다고 제안하는, 계시록의 둘째 구절은 계시록 14:14~16이다. 이 견해에 대한 그의 유일한 증거는 계시록

14:14~16이 강림의 장면일 가능성이 있다는 것과 그것이 17~20절에서의 하나님의 진노 분출에 관한 언급 바로 앞에 위치한다는 것이다. 그는 이 두 사건 모두 환란 후라고 가정하기에 이 구절에 환란 후 휴거의 의미를 부여한다. 하지만 논평자의 논문에서 주장했듯이, 계시록의 사고 흐름은 이 장면이 계시록 7:9~17의 진노 전 휴거와 맞물려 진노 전 휴거를 제안함을 보여준다. 계시록 14:14~16은 계시록에서 12장에서 시작하여 16장까지 이어지는 더 큰 부차적 단위의 일부다. 이 부차적 단위는 요한이 '다시 예언하는' 지점으로, 10장에서 그가 먹은 두루마리의 내용을 밝힌다. 이것은 다니엘이 말하는 성도들에 관한 짐승의 박해와 이어지는, 성도들에 대한 하나님의 신원에 초점을 맞추기 시작한다. 이러한 초점은 계시록 20장까지 계속된다. 박해 배경으로서 에덴에서 시작한, 하나님의 백성에 대한 더 광범위한 사탄의 적대가 계시록 12장에서 묘사되며, 성도를 위한 하나님 개입이 14~16장에서 묘사되고, 진노 대접에서 절정에 이른다. 계시록 14:14~20은 이 부분에 속한다. 계시록 6:12~8:5에서와같이 순서가 의도된 것으로 보인다. 첫째로 세 천사가 임박한 심판을 알리며(14:6~12), 이어서 강림에서 인자가 땅에서 추수하시며(14:14~16), 마지막으로 한 천사가 땅에서 포도를 수확할 때에 심판이 임한다(14:17~20). 이 순서는 세 번째 '징조'에서 확장되는데, 거기서 요한은 짐승을 이긴 자들이 하늘에서 하나님 앞에 선 것을 보며(15:2~4; 인자가 거둬들이신 자들로 추정됨), 이어서 하나님 진노의 마지막 대접들이 쏟아지는데(15:5~16:21), 이는 14:17~20의 포도 수확이 분명하다(참고. 14:8; 16:19).

이 순서에서 두 가지에 주목이 중요하다. 첫째, 대접들(그리고 이전의 나팔들) 환상을 그 역사적 지시대상들과 일치시키려고 그것을 얼마나 문자적으로 이해하든지 상관없이, 요한은 결과를 얻으려고 시간이 걸리는, 인간에 대한 하나님의 심판을 마음에 그린다. 셋째와 다섯째와 여섯째 대접의 심판은 순간적으로 일어나지 않으며, 그 일련의 심판 동안 회개할 기회가 주어지든지, 또는 적어도 회개할 책임이 있는 것으로 생각된다는 사실(계 9:20; 16:9, 11)은, 모든 나팔과 대접에서 동일한 것을 암시한다. 또한, 계시록 14:8에서 강림 심판 일부로 선언된 사건인 바벨론의 멸망(참고. 16:19; 19:2~3)은 재림 때 그리스도에 의해 일어나기보다 재림 이전에 짐승과 그와 연합한 왕들에 의해 이루어진다(17:16~17). 따라서 강림과 그에 동반하는 진노는 연장된 시기 동안 일어나는 복합적인 사건이며 (본질적으로) 환란 후 견해가 요구하는 것과 같은 순간적으로 일어나는 사건이 아니다.

둘째, 대접과 함께 시작하는 강림 진노가 그리스도께서 성도와 함께 돌아오시는 사건에서 절정에 이른다는 것에 주목이 중요하다. 따라서 하나님의 진노 포도주 틀 이미지(계 14:19~20)는 계시록 19:15에서 다시 사용되며, 여기서 그리스도께서는 하늘의 군대와 함께 땅으로 돌아오신다(14절). 논평자의 논문에서 주장했듯이, 이 증거는 하늘 군대가 교회이거나 교회를 포함하는 무리임을 강력하게 제안한다(17:14). 하지만 계시록 14장의 진노를 실행하는 포도 수확은 강림의 추수가 그에 앞서기에(이 추수는 계속해서 진노가 쏟아지기에 앞서 하늘에서 나타나는 승리자들의 무리로 묘사됨), 19장에서 하나님의 진노 포도주 틀을 밟으려고 흰 말을 타신 이와 함께 오는 교회의 군대는 실제로 14장에서 인자에 의해 추수된 자들, 또는 '휴거된' 자들임이 암시된다. 따라서 계시록은 휴거와 진노와 재림의 일관된 패턴을 증언한다.

무는 두 가지 방식으로 이 증거를 누그러뜨리려 한다. 첫째, 그는 계시록 19:14에 관한 주석들이 요한이 거기서 성도를 가리킨다는 의견과 천사들을 가리킨다는 의견이 대등하게 나뉜다고 설명한다. 하지만 이것은 증거를 과장하면서도 축소해서 말함이다. 한편으로, 주석가는 어떤 의미에서 계시록 19:14에서 교회를 염두에 두고 있는지—스스로 또는 더 큰 무리의 일부로—에 대해 대등하게 나뉘지 않는다. 실제로 어느 정도 교회를 염두에 두고 있음을 부인하는 주석가는 상대적으로 적다. 다른 한편으로, 계시록 19:14에서 교회가 묘사된다고 받아들이는 주석가는 이것이 사실임을 보여주는 확고한 문맥적 증거를 제시하지만, 그 무리가 오직 천사들을 가리킨다고 보는 주석가는 계시록의 문맥보다 구약과 신약의 일반 동향으로부터 자기 주장을 내세운다. 교회를 염두에 두고 있다는 것이 훨씬 더 나은 해석이다.

둘째, 무는 계시록 19:7~9가 19:11~21에서 말하는 그리스도의 재림 효과를 예기적으로 보여주는 환상이라고 제안한다. 그것이 17:1~19:10의 환상들 기능으로 보이기 때문이라는 것이다. 이처럼 흰 옷을 주는 것은 필연적으로 강림을 앞서지 않는다. 하지만 다시 한번 그의 가정은 너무 안이하다. 계시록 17:14는 분명히 19:11~21에서 그리는 사건들인, 짐승과 땅의 왕들이 어린 양과 벌이는 전쟁을 예견한다. 그것은 대접을 가진 천사들의 한 천사에 의해 요한에게 주어진 짐승의 열 뿔에 관한 해석 일부다. 계시록 17:15~18은 음녀 바벨론에 관한 해석이며 짐승과 열 왕이 그 음녀를 멸망시킬 것이라는 예견을 포함한다. 바벨론의 멸망과 짐승과 어린 양의 전쟁 사이의 연대기적 관계는 언급되지 않지만, 짐승에 의한 바벨론의 멸망은 어린 양에 의한 짐승의 멸망을 앞서는 것이 분명하다. 계시록 18:1~19:10은 17:16~17에서 바벨론의 멸망을 예견하는 것에 관한 하늘의 존재들의 다양한 반응이다. 임박한 어린 양 혼인 잔치와 그의 신부 준비를 알리는 계시록 19:7~9는 이 반응 일부이며, 그것은 즉시 19:11~21에서 환상에 관한 보고—'하나님의 큰 잔치'에서 그리스도께서 자기 신부와 함께 돌아오셔서 짐승을 물리치시는 것—로 복귀로 이어진다. 따라서 신부가 세마포 옷을 입은 것은 재림에 관한 예기적 묘사보다, 그 준비이다. 혼인 잔치는 재림 자체인 것으로 보인다. 요한은 ἦλθεν[ēlthen]을 사용함으로써 19:7~9가 19:11~21에 대해 가지는 이 관계를 나타낸다. 그가 바로 가까이에 왔거나 막 도래하는 사건을 알리는 전형적 방식이다. 그는 또한 결혼 예복의 모티프(19:7~8에서 세마포 옷을 입고 자신을 준비한 것과 19:14에서 전투태세를 완전히 갖추고 오는 것)와 잔치의 모티프(19:7~9에서 임박함과

19:17~20에서 도래)를 반복하여 두 본문의 관계를 나타낸다. 다시 한 번, 이것은 그리스도의 지상 재림 이전에 휴거가 있음을 암시하며, 우리의 다른 증거는 그것이 14장에서 말하는 인자에 의한 추수임을 암시한다.

따라서 재림에 관한 신약의 어휘가 다양한 사건들의 시기를 결정하는 일에 확정적이지 않다는 무의 주장은 단지 부분적으로 사실이다. 계시록 17:4와 19:14에서 그리스도께서 그의 성도들과 '함께' 영광 가운데 다시 오시는 것을 말하는 표현은 논란의 여지가 없으며, 계시록의 구조를 고려하면 강림이 광범위한 시간대에 걸쳐 일어나는 복잡한 사건이라는 개념을 강력히 지지한다. 데살로니가전서 4:14가 이러한 결론을 뒤집지 못하는 것은 바울이 이 구절에서 그리스도께서 땅으로 돌아오시는 것을 언급하는지, 혹은 그렇다 하더라도 휴거가 강림보다 상당한 시간 앞서 일어나지 않았다는 것이 전혀 분명하지 않기 때문이다.

계시록 20:4

계시록에서 무가 휴거의 시기를 가리킬 수 있다고 주장하는 셋째 구절은 20:4이다. 첫째, 논평자는 계시록 20:4의 부활이 교회 부활을 포함한다는 것에 동의한다. 하지만 논평자의 논문에서 주장했듯이, 이것은 처음 그렇게 보일 수 있는 것처럼, 환란 후 지지자에게 도움이 되지 않는다. 현재 상태로(계 20:4~6을 전천년설로 해석할 경우) '첫째 부활'은 환란 후이고 또한 강림 후의 사건이며, 따라서 전혀 의미 있는 휴거를 포함하지 않기 때문이다. 따라서 그것은 아마도 주제와 관련하여, 또는 다른 이유로 요한에 의해 '잘못 위치'한 것일 수 있다. 특별히 계시록에서 강림과 연관된 휴거의 다른 증거에 비추어 그럴 가능성이 크다. 어쨌든, 그것은 휴거의 시기와 관련하여 어떤 독립적인 증거도 제공하지 않는다.

구약 성도의 부활

하지만 더 중요한 것은 무가 계시록 20:4에서 교회보다 더 광범위한 무리, 곧 구약 성도를 포함하는 무리를 염두에 둔다는 제안이다. 그리고 그가 다른 곳에서 주장하듯이, 구약 성도의 부활은 환란 후이기에 부활과 교회 휴거도 그렇다는 것이다. 이것은 무의 가장 강력한 요점이지만, 그것이 궁극적으로 결정적이지 않다고 생각한다. 무는 특별히 고린도전서 15:1~52와 데살로니가전서 4:13~18의 구절에서 구약의 사용을 통하여 구약 성도의 부활이 휴거와 연관됨을 입증하려고 한다. 첫째 구절에서는 이사야 25:8이 암시되며, 이 구절에서 하나님께서는 유다에게 죽음이 없는 시대를 약속하시며, 그 약속이 휴거 때에 성취될 것을 암시한다. 둘째 구절에서는 다니엘 12:2~3이 암시되며, 이 구절은 유대인 성도들의 환란 후 부활을 분명히 확증한다. 그리고 두 구절 모두에서 하나님의 나팔이 언급되며, 구약에서 이것은 주의 날과 이스라엘의 모임을 알린다.

무의 논증에는 여러 가지 어려움이 있다. 특별히 한편으로 일반적으로 구약 종말론의 모호함과 구체적으로 그것과 바울의 생각과 관계의 모호함 때문이며, 다른 한편으로 그 둘이 계시록 20:1~10과 가지는 관계의 모호함 때문이다. 첫째, 주의 날의 나팔 소리가 구약에서 이스라엘을 모으는 일과 관련은 사실이지만(사 27:13; 욜 2:15~16), 그것은 또한 이스라엘에 대한 공격(욜 2:1)과 그들이 그 땅에 있는 동안(분명히 왕국이 세워지기 전에) 하나님께서 이스라엘을 지키시는 것과도 관련된다(슥 9:12~14, 참고. 12:1~14; 14:1~21; 참고. 습 1:16). 다른 말로 하면, 주의 날의 나팔은 주의 날의 개념과 마찬가지로 하나의 사건을 가리키지 않으며, 그것이 이스라엘을 모으는 것에 사용될 때 이 모임이 그리스도의 영광스러운 지상 재림 전이 아니라 같은 때에 일어나는지 분명하지 않다는 것이다. 덧붙여, 이스라엘을 다시 모으는 것은 구약에서 부활의 이미지와 관련이 있지만

(겔 37:11~14), 그것은 어디에서도 명시적으로 구약 성도의 실제적인 육체의 부활과 연결되지 않는다. 분명히 이사야 25:8과 26:19의 문맥(사 24~27장)은 하나님께서 이스라엘을 회복시키시는 것과 연관되지만, 그 사건들이 이사야에서 다른 '왕국' 예언들, 특히 65:17~20과 가지는 관계는 고사하고, 그 사건들의 시간적 관계는 분명하지 않다. 이 후자는 도움이 되는데, 한편으로 이사야는 죽음과 아마도 죄가 여전히 가능한 종말적 시대를 보면서도(사 26:10[?]; 65:20, 22; 참고. 슥 14:16~21), 다른 한편으로 시온이 하나님의 특별한 사랑의 중심이 되며 나라들이 사망의 휘장 아래에 더는 있지 않을 비슷한 시대를 단정하기 때문이다(사 25:6~8). 어떤 이들은 이 구절을 조화시킬 수 없는 왕국 환상들로 이해하지만, 다른 이들은 계시록 20:4~21:8과 맥락을 같이 하여, 그것들 안에서 왕국의 두 국면을 본다. 처음 국면은 메시아의 중재를 통해 이루어지는 단계이며(참고. 사 11:1~10; 65:25), 마지막 국면은 하나님께서 친히 다스리시며 그의 모든 대적이 사라진 단계다(사 25:6~8; 참고. 계 20:10, 14; 21:1~8). 이사야는 이 두 국면을 융합하지만, 요한은 그것들을 구분한다.[129] 따라서 이사야 26:19에서 부활은 사망이 패배한 후자의 국면, 계시록에서 둘째 부활 일부일 가능성이 있다.

다니엘 12:2~3은 필연적으로 이 요점을 약하게 하지 않는다. 그것은 분명히 구약 성도의 환란 후 부활을 단정하지만, 그 부활이 다가오는 왕국과 어떤 관계인지 분명하게 하지 않기 때문이다. 틀림없이, 다니엘에 대한 가장 솔직한 해석은 부활이 근본적으로 하나님의 왕국 도래와 동시에 일어난다는 것이다. 이것은 또한 다니엘에서 부활의 약속이 가진 권고의 가치—환란을 당하는 신실한 사람은 잇달아 일어나는

---

[129] 예를 들어, John N. Oswalt, *The Book of Isaiah: Chapters 40~66* (Grand Rapids: Eerdmans, 1998), 656에서 분명히 Franz Delitzsch, *Isaiah*, vol. 7 of Commentary on the Old Testament in Ten Volumes, ed. C. F. Keil and F. Delitzsch, trans. James Martin (Grand Rapids: Eerdmans, 1983), 492~93을 따르는 것을 보라.

왕국에 들어가려고 일으킴을 받는다—와 관련하여 가장 만족스러운 해석이다. 따라서 그것은 환란 전 휴거 견해와 진노 전 휴거 견해에 참으로 문제가 된다. 오직 하나의 천년왕국 이전의 부활을 인정하기 때문이다. 하지만 이사야와 같이 다니엘이 왕국의 두 국면을 구분하지 않는다면, 부활과 왕국의 관계는 또렷하지 않을 가능성이 있다. 살아남은 유대인만 처음 국면에 들어가지만, 성도의 부활은 왕국의 마지막 국면 바로 전에 일어날 수 있다.130 다니엘이 모든 신자의 일반 부활과 영화를 환란의 끝에 단정하면, 환란 전 견해에 어려움을 준다.

고린도전서 15:20~28, 50~58에서 바울의 주장을 고려할 때 이것은 더 일리가 있다. 오랫동안 지적되었던 것과 같이, 고린도전서 15:20~28, 50~58에서 바울의 주장을 계시록에서 그리스도의 천년왕국 통치와 연결하기는 상당히 어렵다. 바울은 재림 때에 **끝나며** '영적' 영원한 상태에 바로 앞서는 그리스도의 현재 통치를 단정하는 것으로 보인다. 논평자는 이 구절에 전천년주의적 해석을 주장하려 하지 않지만, 그것이 가능함을 가정할 때,131 우리가 바울이 고린도

---

130 대안으로, 만일 이사야 26:19와 다니엘 12:2의 부활이 계시록 20:4의 첫째 부활 일부로 생각된다면, 요한은 교회의 부활/휴거를 이스라엘의 부활과 융합했을 수 있다. 그 융합은 두 가지 사실을 들어 설명할 수 있다. (1) 논평자가 앞에서 주장했듯이, 요한이 '잘못 위치된' 첫째 부활을 말한다는 것이다. 이러한 실제가 아닌 부활이 이곳에서 일어나는 것은 그것이 다니엘의 소망을 성취하기 때문이다. 곧, 교회의 휴거와 함께 시작하는 첫째 부활이 환란 성도의 부활에서 절정에 이르며, 따라서 왕국의 시작에서 묘사된다는 것이다. 바울에게 그 하나인 부활은 그리스도와 함께 시작했으며 교회의 부활로 절정에 이른다는 것에 주목하라(고전 15:23). (2) 요한이 다니엘 12:2로부터 두 부활의 이미지를 얻는 것으로 보인다는 사실이다. 그는 다니엘이 환란 후에 영생으로 깨어나는 "많은 이"와 어떤 불명확한 때에 영원한 치욕으로 깨어나는 다른 이를 구분하는 것에 의존한다. 요한이 두 부활만을 명시적으로 지명한다는 사실은 그 융합에 반대되며, 따라서 첫째 것을 두 국면으로 나누는 것은 본질적으로 만족스럽지 않다.

131 Craig Blaising, "Premillennialism," in *Three Views on the Millennium and Beyond*, ed. Darrell L. Bock (Grand Rapids:

전서 15:54에서 이사야 25:8을 사용하는 것으로부터 그가 단순히 구약 성도의 부활을 교회의 부활과 동일시한다고 너무 빨리 결론 내릴 수 없음이 분명해진다. 계시록 20:14; 21:4에 따르면, 죽음에 최종 승리 그리고 영원한 상태 도래는 그리스도의 강림과 지상 통치 후에 둘째 부활과 함께 일어난다. 앞에서 주장했듯이, 이것이 이사야가 암시하는 것으로 보인다. 따라서 고린도전서 15장에서 바울은 두 부활이 죽음에 최종 승리를 수행한다는 측면에서 그 둘을 융합하고 있을 수 있다(의식적으로 그렇게 하는 것인지 무의식적으로 그렇게 하는 것인지는 논의할 여지가 있다). 이사야 25:8은 구체적으로 둘째 부활을 가리키지만, 둘째 부활은 교회의 휴거에서(참으로, 심지어 그것 이전에 수천 년 전의 그리스도의 부활에서[고전 15:23]) 시작된 죽음에 승리를 종결하기 때문에, 바울은 그것을 휴거와 함께 인용할 수 있다.132

이것은 데살로니가전서 4:16~17에서 다니엘 12:2~3을 암시와 관련하여 흥미로운 점을 암시한다. 이 구절에서 바울은 부활 교리를 도입하지 않고, 강림과 관련된 그 시기를 밝힌다. 그는 데살로니가 사람들에게 강림 때에 살아남은 그리스도인이 죽은 사람을 '앞서지'(φθάνω[phthanō], '추월하다, 앞에 오다, ~에 이르다') 않는다며 안심하게 한다. 오히려 그리스도 안에서 죽은 사람이 '먼저' 일어난다고 말한다. 이것은 데살로니가 사람이 바울이나 구약이 그리스도의 강림 후의 통치에 이어 일어나는 일반 부활을 가르친 것으로 생각했음을 암시한다. 따라서 그들은 강림 때에 살아남은 사람만이 그 통치를 누린다고 이해했다는 것이다.133 바울은 그들에게 그들이 교회 부활

Zondervan, 1999), 203~04를 보라. 물론 바울이 공백 기간, 곧 후에 요한에게만 계시될 어떤 것을 전혀 몰랐을 가능성이 있다.

132 참고. Victorinus of Pettau, *Commentary on Revelation* 20.2에서 바울을 비슷하게 이해.

133 P. Hoffmann, *Die Toten in Christus: Eine religionsgeschichtliche und exegetische Untersuchung zur paulinischen Eschatologie*, NTAbh 2 (Münster: Aschendorf, 1966), 232에서 그렇게 말한다.

과 동일시한, 구약 성도의 통치 후 부활을 가르쳤는가? 이 질문에 대답은 알 수 없지만, 이 구절이나 고린도전서 15장에서 우리는 부활에 관한 바울의 모든 가르침을 아는 것이 아님이 분명해 보인다.

교회의 부활과 구약 성도의 부활이 동일하다는 것은 분명하지 않다. 특별히 계시록 20장과 고린도전서 15장을 전천년주의적으로 해석하면 이것은 사실이다. 계시록이 가리키는 다른 모든 것은 진노 전 휴거를 암시한다. 계시록 20:4는 그 사실에 비추어 해석해야 하며, 고린도전서 15:2~28, 50~58(사 25:8)이나 데살로니가전서 4:13~18(단 12:2~3)은 분명히 그 해석을 뒤엎지 못한다.

데살로니가후서 1:6~10; 2:1~12

이제 우리는 데살로니가후서 1:6~10과 2:1~12가 환란 후 휴거를 입증한다는 무의 주장을 간략하게 다룰 수 있다. 논평자는 데살로니가후서 1:6~10이 하나님께서 진노를 쏟으시는 것과 그리스도의 지상 재림과 동시에 일어나는 환란 후 휴거를 지지하는 것으로 보인다는 것에 동의하지만, 두 가지 고려 사항이 이 결론에 의문점을 제시한다. 첫째, 논평자가 방금 주장한 대로, 계시록은 바울이 하나의 사건으로 말하는 것처럼 보이는 것이 실제로 사건들의 복합체로서 일어남을 보여준다. 둘째, 바울 자신도 데살로니가후서 2장에서 사건들의 복합체를 암시하는데, 이것은 무 자신도 인정한다. 데살로니가후서 2장에서 바울은 주의 날이 이미 이르렀다는, 데살로니가 사람의 잘못된 생각을 반박한다. 이제, 바울이 주의 날을 단순한 환란 후의 사건으로 이해했다면, 우리는 그가 단순히 주의 날이 이르렀을 수 없음은 휴거나 하나님의 진노나 그리스도의 영광스러운 나타나심이 일어나지 않았기 때문이라고 주장할 것을 기대할 것이다. 그가 그렇게 하지 않고, 그 대신 단지 앞서 일어나야 할 필요가 있는 특정 사건들이 아직 일어나지 않았기 때문에 그날이 이르렀을 수 없다고 주장한다는 것은 바울이 주의 날을 단순한 환란 후 한 사건으로 생각하지 않았음을 암시한다. 그는 그것을 시간에 걸쳐 일어나는 사건들의 복합체로 생각했던 것이 분명하다. 따라서 데살로니가후서 1:6~10은 하나님의 종말론적인 진노와 휴거와 그리스도의 영광스러운 재림을 포함하는 강림의 복합체를 하나의 표현으로 융합한 것으로 이해해야 한다. 그 복합체 안에서 휴거와 영광스러운 재림은 여전히 동시에 일어나는 사건일 수 있지만, 데살로니가후서 1:6~7은 그것을 명백하게 입증하지 않는다.

마지막으로, 데살로니가후서 2:1~12에서 바울의 논증은 진노 전 휴거와 완벽하게 어울린다. 우리가 σαλευθῆναι ὑμᾶς ἀπὸ τοῦ νοὸς (καὶ) μηδὲ θροεῖσθαι[saleuthēnai apo tou noos (kai) throeisthai]("마음이 흔들리거나 흥분하다," 살후 2:2, 문자적 번역)라는 표현에 더 가능성이 큰 긍정적 해석을 적용하면, 데살로니가 사람이 흥분한 것은 주의 날이 시작되었다고 믿었으며 휴거가 주의 날 사건의 첫날임을 알기에, 휴거가 곧 일어날 것으로 기대하기 때문이다. 바울은 처음에 주의 날과 관련하여 휴거 시기를 밝히는 데 집중하지 않는다. 그것은 그들이 관심을 가졌던 기본 문제가 아니었기 때문이다. 오히려 그는 그들이 주시하는 잘못된 생각, 곧 주의 날이 시작되었다는 것에 초점을 맞춘다. 하지만 바울은 13~14절에서 주의 날 재난으로부터 구원으로서 휴거의 문제를 다루지 않는다. 명백히 그는 자신의 논의를 시기 문제와 연결하지는 않지만, 그것이 데살로니가 사람이 떠났던 그의 원래 가르침 일부이며, 그것이 그에게 주의 날이 시작되지 않았다고 확신하게 해야 했음을 분명히 암시한다. 사실, 그의 논증은 불법의 사람이 드러나기 전에는 그날이 시작되지 않으며 그날의 첫째 사건이 휴거 자체일 것이기에, 데살로니가 사람이 주의 날이 시작되었고 휴거가 임박했음을 믿어서는 안 된다는 것이다. 따라서 데살로니가후서는 환란 후 휴거 견해에 근본적인 이점이 되지 못한다.

결론

휴거의 시기에 관한 무 박사의 이해와 논평자의 이해를 구별하는 기본 질문은 강림이 하나의 단순한 환란 후 사건인지, 아니면 휴거로 시작되며 그리스도의 지상 재림에 앞서 일어나는 하나님의 진노의 중대한 시기를 포함하는 사건들의 복합체인지 이다. 전자를 주장하는 무의 견해에 관한 필자의 논평은 무의 주장 어느 것도 결정적이지 않으며, 그의 증거 일부는 진노 전 관점에서 더 잘 이해되고, 그가 고려하지 못하는 증거는 강력하게 그 관점을 주장함을 보여주려고 했다. 따라서 무 박사가 환란 후 휴거의 분명한 논증을 제시했다 해도, 필자는 그가 궁극적으로 자기 논증의 정당함을 입증했다고 생각하지 않는다.

A Rejoinder
논평에 응답

더글라스 무
Douglas Moo

필자는 다시 한번 헐트버그 박사와 블레이징 박사와 같이 공정하며 신중한 학자들과 대화하는 기회를 얻어 감사드린다. 그들의 논문과 논평에서 많은 것을 배웠다. 특별히, 어떻게 해서 그토록 많은 훌륭한 그리스도인이 그토록 오랫동안 휴거와 마지막 환란과 진노의 시간 관계 문제에 관해 다른 견해에 이르렀는지 깨달았다. 증거가 단순히 뚜렷하지 않기 때문이다. 논리와 논증에 재능 있는 외과 의사들처럼 블레이징 그리고 헐트버그 모두 필자가 소중히 여기는 논증과 석의의 많은 부분 폐부를 찌른다. "그들은 적은 말로 나를 권하여… 하려 한다." 하지만 완전히 그렇게 하지는 못한다.

필자는 여전히 환란 후, 진노 후 휴거가 성경 자료를 가장 잘 만족하게 한다고 생각한다. 어쨌든 환란 후 견해는 나름의 문제가 있으며, 블레이징과 헐트버그는 그것들을 밝혀냄으로써 큰 도움을 주었다. 필자는 독자가 그들의 주장을 자세히 읽고, 그것들에 비추어 필자의 논문과 논평에서 주장들을 다시 읽고, 성경으로 돌아가서 자기 결론을 내려보라고 권한다. 블레이징과 헐트버그가 제기하는 이슈와 석의 문제의 가운데 많은 것에 관해 덧붙일 것이 없다. 필자 논문에서 모든 석의적, 논리적 정보를 다 사용했다. 하지만 그 요점의 몇몇에 간략히 최종 답변을 하려 한다.

필자가 논평에서 말했듯이, 계시록의 의미에 관한 논쟁에 힐트버그를 끌어들이고 싶지 않다. 않는다. 그는 계시록을 나보다 훨씬 더 잘 알기 때문이다. 그가 계시록이 휴거와 진노와 재림이라는 일관된 패턴을 가르치고 있다고 주장하는 것은 아마도 옳을 것이다. 물론 그가 말하듯이 이 패턴은 계시록의 특정 본문들을 연대순으로 해석하는 것에 달렸다. 힐트버그는 필자가 '무비판적으로' 인과 나팔과 대접 심판들의 진행 과정에 연대순 관계가 없다는 가정에 의존한다고 공격한다. 이것은 공정한 비판일 수 있다. 하지만 그의 공격처럼 전적으로 무비판적이라고 생각하지 않는다. 필자는 계시록의 환상들에서 연대기적 특징을 명백히 가르치는 경우를 제외하고 그 특징을 볼 수 없다고 생각하는 일부 논증들—그것이 아무리 약하다고 할지라도—을 제시하는 것이 사실이기 때문이다. 따라서 계시록 11:11~12가 환란 후적**이며** 진노 후 휴거를 묘사하고 있을 수 있다고 여전히 생각한다. '삼 일 반'은 관련된 시기의 특성을 밝히려고 선택됐을 수 있지만, 필자가 보기에, 이 명칭이 11:3에서 1,260일로 표시된 것과 같은 기간이라고 주장하기는 어렵다.

필자가 논문에서 밝혔다고 생각하는데, 14:14~16에서 진행되는 일에 확신이 크지 않다. 하지만 이 본문에서의 '땅의 추수'에 교회의 휴거가 포함되더라도 여전히 왜 이 장면이 연대기적으로 17~20절의 추수 심판을 앞서야 하는지 알 수 없다. 조금도 과장하지 않고, 그러한 연대기적 관계가 분명하다는 것은 14~16절과 17~20절을 **동일한 사건**의 두 평행적 묘사로 보는 주석가에게서 분명히 알 수 있다.[134] 힐트버그도 계시록 17~19장에서 휴거와 그리스도 재림의 순서를 주장한다. 성도가 19:11~21에서 다시 오기에 **앞서** 세마포 옷을 입어야 한다는 것이다(19:6~9). 하지만 필자는 그 연대기적 관계가 존재한다고 확신하지 못한다. 연대기적 관계가 있다고 하더라도 그 두

---

[134] 예를 들어, G. K. Beale, *The Book of Revelation: A Commentary on the Greek Text*, NIGTC (Grand Rapids: Eerdmans, 1999), 774.

사건 사이에 얼마나 긴 시간 간격이 있어야 하느냐는 질문이 남아있다. 휴거가 그리스도의 환란 후 재림 때에 일어난다고 주장할 때에 필자는 이 사건들이 동시에 일어나야 함을 암시하려는 의도가 아니다. 그리스도의 강림이 시작되면서 성도의 휴거—19:6~9의 상급 장면을 포함하여 다양한 방식으로 묘사되는 사건—와 그 후 성도가 땅으로 오시는 그리스도에 동행은 필자가 보는 시나리오와 잘 조화된다.

따라서 필자가 헐트버그와 동의하지 않는 것은 주로 계시록에서 연대기 문제에 집중된다. 그는 휴거—진노—재림의 순서를 보고 진노가 일정 시간에 걸쳐 일어나야 한다고 주장하기에, 따라서 휴거는 재림의 때에 일어날 수 없다. 필자는 헐트버그의 주장처럼, 계시록이 그 순서를 가르친다고 확신하지 않는다. 그리고 필자가 보기에 논란의 여지가 많은, 계시록의 여러 환상의 연대기적 관계에 근거한 주장은 종말론 견해를 세우는 데 강력한 기초가 될 수 없다.

블레이징의 논평은 그가 자기 논문에서 말하는 요점의 많은 것을 다시 진술하고 있으며, 그것들에 앞에서 대답한 바 있다. 따라서 필자는 몇 가지를 해명하고 의견을 말하는 것으로 만족하겠다. 블레이징은 필자가 주의 날에 관한 구약의 가르침과 특별히 다니엘에서 이 일반 개념이 전개되는 방식에 충분히 주의를 기울이지 않는다고 지적한다. 아마도 그가 옳을 것이다. 필자가 여기에 더 많은 시간을 들였어야 했다. 이 본문들에서 그 '날'이 환란과 진노를 포함하는 광범위한 시기로 제시된다는 그의 주장은 우리가 구약의 증거를 볼 때 어느 정도 이점이 있다. 하지만 필자는 이 문제에 신약 자료가 결정적이라는 점에 그가 동의할 것으로 생각한다. 신약은 분명히 구약 종말론 개념들을 다양한 방식으로 발전시키기 때문이다. 여기서 필자가 보기에, 블레이징은 '시작된 종말론'에 충분히 주의를 기울이지 않는 것 같다. 신약은 '주의 날' 사건들의 많은 부분이 이미 그리스도의 초림과 그 후의 교회의 삶에서 일어났다고 주장한다. 예를 들어, 주후 70년의 예루살렘의 파괴는 주의 날에 관한 예언들을 모두 이루지도 '강림'과 똑같지도 않지만, 신약에서 이루어진 더 큰 '주의 날' 성취의 한 부분이다. 여기서 필자는 다시 한번 논문에서 강조한 내용을 반복한다. 신약에서 '종말론'에 관한 우리 논의는 종종 바로 시작부터 두 근본적인 신약 관점을 무시할 때에 처음부터 관계를 잘못 맺고 있다는 것이다. 그 두 관점은 (1) '종말적'" 때인 '종말'은 그리스도의 초림으로 이미 시작되었다는 것과 (2) 예수님과 신약 저자들은 그분이 오시는 때를 알지 못했다는 것이다. 이 두 요소를 생각하면, 이 '주의 날' 문제에 관한 블레이징의 논평의 많은 것은 도중에 실패한다.

하지만 블레이징은 여전히 자기주장의 정당성을 잘 보여준다. 신약의 시작된 종말론의 관점을 온전히 참작하더라도 신약은 분명히, 그리고 자주, 다가오는 '주의 날과 그리스도의 날'을 말한다. 이 미래 주의 날은 환란과 진노의 광범위한 때이어야 하는가? 블레이징과 헐트버그 모두 그렇다고 주장한다. 필자는 이전처럼 그들 주장에 동의하지 않는다. 하지만 필자는 신약의 표현이 매우 짧은 시간에 걸쳐 일어날, 하나님의 대적들에 대한 심판과 하나님의 백성 구원을 포함하는 사건들의 복합체를 암시한다고 생각한다.

필자는, 신약이 명시적으로 교회가 마지막 환란과 진노의 시기'로부터 구원받을' 것을 약속하는지가 핵심 질문이 되어야 한다는 블레이징의 주장에 박수를 보낸다. 그가 문제를 이런 식으로 표현하는 것은 옳다. 그리고 필자 생각에, 그는 과거에 그 견해를 '입증'하려고 사용되었던 문제가 될 수 있는 더 독단적 주장의 일부를 버림으로써 환란 전 견해를 상당히 강화했다. 물론 우리는 신약이 교회가 물리적으로 제거됨으로써 이러한 환란'으로부터 해방될' 것을 약속하고 있는지에 서로 동의하지 않는다. 그는 다시 한번 교회가 '장래의 노하심에서' 건짐을 받을 것이며(1:10), 교회가 '노하심에 이르게' 정하지 않으셨다는(5:9) 데살로니가전서의 약속들을 언급한다. 물리적 제거(살전 4:17)가 이 구원의 수단이라는 것이다. 물론 신자가 진노로부터 구원받는 것은 분명하다. 하지만 나는 데살로니가전서 1장에서 진노가 오랜 시간의 시기임을 암시하는 어떤 것도 볼 수 없으며, 휴거(살전 4:17)가 보호 수단이라는 것도 전혀 분명하지 않다. 휴거는 긍정적으로, 신자가 그리스도와 연합하는 수단으로 제시된다. 데살로니가전서 4:13~18에서는 어떤 것'으로부터' 구원받는 것을 전혀 말하지 않는다. 그리고 필자가 보기에, 데살로니가후서의 증거는 여전히 매우 강력하게 (1) 신자는 불신자가 심판받는 같은 시간에 구원받는다는 것(1장), (2) '주의 날'이 환란을 포함할 수 없다는 것을 암시하는 것이 분명하다. 바울이 환란 사건들이 명백히 주의 날을 앞선다고 주장하기 때문이다(2장). 블레이징은 바울이 1장에서 단지 신자의 안식 '근거'를 말한다고 제안함으로, 첫째 요점을 반박한다. 하지만 시간을 나타내는 표현은 모호하지 않다.

> 하나님은 정의로우셔서 너희로 환난을 받게 하는 자들에게는 환난으로 갚으시고 환난을 받는 너희에게는 우리와 함께 안식으로 갚으실 것이다. 이것은 주 예수께서 자기의 능력의 천사들과 함께 하늘로부터 불꽃 가운데에 나타나실 **때** 일어날 것이다. 그는 하나님을 모르는 자들과 우리 주 예수의 복음에 복종하지 않는 자들에게 형벌을 내리실 것이다. **그날에** 그가 강림하사 그의 성도들에게서 영광을 받으시고 모든 믿는 자들에게서 놀랍게 여김을 얻으실 때, 이런 자들은 주의 얼굴과 그의 힘의 영광을 떠나 영원한 멸망의 형벌을 받을 것이다. (살후 1:6~10a; 저자 강조)

데살로니가 편지들은 이 '본문' 전체를 고려하는 가운데(블레이징이 우리에게 그렇게 할 것을 재촉하는 것처럼) 환란의 순서를 가르친다(데살로니가 사람은 이미 그러한 환란을 당하고 있다). 그것은 주의 날, 그리고 불신자에 대한 심판과 신자의 구원을 포함하는 주의 날의 순서다.

블레이징이 생각하기에, 신자가 육체적으로 미래 환란과 진노의 때로부터 구원받음을 가르친다는 다른 본문은 계시록 3:10이다. 여기서 필자의 본문 해석을 반복하지 않겠다. 하지만 필자는 블레이징이 필자 견해를 묘사한 부분에서 약간 잘못된 진술하한 부분을 설명하겠다. 그는 필자가 τηρήω ἐκ[tēreō ek](그 본문에 사용된 표현)를 '분리'를 가리킨다고 주장한다. 실제로 필자는 전치사 ἐκ[ek] 자체에 그 의미가 있다고 주장하며, ἐκ[tēreō ek]의 조합은 '~으로부터 보호'를 가리킨다고 주장한다.

블레이징은 필자가 감람산 강화를 다루면서 '마지막 환란'의 언급을 보지 못한다고 비난한다. 하지만 필자는 논문에서 "마지막 환란이 분명히 이 시기에 포함[예를 들어, 마태복음 21장에서 큰 환란의 때]"된다고 분명히 말했다. 더 중요한 것은 그가 예수님께서 궁극적으로 그 강화에서 그의 시대의 제자들이 아니라 미래 제자들의 세대를 염두에 두셨다고 주장함으로써 환란 전 견해에 관한 비평을 무디게 하려는 점이다. 물론 그가 성경의 직접적인 청중이 때때로 일반적으로 미래 사람들의 무리를 대표할 수 있다고 설명하는 것은 옳다. 하지만 감람산 강화에서 이것은 그렇지 않아 보인다. 예수님께서는 단순히 그의 청중에게 "그날과 그때는 아무도 모른다"라고 경고하셨으며(마 24:36), 여기서 중요한 가정은 모든 신자의 세대가 이 강화에서 묘사하는 사건들에 준비되어 있어야 한다는 것이기 때문이다. 여기서 예수님의 말씀을 듣는 제자들은 어느 시점에 그가 자신들에게 말씀하시는 것이 아니라는 것을 깨달았는가? 내가 보기에 그랬을 가능성은 매우 낮다.

물론 더 많은 것을 말할 수 있다. 흔히 이 논쟁은 끝없이 이어진다. 필자는 우리 세 사람 모두 필요 이상으로 말한 것이 아닌가 생각한다. 필자는 마지막 의견으로 맺으려 한다. 자료에 관한 '가장 단순한' 설명을 선호해야 함(그 유명한 '오컴의 면도날[Occam's razor]' 법칙)이 논리의 원리다. 이것을 감안해 필자는, 블레이징과 헐트버그의 견해가 '효과가 있으려면' 어느 한쪽은 두 번의 '오심', 두 개의 다른 '셋과 반'의 시기, 종말에서 두 지진, 두 나팔 소리, 마지막 때의 성도의 두 개의 다른 부활을 단정해야 한다고 설명할 것이다(사 25:6~8; 66:22~24). 물론 필자는 본문 자료가 그것을 요구하는 데서는 이 이중적 언급이 필요하다고 인정한다. 그리고 그것이 (복잡한 것)을 '단순화(simplification)'로 만든다면 '단순함(simplicity)'을 선회해서는 안 된다. 하지만 이 이중 사건들—특별히 구약 성도와 신약 성도를 위한 구별된 부활—을 단정해야 하는 이유가 필요 이상으로 복잡한 가설들 때문이 아닐까 두렵다. 환란 후 견해는 이 복잡함의 일부를 피한다. 필자는 환란 후 견해가 우리가 가진 모든 본문적, 개념적, 신학적 문제들을 해결한다고 주장하고 싶다. 슬프지만, 그것이 사실이 아님을 나는 안다. 그 자체에 약점들도 있다. 하지만 필자는 여전히 그것이 성경 자료에 대한 최선의 해석이라고 생각한다.

우리 견해가 무엇이든, 하나님의 백성으로서 우리가 함께 연결되어, 그날을 바라보면서 '복된 소망'을 간절히 기다리며 그리스도와 그분 백성과 세상을 섬기는 일에 헌신할 수 있기를 바란다.

결론

독자는 세 가지 견해와 그 견해에 관한 논평, 그리고 응답 모두 들었고, 이제 종합 평가할 차례다. 첫째, 우리는 각 제안을 구별하는 핵심 문제가 '주의 날' 특성과 관계가 있음에 주목한다. 기고자 모두 주의 날을 휴거를 포함한 강림과 동일시하며, 주의 날에 관한 주장들에 근본적으로 사용하기 때문이다. 더 구체적으로, 기고자들은 주의 날이 지속하는 기간, 그것이 시작하는 때, 그리고 그것에서 나타나는 진노의 특성을 서로 다르게 이해한다. 각 기고자는 자기 견해가 옳음을 입증하려고 여러 본문을 배열하는데, 그 가운데 많은 것은 두 명 이상의 기고자가 자기 견해를 설명하려고 상당히 다른 방식으로 사용한다. 따라서 여기서는 각 기고자의 논증에서 이들 본문 모두가 어떻게 사용되는지 재검토하기보다, 이 장의 마지막에 도표를 첨부하여 기고자의 논증에서 검토되는 중요한 구절을 열거하고, 각 기고자가 이 구절을 어떻게 이해하는지 간략하게 보여주고 그들의 이해를 결정할 수 있게 하겠다. 이 형식이 독자에게 도움이 되길 바란다.

우리는 이 책의 세 기고자가 가진 두 가지 중요한 공통점에 주목함으로 이 책을 끝내려고 한다. 첫째, 그들이 협력하는 정신으로 논쟁을 추구한다는 점이다. 각 기고자는 다른 기고자를 하나님의 말씀을 이해하고 실천하는 일에 헌신한 학자로 존중한다. 이 책을 읽는 모든 독자도 동일한 마음으로 이 논쟁에 참여하기를 바란다(참으로, 다른 모든 논쟁도 마찬가지다). 둘째, 각 기고자가 자기 견해에 헌신해 강력하게 주장하면서도 모두가 휴거 시기가 성경에서 절대적으로 분명하지 않음에 동의한다는 점이다. 따라서 그들은 휴거 시기에 관한 논쟁이 그리스도인의 교제에서 분열 쟁점이 되지 않게 하며, 그보다 예수님께서 우리의 구원을 완성하시려고 다시 오시며, 이것이 교회의 복된 소망이라는 부정할 수 없는 사실에 집중한다. 이것은 휴거 시기의 문제가 상관이 없다거나 이 문제에 관한 결론에 도달하려고 열심히 노력하면서 성경을 연구해서는 안 된다는 말이 아니다. 오히려 그렇게 하면서 그리스도인으로서 우리의 공통 신앙고백을 깨닫고 주 안에서 형제자매로서 우리 주 예수의 미래 오심을 논하도록 하자.

결론

논의 구절에 관한 기고자의 해석 비교

	블레이징	헐트버그	무
다니엘 9:25~25	칠십 번째 주는 미래 7년의 환란이다. 그것은 다니엘에서 '종말의 때', '진노의 때'로 불리며 이스라엘과 언약을 맺는 제국의 박해자(적그리스도)의 등장과 3년 후 전쟁과 성전에서의 황폐하게 하는 신성모독, 심한 박해, 박해자의 멸망으로 표시되는 시기의 대형이다.	칠십 번째 주는 그리스도의 재림 직전 역사의 마지막 7년이다. 이 시기의 '진노'는 마지막 제국의 박해자(적그리스도)의 진노이며, 황폐하게 하는 가증한 것을 뒤따르는 시기인 그 주의 마지막 3년 반 동안 심한 박해에 집중한다. 안티오쿠스가 유대인을 박해한 사건은 이 시기에 대한 모형이다.	환란을 포함하는 칠십 번째 주는 아마도 초림과 재림 사이의 시대에 관한 것이지만, 아마 마지막 적그리스도와 환란 또한 있을 것이다. 다니엘에서 환란의 때는 그 주의 후반부다.
마태복음 24:4~25:46	감람산 강화는 24:4~35와 24:36~25:46으로 나뉜다. 첫째 부분은 '징조' 물음에 대답이며, 둘째 부분은 '언제' 물음에 대답이다. 4~31절은 다니엘의 칠십 번째 주의 구조를 강림의 패턴으로서 주의 날의 특징들과 융합한다. 24:32~25는 강화 첫째 부분을 결론짓는 요점이다. 예수님은 모형 패턴을 가까운 미래의 예루살렘 파괴에 적용하시지만, 그것이 강림이 아닐 수 있음을 경고하신다. 그 패턴을 강림으로 구분하는 징조는 그 결말에서 인자의 영광스러운 나타나심이다. (계속)	감람산 강화는 24:4~14, 15~35; 24:36~25:46으로 나뉜다. 24:4~14는 교회 시대의 일반 파국에 관한 것이며, 예루살렘의 파괴와 그와 연합된 사건들로 시작된다. 24:15~31은 뚜렷하게 24:4~14와 대조되며 황폐하게 하는 가증한 것(아마도 로마에 의한 성전파괴가 그 모형인)이라는 중요한 종말적 사건으로 시작되고 24:29~31에서 강림(주의 날)의 복합체로 끝난다. 24:36~25:46은 24:30~31의 강림에 비추어 깨어서 사는 것에 관한 것이다. 환란을 '감하심'(24:22)은 휴거를 통해 환란 가운데서 (계속)	24:28까지 감람산 강화는 예루살렘의 파괴로 시작하는 교회 시대에 관한 내용이다. 24:29~35는 시대 끝에서 강림에 관한 것이다. 24:36~25:46은 24:30~31의 강림에 근거한 권면으로 구성된다. 거기서 '모임'은 교회의 모임뿐 아니라 이스라엘(교회와 함께 부활되고 휴거된)의 모임도 포함한다. 제자는 모든 그리스도인을 대표한다. 마태복음 24:40~41은 휴거를 가리킬 수 있다.

	블레이징	헐트버그	무
마태복음 24:4~25:46	24:27에서 강림은 주의 날 마지막에서의 예수님의 영광스러운 나타나심을 가리킨다(좁은 의미). 24:36에서 그것은 그의 오심의 날 전체를 가리킨다(넓은 의미). 24:31은 이스라엘이 다시 모이는 것을 가리킨다. 제자들은 휴거 전과 휴거 후의 모든 신자(교회)를 대표한다.	교회를 구원하심을 가리킨다. 제자들은 첫째와 마지막 세대를 포함하는 모든 그리스도인을 대표한다.	
요한복음 14:1~4	예수님은 다시 오셔서 그의 성도가 그와 함께 하도록 데려가신다. 데살로니가전서 4:17과 평행은 환란 전 견해를 선호한다.		예수님께서 강림하실 때에 자기 성도들을 데려가신다. 시기는 언급되지 않는다.
고린도전서 15:20~28, 50~58	'마지막' 나팔은 단순히 주의 날의 종말적 나팔을 의미한다. 휴거의 강림(살전 4:16)과 왕으로서 강림(마 24:31) 모두 나팔이 그 신호이지만, 그 둘은 구분된다. 고린도전서 15장은 부활과 관련하여 데살로니가전서 4:16과 평행을 이루며, 따라서 환란 전이다. 다니엘 12:1과 마태복음 24:30~31의 암시는 없다.	'마지막' 나팔은 단순히 종말적 주의 날 나팔을 의미한다. 휴거와 구약 성도의 부활 사이의 관계는 여기서 분명하지 않다. 이사야 25:8은 계시록 20:11~15의 '둘째 부활과 같은 시간의 사건으로 보인다. 바울은 아마도 두 부활을 구분하지 않는다.	'마지막 나팔'(사 27:12~13)과 이사야 25:8의 인용은 아마도 구약 성도의 부활이 휴거와 같은 시간에 일어남을 가리킨다. 다니엘 12:1과 마태복음 24:31의 암시는 환란 후 견해를 가리킨다.
살전 1:10	휴거는 데살로니가전서 5장에 언급한 강림 때 하나님의 진노로부터 교회를 구출한다.	휴거는 데살로니가전서 5장에 언급한 강림 때 하나님의 진노로부터 교회를 구출한다.	예수님께서 교회를 하나님의 최종적 심판으로부터 구원하신다. 휴거에 관한 언급이 아니다.

결론

	블레이징	헐트버그	무
데살로니가전서 4:13~18	데살로니가 사람은 강림 이전에 죽는 사람을 염려했다. 바울은 그들에게 주님께서 오실 때 죽은 사람이 부활하여 살아있는 신자와 함께 휴거된다고 확신하게 한다. 만남 개념이 내재되어 있지만, 표현은 구출에 더 집중한다. 휴거 시기는 데살로니가전서 4:13~18과 5:1~11의 관계로부터 결정되어야 한다. 본문 특성의 차이는 마태복음 24:31과의 분명한 평행을 막지 못한다.	감람산 강화의 전통에 의존하며 마태복음 24:31에 휴거를 위치시킨다. '파견단의 접견'이 암시될 수 있으나, 시기에 관한 언급은 없다. 주님의 말씀은 감람산 강화 전통과 관련하여 휴거를 가르치는 부활 후 예언의 말일 수 있다. 아마도 구약에 의해 데살로니가 사람은 죽은 사람이 그리스도의 지상 통치 후에 부활한다고 믿었을 것이다. 바울은 그들이 강림 때 부활한다고 밝힌다.	데살로니가 사람은 신자가 환란을 통과할지 염려하기보다 죽은 사람이 강림 때 휴거되어 예수님께로 가지 못할까 봐 걱정했다. 바울은 죽은 사람이 강림의 유익에 참여한다고 확신하게 한다. 감람산 강화와 다니엘 12:1~2의 평행은 이것이 환란 후 견인임을 가리킨다. '파견단의 접견'이 아마도 암시되며 하늘이 아니라 땅으로 되돌아옴을 시사한다.
데살로니가전서 5:1~11	바울은 휴거 시기와 관련하여 감람산 강화 후반부(마 24:36~25:46)에서 예수님의 가르침을 암시한다. 감람산 강화의 후반부는 전반부(24:4~35)에서 윤곽을 그리는 미래 사건 복합체 전체를 말한다. 그 사건 복합체는 다니엘의 칠십 번째 주의 패턴에 따라 구성된 주의 날이다. 데살로니가전서 5:1~11은 감람산 강화에서 이해한 대로 주의 날과 관련해 신자에 관해 말한다. 주의 날은 평온한 때 갑자기 임하여 불신자의 멸망과 신자의 구원을 가져온다(9절). 5:9~11과 4:14~17의 비교는 그 구원이 휴거임을 보여 준다. (계속)	4:13~18의 기초인 감람산 강화 전통에 의존을 이어간다. 바울은 휴거와 강림의 시기를 논한다. 강림을 주의 날로 언급하며 그것이 신자에게 구원과 불신자에게 진노로 갑자기 임한다고 설명한다. 불신자는 불시에 그 일을 당하지만, 신자는 그렇지 않다. 주의 날에서 신자의 구원은 휴거가 될 것이다. "평안하다, 안전하다"라는 예레미야 6:14를 암시하며 불신자가 임박한 심판을 깨달을 수 없거나 깨닫기를 거절함을 가리킨다. 바울은 5:1~9에서의 강림의 진노로부터 구원에서 5:10에서 더 포괄적 의미의 구원으로 나아간다.	4:13~18의 기초가 되는 감람산 강화 전통에 대한 의존을 이어간다. 데살로니가전서 4장은 죽은 신자에 관한 위로이며, 5장은 살아있는 신자에게 권고한다. 주의 날은 강림이다(그리고 아마도 환란이 그것을 앞설 것이다). 신자와 불신자 모두 주의 날을 경험하며, 전자는 기대하는 가운데 순순히, 후자는 기대치 않게 파괴적으로 경험한다. 신자는 거룩한 삶으로 그날을 대비하여 자신을 지켜야 한다. 5:9~10에서 대명사가 바뀌는 것은 신자가 경험하는 진노로부터 구원이 강림의 진노로부터 구원이 아니라, 하나님의 마지막 심판으로부터 구원임을 가리킨다. (계속)

	블레이징	헐트버그	무
데살로니가전서 5:1~11	휴거가 주의 날 시작에 일어나며, 주의 날은 환란 전체를 가리키므로, 휴거는 환란 전이다. 데살로니가전서 5:1~5와 깨어있으라는 권면은 마태복음 24:36~25:13과 연결된다. 불신자 멸망은 환란을 가리키며, 예레미야 6:14을 암시는 이것이 광범위한 사건임을 말한다. 바울은 신자들에게 구원에 비추어 살아갈 것을 권고하며, 진노를 피하려고 그렇게 하라고 말하지 않는다.		"평안하다, 안전하다"는 예레미야 6:14를 가리키며, 임박한 심판에 직면하여 잘못된 안전을 찾는 것을 말한다.
살후 1:5~10	예수님께서 신자를 박해하는 자에게 마지막 심판을 하실 때 과거와 현재와 미래의 모든 신자는 '쉼'을 얻는다. 이 본문은 휴거 시기는 전혀 말하지 않는다.	바울은 휴거와 진노의 광범위한 강림을 한 사건으로 융합한다. 신자들은 예수님께서 그들의 박해자에게 심판을 내리시려고 오실 때 휴거된다.	휴거와 진노는 하나의 환란 후 사건을 형성한다.
데살로니가후서 2:1~15	바울은 (휴거 없이) 주의 날이 이르렀다는 소문을 반박한다. 2:3~4에서 생략된 부분은 '먼저(주의 날을 시작하는 특징들로서) '배교와 불법의 사람 '드러남'(제국의 인물로서의 그의 출현)이 일어나지 않았다면 "주의 날은 여기 있지 않으며, 이르지 않았다"이어야 한다. 성전에서 불법의 사람 활동 기간은 그의 불경스러운 주장의 절정이다. (계속)	바울은 휴거가 곧 일어난다는 지나친 열심을 반박한다. 데살로니가 사람은 주의 날이 시작되었다고 그릇 믿었고, 따라서 주의 날 시작으로서 휴거를 기대하고 있었다. 바울은 그날이 배교와 적그리스도의 출현(황폐하게 하는 가증한 것)이 있기 전에는 올 수 없다고 말함으로 그들의 어리석은 생각을 깨우친다. 생략 부분은 '주의 날이 올 수 없다'이어야 한다. (계속)	바울은 휴거가 곧 일어난다는 잘못된 열심을 반박한다. 데살로니가 사람은 그들 고난이, 강림(주의 날)에서 절정에 이르는 사건들의 복합체가 시작함을 가리킨다고 믿었다. 바울은 배교와 적그리스도의 신성모독이 있기 전에는 그날이 이를 수 없다고 말함으로 그들의 어리석은 생각을 깨우친다. 생략된 부분은 '주의 날이 오지 않을 것이다'이어야 한다. (계속)

	블레이징	헐트버그	무
데살로니가후서 2:1~15	2:13~17은 휴거를 다루며 명시적으로 데살로니가전서 4:13~17; 5:9를 가리킨다. '그분 오심의 나타남'은 강림의 복합체 끝에 있을 특별한 사건(영광스러운 나타나심)을 구체화한다.	바울은 한 순서를 확정한다. '먼저 배교와 불법의 사람 나타남이 있으며, 이어서 얼마 후 주의 날이 시작한다. 2:13~17에서 바울은 데살로니가 사람들에게 그가 실제로 그들에게 이전 편지에서 그날이 휴거로 시작될 것이라고 가르쳤음을 기억하게 한다.	바울은 한 순서를 확정한다. '먼저' 배교와 불법의 사람 나타남이 있으며, 주의 날은 그 일 후에 시작한다.
계시록 3:3, 10	'시험의 때'는 7년의 환란, 곧 주의 날이다. "너를 지켜 시험의 때를 면하게 하리니"는, '통과하여'보다 '벗어나서'를 의미한다.	'시험의 때'는 아마도 황폐하게 하는 가증한 것 후에 시작하는 환란, 곧 짐승을 경배하라는 압박을 가리킬 것이다. 교회에 대한 보호는 영적인 것이며 육신적인 것이 아니다.	계시록 3:3은 데살로니가전서 5:4~6과 마태복음 24:42~44와 평행을 이루며 그리스도께서 영광스럽게 다시 오심을 가리킨다. 계시록 3:10은 마지막 환란 동안의 영적인 보호를 암시한다.
계시록 6:1~17	처음 여섯 인은 감람산 강화에 근거하며, 주의 날과 다니엘의 '종말의 때'를 통합한다. 주의 날과 하나님의 진노 날은 첫째 인으로 시작한다. 계시록 6:17의 '이르렀으니'는 전체 인을 종합하며, 첫째 인의 '오라'라는 부름에 대답한다.	처음 여섯 인은 감람산 강화에 근거한다. 처음 다섯 인은 마태복음 24:4~14의 일반 재앙이다. 여섯째 인에서 주의 날과 하나님의 진노 날이 예고된다(마 24:29). '이르렀으니'는 '이제 이르렀다'를 의미한다. 여섯째 인의 지진은 아마 11:13의 지진이며 일곱째 인과 나팔과 대접의 지진이 아니다. 주의 날 진노는 일곱째 인에서 종합되며 일곱째 나팔에서 묘사된다. 나팔들은 반드시 순차적인 것이 아니지만 결과가 나타나려고 시간이 걸리며 분명히 8:5; 11:15~19의 현현을 앞선다.	여섯째 인은 강림이며 계시록 7장과 일곱 나팔의 장면들과 특별한 연대기적인 관계가 없다. 여섯째 인의 지진은 일곱째 인과 일곱째 나팔과 일곱째 대접과 11:13의 지진과 동일하다.

	블레이징	헐트버그	무
계시록 7:1~17	계시록 7장에는 휴거의 독특한 특성이 나타나지 않는다. 144,000의 환상은 환란 동안의 유대인 신자의 남은 자를 가리킨다. 셀 수 없이 많은 무리의 환상은 환란 동안 하늘에서 일시적 복보다 새 땅에서 영원한 복을 가리킬 것이다. 그 무리는 순교한 환란의 성도이다.	단순히 내러티브의 막간이라기보다, 다섯째 인에서 원수 갚아 주시라는 호소로부터 일곱 번째 인과 일곱 나팔들에서 진노의 쏟으심으로 나아가는 단계를 형성한다. 임박한 심판으로부터 하나님의 백성을 지키시는 것을 묘사한다. 유대인의 남은 자(144,000)는 '인침'으로, 교회(셀 수 없이 많은 무리)는 휴거를 통해 지키신다. 교회는 환란으로부터 휴거된다.	144,000은 아마도 시대의 끝 이전에 하나님의 진노를 통과하도록 인침을 받는 교회를, 셀 수 없이 많은 무리는 환란 끝에서 휴거되는 교회를 가리킬 것이다. '큰 환란'은 교회 시대 전체다. 요한은 연대기적 관계를 분명히 하지 않는다. 나팔의 순서가 하나님의 진노임은 명확하지 않다.
계시록 11:11~13	이 구절이 휴거를 명확히 언급하지 않는다.	두 증인이 교회를 상징하는지, 두 종말적 개인인지는 분명하지 않다. 교회가 아니더라도 그들 '휴거'는 여전히 교회의 휴거와 같은 때에 일어날 수 있다. 42달의 예언 사역은 다니엘의 칠십 번째 주의 전반부다. 삼 일 반은 후반부가 시작한 후 상대적으로 짧은 기간이다. 큰 지진은 아마도 일곱째 인의 지진이며, 후자는 일곱째 인과 나팔과 대접의 지진을 앞선다.	두 증인은 교회를 상징하며 그들 '휴거'는 휴거를 상징할 것이다. 42달의 예언 사역은 다니엘의 칠십 번째 주의 전반부이며, 3일 반은 그 후반부일 것이다. '휴거'를 동반하는 큰 지진은 하나님의 왕국 도래를 가리키며, 여섯째 인과 일곱째 나팔과 일곱째 대접의 지진과 동일하다.
계시록 13	적그리스도가 주도하는 마지막 환란.	짐승이 성도와 벌이는 전쟁은 1세기에 로마의 박해와 적그리스도 아래에서 종말적 환란을 모두를 가리킨다. 그것은 교회가 환란을 겪음을 가리킨다.	마지막 환란을 포함하는 교회 시대의 환란.

	블레이징	헐트버그	무
계시록 14:14~20(15:1~16:21)	이 구절에는 휴거의 독특한 특징이 나타나지 않는다. 인자 같은 분이 하시는 추수는 심판을 가리킬 가능성이 크다. 인자 같은 분은 그리스도에 대한 분명한 언급이 아니다.	6:12~8:5(11:19)처럼, 휴거-진노-재림 순서를 보여준다. 14:6~12는 임박한 강림의 진노를 알리며, 14:14~16(=15:2~4)은 휴거를 묘사하고, 14:17~20(=16:1~21)은 진노의 쏟아짐을 말한다. (일곱째 인과 나팔과 대접 모두 독자를 영광스러운 나타나심으로 데려가지만, 일곱 번째 인은 일곱 나팔들을 포함하고, 일곱 번째 나팔은 일곱 대접을 포함한다.)	14:1~5는 강림을 말한다. 14~16절은 휴거를 가리킬 가능성이 있지만, 연대순은 아니다. 14:17~20은 마지막 심판이다. 대접 심판들은 역사에서 하나님의 심판 절정이다.
계시록 17:14; 19:11~14	이 구절은 휴거를 고려하지 않는다.	예수님께서 영광스럽게 나타나실 때 휴거된 성도와 함께 오셔서 짐승을 무찌르실 것이다. 14:14~20; 17:14; 19:7~9, 11~21은 휴거-진노-재림의 순서를 가리킨다.	그리스도의 재림 때 천사들의 동반을 가리킬 것이다. 신부는 교회이지만, 이 장면은 연대기적이 아니다. 17:1~19:10과 19:11~20:6의 모든 것이 강림 그리고 관련 사건들의 반복되는 이미지들이다.
계시록 20:4~6	휴거의 핵심 특징이 제시되지 않는다. 이것은 천년왕국의 끝에 있을 둘째 부활과 관련하여 일시적 '첫째 부활'이지 절대적 첫째 부활이 아닌 것은 그리스도의 부활이 그것을 앞선다고 요한이 인식하기 때문이다(1:18; 2:28). 그것은 환란 동안 순교한 신자의 부활이다. 그것은 또한 둘째 사망으로 이어지지 않는다는 점에서 질적인 면에서 첫째다.	환란 성도의 부활이거나, 더 바람직하게는 논제의 측면에서(부활을 그리스도의 통치와 연결하려고) '잘못 위치한', 모든 성도의 부활이다.	모든 성도의 부활은 휴거와 같은 시기에 일어난다. 환상의 순서에서 그것은 그리스도의 재림 후에 일어나지만, 환상의 순서는 연대기적이지 않다.